Anthologie de la poésie française du XVIIe siècle

Édition de Jean-Pierre Chauveau

GALLIMARD

A Amédée Carriat
en témoignage d'une vieille amitié.

PRÉFACE

Le XVIIᵉ siècle est-il un grand siècle pour la poésie ?
Communément, il ne jouit guère de cette réputation, et le trop
fameux hémistiche de Boileau : « Enfin Malherbe vint... »,
qui, pour l'auteur de l'Art poétique, était indiscutablement
un cri de satisfaction, est devenu pour beaucoup l'expression
d'une menace, sinon l'acte de décès de la poésie, de la poésie
lyrique, s'entend, en France. Bref, après un grand siècle
d'expression poétique — le XVIᵉ, celui de la Renaissance et de
la Pléiade —, viendrait brutalement — et l'on sait, du reste,
que Malherbe était brutal — le siècle du reflux, préludant au
désert poétique du XVIIIᵉ siècle ; après quoi le romantisme
aurait réussi à faire apparaître, aux yeux de pèlerins exténués,
les premiers contours de la terre promise, c'est-à-dire de la
poésie moderne, cette poésie à laquelle naturellement nous
sommes portés à ramener toute expérience poétique essen-
tielle.

On reconnaît là, outrageusement simplifié, un schéma qui
a longtemps eu cours dans nos écoles, et dont la paternité, au
moins partielle, peut être reconnue à Boileau, et à tous ceux
qui, immédiatement après lui — quand Boileau meurt en
1711, Voltaire a déjà dix-sept ans ! —, se sont employés à
parfaire l'image (en trompe-l'œil) du Grand Siècle, ou Siècle
de Louis le Grand, ou, comme dira Voltaire, « Siècle de
Louis XIV » ; mais, après tout, ce « siècle »-là, il ne
commence guère qu'en 1661, lorsque le jeune roi, âgé de
vingt-trois ans, décide d'exercer personnellement le pouvoir.
Certes, à cette date, ni Racine, ni Boileau, ni même La

*Fontaine (né en 1621) n'ont encore publié de chefs-d'œuvre ;
ils sont bien, par conséquent, les poètes du « siècle de
Louis XIV ». Mais on pourra remarquer que tous les poètes
qui figurent dans la présente anthologie sont nés avant 1650,
et que soixante-quatre d'entre eux, sur soixante-dix, sont
même nés avant 1630. Même si l'on fait la part de l'arbitraire,
inévitable dans le cas d'une anthologie, force est bien de
constater que le XVIIe siècle poétique ne se confond pas avec
le « siècle de Louis XIV ».*

*Est-ce à dire qu'il faille accepter la division du siècle en
deux demi-siècles, l'un (jusque vers 1640-1650) plutôt « baro-
que », et plus fertile en poètes, l'autre (coïncidant à peu près
avec le règne de Louis XIV) plutôt « classique », et apparem-
ment moins favorable à la poésie lyrique ? Ce n'est pas le lieu
de reprendre le débat sur le baroque, qui n'a pas fini de
diviser les historiens et qui est peut-être sans issue. On saura
gré, toutefois, à ceux qui, depuis une cinquantaine d'années,
ont cherché à apprivoiser dans le domaine de la critique
littéraire la notion longtemps rebelle de « baroque », d'avoir
permis d'échapper au schéma « louisquatorzien », qui, si
longtemps, a occulté une part non négligeable d'un siècle
infiniment plus riche en poètes qu'on ne le dit parfois.
Baroque, classique : ces « universaux » n'avaient guère de
réalité dans la conscience des hommes du XVIIe siècle ; mais,
pour nous aujourd'hui, ils sont un moyen utile de question-
ner la réalité littéraire de l'époque. Même si le baroque n'a
jamais existé, il a eu, de nos jours, le mérite de montrer qu'un
certain classicisme louisquatorzien n'a jamais existé non plus,
sauf peut-être dans l'esprit du vieux Boileau, ou dans celui de
quelques régents de collège, au XVIIIe siècle, ou au temps de
l'Université impériale.*

*Il reste que, comme le reflète cette anthologie, les poètes
sont nombreux jusque vers 1640, mais se raréfient ensuite,
l'exception, magnifique, de La Fontaine n'infirmant en rien
ce propos. Il reste que le XVIIe siècle se situe entre un
XVIe siècle, où la poésie est reine, et un XVIIIe siècle qui
triomphe quasi exclusivement, du moins aux yeux de la
postérité, dans la prose. Il faut donc tenter de comprendre le
sens d'une telle évolution.*

C'est en 1598 que le rideau tombe sur la sanglante tragédie des guerres religieuses où la France a bien failli perdre son âme et son identité; pourtant la sagesse d'un roi et de ses partisans a conduit à l'Édit de Nantes et à la paix de Vervins, expression d'un peuple qui veut vivre en dépit de tout. En même temps paraissent un peu partout, notamment à Rouen, à Lyon, à Paris, de nombreux recueils collectifs de poésie, où sont rassemblées des œuvres composées pendant les années noires : preuve que, pendant la tourmente, la vie intellectuelle et la vie de l'imagination créatrice ne se sont pas arrêtées, et qu'il n'y a pas solution de continuité entre le début des années 1580 où le génie de Ronsard jette ses derniers feux et les premières années du XVIIe siècle qui vont voir s'affirmer l'ascendant de Malherbe. S'il y a eu rupture, elle s'est située un peu plus tôt lorsque la dureté des temps et les convulsions politiques et religieuses ont profondément ébranlé la confiance et brisé l'enthousiasme des hommes qui, sous l'impulsion de l'humanisme, avaient pu croire, un instant, à l'avènement d'une grande civilisation, sinon au retour de l'âge d'or et de la Justice sur la terre, comme le décrivait Ronsard en 1555 dans l'un de ses Hymnes *; car c'en était fini de la croyance au rétablissement de la paix, au progrès indéfini des arts et des lettres, et de la tranquille assurance qui habitait le poète-mage, interprète des dieux, dépositaire du savoir, et qui le faisait, tel le Ronsard des* Odes *et des* Hymnes, *dialoguer d'égal à égal avec les rois. Le poète s'était jeté, à son tour, dans la bataille, au risque d'y recevoir des coups et d'y perdre sa voix, en tout cas au détriment de son prestige ; désormais le poète découvre l'humilité de sa condition, la précarité des faveurs que lui accorde un pouvoir souvent négligent, parfois méprisant, l'indifférence de la société. C'est pourquoi Malherbe, selon son disciple Racan, se plaisait à dire « que c'était sottise de faire des vers pour en espérer autre récompense que son divertissement et qu'un bon poète n'est pas plus utile à l'État qu'un bon joueur de quilles » ; et c'est pourquoi nombreux sont au XVIIe siècle les poètes qui pourraient souscrire à l'angoissante question que pose Tristan dans* La Servitude :

Irais-je m'abaisser en mille et mille sortes,
Et mettre le siège à vingt portes
Pour arracher du pain qu'on ne me tendrait pas ?

Le rêve platonicien, ou quasi platonicien, d'une sorte de consensus harmonieux entre le poète et le monarque s'est évanoui, laissant place au jeu classique des rapports de force, et à l'ambition plus ou moins avouée du pouvoir, des pouvoirs, de domestiquer la pensée et de mettre les écrivains et les artistes à leur service : on le vit bien avec Richelieu, créateur de l'Académie, et avec Louis XIV, inventeur du système des pensions, et chef d'orchestre à Versailles. C'est pourquoi, si l'éloge des Grands, et notamment l'éloge du roi, continue tout au long du siècle à nourrir un certain type de lyrisme officiel, parfois grandiose, souvent déclamatoire, mis à l'honneur jadis par Ronsard dans ses Odes, *et illustré à la perfection au début du siècle par Malherbe, le genre s'essouffle assez vite ; et il y a sans doute plus de distance, peut-être en dépit des apparences, et en tout cas des prétentions de leur auteur, entre les boursouflures laborieuses et glacées de l'ode* Sur la prise de Namur *de Boileau (1693) et les odes de Malherbe auxquelles l'auteur de l'*Art poétique *se réfère, qu'entre celles-ci, où passent les angoisses et le frémissement de tout un peuple soûlé des horreurs de la guerre civile, et les odes ou les discours écrits par Ronsard quelque quarante ou cinquante ans plus tôt. C'est en effet toute la distance qui sépare l'expression passionnée d'un sentiment collectif de la routine d'un exercice scolaire ; bref, les temps ne sont plus les mêmes. Tandis que la figure du roi chevalier s'estompe au profit de celle du monarque éclairé et moderne, les valeurs héroïques, témoins d'un âge où le seigneur est d'abord un homme de guerre, vont se réfugier, à l'heure des salons parisiens et de la cour de Saint-Germain ou de Versailles, dans le rêve de plus en plus suranné de l'épopée. C'est ce qui explique l'échec quasi complet de ces épopées guerrières qui fleurissent autour des années 1650 et qui ont nom* La Pucelle *(Chapelain),* Alaric *(Scudéry),* Clovis *(Desmarets),* Saint-Louis *(Le Moyne), etc. : elles illustrent la volonté de lettrés de faire la synthèse des vertus de l'épopée virgilienne et de l'épopée plus moderne et chrétienne du*

Tasse ; mais le temps des chevaliers du Moyen Age et même de la bataille de Lépante est passé, le cœur n'y est plus, et le public, qui préfère désormais l'amour et la galanterie aux prouesses guerrières, se retrouve plus aisément dans les tragédies ou tragi-comédies, dans les romans, dans les ballets de cour, et, bientôt, dans les aventures fabuleuses que raconte l'opéra français.

La poésie, de fait, correspond à une fonction sociale, et cette fonction sociale, entre 1590 et 1710, a profondément changé. A l'époque des guerres de religion, et peut-être même plus qu'au cours des deux ou trois décennies qui précèdent 1560, en raison même de l'effet centrifuge des troubles qui secouent le pays, même si la cour et Paris demeurent des pôles importants, l'activité intellectuelle et littéraire est largement répartie à travers tout le pays, réfugiée, d'une certaine manière, dans des cercles humanistes implantés en Normandie comme en Franche-Comté, en Champagne comme en Poitou, en Provence comme en Anjou. Le renforcement du pouvoir monarchique dès l'époque d'Henri IV, et qui se précise au temps de Richelieu et de Louis XIV, précipite un mouvement qui aboutit, dès la deuxième moitié du siècle, à une prééminence quasi exclusive et définitive de Paris. En poésie, il n'y a plus guère qu'un type d'inspiration qui résiste en partie à ce phénomène de centralisation parisienne : l'inspiration religieuse qui est celle de tel religieux de Toulouse (Martial de Brive), de tel pasteur réformé de Niort (Drelincourt), de tel mystique de Marseille (Malaval). Encore ces poètes n'ignorent-ils rien de ce qui se fait et s'écrit à Paris : Paris affirme triomphalement sa primauté, ce qui contribue, avec l'influence grandissante de la cour, à creuser le fossé, déjà très perceptible au XVIe siècle, entre l'inspiration populaire, qui se réfugie par exemple dans la chanson, et l'inspiration savante, et surtout mondaine, qui l'emporte à la cour et dans la capitale.

En effet, le XVIIe siècle français est marqué par un phénomène déterminant pour l'évolution de la littérature, et notamment de la poésie : la montée en puissance et en rayonnement des salons, véritables creusets où se rencontrent érudits et femmes du monde, savants et courtisans, et où *s'élaborent non seulement une nouvelle politesse et un nouvel art de vivre, mais aussi de nouvelles manières de sentir, de s'exprimer, de communiquer. La littérature sort des bibliothèques, des collèges et du cabinet des érudits et devient un moyen pour ce nouveau public, homogène en dépit des éléments hétéroclites qui le composent, d'exprimer ses préoccupations et ses goûts, de traduire ses ambitions, ou, plus simplement, de refléter sa manière de vivre et de parler en société. C'est pourquoi le XVIIᵉ siècle se sent à l'aise au théâtre, genre social par excellence, mais se passionne aussi pour le roman, pour les maximes et réflexions des moralistes; quant à la poésie, on la délaisse, ou, du moins, on la tient à distance, même respectueuse, lorsqu'elle se veut savante ou ostensiblement fidèle aux genres ou aux formes consacrées par une déjà longue tradition (épopée, ode héroïque, poésie morale, etc.). En revanche, à partir de 1630, tandis que l'autorité politique et religieuse restaurée a déjà mis fin à la fécondité anarchique et quasi libertaire qui a caractérisé le début du siècle, notamment entre la mort d'Henri IV et l'arrivée au pouvoir de Richelieu, et que l'emprise des salons se fait nettement sentir, on goûte surtout, dans le sillage de cet initiateur de génie qu'est Vincent Voiture, une poésie légère, spirituelle, allusive, et placée délibérément sous le signe du jeu. La politesse mondaine, le code du savoir-vivre mondain, élaborés dans des cercles où les femmes dominent, excluent en effet un certain esprit de sérieux, qui est pour les gens du monde synonyme d'ennui, et qu'ils confondent souvent avec le pédantisme, fruit caricatural du savoir et de l'érudition. La poésie inventée, ou remise en honneur, par Voiture, n'exclut nullement les références à la grande tradition classique; mais l'homme du monde sait ne pas faire étalage de son savoir, pour mieux faire apprécier la délicatesse de son esprit et son ingéniosité dans le maniement des idées et du langage. Dans ces conditions les milieux mondains du XVIIᵉ siècle ne pouvaient pas ne pas rencontrer l'éternelle préciosité qui guette toujours des groupes sociaux voués à l'oisiveté et refermés sur eux-mêmes. La préciosité, au meilleur sens du terme, et loin des déformations outrancières et maladroites dont Molière s'est gaussé, c'est un art de vivre, de parler, de communiquer, qui permet à chacun de cultiver sa singularité tout en respectant scrupuleusement les règles du jeu que s'est donné le groupe auquel il appartient. Il suffit par exemple de parcourir la fameuse* Guirlande de Julie *pour s'en convaincre; dans ce bouquet de « fleurs » très apprêtées et plus ingénieuses les unes que les autres, et sous le badinage inoffensif, les souvenirs mythologiques et les références aux* Métamorphoses *d'Ovide abondent; mais les allusions, en dépit de leur légèreté, sont suffisamment transparentes pour ne pas dérouter un public, certes cultivé, mais non érudit, tout en mettant en lumière l'habileté de la variation sur un thème connu.*

Dans un tel contexte, la poésie n'est qu'un moyen, parmi beaucoup d'autres, de nourrir ce jeu qui est la grande, presque la seule affaire des gens du monde. Le paradoxe, c'est que souvent les poètes précieux utilisent des formules, des procédés, des clichés qui leur ont été transmis par des poètes, qui sont leurs prédécesseurs, ou même leurs contemporains, et dont les hautes ambitions leur sont totalement étrangères. Les poètes mondains et précieux du milieu du XVIIe *siècle ont joyeusement dilapidé un héritage qu'ils avaient au préalable, sans toujours s'en rendre clairement compte, vidé de son contenu. Juste retour des choses : à peu près exactement un siècle après que Du Bellay et Ronsard, dans la* Défense et illustration *(1549) ou dans la préface des* Odes *(1550), ont condamné, au nom des grands genres de l'Antiquité qu'ils voulaient ressusciter et de leurs principes néoplatoniciens, une certaine tradition nationale de poésie mondaine et courtisanesque peu ambitieuse dans son projet et futile dans son propos, Paul Pellisson, dans le* Discours *qui sert de préface aux* Œuvres *de son ami Sarasin qui vient de mourir (1656), célèbre le génie de Voiture qui, constatant que, mises à l'école de Ronsard, de Bertaut et de Malherbe, « nos Muses commençaient à être aussi sévères que ce philosophe de l'Antiquité qu'on ne voyait jamais rire », avait su leur redonner le sourire en renouant avec « la liberté de notre ancienne poésie »; c'est-à-dire cette liberté dont les mondains créditaient Marot — auquel la Pléiade s'était expressément opposée —, au point de ressusciter de vieilles formes tombées en désuétude : rondeaux, triolets, ballades, chants royaux, etc., et de pasticher le « vieux langage ». Mais alors, on est loin des ambitions élevées des poètes de la Pléiade, ambitions encore en partie assumées par Malherbe et les hommes de sa génération, et que les précieux du milieu du XVIIᵉ siècle ont reléguées parmi les vieilles lunes.*

Un La Fontaine, qui a grandi dans ce milieu-là, saura, avec l'étonnante plasticité et le génie de la synthèse qui sont les siens, faire son miel, et quel miel ! des conquêtes de Voiture, de Sarasin et de leurs émules ; force est bien de constater cependant que le triomphe du goût mondain a porté un coup sévère à l'inspiration poétique. Triomphe, au reste, peut-être fragile et éphémère, puisque, à la fin du siècle, dans l'atmosphère appesantie et guindée de la cour de Louis XIV vieillissant, La Bruyère se laisse aller à soupirer : « Voiture et Sarasin étaient nés pour leur siècle, et ils ont paru dans un temps où il semble qu'ils étaient attendus. S'ils s'étaient moins pressés de venir, ils arrivaient trop tard ; et j'ose douter qu'ils fussent tels aujourd'hui qu'ils ont été alors. Les conversations légères, les cercles, la fine plaisanterie, les lettres enjouées et familières, les petites parties où l'on était admis seulement avec de l'esprit, tout a disparu » (De la mode, 10). En tout cas, on n'attendit pas La Bruyère pour soupçonner le goût mondain d'avoir grandement contribué à tarir les sources de poésie ; qu'on lise à ce propos le discours désabusé que La Fontaine prête à la Muse Uranie dans Clymène — *un texte qui date certainement d'une époque où le vrai La Fontaine, celui des* Fables, *n'était pas encore né —, ou ce billet que Mme de Villedieu envoie à la Grande Mademoiselle au début des années 1660 (à une date où, il est vrai, elle n'avait pas encore pu lire les* Fables *de La Fontaine !) :*

> Le siècle est ami de la prose,
> Et n'aime les vers qu'en chansons.
> Depuis qu'en langage vulgaire
> On a su tourner l'art de plaire,
> Et que le plus discret amant
> Dit : Je vous aime, sans mystère,
> Et sans un soupir seulement,
> On ne voit plus sur le Parnasse
> Qu'une nombreuse populace,
> Dont pour l'honneur de Phébus et le mien,
> Il est fort à propos de ne vous mander rien.

Ronsard avait conçu le poète comme un prophète inspiré par les dieux, il n'était plus guère qu'un amuseur de salon. Il l'avait conçu aussi comme celui qui sait, comme le savant, et une bonne part de sa poésie est une poésie érudite, lourde d'un savoir transmis par les générations successives ; or, au XVIIe *siècle, dès 1630-1640 en tout cas, le temps n'est plus où* dire *le monde peut équivaloir à le* connaître ; *la grande aventure scientifique moderne, qui commence alors, ne permet plus de confondre science et érudition. La science n'est plus désormais accumulation d'un savoir transmis par la tradition, mais découverte patiente des lois de l'univers et soumission impérieuse du donné aux exigences de la rationalité. La philosophie cartésienne proclame la toute-puissance de l'esprit sur la matière et, substituant une explication purement mécaniste du monde aux théories plus ou moins animistes et panthéistes chères encore aux esprits de la Renaissance, aux poètes en particulier, ouvre la voie à une science où tout s'exprime en rapports mathématiques. C'est tout un système d'interprétation de l'univers qui s'élabore où l'abstraction est reine, tandis que l'imagination, cette faculté maîtresse des poètes, risque d'être tenue en suspicion. Certes, l'imagination fortement analogique, qui caractérisait les grands poètes du* XVIe *siècle, est souvent encore présente chez leurs successeurs du* XVIIe *siècle ; c'est vrai — et nous y reviendrons — dans l'expression du sentiment de la nature et dans l'emploi qu'ils font de la mythologie ; c'est vrai des poètes religieux, forts de l'expérience vivante et concrète de l'Écriture qui est la leur, de ses symboles et de ses figures. Mais l'esprit nouveau va peu à peu affaiblir une telle imagination, au point que la mythologie, devenue purement ornementale, et l'accumulation des stéréotypes pousseront les esprits les plus offensifs et les plus audacieux, à l'aube du* XVIIIe *siècle, à vouloir se débarrasser de cette expression réputée poétique au nom de la logique et de l'efficacité du discours :* « Tout ce que l'esprit conçoit et que la parole produit ne se montre et ne se découvre que par le ministère de la Prose », *peut-on lire dans une dissertation anonyme publiée en 1663, qui montre, par son titre même, qu'à cette date le procès de la poésie est déjà largement entamé :* Le Mont Parnasse ou de la préférence entre la prose et la poésie, *en*

*attendant ces propos qui nous étonnent de la part de
quelqu'un qui se voulait poète, Houdar de La Motte, et qui
nous semblent foncièrement antipoétiques : « Les sons d'une
langue sont indifférents... Ils ne nous plaisent ou ne nous
choquent que par le sens que nous y attachons ; car enfin ils
ne sont que l'occasion arbitraire de nos idées »* (Discours sur
la poésie et sur l'ode en particulier, *1707*).

    *La poésie en procès : c'est un aspect, assez déconcertant,
du XVIIe siècle finissant. Pourtant, et jusqu'à la fin du siècle,
la poésie a eu ses défenseurs, et, mieux, ses authentiques et
vrais poètes. Au reste, l'évolution que l'on a tenté de décrire
et dont les déclarations de Houdar de La Motte constituent un
point d'aboutissement significatif, est, dans sa netteté même,
plus théorique que réelle ; entendons par là que dans la
réalité, les choses ne sont jamais aussi simples, et que les
hommes, non seulement ne peuvent avoir une vision claire de
ce vers quoi le temps les entraîne, mais ne se détachent pas
facilement d'un passé encore proche qui les a nourris et qui,
même s'ils n'osent se l'avouer, les fascine encore. Certes, il est
normal qu'un certain nombre de poètes qui ont été retenus
pour une anthologie telle que celle-ci parce que, tout simple-
ment, leurs œuvres ont été connues et publiées au XVIIe siècle,
soient nés au XVIe siècle ; mais il est plus intéressant de
constater que nombre de modes et de modèles poétiques qui
ont fait la grandeur et la richesse du XVIe siècle se retrouvent,
non pas inchangés — ce serait signe de sclérose et de mort —,
mais prolongés, poursuivis, et même revivifiés, au gré de
l'évolution générale, dans une fidélité qui est le signe d'une
véritable consubstantialité ; après tout, il n'est pas scandaleux
que des fils, même prodigues, même ingrats, ressemblent ou,
mieux encore, veuillent ressembler à leurs pères.*

    *Il est d'abord un domaine où apparaît une continuité
absolue : c'est celui de l'outil, c'est-à-dire le vers. Certes, les
hommes du XVIIe siècle ont beaucoup discuté pour savoir si le
poète avait droit à un langage particulier (le « langage des
dieux », comme on se plaît à le dire souvent) ou au contraire
devait parler la langue de tous les jours (mais d'un certain
monde : celui qui a le privilège de lire et de fréquenter la
cour, les salons ou les académies). La fameuse boutade de*

Malherbe sur les crocheteurs du Port-au-foin ne signifie évidemment pas que ce poète de cour rêvait d'écrire une poésie populaire ; mais elle exprime sa volonté de rompre avec certaines prétentions affichées par la Pléiade — à ses débuts, il faut le rappeler — de réserver la poésie aux initiés, notamment par le moyen d'un langage particulier, sinon ésotérique. Pour Malherbe — mais beaucoup l'ont pensé avant lui : Jacques Peletier, Vauquelin de La Fresnaye, Du Perron, et, souvent, Ronsard lui-même —, le poète ne doit pas se couper de son public, mais au contraire répondre à son attente, lui parler dans sa langue. D'autres, tout au long du siècle, seront moins affirmatifs, et tenteront même de justifier la spécificité du langage poétique, en insistant par exemple sur la nécessaire abondance des figures et des ornements : il suffit de jeter un œil sur les laborieuses indications que certains auteurs d'épopée (Chapelain, Scudéry) croient devoir accumuler pour inviter leur lecteur à pratiquer ce que le jargon actuel qualifierait de lecture « plurielle », et qui témoignent, selon eux, de la richesse « polysémique », c'est-à-dire, pour eux, poétique de leur texte.

Mais au-delà de ces différences, tous se retrouvent évidemment pour défendre le vers, et le vers tel que leur a légué la tradition, c'est-à-dire le décasyllabe, le vers de 8 ou le vers de 6, les mètres les plus répandus parmi les poètes de l'ancienne France, mais aussi et surtout le mètre qui est devenu avec Ronsard le mètre-roi, le mètre-étalon de toute poésie classique, l'alexandrin. De ce point de vue la leçon de Malherbe, dès le début du siècle, a été salutaire : Malherbe a sévèrement pourchassé, notamment dans l'alexandrin qui, par son étendue, s'y prêtait assez facilement, les chevilles et la bourre, et a exercé là ses talents de musicien. La « douceur » de Malherbe, souvent célébrée par les contemporains et les successeurs du poète normand, marque une étape sur la route qui conduit des sortilèges et des caresses de l'alexandrin de Ronsard, dans telle Élégie à Cassandre *(« L'absence, ni l'oubli, ni la course du jour... »)* ou *dans les* Sonets pour Hélène, *aux lueurs et scintillements des plus beaux alexandrins de Racine ou de La Fontaine ; mais beaucoup, qui avaient sûrement lu Malherbe, et vraisemblablement aussi Ronsard, ont contribué à assurer à l'alexandrin cette préémi-*

*nence mélodieuse et riche d'harmoniques : Étienne Durand,
ou Gombauld, ou Maynard, ou Racan, ou Tristan, ou
Sarasin, bien d'autres encore.*

*A côté du vers, la strophe. Une telle affirmation peut
surprendre celui qui pense aux vers irréguliers et aux
ensembles où se mêlent des mètres variés, et quelquefois la
prose et le discours rythmé, qu'ont affectionnés les écrivains
mondains du milieu du siècle, les Voiture, Godeau, Sarasin,
Lacger, Dassoucy, etc., et, bien sûr, La Fontaine, non
seulement celui des* Amours de Psyché *ou du* Voyage en
Limousin, *mais celui des* Contes *et des* Fables, *ce La
Fontaine qui revendiquait hautement le patronage de « Maî-
tre Vincent » (Voiture), tout en s'avouant par ailleurs ému
aux larmes par les fortes cadences des odes de Malherbe.
C'est que la liberté quelque peu désinvolte des mondains à
l'égard des cadences et des strophes traditionnelles procède
non d'une ignorance, ni même d'un refus — au reste,
Voiture, Godeau, Malleville, Sarasin sont parfaitement maî-
tres, quand ils le veulent, des subtilités rigoureuses de la
construction formelle classique —, mais d'une volonté d'écart
qui est en soi hommage à la norme; n'oublions pas que les
poètes mondains sont souvent des lettrés qui jouent en
virtuoses de thèmes et de formes qu'ils utilisent, gauchissent
ou délaissent à leur gré parce qu'ils les connaissent parfaite-
ment. Aussi le critique Ferdinand Gohin a-t-il pu nous faire
retrouver dans le tissu libre des* Fables *de La Fontaine des
cadences et des strophes aussi rigoureuses que celles de
Malherbe ou de Maynard, mais agencées avec une liberté
supérieure qui évite au lecteur l'ennui des structures raides et
des répétitions mécaniques, et permet au poète de pratiquer ce
mélange des tons qui n'appartient qu'à lui.*

*Parallèlement à cette expérience particulière menée par les
poètes mondains, le* XVIIe *siècle n'a jamais cessé de pratiquer
ces strophes iso- ou hétérométriques aux architectures
complexes et aux agencements de rimes strictement codifiés
qui lui viennent de Malherbe, mais aussi, et en deçà, de
Ronsard et de son école, même si, entre-temps, et grâce à une
mode venue d'Italie, les* stances *tendent à se substituer aux*
odes *chères au Ronsard de 1550. Même fidélité en ce qui
concerne le sonnet, cette forme italienne qui s'était acclimatée*

en France dès le début du xvie siècle, mais à laquelle la Pléiade a donné ses titres français de noblesse, et qui a ses maîtres au xviie siècle : Malherbe, Maynard, Gombaud, Scudéry, Tristan, Malleville, et, encore à l'époque de Louis XIV où la forme commence à tomber en défaveur, les poètes religieux Zacharie de Vitré et Laurent Drelincourt. Ce qui n'empêche nullement d'autres d'afficher leur préférence pour ces formes courtes où le poète est enclin à rechercher la concision et la pointe : l'épigramme, le madrigal, ou, au contraire, pour la forme libre à rimes suivies : poème, discours, épître, satire, élégie ; forme largement utilisée par Ronsard et les poètes du xvie siècle, puis délaissée par Malherbe en raison précisément de son absence de contraintes, mais remise en honneur dès le début du siècle, tant par les auteurs de satires qui n'hésitaient pas, tel Mathurin Régnier, à se référer aux sermones *d'Horace, que par les auteurs d'élégies, tentés par une forme libre apte selon eux à porter un discours plus familier, moins apprêté, voire plus intime que celui confié aux strophes des odes et des poèmes en stances. L'élégie, avec laquelle Théophile de Viau a peut-être le mieux affirmé sa différence et son originalité (encore que les odes de* La Maison de Sylvie *ne soient pas moins originales et appartiennent, comme elles, au registre intime et personnel), resurgit dans la deuxième moitié du siècle avec les* Élégies à Clymène *de La Fontaine comme avec celles de Mme Deshoulières ou de Mme de Villedieu, en attendant l'intérêt que lui accorderont les âmes sensibles au xviiie siècle et dans le climat préromantique.*

Fidélité, donc, à une pratique, à un métier, entraînant parfois pour le lecteur moderne une impression de déjà vu, de répétition (il est vrai que nous sommes gâtés aujourd'hui par une conception de l'originalité absolument étrangère aux hommes du xviie siècle), mais qui a permis aux poètes d'acquérir une maîtrise formelle ou, si l'on peut dire, un tour de main quasi infaillible.

Mais il y a d'autres continuités qui apparaissent dans le ciel poétique du xviie siècle, qui lui assurent en même temps son unité spécifique et, risquons le mot, sa grandeur. La grande éclosion poétique qui se manifeste dans les recueils collectifs

*au lendemain de la signature de l'Édit de Nantes se produit
dans un climat d'intense fermentation religieuse et spirituelle ;
au-delà de la confrontation de la Réforme et de la Contre-
Réforme, nombreux sont les hommes de foi sincère et ardente
qui se retrouvent dans une expression poétique mise au
service de l'exaltation de la grandeur de Dieu ou de la quête
obstinée par le croyant de la Vérité. Les poètes de la Pléiade
avaient déjà engagé un débat où ils mettaient courageusement
en balance leur attachement à la culture païenne antique et les
exigences de leur foi et de leur vie spirituelle. La génération
suivante, celle des guerres civiles — à laquelle appartiennent
Malherbe, Bertaut, Du Perron, La Ceppède et Mage de
Fiefmelin aussi bien que Desportes, d'Aubigné et Sponde —,
s'est plue à boire aux sources vives de l'Écriture, notamment
des Psaumes, dont les adaptations et paraphrases en vers vont
se multiplier, du côté catholique comme chez les réformés ;
d'une manière générale, la Bible fournit aux poètes, outre un
luxe incomparable d'images, ces représentations contrastées
de lumière et de ténèbres, de misère et de grandeur, ce sens de
l'allégorie et de la double lecture, qu'ils mettent volontiers en
rapport avec les contrastes, contradictions et tensions que
l'histoire leur fait vivre tous les jours. La pratique de la poésie
peut alors apparaître comme une sorte d'exercice spirituel qui
permet de lire correctement l'événement (c'est ainsi que l'on
voit, à près de quarante ans de distance, les poètes Bertaut et
Dubois-Hus interpréter directement la naissance d'un dau-
phin royal à la lumière de l'Écriture), ou de redécouvrir
inlassablement les sens multiples et vivifiants de l'Évangile et
notamment du récit de la Passion (cette fois, le protestant
Drelincourt et le catholique La Ceppède se donnent la main
au-dessus des soixante-dix à quatre-vingts années qui les
séparent), ou encore de parcourir, au moins en figures, les
étapes successives de l'ascension mystique, évoquée, à des
moments différents et avec des moyens divers, aussi bien par
Mage de Fiefmelin, que par Hopil, le P. Cyprien, ou
Malaval.*

*L'énoncé de tous ces noms, qui se répartissent chronologi-
quement sur tout le siècle, montre à l'évidence qu'un certain
climat spirituel s'est maintenu suffisamment vivace, en dépit
de l'évolution profonde des esprits et des mentalités qui*

s'accomplit entre le temps de la Réforme et celui des Lumières, pour continuer à irriguer la poésie ; et cette poésie-là, en même temps qu'elle émeut par la fermeté des convictions qu'elle illustre, prolonge tard dans le siècle des modes d'expression qui, fondés sur une utilisation intensive, luxuriante parfois, des métaphores, des figures, des symboles et de l'analogie, constitue un défi tranquille à cette exigence moderne de rationalité, évoquée ci-dessus, qui se fait jour, par exemple, dans la pensée cartésienne. En plein âge « classique », la démarche d'un Drelincourt, mais aussi du P. Le Moyne et du P. de Saint-Louis ne peut surprendre que si l'on oublie que le XVIIe siècle reste, en dépit de tout, un siècle de foi.

D'autres preuves en sont, du reste, fournies par un type de poésie religieuse un peu différent et qui est bien représenté au XVIIe siècle : la poésie qui se veut porteuse de prière, et plus particulièrement de la prière intime qui relève de la piété privée et prend volontiers un tour pénitentiel. Là, souvent, le discours se dépouille, appelle au recueillement, visant simplement, si l'on peut dire, à rythmer les mouvements de l'âme ; là se rejoignent un Arnauld d'Andilly, un Georges de Brébeuf, un Pierre Patrix, et ces géniaux traducteurs de cantiques, d'hymnes du bréviaire ou de L'Imitation de Jésus-Christ *que sont, chacun à sa manière, Corneille et Racine.*

Une telle poésie peut conserver quelque chose de la grandeur et de la force de suggestion des textes scripturaires dont souvent elle s'inspire. Elle peut aussi se rapprocher de la simple exhortation morale. La poésie religieuse, dans ce cas, ne se distingue guère d'une poésie simplement morale ou moralisante, bien représentée également au XVIIe siècle. Comme leurs aînés du XVIe siècle, les poètes du XVIIe n'ont pas dédaigné de moraliser ou de philosopher en vers. Le discours en vers, qu'il prenne la forme de stances ou qu'il se coule dans les longs développements à rimes suivies, devient alors le support d'un enseignement moral, chrétien de ton, ou stoïcien, ou encore épicurien, voire libertin ; et les lieux communs d'une morale tantôt conformiste, tantôt plus hétérodoxe, nourrissent souvent satires, épîtres, discours, et constituent par exemple l'aliment essentiel d'un type de poésie fort répandue, qui est la poésie de « consolation ». Mais le ton change au cours du siècle ; l'inspiration satirique, au sens large, battait souvent en brèche le conformisme ambiant dans le premier quart du siècle : Théophile a pu ainsi user de son art, non seulement pour se défendre contre ses détracteurs, mais encore pour développer ouvertement des thèses plus proches de la pensée de Lucrèce ou de Vanini que des thèses officielles de l'Église. Après lui, et son malheureux procès, qui marque de façon spectaculaire le début de la contre-offensive des pouvoirs établis, le conformisme s'installe au détriment de la pensée libre. Faut-il voir dans l'irrespect et l'esprit de raillerie qui caractérisent la poésie comique et burlesque, des années 1630 jusqu'aux années 1650, une résurgence de l'esprit contestataire ? Rien n'est moins sûr, en dépit des outrances verbales — du reste très fugitives — du temps de la Fronde et des mazarinades. Même si le rire d'un Saint-Amant peut paraître parfois assez violent et corrosif, plus agressif, en tout cas, que le rire simplement malicieux et bon enfant de Scarron dix ou vingt ans plus tard, ou, à plus forte raison, que le sourire des mondains comme Voiture, Sarasin ou Benserade, il n'en procède pas moins, au fond, d'un parti pris de bonne humeur et de mansuétude, signe de temps plus calmes, plus heureux, expression d'une société qui ne se remet plus fondamentalement en cause. Saint-Amant propose une image de l'homme réconcilié avec lui-même ; quant au burlesque, il relève de l'esprit de jeu, et n'est peut-être qu'un avatar du goût mondain.

L'inspiration religieuse et son corollaire, l'inspiration philosophique et morale, nées au XVIe siècle avec la restauration du genre antique de la satire, mais aussi avec la Réforme et les conflits religieux et idéologiques qu'elle a suscités, traversent donc tout le XVIIe siècle, en attendant que les préoccupations des hommes tendent à perdre leur dimension transcendante au profit d'un hic *et* nunc *que les « philosophes » du XVIIIe siècle ne se lasseront plus d'explorer. Mais l'esprit religieux déborde largement l'expression d'un credo particulier et les exigences éthiques qui peuvent en découler. Il informe également le rapport que l'homme entretient avec le monde qui l'entoure. Parce que la poésie se nourrit volontiers d'images et de représentations sensibles, et qu'elle* *fait appel aux pouvoirs de l'imagination, elle est révélatrice de la conception que les hommes d'une époque donnée se font de l'univers et de la place qui leur y est dévolue. Or, juste avant que l'esprit rationaliste moderne ne vienne apporter une révolution décisive, en nourrissant, au moins pour un temps, le rêve de tout dominer et de tout comprendre, les poètes du XVIIe siècle s'inscrivent là encore dans la continuité de ceux du XVIe.*

Il arrivera à La Fontaine, on le sait, à l'heure où les idées nouvelles commenceront à saper l'édifice ancien du savoir, de discuter des théories, comme celle des animaux-machines de Descartes qui, non seulement heurtent sa sensibilité, mais lui semblent trop réductrices, faisant violence à la diversité et au mystère de la vie. Aussi curieux qu'il soit de nature, le poète n'entend pas renoncer d'un coup à une vision du monde que lui ont transmise les Anciens et les générations antérieures. L'admirable épilogue du deuxième recueil des Fables :

C'est ainsi que ma Muse, aux bords d'une onde pure,
 Traduisait en langue des Dieux
 Tout ce que disent sous les cieux
Tant d'êtres empruntant la voix de la nature.
 Truchement de peuples divers,
Je les faisais servir d'acteurs en mon ouvrage ;
 Car tout parle dans l'univers ;
 Il n'est rien qui n'ait son langage...

ne constitue pas seulement une référence à Virgile : il exprime la confiance mise dans une poésie qui capte le langage des choses, muettes ou animées, confiance qui se fonde sur la croyance, si forte encore au temps de la Renaissance, en l'universelle analogie. Correspondance entre le ciel et la terre, entre le macrocosme et le microcosme, entre les mouvements et spectacles du monde extérieur et les mouvements et aspirations de l'âme.

Ainsi s'explique la persistance d'une mythologie qui, bien évidemment, ne correspond plus à une religion précise, mais qui est la projection sur le monde extérieur de ce mélange inextricable d'attente, d'angoisse et d'émerveillement qui caractérise l'homme « primitif », l'homme préscientifique *face à l'univers. Aussi aurait-on tort de ne voir, dans les références mythologiques qui, quelquefois pour notre goût, envahissent, encombrent même la poésie du XVIIe siècle, que manie de pédants ou accumulation d'ornements conventionnels ; elles représentent en effet encore un effort de traduction sensible ou de représentation allégorique des hantises profondes, immémoriales des hommes plongés dans un univers qui, à bien des égards, leur reste mystérieux. Mais d'un autre côté on ferait preuve d'imprudence en pressentant, par exemple, dans les paysages dont la poésie du XVIIe siècle n'est pas si avare, un sentiment déjà romantique de la nature, ou un souci déjà « réaliste » de représentation fidèle de cette nature. Les évocations nombreuses de parcs, de forêts, de fontaines, ou les « marines », qui nous séduisent tout particulièrement aujourd'hui dans la poésie que nous appelons « baroque », ne valent pas essentiellement, pas seulement en tout cas, par la précision du rendu (car, dans ce cas, les figures mythologiques qui y apparaissent constitueraient des intrusions bien maladroites) ; elles traduisent plutôt le désir qui anime le poète de décrypter un sensible lourd de la signification de l'aventure humaine. Avec l'aura fabuleuse qui les entoure, les figures mythologiques interviennent alors souvent pour exprimer le souci de retrouver le secret d'une harmonie compromise ou, mieux encore, d'une innocence perdue. L'inspiration pastorale, qui sous-tend souvent la poésie « descriptive » du XVIIe siècle, ne relève pas d'un désir banal de flânerie à la campagne ou de retour à la terre, non plus, du reste, que du romantique désir de se fondre dans le grand Tout : elle témoigne du trouble lié au sentiment de la chute, de la nostalgie, plus ou moins douloureuse (voir Théophile, Tristan ou La Fontaine), ou cultivée avec une certaine coquetterie ou complaisance (voir Saint-Amant) du paradis perdu, d'une pureté d'autant plus merveilleuse qu'elle est désormais improbable.*

La nostalgie de l'innocence première et le sens de la faute sont au cœur de la pastorale ; et la pastorale nous ramène à l'expression de l'amour, de la joie qu'il peut engendrer, et surtout de la souffrance qui en est le plus souvent inséparable. L'inspiration amoureuse, au XVIIe comme au XVIe siècle, *reste, en définitive, l'inspiration majeure ; et avant qu'il ne se dissolve dans la galanterie futile de la poésie mondaine et des petits vers précieux, le lyrisme amoureux manifeste une belle vitalité qui le situe dans le prolongement de celui du siècle précédent.*

On sait qu'au XVIe siècle, des vagues successives de cet avatar de la lyrique médiévale qu'est le pétrarquisme déferlent d'Italie vers la France, gonflées par la mystique néo-platonicienne de l'amour alors en vogue, et colorées diversement, et même quelquefois contrebattues, chez Ronsard, par exemple, par des résurgences d'épicurisme ou par l'esprit gaulois. Les thèmes, les motifs pétrarquistes sont alors si obsédants, avec le cortège des figures et des procédés qui les mettent en valeur, qu'il est légitime de dire que toute poésie amoureuse est peu ou prou pétrarquiste ; en témoigne, du reste, a contrario, *la faveur que rencontre l'inspiration antipétrarquiste, dont Du Bellay a été l'initiateur, et qui fleurit dans la satire de la fin du XVIe et du début du XVIIe siècle. Or il s'est trouvé que la génération qui a suivi celle de Ronsard — et où se retrouvent Desportes, Bertaut, d'Aubigné, Abraham de Vermeil, Malherbe et Sponde — a subi conjointement l'assaut d'une vague néo-pétrarquiste (dont les* Sonnets pour Hélène *de Ronsard portent également la trace), qui renforce le caractère inaccessible de la dame aimée, et par conséquent la tonalité douloureuse de l'expérience amoureuse, et le choc des guerres civiles qui, par le spectacle des vicissitudes, des désolations et de la mort qu'elles entretiennent, exacerbent l'aspiration à un ailleurs et la soif d'absolu.*

Voilà pourquoi, dans les recueils, collectifs ou pas, de poésie qui paraissent à la fin du XVIe siècle ou dans les premières années du XVIIe, il arrive que les poètes utilisent aussi bien les thèmes amoureux que les motifs religieux pour traduire une insatisfaction fondamentale, l'angoisse ou la désespérance qui les tenaille, les hautes exigences de leur âme en quête de dépassement, leur rêve d'un idéal qui transcende les limites de leur condition. Rêve qui peut déboucher tantôt sur l'exultation de celui qui se sent touché par la grâce, tantôt sur les lueurs livides d'un réveil sans espoir. C'est bien dans un tel cadre que viennent se placer les œuvres fascinantes, mais quelque peu énigmatiques, d'un La Roque, d'un

Vermeil, d'un Motin, d'un Nervèze, d'un Ménard ou d'un Étienne Durand, auxquelles il arrive que plus tard fasse écho tel ou tel accent de l'œuvre la plus secrète de Marbeuf, de Gombauld ou de Tristan. Poésie tendue, exigeante, pleine d'élans ou d'aspérités selon qu'on met l'accent sur le déploiement de la volonté (mythe d'Icare) ou sur un tragique sur lequel plane le sens de l'interdit (mythe d'Actéon) : les poètes ne se tiennent pas toujours à ces hauteurs et se réfugient souvent dans la mélodie plaintive qui caractérise le chant pastoral, pas seulement l'illustre représentant du roman pastoral qu'est Honoré d'Urfé, qui ne dédaigne pas d'enfermer la quintessence de sa pensée dans le cadre du vers et de la strophe, mais aussi Lingendes, Pyard de La Mirande, Racan, Colletet, Théophile et Tristan qui doivent à l'inspiration pastorale quelques-unes de leurs plus belles réussites.

Il était fatal que le parti pris d'idéalisation du sentiment, qui s'accompagne souvent d'une sorte de gynécentrisme sans partage, sinon de l'évanescence de l'objet de l'amour, parti pris qui caractérise, au XVIIᵉ siècle comme auparavant, les différents avatars du pétrarquisme, provoquât un véritable choc en retour dont la création poétique pût tirer également profit. Le pétrarquisme ambiant avait déjà inspiré à Du Bellay des propos antipétrarquistes, et, avant lui, la mode des blasons (exaltation des beautés de la dame) avait aussitôt suscité celle des contre-blasons (éloge de la laideur ou du vice). C'est sans doute ce qui explique la floraison extraordinaire de poésie gaillarde et satirique — « satyrique », comme on se plaît à écrire alors — qui marque les vingt ou vingt-cinq premières années du siècle, contrepoint obligé de la poésie ostensiblement idéaliste qui emplit les recueils collectifs du temps. Sigogne, Motin, Berthelot, Régnier, d'Esternod, et d'autres, se déchaînent à qui mieux mieux contre les vieilles édentées et maquerelles, types qui ont déjà leurs titres d'ancienneté, mais poussent souvent plus loin leur fureur vengeresse, jusqu'à faire surgir, comme il arrive souvent chez Sigogne ou avec les Visions de Polidor *de Jean Auvray, un monde inversé, cauchemardesque et satanique. Certes cette poésie-là disparaît après 1623 et l'inculpation de Théophile consécutive à la publication du* Parnasse satyrique ; *mais l'inspiration démystifiante et goguenarde qui rétablit, somme toute, la prééminence de l'homme et tend à réduire la femme à n'être qu'un objet de plaisir, ou de répulsion — poncif qui est le symétrique du poncif gynécentrique cher au pétrarquisme —, refait surface selon différents modes : dans la poésie gaie de Saint-Amant, que l'inspiration satirique et burlesque venue d'Italie aide à retrouver une verve et une santé toutes rabelaisiennes, dans les plaisanteries à gambades de Scarron, toujours enclin à faire ressortir, sans méchanceté aucune, la cocasserie des attitudes et des comportements, et dans les polissonneries de bon ton qui ornent çà et là telles stances de Voiture ou de Benserade, avant qu'elles ne s'étalent, avec un art consommé de l'allusion et du devinez-quoi dans les* Contes *de La Fontaine.*

La Fontaine, avec cette légèreté qui annonce la littérature libertine du XVIIIe siècle, renoue, en fait, avec Boccace et l'esprit gaulois. Esprit gaulois, ou bourgeois, en face de l'esprit courtois et chevaleresque : on retrouve, et quelquefois à l'intérieur de l'œuvre d'un même poète, ces deux frères antagonistes du goût. Mais l'affrontement que nous venons de décrire peut laisser la place à des tentatives plus ou moins convaincantes, plus ou moins sincères, de compromis. Au milieu du siècle, les mondains, toujours séduits par le jeu, adoptent volontiers les modes de penser et de s'exprimer pétrarquistes, comme il leur arrive souvent de reprendre les schémas métriques et strophiques traditionnels, mais pour mieux faire savourer, à l'occasion de dissymétries ou de dissonances soigneusement calculées, l'élégante désinvolture des connaisseurs blasés. La poésie mondaine joue sciemment sur le refus de l'esprit de sérieux, sans rompre ouvertement avec un style et des manières qui ont fait leurs preuves et à la pratique desquels les membres du cercle sont également rompus.

Avec ce que le milieu et la fin du siècle appellent la poésie galante, et quelquefois la poésie coquette, nous sommes évidemment loin de la gravité quasi religieuse des poètes de l'amour du début du siècle. Mais, dès ce moment-là, d'autres formes de compromis apparaissent qui peuvent déboucher sur un renouvellement de l'inspiration amoureuse. Il ne s'agit pas tant, du reste, de ce mélange qu'affectionne Malherbe, et à sa suite des poètes comme Maynard (à ne pas confondre

*avec Ménard!), qui associe à des formules pétrarquistes
quelque peu vidées de leur contenu, ou plutôt qui ont tout
l'air de costumes empruntés, une rudesse bravache et virile,
qui n'est, après tout, qu'une manière de protestation bourrue
contre le féminisme de la tradition poétique. Plus original,
parce qu'il conduit à un renouvellement des perspectives et
des moyens d'expression poétique, est ce qu'on pourrait
appeler le réalisme sentimental d'un Lingendes, d'un Boisro-
bert, et surtout du Théophile des Élégies, qui démystifie la
femme et l'amour sans les rabaisser, qui place la liaison
amoureuse sous le signe de la réciprocité et d'une précarité
due aux faiblesses de la nature humaine également partagées
entre les deux sexes. Hantise de l'inconstance, dénonciation
de l'égoïsme, affres de la jalousie : tout est réuni pour que se
dessinent en filigrane les épisodes d'un petit roman sentimen-
tal, articulés sur des ressorts psychologiques vrais. Ronsard
avait esquissé le scénario dans les Sonnets pour Hélène ;
Théophile, lui, l'amplifie dans ses Élégies qui, comme plus
tard celles de La Fontaine, évoquent les moments privilégiés
d'une passion réfractée par l'imagination enfiévrée d'un
héros qui dit : « je ». Une telle poésie porteuse d'introspec-
tion n'est pas sans risque : le risque en particulier de se
dissoudre dans les méandres d'un discours analytique et
raisonneur ; mais elle contient aussi la promesse nouvelle et
rafraîchissante de faire de la poésie le lieu d'une confidence
vraie, au-delà ou en deçà des stéréotypes du langage.*

*Il est une autre manière encore d'échapper à la contrainte
de la norme et de la tradition, et qui a parfois tenté les poètes,
notamment les poètes de l'amour, au XVIIe siècle : c'est la
voie de la surenchère ou, pour être plus précis, la littérature
dont les matériaux sont fournis par la littérature même, la
littérature qui est réflexion sur la littérature, ou plutôt reflet de
littérature. Les vagues successives de pétrarquisme portent en
elles-mêmes des germes de maniérisme ; le néo-pétrarquisme
de la fin du XVIe siècle auquel se rattache la poésie amoureuse
française d'alors est riche en connotations culturelles multi-
ples et complexes. Quand, en outre, le « concettisme » cher
aux Italiens de l'époque de Marino trouve un écho en France,
les temps sont mûrs pour qu'apparaissent les constructions
verbales scintillantes et un peu folles d'un Laugier de*

*Porchères, où l'objet célébré se dissimule sous une accumula-
tion de figures ; on trouvera plus tard un écho affaibli et
banalisé du procédé dans le genre de l'énigme — voir les
énigmes de l'abbé Cotin — qui sera récupéré par les cercles
mondains, à titre de jeu quelque peu inoffensif.*

*Au temps de Porchères, l'heure du marinisme n'avait pas
encore vraiment sonné. Mais, quelques années plus tard, la
présence en France de Marino lui-même, qui y publie
certaines de ses œuvres majeures, facilite l'irruption d'une
nouvelle et dernière vague italianisante (à peu près contempo-
raine, du reste, de la vague « bernesque » et de l'influence de
Tassoni, dont le mariniste Saint-Amant est également tribu-
taire) qui a profondément marqué toute une génération de
poètes, et dont les effets se font encore sentir au milieu du
siècle. L'esthétique mariniste vise à l'émerveillement du
lecteur, un émerveillement qui doit autant au caractère
imprévisible des rapports et des correspondances qui sont
nouées entre les éléments du discours qu'à la surcharge
ornementale qui brouille les contours et le dessin logique.
Certes, nos Français — citons, parmi les plus marqués de
marinisme, Saint-Amant, Scudéry, Tristan, Malleville, Ram-
palle — savent faire un tri, chacun avec son tempérament
propre, parmi la profusion mariniste. C'est cependant au
contact de l'œuvre de Marino et de ses émules qu'ils ont
appris à s'attacher voluptueusement aux formes et aux
couleurs, à s'enchanter des artifices d'un monde recréé pour
la satisfaction de l'imagination et des sens. Le poète mari-
niste, dans ses meilleures inspirations, s'avance à travers le
monde avec l'œil du peintre ; et de fait, les plus belles pages
marinistes, dans l'œuvre de Scudéry, de Saint-Amant ou de
Tristan — souvent descriptions brillantes de figures fémi-
nines, de fontaines, de châteaux et de parcs, de ciels
nocturnes ou de splendeurs solaires —, évitent la surabon-
dance de détails qui lasse. Comme souvent dans la peinture
française de l'époque, avec laquelle la poésie entretient de
nombreux rapports, l'harmonie des couleurs et l'équilibre des
volumes et des formes contribuent à donner à l'œuvre sa
signification profonde, l'objet d'une description n'étant pas,
pour ces artistes dont le credo reste, explicitement ou non,
largement platonicien, de s'arrêter à la surface, à l'apparence*

des choses, mais de faire entrevoir leur sens idéal. Gageons que beaucoup de nos poètes auraient fait leur cette réflexion de leur illustre contemporain, Nicolas Poussin : « La peinture n'est autre qu'une idée des choses incorporelles (...). Si elle montre les corps elle en représente seulement l'ordre, et le mode selon lequel les choses se composent, et (...) elle est plus attentive à l'idée du beau qu'à toute autre. » L'objet de l'art n'est-il pas de faire transparaître l'invisible pour amener les hommes à communier dans la contemplation de la vérité ?

A l'amateur de poésie qui aborde, une fois balayés certains préjugés, le domaine poétique du XVIIe siècle, c'est donc, en définitive, un paysage varié qui s'offre ; un paysage où les horizons familiers n'excluent pas des perspectives plus neuves, ou, du moins, se parent, à l'occasion, de couleurs nouvelles qui les métamorphosent. La révolution accomplie par la Pléiade a si profondément, et pour si longtemps, marqué la création poétique en France, qu'il faudra attendre au moins le romantisme pour que les orientations alors définies ne suffisent décidément plus à l'attente des temps nouveaux. A l'intérieur de cette vaste coulée qui s'étend sur près de trois siècles s'affirment certaines grandes constantes : ainsi la référence privilégiée à l'Antiquité, encore vivace au temps du jeune Hugo ; encore et surtout, l'efficacité et la longévité remarquables d'une métrique, d'une prosodie, d'un système de strophes et de formes : c'est seulement Mallarmé qui risquera ce constat mi-ironique, mi-désabusé : « J'apporte en effet des nouvelles. Des plus surprenantes. Même cas ne se vit encore. On a touché au vers. » Mais peuvent y être délimités des sous-ensembles qui ont leur cohérence, leurs caractéristiques, entre deux ruptures, ou, du moins, deux évolutions marquées.

Si l'on adopte ce point de vue, une fois admise la permanence des mètres et des formes, et reconnue, d'autre part, celle qu'explique la vitalité de la foi et de l'expression poétique qui s'y rattache, le XVIIe siècle, pris dans ses limites chronologiques, ne nous semble guère, en ce qui concerne la poésie, constituer une unité.

A ses débuts, multiples et triomphants, il prolonge magnifiquement l'essor poétique du dernier quart du XVIe siècle, que *les troubles, les affres et les angoisses dus aux guerres ne semblent pas avoir gêné, au contraire. La richesse poétique est même telle que se développent, se mêlent et se confortent mutuellement de multiples courants : ainsi, dans le registre de la poésie amoureuse, le courant idéaliste et néo-pétrarquiste, qui reste le plus longtemps fidèle aux modes d'écrire du XVIe siècle, le courant pastoral, le courant hédoniste ou libertin, et ce que nous avons appelé le réalisme sentimental. Dans ce concert se distinguent les malherbiens et les cercles plus ou moins libertins qui trouvent en Théophile un maître ; ils contribuent, chacun pour leur part, à précipiter une évolution, au plan du langage et de l'expression, qui prend acte des transformations quelquefois rapides qui touchent d'une part à l'outil, c'est-à-dire à la langue, d'autre part à ce qui conditionne la fonction même de la poésie : le cadre politique, social, idéologique et intellectuel.*

A l'autre bout du siècle, c'est-à-dire dans son dernier tiers, et nonobstant la persistance remarquable du lyrisme religieux, et la présence de La Fontaine, le paysage poétique paraît singulièrement appauvri, et beaucoup de courants taris. C'est que la vraie rupture, même si elle s'effectue en douceur et en préservant longtemps les apparences, s'est accomplie avant le milieu du siècle. Énumérons brièvement, une dernière fois, les conditions d'une telle rupture : naissance de la science moderne et de la rationalité classique, renforcement du centralisme et de l'absolutisme, et surtout prodigieux développement de la vie mondaine et des salons (c'est du reste dans les salons que se recrutent les plus ardents propagandistes de l'esprit « moderne »), qui va donner naissance moins à de nouvelles formes ou de nouveaux thèmes d'inspiration qu'à une nouvelle attitude face à la poésie. La poésie devient en effet un ingrédient parmi d'autres de la pratique et du jeu mondains ; du coup, le risque est grand — et c'est effectivement ce qui va se produire — qu'elle apparaisse un jour comme un produit de luxe, non essentiel, comme un « gadget ». A la fin du siècle, en face de la poésie, nombre d'esprits distingués, tournant le dos à un conservatisme académique un peu aveugle, sont tentés de se demander : à quoi bon ?

De cette désaffection progressive, nous avons un témoin

*particulièrement lucide : c'est La Fontaine. La Fontaine a
longtemps cherché sa voie, portant sur le paysage poétique de
son temps un regard quelque peu désabusé (voir* Clymène)*,
puis, dans un éclair de génie, arc-bouté, mais sans le
fétichisme un peu obtus des plus intransigeants des
« Anciens », sur la profonde connaissance qu'il a des chefs-
d'œuvre de l'Antiquité, il a forgé ces outils merveilleux que
sont le conte, et surtout la fable. On peut y découvrir,
amalgamés avec une adresse suprême, tous les éléments qui
constituent, depuis les débuts de la Renaissance jusqu'aux
plus exquises productions des mondains de son temps, la
quintessence de la poésie française. On a souvent parlé à son
propos d'alchimie ; lui-même a repris à son compte l'image
platonicienne de l'abeille :*

> Je m'avoue, il est vrai, s'il faut parler ainsi,
> Papillon du Parnasse, et semblable aux abeilles
> A qui le bon Platon compare nos merveilles.
> Je suis chose légère, et vole à tout sujet ;
> Je vais de fleur en fleur, et d'objet en objet.

*Image que Montaigne avait déjà utilisée, en la développant
jusqu'à son terme : « Les abeilles pillotent de çà de là les
fleurs, mais elles en font après le miel qui est tout leur. » Rien
de plus personnel, en effet, que la poésie de La Fontaine ;
mais en même temps, on saisit plus ou moins confusément en
elle la richesse, la diversité et le charme d'un monde qui
flamboie une dernière fois avant de s'éloigner.*

*La fin du XVIIe siècle serait-elle donc le commencement de
la fin d'un âge de la poésie ? On serait tenté de le croire, à en
juger par le discrédit grandissant qui l'entoure à l'aube du
XVIIIe siècle rationaliste, ou par la postérité un peu languis-
sante qu'auront, jusqu'au romantisme, certaines formes
d'élégies ou d'odes où les poètes auront bien du mal à faire
passer quelque chose de leurs « pensers nouveaux », « étran-
glés » qu'ils seront « par la forme vieille » dont parlera
Rimbaud. Mais le besoin de poésie ne peut jamais être
complètement étouffé ; il est révélateur que le XVIIe siècle
finissant, même dans sa partie la plus lettrée, la plus raffinée,
se retourne non seulement vers une Grèce qui semble offrir
des modèles de pureté et de simplicité (voir Fénelon et sa*

Lettre à l'Académie), *mais aussi vers le folklore et la naïveté « populaire ». Ce sont des mondains, « modernes » de surcroît, qui vont applaudir les* Contes *de Perrault ou de Mme d'Aulnoye ; les auteurs de recueils de contes, peut-être parce qu'ils sont soûlés de préciosité mondaine, reprennent volontiers au peuple son bien, tandis que celui-ci, dont l'inspiration ne tarit pas, comme le montrent l'abondance et la fraîcheur des chansons que cette époque nous a léguées, adapte volontiers à ses propres besoins d'expression des motifs et des thèmes qui lui viennent de la littérature savante. Du coup, l'abîme qui sépare la littérature savante et cette littérature populaire est peut-être moins vertigineux qu'il n'y paraît de prime abord. Certes, dans le royaume de la littérature reconnue, les poètes se font rares, au cœur d'une époque férue d'analyse abstraite et portée à réduire le langage à sa fonction de traduction quasi algébrique des idées. Mais le courant souterrain de la poésie populaire est au moins là pour témoigner que, encore à la fin du XVIIe siècle, l'homme ressent plus ou moins consciemment le besoin de préserver le pouvoir de suggestion sensible des mots et de se mouvoir dans les dimensions de l'imaginaire.*

Jean-Pierre Chauveau

Vauquelin de La Fresnaye

ART POÉTIQUE[1]

.... Sire, je vois le port : montrez votre faveur ;
Dans ce trouble océan, soyez l'astre sauveur
Qui me fasse espérer que vous, ma petite Ourse,
Conduirez mon esquif sûrement en sa course.
Muses, ayant passé les flots plus oragés,
Ne permettez qu'au port nous soyons submergés.
  Jeunes, prenez courage, et que ce mont terrible
Qui du premier abord vous semble inaccessible[2]
Ne vous étonne point. Jeunesse, il faut oser
Qui veut au haut du mur son enseigne poser.
A haute voix déjà la neuvaine cohorte[3]
Vous gagne, vous appelle, et vous ouvre la porte,
Vous montre une guirlande, un verdoyant lien
Dont ceint les doctes fronts le chantre délien[4],
Et par un cri de joie anime vos courages
A vous ancrer au port en dépit des orages.
Elle répand déjà des paniers pleins d'œillets,
Des roses, des boutons, rouges, blancs, vermeillets,
Remplissant l'air de musc, de fleurettes menues ;
Et d'un parfum suave enfanté dans les nues,
Ces belles fleurs du ciel vos beaux chefs toucheront,
Et sous vos pieds encor la terre enjoncheront.
Dans le ciel obscurci de ces fleurs épandues
Sont les divines voix des Muses entendues ;

Voyez comme d'odeurs un nuage épaissi
De manne, d'ambroisie et de nectar aussi
Fait pleuvoir dessus vous une odeur embaumée,
Qui d'un feu tout divin rend votre âme enflammée.
Les vers sont le parler des anges et de Dieu,
La prose, des humains : le Poète au milieu
S'élevant jusqu'au ciel, tout repu d'ambroisie,
En ce langage écrit sa belle poésie....

Les Diverses Poésies

            Déjà, venant hérissonné
            L'hiver, de froid environné,
            S'en va la plaisante verdure
            De l'été, qui si peu nous dure ;
            Déjà les arbres tout honteux
            Il dépouille de leurs cheveux,
            Et dans la forêt effeuillée
            Court mainte feuille éparpillée ;
            Et déjà Zéphyre mollet,
            Le mignard et doux ventelet,
            Craignant la fureur de Borée,
            S'en est allé ; Vénus dorée
            Et de nos chants la volupté
            Ont avecque lui tout quitté :
            Et le suivent en autres places
            Phœbus, les Muses et les Grâces,
            Et les oisillons sautelants
            Avecque lui s'en vont volants.
            Nous aussi donc troussons bagage,
            Quittons la douceur du bocage,
            Attendant que le printemps doux
            Ici les ramènera tous,
            Avec le gracieux Zéphyre
            Qui de Borée ne craindra l'ire.
            Allons, Phyllis, mignonne, allons,
            Quittons désormais ces vallons,

Allons aux villes mieux garnies[1]
Passer l'hiver aux compagnies.
Cependant adieu je vous dis,
Jardin, l'un de mes paradis.
Adieu, fontaine, adieu, rivages,
Adieu, de nos bois les ombrages ;
Adieu, Fresnaie[2], ore[3] qui m'es
Plus chère que ne fut jamais
A roi sa maison sourcilleuse[4],
D'architecture merveilleuse.
Je m'en vais, mais je laisse en toi
Mon cœur, meilleure part de moi.

Les Diverses Poésies

Mon Du Pont Bellenger[1], ô que vous fûtes sage
D'avoir votre pays quitté pour quelque temps !
Depuis votre départ cent mille mal contents
Ont la France rempli d'une cruelle rage.

France, qui devient or' comme un désert sauvage
Par la barbare main de tant de combattants,
Les frères en leur sang leurs mains ensanglantant,
Contre leur mère encor exercent leur outrage.

Ô Saint Louis, reviens cette honte venger ;
Puisqu'on n'empêche point les Grands de l'outrager,
Rappelons les esprits de nos grands Charlemagnes !

Mais qu'en est-il besoin ? Ô France, il suffira,
Quand ton roi, pour vengeurs, les siens appellera,
Les siens qui peuvent plus que toutes les Espagnes.

Les Diverses Poésies

Seigneur, je n'ai cessé, dès la fleur de mon âge,
D'amasser sur mon chef péchés dessus péchés ;
Des dons que tu m'avais dedans l'âme cachés,
Plaisant, je m'en servais à mon désavantage.

Maintenant que la neige a couvert mon visage,
Que mes prés les plus beaux sont fanés et fauchés,
Et que déjà tant d'ans ont mes nerfs desséchés,
Me ramentai[1] le mal de mon âge volage.

Ne m'abandonne point : en ses ans les plus vieux,
Le sage roi des Juifs adora de faux dieux,
Pour complaire au désir des femmes étrangères[2].

Las ! fais qu'à ton honneur je puisse ménager
Le reste de mes ans, sans de toi m'étranger[3],
Et sans prendre plaisir aux fables mensongères.

Les Diverses Poésies

La Ceppède

PARAPHRASE DE L'HYMNE
DE LA PASSION

« VEXILLA REGIS [1] », ETC.

Les cornettes du Roi [2] volent par la campagne,
La Croix mystérieuse éclate [3] un nouveau jour
Où l'Auteur de la chair, de sa chair s'accompagne,
Et fait de son gibet un théâtre d'amour.

Là, pour notre rachat, là pour notre doctrine,
Il tend ore [4] ses mains, tend ses deux pieds aux clous,
Tandis les clous d'amour clouent dans sa poitrine
Son cœur tout amoureux, qui s'immole pour nous.

Mort sur cette potence, une lance outrageuse
Lui perce le côté, d'où surgeonne soudain
De son sang, et d'eau vive une onde avantageuse
Pour laver le bourbier qu'il a tant à dédain.

C'est ce qu'obscurément le bon David soupire,
C'est ores que suivant ses prophétiques vers
Du bois le Tout-Puissant établit son empire,
Qu'au bois, que par le bois il régit l'univers [5].

Arbre brillant et beau que la pourpre royale
Pare, orne, vermillonne, enlumine, enrichit,
De quel tige [6] t'élut cette âme déloyale,
Qui pour ces membres saints en gibet t'affranchit ?

Arbre trois fois heureux, qui vois pendre à tes branches
La rançon de ce Tout, tu balances ce Corps
Qui nos péchés balance. En toi sont nos revanches,
Tu reprends sa reprise au corsaire des morts [7].

Ô Croix, que mon espoir à tes bouts aboutisse,
A ce jour que le sang sur toi coule à randon [8],
Augmente, s'il te plaît, aux justes la justice,
Et donne aux criminels le désiré pardon.

Esprits que cette Croix, que ce gibet recrée,
Au saint los [9] du Trin-un rangez tous vos propos :
Trin-un, qui nous sauvez par cette Croix sacrée,
Guidez-nous, guindez-nous [10] au sublime repos.

Imitations des Psaumes

Ô royauté tragique ! ô vêtement infâme [1] !
Ô poignant [2] diadème ! ô sceptre rigoureux !
Ô belle, et chère tête ! ô l'amour de mon âme !
Ô mon Christ, seul fidèle et parfait amoureux !

On vous frappe, ô saint chef, et ces coups douloureux
Font que votre couronne en cent lieux vous r'entame.
Bourreaux, assénez-le d'une tranchante lame,
Et versez tout à coup ce pourpre généreux.

Faut-il pour une mort qu'il en souffre dix mille ?
Hé, voyez que le sang, qui de son chef distille,
Ses prunelles détrempe, et rend leur jour affreux.

Ce pur sang, ce nectar, profané se mélange
A vos sales crachats, dont la sanglante fange
Change ce beau visage en celui d'un lépreux.

Les Théorèmes

Dès que cette oraison fut par lui prononcée,
Il laisse un peu sa tête à main droite pencher,
Non tant pour les douleurs dont elle est offensée
Que pour semondre [1] ainsi la Parque d'approcher.

Voilà soudain la peau de son front dessécher,
Voilà de ses beaux yeux tout à coup enfoncée
L'une et l'autre prunelle, et leur flamme éclipsée,
Leur paupière abattue, et leurs reaux [2] se cacher.

Ses narines, à peine étant plus divisées,
Rendent son nez aigu ; ses tempes sont creusées ;
Sur ses lèvres s'étend la pâleur de la mort.

Son haleine est deux fois perdue et recouverte ;
A la tierce, il expire avec un peu d'effort,
Les yeux à demi clos et la bouche entrouverte.

Les Théorèmes

L'oiseau dont l'Arabie a fait si grande fête
Est de ce grand héros le symbole assuré.
Le Phénix est tout seul. Le Christ est figuré
Seul libre entre les morts par son royal prophète.

Le Phénix courageux se porte à sa défaite.
Sur du bois parfumé : l'amour démesuré
Fait que Christ a la mort sur ce bois enduré
Qui parfume le ciel d'une odeur très parfaite.

De sa moelle après le Phénix renaissant
Enlève tout son bois, et l'emporte puissant
Sur un autel voisin des arènes brûlées.

Par sa divinité le Christ ressuscitant,
Sur l'azuré lambris des voûtes étoilées
Élèvera son bois de rayons éclatant [1].

Deuxième partie des Théorèmes

Tout est donc accompli : rien ne reste en arrière,
Qui puisse appartenir au salut du mortel :
Ce généreux guerrier a fourni la carrière,
Et fait le contenu de son juste cartel.

Ce sacrificateur a fourni son autel :
S'exposant en victime à la rage meurtrière,
Aux bourrèles fureurs de la fière Béthel [1],
Pour nous ouvrir du Ciel la brillante barrière.

Son œuvre est achevé : son Père est satisfait,
Tout ce qui devait être a produit son effet ;
En lui sont accomplis tous les divins augures.

Il nous a déchiffré tous les tableaux secrets,
La vérité succède à l'ombre des figures,
La vieille loi fait place à ses nouveaux décrets [2].

Les Théorèmes

Blanc est le vêtement du grand Père sans âge,
Blancs sont les courtisans de sa blanche maison,
Blanc est de son esprit l'étincelant pennage,
Blanche est de son Agneau la brillante toison.

Blanc est le crêpe saint dont (pour son cher blason)
Aux noces de l'Agneau l'Épouse s'avantage.
Blanc est or [1] le manteau, dont par même raison
Cet innocent Époux se pare en son noçage [2].

Blanc était l'ornement dont le pontife vieux
S'affublait pour dévot offrir ses vœux aux cieux.
Blanc est le parement de ce nouveau grand prêtre.

Blanche est la robe due au fort victorieux.
Ce vainqueur (bien qu'il aille à la mort se soumettre)
Blanc sur la dure mort triomphe glorieux [1].

Les Théorèmes

Des citadins du ciel plus que je ne pourrai
Nombrer, et quatre d'eux avec quatre cornettes [1],
Et mille autres sonnant des tambours, des trompettes
En liesse, en triomphe, accompagnent ce Roi.

Ce triomphateur donc avecque le charroi
Du sujet glorieux de ses riches conquêtes [2],
Approche son Olympe en ce pompeux arroi,
Où pour le recevoir toutes choses sont prêtes.

Tous les douze portaux de Salem sont ouverts [3],
Chacun vient hommager ce Roi de l'univers
Dont la tête de neige a des feux aux prunelles [4].

Il parvient à la fin jusqu'à l'Aïeul des jours,
Qui doublant (s'il se peut) ses joies éternelles
Donne à son Fils la gloire et l'empire à toujours.

Deuxième partie des Théorèmes

La Roque

Je suis le triste oiseau de la nuit solitaire,
Qui fuit sa même espèce [1] et la clarté du jour,
De nouveau transformé par la rigueur d'Amour,
Pour annoncer l'augure au malheureux vulgaire.

J'apprends à ces rochers mon tourment ordinaire,
Ces rochers plus secrets où je fais mon séjour.
Quand j'achève ma plainte, Écho parle à son tour,
Tant que le jour survient qui soudain me fait taire.

Depuis que j'eus perdu mon soleil radieux,
Un voile obscur et noir me vint bander les yeux,
Me dérobant l'espoir qui maintenait ma vie.

J'étais jadis un aigle auprès de sa clarté,
Telle forme à l'instant du sort me fut ravie,
Je vivais de lumière, ore [2] d'obscurité.

Les Premières Œuvres

COMPLAINTE

Or que la nuit et le silence
Donnent place à la violence

Des tristes accents de ma voix,
Sortez mes plaintes désolées,
Étonnez parmi ces vallées
Les eaux, les rochers et les bois.

Je viens sous la fraîcheur de l'ombre
Pour augmenter l'amoureux nombre
De ceux que j'y vois transformés,
Blâmant le sujet de ma peine,
Qui pour changer ma forme humaine
A les dieux jaloux réclamés.

Courant à mon mal volontaire
Je suis en passe [1] solitaire
Changé par trop de cruauté :
L'ingrate dont j'ai l'âme atteinte,
Le veut, afin que par ma plainte
J'aille éternisant sa beauté.

Depuis caché sous ce plumage,
Nuit et jour parmi ce bocage
Je fais retentir ma langueur :
Mais enfin ma belle adversaire
Tout soudainement me fait taire
Si je parle de sa rigueur.

Maintenant la mort courroucée
Se fait objet de ma pensée,
L'espoir m'est un monstre odieux :
Le jour m'importune et m'ennuie,
Si bien qu'en cette obscure vie
Je me passerais de mes yeux.

Narcis quand ton amour extrême
Te changea mourant pour toi-même,
Ton feu s'éteignit promptement :
Mais las, ma flamme est continue !
Pour avoir ma forme perdue,
Je n'ai point perdu mon tourment.

Ainsi mon amour mémorable
Aura ce loyer misérable,
Puisque la cause est sans pitié.
Ah ! combien son âme est cruelle,
Croyant que qui ne meurt pour elle
Fait preuve de peu d'amitié.

Enfin réduit à la constance
Mon cœur s'apprend à la souffrance,
Mes yeux s'accoutument aux pleurs ;
En ce lieu je vis plein d'alarmes,
Contant mes erreurs par mes larmes,
Et ses beautés par mes douleurs.

Vous forêts à qui je raconte
La fureur du mal qui me dompte,
Croyez qu'Amour me fait parler ;
Je ne mens point de mon martyre [2],
Car si la douleur m'en fait dire,
Le respect m'en fait bien celer.

Passants, témoins de la tristesse
D'un chevalier qu'une déesse
Exile en ce lointain séjour,
Annoncez par toute la terre
Qu'autant qu'il fut heureux en guerre,
Il est misérable en amour.

Les Premières Œuvres

Faut-il que ces vallons, doux séjour du silence,
Soient tant importunés des accents de ma voix ?
Hélas ! quel tort m'ont fait les arbres de ces bois
Pour leur graver au sein le sujet qui m'offense ?

Pourquoi faut-il ainsi, poussé d'impatience,
Que je trouble ces eaux tous les jours tant de fois ?

Pourquoi vais-je fouler les fleurs en tant d'endroits,
Ces fleurs qui de mon mal souffrent par innocence ?

Mais vous m'excuserez, arbres, fleurs, et ruisseaux,
Qui sentîtes jadis les semblables travaux [1]
Quand votre corps sensible errait parmi ces plaines [2].

Pour ne sentir le mal qui me rend langoureux,
Hélas, je voudrais être en ces bois ombrageux
Transformé comme vous pour ne sentir mes peines.

Œuvres

M'embarquant en Amour, je vais courir fortune
Sur la plus violente et dangereuse mer,
Dessus qui nul pilote ait jamais su ramer,
Depuis que ceux d'Argos ont fréquenté Neptune.

Rien n'y sert le plein jour, non plus que la nuit brune,
Scylla jointe à Charybde on y voit écumer ;
Cent mille tourbillons nous y font abîmer,
Sans y pouvoir trouver calme ni grâce aucune.

L'espérance me guide, Amour est mon nocher,
Et comme il est sans yeux, il me convient boucher
L'oreille comme Ulysse au doux chant des Sirènes.

Le péril est bien grand, qui tiédit la raison ;
Mais si j'en réussis [1], le loyer de mes peines
Passera la conquête et l'honneur de Jason.

Œuvres

Bertaut

A MADEMOISELLE D'ENTRAGUES[1]

Flambeaux étincelants, clairs astres d'ici-bas,
De qui les doux regards mettent les cœurs en cendre,
Beaux yeux qui contraindriez[2] les plus fiers de se rendre,
Ravissant aux vainqueurs le prix de leurs combats,

Riches filets d'amour semés de mille appas,
Cheveux où tant d'esprits font gloire de se prendre,
Doux attraits, doux dédains de qui l'on voit dépendre
Ce qui donne aux plus grands la vie et le trépas,

Beau tout où nul défaut n'a pu trouver de place,
Et je serais stupide, et je suis plein d'audace
De taire votre gloire, et d'oser la toucher :

Car voyant des beautés si dignes de louange,
Pour ne les louer pas, il faut être un rocher,
Et pour les bien louer, il faudrait être un ange.

Recueil des œuvres poétiques

CHANSON

Ô beaux cheveux dont la blondeur égale
Celle du lin mêlé de filets d'or,
Ô douce chaîne à mon âme fatale,
Et de l'amour le plus rare trésor,
Si tout lien vous était comparable,
Qui vivrait libre, il vivrait misérable.

Comme jadis la puissance invincible
D'un grand héros en un poil consistait,
Qui, lui rendant l'impossible possible,
Les forts lions à ses pieds abattait [1],
Ainsi l'amour tient de vous la puissance
Qui des plus fiers lui soumet l'arrogance.

Ô beaux cheveux, mille âmes amoureuses
Que sans pitié captives vous tenez,
En leur prison se tiendraient bienheureuses,
Voyant leurs bras de vos nœuds enchaînés ;
Et plus leurs mains s'en trouveraient chargées,
Plus leurs douleurs s'en verraient allégées.

Mais la beauté dont les mains inhumaines
N'usent de vous que pour prendre des cœurs,
Extrêmement libérale de peines,
Et plus encor avare de faveurs,
Convertissant vos doux nœuds en martyre,
Plus vous refuse à qui plus vous désire.

Que c'est qu'Amour ! que sa puissance est grande !
Et quels effets elle va produisant !
Le prisonnier une chaîne demande,
Et le geôlier la lui va refusant :
Tant l'un se tient assuré de sa prise,
Tant l'autre a peur de revoir sa franchise.

Ô doux liens qui captivez les ailes
De mes désirs aux lacs[2] de mon vainqueur,
Arrêtez-les de chaînes éternelles,
Et de cent nœuds emprisonnez mon cœur.
Mais non, beaux lacs, vous n'en avez que faire :
Pourquoi lier un captif volontaire ?

Tant seulement faites-lui cette grâce,
Vous qui prendriez[3] les plus volants esprits,
Qu'il puisse voir dans le nœud qui l'enlace
Son grand vainqueur Amour lui-même pris :
Afin qu'au moins il s'éjouisse d'être
En sa prison compagnon de son maître.

(*Les Fleurs des plus excellents poètes*, 1599)

IMITATION DU PSAUME LXXI

« DEUS JUDICIUM TUUM REGI DA »,

*en forme de prière prophétique
pour la grandeur et prospérité
de Monseigneur le Dauphin*[1]

Grand Monarque du ciel, de la terre et de l'onde,
Prête ce jugement dont tu régis le monde
Pour règle et pour exemple aux soins[2] de notre Roi ;
Fais que l'heur de ton règne en son règne fleurisse,
Et donne au fils du Roi pour guide ta justice,
Afin que tous ses pas cheminent en ta loi.

Cette rare vertu conseillant ses pensées,
Il sera le support des âmes oppressées,
Et l'assuré recours des peuples affligés ;
Le pauvre et l'innocent l'auront pour leur défense,
Et les justes sous lui recevant quelque offense,
S'ils n'en sont secourus, ils en seront vengés.

Par lui la douce paix et ses chères compagnes
Verseront tous leurs fruits sur le dos des montagnes,
Pour n'en laisser jamais l'abondance tarir ;
Et la sainte équité chargera les collines
De ceux que la vertu produit de ses racines,
Et que toi, grand Soleil, tu fais croître et mûrir.

Il ira loin de lui chassant la calomnie,
Et fera voir la foi que la fraude a bannie
Revenir demeurer sur ce ferme élément,
Arrachant et le pauvre et l'humble tout ensemble.
Des ongles du méchant, et de celui qui semble
Avoir reçu des mains pour ravir seulement.

Aussi, tant qu'on verra la lumière commune
Et de l'ardent soleil et de l'humide lune
D'un tour alternátif promener sa splendeur,
Autant vivra sa gloire illustre et révérée,
La seule éternité mesurant sa durée,
Et l'infinité seule égalant sa grandeur.

Nos champs fumaient encor des flammes de la guerre,
Qu'il vint entre nos vœux se montrer à la terre,
Plus doux que n'est la pluie à l'herbage altéré,
Sur le public espoir qu'en essuyant nos larmes,
Il fera succéder à l'empire des armes
Le règne d'un repos constamment assuré.

Et, Seigneur, tu rendras cet espoir véritable,
Ornant la majesté de son trône équitable
Des immortelles fleurs dont la paix est le fruit,
Et le feras régner, que la lune argentée,
Ne versant plus ça bas sa lumière empruntée,
Cessera d'être au ciel le soleil de la nuit.

Il plantera ses lois sur toute l'étendue
Que l'une et l'autre mer largement épandue
Borne tout à l'entour de limites flottants :
Son sceptre deviendra la mesure du monde,

Et les champs infinis de la terre et de l'onde
Verront ses sujets seuls être leurs habitants.

Ceux que le Nil abreuve en ses ondes naissantes
Révéreront les pas imprimés de ses plantes,
Baissant sous ses genoux leur superbe sourcil ;
Même ses ennemis en lécheront la poudre,
Et de son puissant bras ayant senti la foudre
Fuiront de sa vaillance aux pieds de sa merci.

Les rois de qui la mer couronne les provinces,
Et ceux que l'Arabie arrange entre ses princes,
Viendront chargés de dons implorer sa bonté,
Tous révérant autant les lois de sa puissance
Que si ne vivre point sous son obéissance
C'était rébellion, et non pas liberté.

Bref, le ciel ne verra sceptres ni diadèmes
Qui n'adorent son nom, et les grâces extrêmes
Dont il fera partout ressentir les effets,
Et de qui le renom, et la gloire, et les charmes
Pourront plus sur les cœurs sans contrainte et sans armes
Que le sanglant acier sur ceux qu'il a défaits.

Car, offensé de voir l'équité violée,
Il défendra des grands la veuve désolée,
Et le pauvre orphelin à qui l'on fera tort ;
Il leur ira servant et d'époux et de père,
Tellement que leur bien naissant de leur misère,
Ce sera leur bonheur que manquer de support.

Il bannira de lui le traître et le perfide,
Vengera sans pitié sur la dextre homicide
Le sang de l'innocent méchamment épandu,
Et fera qu'en vivant aux pauvres favorable,
Être à tort affligé soit un mal désirable,
Et sujet d'espérer que d'avoir tout perdu.

Vive donc à jamais son los [3] et sa mémoire,
Et vive sa grandeur riche d'heur et de gloire,

De l'or des étrangers, et de l'amour des siens ;
Que toute âme ici-bas le bénisse et le loue,
Fasse pour lui des vœux, et justement avoue
Son règne être le nom d'un siècle de tous biens.

Mille forêts d'épis de qui les vertes ondes
Flotteront au sommet des côtes moins fécondes,
Sembleront imiter les grands bois du Liban ;
Et les peuples heureux fleuriront dans les villes,
Comme on voit fleurir l'herbe ès campagnes fertiles,
Quand Avril rajeunit le visage de l'an.

Soit sa gloire ici-bas incessamment bénie,
Soit l'honneur de son los de durée infinie,
Et d'un lustre éternel par le monde éclairant.
Que tout cet univers en son nom se bénisse,
Et qu'il rende le ciel à la terre propice,
Bienheureux en soi-même, et chacun bienheurant [4].

Mais surtout, ô Seigneur, le los de tes merveilles
Fasse éternellement sonner à nos oreilles
Ce Nom de qui les rois tiennent leur majesté.
Tout est plein de ta gloire, aussi tout la publie :
Car même quand l'ingrat ou la tait, ou l'oublie,
Sa propre ingratitude élève ta bonté.

Recueil des œuvres poétiques

Malherbe

DESSEIN DE QUITTER UNE DAME
QUI NE LE CONTENTAIT
QUE DE PROMESSE [1]

Beauté, mon beau souci, de qui l'âme incertaine
A comme l'Océan son flux et son reflux :
Pensez de vous résoudre à soulager ma peine,
Ou je me vais résoudre à ne la souffrir plus.

Vos yeux ont des appas que j'aime et que je prise,
Et qui peuvent beaucoup dessus ma liberté :
Mais pour me retenir, s'ils font cas de ma prise,
Il leur faut de l'amour autant que de beauté.

Quand je pense être au point que cela s'accomplisse,
Quelque excuse toujours en empêche l'effet :
C'est la toile sans fin de la femme d'Ulysse,
Dont l'ouvrage du soir au matin se défait.

Madame, avisez-y, vous perdez votre gloire
De me l'avoir promis et vous rire de moi,
S'il ne vous en souvient vous manquez de mémoire,
Et s'il vous en souvient vous n'avez point de foi.

J'avais toujours fait compte, aimant chose si haute,
De ne m'en séparer qu'avecque le trépas,

S'il arrive autrement ce sera votre faute,
De faire des serments et ne les tenir pas.

AUX OMBRES DE DAMON[1]

L'Orne comme autrefois nous reverrait encore,
Ravis de ces pensers que le vulgaire ignore,
Égarer à l'écart nos pas et nos discours ;
Et couchés sur les fleurs comme étoiles semées,
Rendre en si doux ébat les heures consumées,
      Que les soleils nous seraient courts.

Mais, ô loi rigoureuse à la race des hommes,
C'est un point arrêté, que tout ce que nous sommes,
Issus de pères rois et de pères bergers,
La Parque également sous la tombe nous serre,
Et les mieux établis au repos de la terre,
      N'y sont qu'hôtes et passagers.

Tout ce que la grandeur a de vains équipages,
D'habillements de pourpre, et de suite de pages,
Quand le terme est échu n'allonge point nos jours ;
Il faut aller tous nus où le destin commande ;
Et de toutes douleurs, la douleur la plus grande
      C'est qu'il faut laisser nos amours.

Amours qui la plupart infidèles et feintes,
Font gloire de manquer à nos cendres éteintes,
Et qui plus que l'honneur estimant le plaisir,
Sous le masque trompeur de leurs visages blêmes,
Acte digne du foudre ! en nos obsèques mêmes
      Conçoivent de nouveaux désirs.

Elles savent assez alléguer Artémise,
Disputer du devoir, et de la foi promise ;
Mais tout ce beau langage est de si peu d'effet

Qu'à peine en leur grand nombre une seule se treuve
De qui la foi survive, et qui fasse la preuve
        Que ta Carinice te fait.

Depuis que tu n'es plus, la campagne déserte
A dessous deux hivers perdu sa robe verte,
Et deux fois le printemps l'a repeinte de fleurs,
Sans que d'aucuns discours sa douleur se console,
Et que ni la raison, ni le temps qui s'envole,
        Puisse faire tarir ses pleurs.

Le silence des nuits, l'horreur des cimetières,
De son contentement sont les seules matières ;
Tout ce qui plaît déplaît à son triste penser ;
Et si tous ses appas sont encore en sa face,
C'est que l'amour y loge, et que rien qu'elle fasse
        N'est capable de l'en chasser...

SONNET [1]

Beaux et grands bâtiments d'éternelle structure,
Superbes de matière, et d'ouvrages divers,
Où le plus digne roi qui soit en l'univers
Aux miracles de l'art fait céder la nature.

Beau parc, et beaux jardins, qui dans votre clôture,
Avez toujours des fleurs, et des ombrages verts,
Non sans quelque démon qui défend aux hivers
D'en effacer jamais l'agréable peinture.

Lieux qui donnez aux cœurs tant d'aimables désirs,
Bois, fontaines, canaux, si parmi vos plaisirs
Mon humeur est chagrine, et mon visage triste :

Ce n'est point qu'en effet vous n'ayez des appas,
Mais quoi que vous ayez, vous n'avez point Caliste :
Et moi je ne vois rien quand je ne la vois pas.

IL PLAINT LA CAPTIVITÉ
DE SA MAÎTRESSE

POUR ALCANDRE [1]

Stances

Que d'épines, amour, accompagnent tes roses !
Que d'une aveugle erreur tu laisses toutes choses
      A la merci du sort !
Qu'en tes prospérités à bon droit on soupire !
Et qu'il est malaisé de vivre en ton empire
      Sans désirer la mort !

Je sers, je le confesse, une jeune merveille [2],
En rares qualités, à nulle autre pareille,
      Seule semblable à soi :
Et, sans faire le vain, mon aventure est telle,
Que de la même ardeur que je brûle pour elle
      Elle brûle pour moi.

Mais parmi tout cet heur, ô dure destinée !
Que de tragiques soins, comme oiseaux de Phinée [3]
      Sens-je me dévorer :
Et ce que je supporte avecque patience,
Ai-je quelque ennemi, s'il n'est sans conscience,
      Qui le vît sans pleurer ?

La mer a moins de vents qui ses vagues irritent,
Que je n'ai de pensers qui tous me sollicitent,
      D'un funeste dessein :
Je ne treuve la paix qu'à me faire la guerre :
Et si l'Enfer est fable au centre de la terre,
      Il est vrai dans mon sein.

Depuis que le Soleil est dessus l'hémisphère,
Qu'il monte, ou qu'il descende, il ne me voit rien faire
      Que plaindre et soupirer :
Des autres actions j'ai perdu la coutume,

Et ce qui s'offre à moi, s'il n'a de l'amertume,
      Je ne puis l'endurer.

Comme la nuit arrive, et que par le silence,
Qui fait des bruits du jour cesser la violence,
      L'esprit est relâché :
Je vois de tous côtés sur la terre, et sur l'onde,
Les pavots qu'elle sème assoupir tout le monde,
      Et n'en suis point touché.

S'il m'advient quelquefois de clore les paupières,
Aussitôt ma douleur en nouvelles matières
      Fait de nouveaux efforts :
Et de quelque souci qu'en veillant je me ronge,
Il ne me trouble point comme le meilleur songe
      Que je fais quand je dors.

Tantôt cette beauté, dont ma flamme est le crime[4],
M'apparaît à l'autel, où comme une victime
      On la veut égorger :
Tantôt je me la vois d'un pirate[5] ravie :
Et tantôt la fortune abandonne sa vie,
      A quelque autre danger.

En ces extrémités, la pauvrette s'écrie,
Alcandre, mon Alcandre, ôte-moi, je te prie,
      Du malheur où je suis[6] :
La fureur me saisit, je mets la main aux armes :
Mais son destin m'arrête, et lui donner des larmes,
      C'est tout ce que je puis.

Voilà comme je vis, voilà ce que j'endure,
Pour une affection que je veux qui me dure
      Au-delà du trépas :
Tout ce qui me la blâme offense mon oreille :
Et qui veut m'affliger il faut qu'il me conseille
      De ne m'affliger pas.

On me dit qu'à la fin toute chose se change :
Et qu'avecque le temps les beaux yeux de mon ange

Reviendront m'éclairer :
Mais voyant tous les jours ses chaînes se restreindre,
Désolé que je suis ! que ne dois-je point craindre :
    Ou que puis-je espérer ?

Non, non, je veux mourir : la raison m'y convie :
Aussi bien le sujet, qui m'en donne l'envie,
    Ne peut être plus beau.
Et le sort qui détruit tout ce que je consulte,
Me fait voir assez clair que jamais ce tumulte
    N'aura paix qu'au tombeau.

Ainsi le grand Alcandre aux campagnes de Seine
Faisait, loin de témoins, le récit de sa peine,
    Et se fondait en pleurs :
Le fleuve en fut ému : ses Nymphes se cachèrent :
Et l'herbe du rivage, où ses larmes touchèrent,
    Perdit toutes ses fleurs.

A LA REINE

SUR LES HEUREUX SUCCÈS
DE SA RÉGENCE [1]

Ode

Nymphe qui jamais ne sommeilles,
Et dont les messages divers
En un moment sont aux oreilles
Des peuples de tout l'univers :
Vole vite, et de la contrée
Par où le jour fait son entrée
Jusqu'au rivage de Calis [2],
Conte sur la terre et sur l'onde,
Que l'honneur unique du monde,
C'est la reine des fleurs de lis.

Quand son HENRI, de qui la gloire
Fut une merveille à nos yeux,

Loin des hommes s'en alla boire
Le nectar avecque les dieux :
En cette aventure effroyable,
A qui ne semblait-il croyable,
Qu'on allait voir une saison,
Où nos brutales perfidies
Feraient naître des maladies
Qui n'auraient jamais guérison [3] ?

Qui ne pensait que les Furies
Viendraient des abîmes d'enfer,
En de nouvelles barbaries
Employer la flamme et le fer ?
Qu'un débordement de licence,
Ferait souffrir à l'innocence
Toute sorte de cruautés ?
Et que nos malheurs seraient pires,
Que naguère sous les Busires [4]
Que cet Hercule avait domptés ?

Toutefois depuis l'infortune
De cet abominable jour,
A peine la quatrième lune
Achève de faire son tour :
Et la France a les destinées
Pour elle tellement tournées
Contre les vents séditieux,
Qu'au lieu de craindre la tempête,
Il semble que jamais sa tête
Ne fut plus voisine des cieux.

Au-delà des bords de la Meuse,
L'Allemagne a vu nos guerriers,
Par une conquête fameuse
Se couvrir le front de lauriers [5].
Tout a fléchi sous leur menace :
L'aigle même leur a fait place [6] :
Et les regardant approcher,
Comme lions à qui tout cède,
N'a point eu de meilleur remède,
Que de fuir, et se cacher.

Ô reine qui pleine de charmes
Pour toutes sortes d'accidents,
As borné le flux de nos larmes
En ces miracles évidents :
Que peut la fortune publique
Te vouer d'assez magnifique,
Si mise au rang des immortels,
Dont ta vertu suit les exemples,
Tu n'as avecque eux dans nos temples,
Des images, et des autels ?

Que saurait enseigner aux princes
Le grand démon qui les instruit,
Dont ta sagesse en nos provinces
Chaque jour n'épande le fruit ?
Et qui justement ne peut dire,
A te voir régir cet empire,
Que si ton heur était pareil
A tes adorables mérites,
Tu ferais dedans ses limites
Lever et coucher le soleil ?

Le soin qui reste à nos pensées,
Ô bel astre, c'est que toujours
Nos félicités commencées
Puissent continuer leur cours :
Tout nous rit, et notre navire
A la bonace qu'il désire :
Mais si quelque injure du sort
Provoquait l'ire de Neptune,
Quel excès d'heureuse fortune,
Nous garantirait de la mort ?

Assez de funestes batailles,
Et de carnages inhumains
Ont fait en nos propres entrailles
Rougir nos déloyales mains :
Donne ordre que sous ton génie,
Se termine cette manie :
Et que las de perpétuer

Une si longue malveillance,
Nous employions notre vaillance
Ailleurs qu'à nous entretuer.

La discorde aux crins de couleuvres,
Peste fatale aux potentats,
Ne finit ses tragiques œuvres
Qu'en la fin même des États :
D'elle naquit la frénésie
De la Grèce contre l'Asie :
Et d'elle prirent le flambeau
Dont ils désolèrent leur terre,
Les deux frères de qui la guerre
Ne cessa point dans le tombeau [7].

C'est en la paix que toutes choses
Succèdent selon nos désirs :
Comme au printemps naissent les roses,
En la paix naissent les plaisirs :
Elle met les pompes aux villes,
Donne aux champs les moissons fertiles :
Et de la majesté des lois
Appuyant les pouvoirs suprêmes,
Fait demeurer les diadèmes
Fermes sur la tête des rois.

Ce sera dessous cette égide,
Qu'invincible de tous côtés,
Tu verras ces peuples sans bride
Obéir à tes volontés :
Et surmontant leur espérance,
Remettras en telle assurance
Leur salut qui fut déploré [8],
Que vivre au siècle de Marie,
Sans mensonge et sans flatterie,
Sera vivre au siècle doré.

Les Muses, les neuf belles fées [9],
Dont les bois suivent les chansons,
Rempliront de nouveaux Orphées

La troupe de leurs nourrissons :
Tous leurs vœux seront de te plaire :
Et si ta faveur tutélaire
Fait signe de les avouer,
Jamais ne partit de leurs veilles
Rien qui se compare aux merveilles
Qu'elles feront pour te louer.

En cette hautaine entreprise,
Commune à tous les beaux esprits,
Plus ardent qu'un athlète à Pise [10],
Je me ferai quitter le prix [11] :
Et quand j'aurai peint ton image,
Quiconque verra mon ouvrage,
Avouera que Fontainebleau,
Le Louvre, ni les Tuileries,
En leurs superbes galeries
N'ont point un si riche tableau.

Apollon à portes ouvertes
Laisse indifféremment cueillir
Les belles feuilles toujours vertes
Qui gardent les noms de vieillir :
Mais l'art d'en faire les couronnes,
N'est pas su de toutes personnes.
Et trois ou quatre seulement,
Au nombre desquels on me range,
Peuvent donner une louange
Qui demeure éternellement.

CHANSON [1]

Sus debout la merveille des belles.
Allons voir sur les herbes nouvelles
Luire un émail dont la vive peinture
Défend à l'art d'imiter la nature.

L'air est plein d'une haleine de roses,
Tous les vents tiennent leurs bouches closes,
Et le soleil semble sortir de l'onde
Pour quelque amour plus que pour luire au monde.

On dirait à lui voir sur la tête
Ses rayons comme un chapeau de fête,
Qu'il s'en va suivre en si belle journée,
Encore un coup la fille du Pénée[2].

Toute chose aux délices conspire
Mettez-vous en votre humeur de rire,
Les soins profonds d'où les rides nous viennent,
A d'autres ans qu'aux vôtres appartiennent.

Il fait chaud mais un feuillage sombre
Loin du bruit, nous fournira quelque ombre,
Où nous ferons parmi les violettes
Mépris de l'ambre et de ses cassolettes.

Près de nous sur les branches voisines,
Des genêts, des houx, et des épines,
Le rossignol déployant ses merveilles
Jusqu'aux rochers donnera des oreilles.

Et peut-être à travers des fougères
Verrons-nous de bergers à bergères,
Sein contre sein, et bouche contre bouche,
Naître et finir quelque douce escarmouche.

C'est chez eux qu'amour est à son aise
Il y saute, il y danse, il y baise,
Et foule aux pieds les contraintes serviles,
De tant de lois qui le gênent aux villes.

Ô qu'un jour mon âme aurait de gloire
D'obtenir cette heureuse victoire,
Si la pitié de mes peines passées
Vous disposait à semblables pensées !

Votre honneur le plus vain des idoles,
Vous remplit de mensonges frivoles,
Mais quel esprit que la raison conseille,
S'il est aimé ne rend point de pareille ?

IMITATION DU PSAUME
« LAUDA ANIMA MEA DOMINUM [1] »

N'espérons plus, mon âme, aux promesses du monde,
Sa lumière est un verre, et sa faveur une onde,
Que toujours quelque vent empêche de calmer,
Quittons ses vanités, lassons-nous de les suivre :
      C'est Dieu qui nous fait vivre
      C'est Dieu qu'il faut aimer.

En vain pour satisfaire à nos lâches envies,
Nous passons près des rois tout le temps de nos vies,
A souffrir des mépris et ployer les genoux,
Ce qu'ils peuvent n'est rien : ils sont comme nous sommes
      Véritablement hommes,
      Et meurent comme nous.

Ont-ils rendu l'esprit, ce n'est plus que poussière
Que cette Majesté si pompeuse et si fière
Dont l'éclat orgueilleux étonne l'univers,
Et dans ces grands tombeaux où leurs âmes hautaines
      Font encore les vaines,
      Ils sont mangés des vers.

Là se perdent ces noms de maîtres de la terre,
D'arbitres de la paix, de foudres de la guerre :
Comme ils n'ont plus de sceptre ils n'ont plus de flatteurs :
Et tombent avecque eux d'une chute commune
      Tous ceux que leur fortune
      Faisait leurs serviteurs.

Abraham de Vermeil

Garrotté à l'envers aux jantes d'une roue,
Tu te fuis, tu te suis, maudissant tes amours ;
Quand tu finis ton rond tu commences ton cours,
Tourbillon éternel du destin qui se joue ;

Lâche, cesse tes cris par trop entretenus,
Je suis le compagnon de ta roue indomptable,
Si tu aimes Junon, j'aime aussi ma Vénus ;
Mais tu eus des plaisirs qui me sont inconnus,
Puis je suis une histoire, et tu n'es qu'une fable [1].

(*Les Muses françaises ralliées,* 1600)

Je m'embarque joyeux, et ma voile pompeuse
M'ôte déjà la terre et me donne les mers,
Je ne vois que le ciel uni aux sillons pers :
C'est le premier état de mon âme amoureuse.

Puis je vois s'élever une vapeur confuse,
Ombrageant tout le ciel qui se fend en éclairs,
Le tonnerre grondant s'anime par les airs ;
C'est le second état dont elle est langoureuse.

Le troisième est le flot hideusement frisé,
Le mât rompu des vents et le timon brisé,
Le navire enfondrant [1], la perte de courage.

Le quatrième est la mort entre les flots salés
Abattus, rebattus, vomis et avalés :
Bref mon amour n'est rien qu'un horrible naufrage.

(Les Muses françaises ralliées, 1600)

Un jour mon beau Soleil mirait sa tresse blonde
Aux rais du grand Soleil qui n'a point de pareil ;
Le grand Soleil aussi mirait son teint vermeil
Au rais de mon Soleil que nul rais ne seconde.

Mon Soleil au Soleil était Soleil et onde,
Le grand Soleil était son onde et son Soleil ;
Le Soleil se disait le Soleil non pareil,
Mon Soleil se disait le seul Soleil du monde.

Soleils ardents, laissez ces bruits contentieux :
L'un est Soleil en terre et l'autre luit aux Cieux ;
L'un est Soleil des corps, l'autre Soleil de l'âme.

Mais si vous débattez, Soleils, qui de vous deux
Est Soleil plus luisant et plus puissant de feux,
Soleil, tes jours sont nuits comparés à ma Dame.

(Les Muses françaises ralliées, 1600)

Puisque tu veux dompter les siècles tout-perdant
Par le rare portrait de ses grâces divines,
Frise de chrysolits[1] ses tempes ivoirines,
Fais de corail sa lèvre, et de perle ses dents.

Fais ses yeux de cristal, y plaçant au-dedans
Un cercle de saphirs et d'émeraudes fines,
Puis musse[2] dans ces ronds les embûches mutines
De mille Amours taillés sur deux rubis ardents.

Fais d'albâtre son sein, sa joue de cinabre,
Son sourcil de jayet[3], et tout son corps de marbre
Son haleine de musc, ses paroles d'aimant.

Et si tu veux encor que le dedans égale
Au naïf du dehors, fais-lui un corps d'opale,
Et que pour mon regard il soit de diamant.

(*Les Muses françaises ralliées*, 1600)

Puissant sorcier d'Amour transformé en abeille,
Je vous conjure, fleurs de ces bords verdoyants,
Et vous, flots argentins doucement ondoyant,
De laisser reposer la belle qui sommeille.

Je veux rôder trois fois autour de son oreille,
Et me percher trois fois sur ses crins roussoyants ;
Je veux baiser trois fois ses beaux yeux foudroyants,
Et sucer tout le miel de sa bouche vermeille.

Mais elle est éveillée, et ses beaux doigts de lis
Me donnent jà[1] la mort pour les baisers cueillis,
Pressant mon corps froissé contre ses lèvres closes.

Ô heureux enchanteur, puisque tes jours de fiel
Finissent doucement par une mort de miel,
Couché dans un tombeau et de lis et de roses.

(*Les Muses françaises ralliées*, 1600)

Avant que ce muguet[1] vous eût entretenue,
Je n'adorais que vous, vous n'adoriez que moi,
Front à front, sein à sein, bras à bras, nu à nue,
Vous pâmiez soupirant, soupirant je pâmais.

Mais quand je vois le cours de votre amour volage,
Je secoue les nœuds dont vous me teniez pris :
Vous n'aurez jamais plus sur mon sein avantage,
Nous verrons qui des deux portera le dommage,
Je serai Mars sanglant si vous êtes Cypris[2].

(Les Muses françaises ralliées, 1600)

Je chante et pleure, et veux faire et défaire,
J'ose et je crains, et je fuis et je suis,
J'heurte et je cède, et j'ombrage[1] et je luis,
J'arrête et cours, je suis pour et contraire,

Je veille et dors, et suis grand et vulgaire[2],
Je brûle et gèle, et je puis et ne puis,
J'aime et je hais, je conforte et je nuis,
Je vis et meurs, j'espère et désespère.

Puis de ce tout étreint, sous le pressoir,
J'en tire un vin ores blanc, ores noir[3],
Et de ce vin j'enivre ma pauvre âme,

Qui chancelant d'un et d'autre côté,
Va et revient comme esquif tempêté,
Veuf de nocher, de timon et de rame.

(Les Muses françaises ralliées, 1600)

Du Perron

Au bord tristement doux des eaux, je me retire,
Et vois couler ensemble, et les eaux, et mes jours ;
Je m'y vois sec et pâle, et si [1] j'aime toujours
Leur rêveuse mollesse où ma peine se mire.

Au plus secret des bois je conte mon martyre,
Je pleure mon martyre en chantant mes amours,
Et si j'aime les bois, et les bois les plus sourds,
Quand j'ai jeté mes cris, me les viennent redire.

Dame dont les beautés me possèdent si fort,
Qu'étant absent de vous je n'aime que la mort,
Les eaux en votre absence, et les bois me consolent.

Je vois dedans les eaux, j'entends dedans les bois,
L'image de mon teint, et celle de ma voix,
Toutes peintes de morts qui nagent, et qui volent.

Diverses œuvres

LE TEMPLE DE L'INCONSTANCE [1]

Je veux bâtir un temple à l'Inconstance ;
Tous amoureux y viendront adorer,

Et de leurs vœux jour et nuit l'honorer,
Ayant le cœur touché de repentance.

De plume molle en sera l'édifice,
En l'air fondé sur les ailes du vent,
L'autel de paille, où je viendrai souvent
Offrir mon cœur par un feint sacrifice.

Tout à l'entour je peindrai mainte image
D'erreur, d'oubli, et d'infidélité,
De fol désir, d'espoir, de vanité,
De fiction, et de penser volage.

Pour le sacrer, ma légère maîtresse
Invoquera les ondes de la mer,
Les vents, la lune, et nous fera nommer
Moi le templier, et elle la prêtresse.

Elle, séant ainsi qu'une Sibylle
Sur un trépied tout pur de vif-argent,
Nous prédira ce qu'elle ira songeant
D'une pensée inconstante et mobile.

Elle écrira sur des feuilles légères
Les vers qu'alors sa fureur chantera,
Puis à son gré le vent emportera
Deçà delà ses chansons mensongères.

Elle enverra jusqu'au ciel la fumée
Et les odeurs de mille faux serments ;
La déité qu'adorent les amants
De tels encens veut être parfumée.

Et moi, gardant du saint temple la porte,
Je chasserai tous ceux-là qui n'auront
En lettres d'or engravé sur le front
Le sacré nom, de léger, que je porte.

De faux soupirs, de larmes infidèles
J'y nourrirai le muable Protée,

Et le serpent qui de vent allaité
Déçoit nos yeux de cent couleurs nouvelles[2].

Fille de l'air, déesse secourable,
De qui le corps est de plumes couvert,
Fais que toujours ton temple soit ouvert
A tout amant comme moi variable.

Diverses œuvres

VERSION DE L'HYMNE
« VEXILLA REGIS PRODEUNT...[1] »

Aujourd'hui du grand Roi l'étendard va marchant
Où l'auteur de la chair vient sa chair attachant,
Aujourd'hui de la Croix resplendit le mystère
Où Dieu souffre sa mort, aux mortels salutaire.

Ici, pour abolir le contrat du péché
S'immole l'Agneau pur, d'offenses non taché,
Les pieds percés de clous, et les mains étendues,
Innocente rançon des ouailles perdues.

Ici du flanc de Christ avec le fer atteint
Sourd le ruisseau vermeil qui les crimes éteint,
Céleste lavement des âmes converties,
Mêlant de sang et d'eau ses ondes mi-parties.

Maintenant s'accomplit aux yeux de l'Univers
L'oracle que David inspira dans ses vers,
Chantant ces mots sacrés sur les tons de sa lyre :
L'Éternel par le bois a planté son empire.

Arbre non, mais trophée illustre et glorieux,
Orné du vêtement du Roi victorieux,

Plante du ciel chérie, et des anges élue,
Pour toucher de sa chair la dépouille impollue,

Tige trois fois heureux, dont le chef exalté
Soutient le juste prix du monde racheté,
Et balance le corps, qui mort ses bras déploie
Pour ravir aux enfers leur rapine et leur proie ;

Je te salue, ô Croix, seul espoir des vivants,
En ces jours douloureux, de larmes s'abreuvant :
Augmente au cœur des bons l'immortelle justice,
Et pardonne aux pécheurs leur mortelle malice.

Ainsi puisse ton Nom, en mérite infini,
Suprême Trinité, sans fin être béni :
Et ceux que par la Croix tu délivres de crainte,
Triompher à jamais sous ta bannière sainte.

Diverses œuvres

Mage de Fiefmelin

Voici venir la guerre aime-cris, brûle-hôtels,
Verse-sang, gâte-tout, fleau[1] de l'ire divine.
L'une des Dires sœurs[2], serves de Proserpine,
Comme d'avant-courrière en assaut les mortels.

Elle vole vers l'homme, et abat ses autels
Pour en chasser son Dieu, même de sa poitrine.
Pour leur causer, athée, une double ruine,
Elle ose bien se prendre aux esprits immortels.

Devant son ost[3] ailé marche de place en place
L'horreur, la cruauté, le sac, le deuil, l'audace,
Le désordre, la fuite et l'indigence aussi.

Son œil, son bras, sa voix brûle, canonne et tonne.
Il n'y a nul salut en la main de Bellone[4] :
Qui donc échappera de ce fleau sans merci ?

Les Œuvres
Second essai du spirituel

Jà[1] la nuit couvrait l'air de ses ailes humides,
Et l'amour annuitait[2] de mon esprit les yeux,
Quand je sors en la rue, et cours me perdre ès lieux
Où m'appelait la femme ayant ses yeux pour guides.

Hommes de cœur failli, mais de sens non timides !
De jour je craignais l'œil du monde vicieux,
Non l'œil de Dieu jamais. Dont[3] Christ, voyant des cieux
Mon naufrage, m'en sauve, et jette aux ports Hermides[4].

Puis me dardant à vie un œil de foudre clair,
Dont en l'eau de sa grâce avait trempé l'éclair,
Qui les sens m'éblouit, et me foudroya l'âme :

Va-t'en, dit-il, en paix : ne pèche. Et au-dedans
M'élança mille coups et mille feux ardents.
Donc m'en irai-je en paix tout en sang et en flamme ?

Les Œuvres
Quatrième essai du spirituel

Las ! je meurs : non-fais, non. Quoi donc ? Je vis d'espoir.
Non-fais, je ne vis point : je meurs, vivant en peine.
Encor ne meurs-je pas : mais la chair, bien qu'humaine,
Ses lacs[1] à mort me tend, me tente, et me fait choir.

Mais est-ce vivre, à mort toujours vivre me voir
Battu des flots et vents de cette mer mondaine ?
Serait-ce aussi mourir d'être tant en haleine
Sous l'esprit m'avivant d'espoir de mieux avoir ?

Ah ! j'aime mieux mourir que vivre en ma souffrance.
Non : je vivrai plutôt pour bénir l'assistance
Qu'en la mort de ma chair j'ai de Dieu qui m'a cher.

Mais si[2] ne vis-je enfin. Et quoi ? Suis-je mort donques ?
Non : je suis l'entre-deux, et si mieux ne fus onques.
Heureux qui vit d'esprit et qui meurt en la chair !

Les Œuvres
Quatrième essai du spirituel

MÉTAMORPHOSE DES SPIRITUELS
OU RÉGÉNÉRÉS

J'avais toujours nié cette métamorphose,
Où les chrétiens, changés, revivent saintement.
Mais, sage après l'essai[1], je sens qu'à tout moment,
Aimant Christ, il nous change en mainte étrange chose.

Je fus premier[2] Argus à la paupière éclose[3]
Pour Sion reconnaître et la voir clairement.
Puis son œil chasserot[4] me fit cerf en l'aimant,
Au saint coup de sa flèche en ma poitrine enclose.

Je vins[5] Cygne au présage et doux chant de ma mort
(De ma mort en la chair) qui m'adoucit mon sort.
Puis, suivant mon soleil, je devins sa Clytie[6] :

Le perdant, je fondis par mes pleurs en ruisseau,
Puis, tari, sous ses feux je fus ardent fourneau.
Ores[7], je suis Écho : l'air de Christ est ma vie.

Les Œuvres
Sixième essai du spirituel

Les plus divins amours se jouaient dans sa tresse,
Les éclairs de ses yeux les plus froids enflammaient,
Et ses plus doux soupirs l'air d'odeurs embaumaient
Sous un avril de fleurs qu'elle versait sans cesse.

Son port, sa majesté qui la montraient Déesse,
Sa grâce et son souris, qui les morts ranimaient,
Faisaient que ses haineux en la voyant l'aimaient,
Et la suivaient les siens ainsi que leur maîtresse.

Sitôt que sa beauté m'apparut au saint lieu,
En peur j'entr'avisai ce chef-d'œuvre de Dieu,
L'œilladant à demi pour ne perdre la vue.

Mais je perdis bien plus. Sa bouche me surprit,
En me volant d'un coup le repos et l'esprit ;
Puis mon âme à l'aimer fut par l'oreille émue [1].

Les Œuvres
Sixième essai du spirituel

Oui, oui, je l'aimerai, j'aimerai ma Chrétienne [1],
Elle est belle et aimable et dehors et dedans ;
Je me brûlerai vif à ses soleils ardents,
Dût fondre en eau ma chair dans l'onde léthéenne.

Ô Dieu ! qu'elle est divine en sa nature humaine !
Que contents sont mes yeux sans fin la regardant !
Qu'heureux sont mes esprits à elle s'attendant,
L'ayant pour mon saint phare en cette mer mondaine !

Les Grecs jadis vainqueurs se dressaient des vaincus,
Pour trophée à leur nom, glaives, traits et écus :
Mais, vaincu, du vainqueur j'honore la victoire.

Glorieux que ma Sainte aille me captivant,
Maint trophée immortel j'irai lui élevant :
Et ces vers sont les arcs que je dresse à sa gloire.

Les Œuvres
Septième essai du spirituel

Lazare de Selve

SUR L'ÉVANGILE
DE LA TRANSFIGURATION
en saint Matthieu, chap. XVII

Mortels qui admirez en ces beautés mortelles
Un teint blanc, un beau trait, et des yeux la lueur,
Venez voir la beauté, la clarté du Sauveur,
Et admirez en lui les beautés immortelles,

Sa face, vrai Soleil des clartés éternelles,
Et ses habits passant les neiges en blancheur,
Cette nue, et la voix du Père, et du Seigneur,
Et mille beaux rayons et vives étincelles.

Christ, Élie, et Moïse employant leur savoir
A discourir entre eux de l'excès du pouvoir,
De l'excès de sa mort, et de sa grand'victoire,

De l'excès de vertu, de l'excès de bonté,
De l'excès de l'amour, de l'excès de beauté,
De l'excès de la grâce, et de l'excès de gloire.

Les Œuvres spirituelles

SUR L'ÉVANGILE
DE LA FÊTE DES TABERNACLES
en saint Jean, chap. VII

Qui sera celui-là qui logera, Seigneur,
Au tabernacle heureux de ta montagne sainte ?
Celui qui a ta Loi dedans son âme empreinte,
En ses mains l'innocence, et pureté du cœur,

Qui porte en son esprit l'olivier de douceur,
Et qui du myrte saint a sa volonté ceinte,
Ayant la patience, et l'amour, et la crainte,
Qui porte courageux la palme du vainqueur,

Des méditations l'agréable feuillage
Afin de tapisser d'un gracieux ombrage
La loge qu'il fera de cet excellent bois,

Qui fut jadis opprobre, et ore est plein de gloire,
Où l'Agneau emporta cette grande victoire,
De ce bois, ô Sauveur, de votre sainte Croix.

Les Œuvres spirituelles

CANTIQUE
EN FORME D'UN NOËL

Levez-vous de cette prairie,
Et quittant votre bergerie,
Venez voir le fils de Marie,
      Tout plein d'amour :
Levez-vous, pasteurs, je vous prie,
Et venez tôt, car il est jour.

Déjà la luisante aurore
La cime de ces monts redore,
Et ce petit Dauphin honore,
          Pleine d'amour :
Venez, et que chacun l'adore,
Et venez tôt, car il est jour.

L'ange en a porté la nouvelle,
Écoutez comme il vous appelle,
Il chante une chanson si belle,
          Toute d'amour :
Venez donc voir cette pucelle,
Et son fils, plus beau que le jour.

Venez voir cette sainte Dame,
Et ce petit qui ravit l'âme,
Et son œil qui le cœur entame
          De traits d'amour :
Venez tous, esprits de sa flamme,
Et venez tôt, car il est jour.

Venez voir sa bouche pourprine,
Sa main, et sa façon poupine ;
Venez voir sa face enfantine,
          Pleine d'amour :
Venez voir sa clarté divine,
Et venez tôt, car il est jour.

Les Œuvres spirituelles

Aubin de Morelles

Voici le mois d'Avril suivi de ses beaux jours,
Voici le doux Zéphyre à l'amoureuse haleine,
Qui navré[1] va 'cherchant Flore de plaine en plaine,
Afin de soupirer leurs plaisantes amours.

L'Hiver morne s'enfuit, le Ciel change son cours,
Et regarde ici-bas d'une face sereine ;
Le monde s'éjouit, et je songe en ma peine :
Car l'aimable Printemps ne vient pour mon secours.

Cette belle saison à chacun est connue,
Les oiseaux en leurs chants bénissent sa venue,
Et saluent par l'air sa verdure et ses fleurs.

Moi seul, je me complains dans les cavernes sombres,
Et répands nuit et jour des larmes et des pleurs,
Que je voue à sa mort et à ses pâles ombres.

Les Urnes de Julie

La mort a tout mon bien et mon espoir éteint,
La mort tient mort ce corps que mort encore j'aime !
La mort a fait enfin que je me hais moi-même,
Et si[1] la mort a fait que mon cœur ne la craint.

Depuis le triste jour que le visage saint
Entra sans retourner dans le royaume blême,
Mes yeux toujours trempés en amertume extrême
Ont pleuré et gémi d'un pleur triste et non feint.

Aussi c'est mon espoir, que si la mort trop fière
Ne veut finir mes jours, de faire une rivière
De larmes et de pleurs, afin de me noyer !

Le fleuve coulera dessous la terre sombre,
Et les cygnes viendront mon esprit convoyer
Jusques aux champs heureux où demeure son ombre.

Les Urnes de Julie

Peu à peu s'affaiblit mon écorce mortelle,
Je reverrai bientôt ce qui me fut si cher ;
Je dresse sur un mont un odorant bûcher,
Que je vais allumant moi-même de mon aile.

Je porte au flanc la mort, son trait et sa quadrelle [1],
Et soupirant ma fin que je sens approcher,
Je fais de mes deux yeux un grand fleuve épancher,
Pour baigner l'urne sainte où repose la belle.

Le Cygne blanchissant dessus le mol cristal
De Caÿstre [2] aux doux flots chante l'hymne fatal,
Et les funèbres sons de la mort qui l'appelle :

Ainsi sur l'arbre sec et les nuits et les jours,
Cachée au fond d'un bois la chaste tourterelle
En lamentable voix soupire ses amours.

Les Urnes de Julie

Amour m'emplume, et mon penser si haut
Devers le Ciel ses deux ailes déplie,
Que trop hautain la mort même il défie,
Et les rayons du Soleil le plus chaud !

Mais tout soudain une frayeur m'assaut,
Et me repens de ma jeune folie,
Si ce n'était qu'Amour après moi crie,
Fâché de quoi le courage me faut :

Pousse, dit-il, ton vol parmi les nues,
Et, hasardeux par voies inconnues,
Cherche ta Dame, et ne crains d'abîmer [1].

Le Ciel n'est point à ton bonheur contraire :
Que s'il l'était, ta chute volontaire
Pour ton tombeau te donnera la mer.

Les Urnes de Julie

Sigogne

MÉPRIS

Pourceau le plus cher d'Épicure,
Qui, contre les lois de nature,
Tournez vos pages à l'envers,
Et qui, pris aux chaînes du vice,
Vous plongez dedans le délice,
J'ai du limbe entendu vos vers !

Vous dites que j'ai fait la poule
Et des dames fendu la foule,
De mon maître le messager,
Mais votre courage de verre
Vous rend une poule à la guerre
Et un lièvre dans le danger.

Si j'ai fait d'amour le message,
Je n'ai point violé l'usage
Ni la coutume de la Cour ;
Mais vous, allez fuyant les dames,
Et, brûlant d'exécrables flammes,
Aux hommes vous faites l'amour.

Quittez votre inutile épée
Qui ne fut onc au sang trempée,
Dont le nom vous fait tant de peur ;

Suivez le destin de votre âme :
Prenez la robe d'une femme,
Puisque vous en avez le cœur !

Valet aux gages de la panse,
Vous ramenez Sodome en France :
Qui en doute vous fait grand tort ;
Vous tremblez au seul bruit des armes,
Mourant de frayeur aux alarmes,
Et vous bravez un homme mort.

Du limbe, toute l'assemblée
De vos lubricités troublée
Vous prie de vous convertir ;
Sinon, Dieu, qui brûla Gomorrhe,
Vous en fera sentir encore
Le supplice et le repentir.

Dauphin des Cités abîmées
Par l'ire du Ciel enflammées
Aux vieux siècles de l'âge d'or,
Venez aux maisons criminelles
De l'Enfer, régner dessus elles,
Vous et votre beau Melliflor.

(*Les Muses gaillardes*, 1609)

GALIMATIAS

Le pot où l'on met les plumes,
Les lieux où sont les enclumes,
Les coffres semés de clous,
Les chemins, les cimetières,
Les monts et les fondrières
N'ont point tant d'aise que vous !

Sigogne

Les castelognes[1], les houppes,
Les plumes et les étoupes,
Les oreillers de velous,
Les heures[2] et les mitaines[3],
Les peaux de vautours, les laines
Sont bien plus fermes que vous !

Les vieux cacques[4] de morue,
La tannerie et les rues,
Les privés communs à tous,
Les dents à moitié pourries,
Les fiëns[5] et les voiries,
Sentent bien meilleur que vous !

Une chienne, une tigresse,
Une chatte, une singesse,
La femelle entre les loups,
Un maquereau passé maître,
Les novices hors du cloître,
Sont bien plus chastes que vous !

Une veuve, une nourrice,
La tripe d'une saucisse,
La chausse d'un vieux jaloux,
Et les gaines roturières
Des couteaux de ces tripières
Sont pucelles comme vous !

(*Recueil des plus excellents vers satyriques*, 1617)

Elle a beaucoup de l'air d'une antique marotte[1] ;
Son teint est délicat comme un vieux brodequin,
Son corps est embon-point autant qu'un mannequin,
Et chemine aussi gai comme un lièvre qui trotte.

Elle parle en oison qui jase dans la crotte ;
Elle rit en guenon qui a son vert coquin ;
Elle sent aussi bon que fait un vieux bouquin,
Et tient sa gravité comme un âne qu'on frotte.

Son chant approche fort d'un geai pris à la glu ;
Amoureuse est à voir comme un plat de merlu,
Gaillarde comme un chat qui gambade en gouttière :

Bref, c'est un marmouset [2] habillé d'un rabat,
Un balai écourté d'une vieille sorcière,
Car qui la monterait irait droit au Sabat !

(*Le Cabinet satyrique*, 1618)

SATIRE, CONTRE UNE DAME

Sèche pièce de bois, triste ordonnance d'os,
Ventre maigre et flétri, vieux ratelier du dos,
Portrait vif de la mort, portrait mort de la vie,
Fantôme qui paraît sous un masque trompeur,
Qui fait craindre la crainte, et fait peur à la peur,
Et détourne l'envie, à la même une envie ;

Maigre défigurée qui n'a rien que la peau,
Encores une peau qui n'est que de drapeau,
Une peau qui se fronce en cent rides altières,
Une peau dont le teint, tout cuit, et tout hâlé,
Ressemble, épouvantable, au parchemin collé
Dessus un test de mort, qu'on trouve aux cimetières ;

Charogne sans couleurs, dépouille du tombeau,
Carcasse déterrée, atteinte d'un corbeau,
Semblable aux visions que nous a fait le somme :
Tu es quelque vieux corps dans la neige fondu,
Ou un corps de sorcier à un gibet pendu,
Qu'un démon a vêtu pour faire peur à l'homme !

Si quelqu'un, transporté d'un courroux violent,
Te mettait dans le ventre un flambeau tout ardent,
Pour faire de ton corps une épreuve nouvelle :
Au travers de ton flanc, on verrait la clarté,
Comme dans un falot, parmi l'obscurité,
Au travers d'une corne on voit une chandelle !

(*Les Délices satyriques,* 1620)

Motin

Cachez-vous à mes yeux, beaux yeux que j'aime tant ;
Vous ne sauriez pourtant vous cacher à mon âme :
Quand je regarde au ciel, je vois la vive flamme
Du soleil, qui me va vos feux représentant.

Rien ne me sert, beaux yeux, de m'aller écartant :
Je ne peux m'écarter de ce feu qui m'enflamme,
Comme un cerf qui s'enfuit de l'épieu qui l'entame,
Et va dans ses côtés son trépas emportant.

Que cette vieille ingrate, à mon mal conjurée,
Recèle de vos yeux la clarté désirée [1],
Je me vais consolant en mon deuil non pareil ;

Qu'elle cache vos yeux, mes soleils admirables,
Qu'elle offusque un petit leurs rayons agréables :
La terre offusque bien les rayons du soleil [2].

ÉLÉGIE

Je cherche un lieu désert aux mortels inconnu,
Où berger ni troupeau ne soit jamais venu,
Dans le sein ténébreux des roches ombragées

D'éternelles forêts de dix siècles âgées,
Bois sacrés à l'horreur, noirs ennemis du jour
Et des aigles cruels l'effroyable séjour,
Où même ils n'osent pas, quand l'amour les irrite,
Crier en ce lieu sourd que le silence habite.
   Là je veux, dans le creux de quelque vieux rocher
D'où jamais le soleil n'ait pouvoir d'approcher,
Creuser un temple obscur à faire ma demeure,
Amoureux pénitent jusqu'à tant que je meure,
Et pleurer du regret dont je suis possédé
De voir que mon désir ait si mal succédé [1],
Qu'il faille qu'un tyran de nature sauvage
Tienne depuis six ans ma maîtresse en servage,
Et que l'austère loi de la nécessité
Ait porté cette belle à l'infidélité [2].
   Là je veux de mon sang pour expier ce vice
Lui faire nuit et jour un piteux [3] sacrifice ;
J'aurai pour son portrait un autel destiné,
Où mille fois le jour à ses pieds prosterné
Adorant à genoux une si belle image,
De mes plus beaux pensers j'irai lui faire hommage :
Mon cœur sera la lampe ardant [4] incessamment
D'un feu pur et sacré, nourri sans aliment,
Ma mémoire sera de ce feu la vestale,
Mes soupirs les parfums, et mes pleurs l'eau lustrale.
   Aux murailles du temple on lira le pouvoir
Que sur tous mes désirs sa beauté sut avoir ;
Des effets de ses yeux on y verra l'histoire,
Son triomphe et mes fers, ma prise et sa victoire.
Mon cœur couvert de sang, de flammes et de traits,
Et de mes passions les accidents portraits,
Fera voir à quel point ma fortune est réduite,
Et de notre amitié [5] la naissance et la suite.
   On y verra partout nos chiffres enlacés,
Nos serments amoureux par le sort traversés,
Et l'horrible fureur qui troubla ma pensée,
Sachant qu'à me quitter la belle était forcée.
Mon corps pâle et défait se traînera vêtu
De l'écorce d'un tronc par l'orage abattu ;
Le nombre des vertus d'une telle Déesse

Sera le chapelet que je dirai sans cesse ;
J'aurai pour discipline un repentir amer
D'avoir pu sans la voir tant vivre et tant l'aimer,
Et pour cloche un martel de savoir que sa bouche
Pollue en des baisers par un autre se touche.

Dans le sein d'un rocher je veux mon lit creuser,
Où je me coucherai si je puis reposer
Durant ma triste vie et trop longue et trop dure ;
Et ce lit à ma mort sera ma sépulture,
Que j'attendrai content dans ce lieu déserté,
Aussi plein de malheur comme d'obscurité.

Là, quand la belle aurore ira semer ses roses,
Rendant le jour au ciel et la couleur aux choses,
A midi que le jour sera plus élevé,
Quand il verra son cours vers l'Espagne achevé,
Et durant la minuit que tout visage est more,
J'adresserai mes vœux aux beaux yeux que j'adore.

S'il advient que la belle, ayant su le discours
De mon austère vie, y vienne à mon secours,
Ou bien après ma mort si l'ingrate contemple
Ma froide sépulture en l'horreur de ce temple,
Si quelque triste amant comme moi traversé,
Si quelque pèlerin jusque-là soit passé,
Ils verront dans la roche au-dessus de la porte
Ma piteuse aventure écrite en cette sorte :
« Ô toi que le destin, l'amour ou le loisir
Conduisent en ces lieux privés de tout plaisir,
Sache qu'ici repose en la nuit éternelle
Un amant malheureux autant qu'il fut fidèle ;
Après avoir longtemps bien aimé, bien servi,
Voyant tout son espoir par un autre ravi,
Vrai martyr de l'amour il soupira son âme,
Et son dernier propos fut le nom de sa Dame.
Honore son sépulcre et l'arrose de pleurs,
Mais que ta piété ne verse point de fleurs
Sur ce corps qui mourant ne sentit rien qu'épines,
Et garde que de l'air de ses cendres voisines
Ne sorte une vapeur qui te rende amoureux :
Car encore le ciel à ses os rigoureux
A voulu qu'en la tombe où cet amant repose,

Son immortelle flamme avec lui fût enclose.
Honore sa dépouille inhumée en ce lieu,
Gardes-en la mémoire, et te retire. Adieu. »

(*Nouveau recueil des plus beaux vers,* 1609)

STANCES

Est-ce mon erreur ou ma rage
Qui m'a conduit sous un ombrage,
Moins d'effroi que d'amour époint,
Séjour des morts, demeures pâles,
Croix, ossements, tombes fatales,
L'espoir de ceux qui n'en ont point.

Je vois dans vos froides ténèbres
Qu'une de ces fureurs célèbres
M'éclaire de son noir flambeau,
Et pour un présage sinistre,
De mes maux le sanglant ministre,
L'amour, m'apparaît en corbeau.

Ô que de monstres incroyables,
Que de fantômes effroyables
A mes yeux se viennent offrir,
M'ouvrant leur caverne profonde ;
Mais le ciel me réserve au monde
Moins pour vivre que pour souffrir.

Ce ne m'est qu'un, souffrir et vivre,
Le ciel pour moi s'est fait de cuivre,
L'eau de sang, la terre de fer,
La clarté toujours éclipsée,
Et portant partout ma pensée,
Partout je porte mon enfer.

Du désespoir je vois la face,
Je vois son œil armé d'audace
Tournant son regard inhumain,
Suivi de sa sœur la colère,
Pour échapper de la misère
Il tient le flambeau dans la main.

Voilà qu'il brave toute peine,
Dans les flancs lui grossit l'haleine,
Mille morts marchent devant lui :
Malheureux, me dit-il, essaie
De tirer hors par une plaie
Ton sang, ta vie et ton ennui.

Vainqueur des fières destinées,
Roi des âmes infortunées,
Puissant désespoir je te crois.
Mais attends que ma Dame entende
Que ma douleur était trop grande
Pour vivre sans elle, ou sans toi.

(*Nouveau recueil des plus beaux vers*, 1609)

MÉDITATION
SUR LE MEMENTO HOMO

Souviens-toi que tu n'es que cendre
Et qu'il te faut bientôt descendre
Dans le fond d'un sépulcre noir,
Où la terre te doit reprendre,
Et la cendre te recevoir.

Le péril te suit à la guerre,
Dessus la mer, dessus la terre ;
Le péril te suit en tous lieux,

Et tout ce que le monde enserre
Vit en péril dessous les cieux.

La moindre fièvre survenue,
Qui dans tes veines continue
Te viendra troubler le cerveau,
Couvrira tes yeux d'une nue,
Et t'enverra dans le tombeau.

Des hommes la maudite vie
A mille maux est asservie,
Dont le moindre est assez puissant
Pour arracher l'âme et la vie
Hors de notre corps languissant.

Puis après la mort endurée
De ta dépouille demeurée,
Les membres seront sans chaleur
Et ta face défigurée,
Et tes deux lèvres sans couleur.

Des prêtres la triste cohorte,
Viendra chanter devant ta porte,
Un drap de morts, et un linceul
Couvriront ta charogne morte,
Prisonnière dans un cercueil.

Les torches luiront par la rue,
Et des tiens la troupe accourue,
Couverte d'un long habit noir,
A ton âme mal secourue
Payeront le dernier devoir.

Alors la prunelle offusquée,
La langue qui s'est tant moquée,
Et ta peau cendre deviendront,
Et au lieu de poudre musquée,
Les vers dans ton poil se tiendront.

Tout ce qui dans terre chemine
De puanteur et de vermine,
Mille crapauds, mille serpents,
Iront sur ta morte poitrine,
Et dessus ton ventre rampant.

Ton âme de nul consolée,
Qui cependant sera volée [1]
Où l'on juge en dernier ressort,
Toute tremblante et désolée
Mourra de peine après ta mort.

La main de ton Juge équitable
A ton offense détestable
Sa justice fera sentir,
Un grand abîme épouvantable
S'entr'ouvrira pour t'engloutir.

(*Les Fleurs des plus excellents poètes,* 1601)

DU MALCONTENT DE LA COUR

Desseins au vent jetés, inutiles poursuites,
Pas épars, vains honneurs recherchés et rendus,
Faveur d'un seul regard, plaisirs trop chers vendus,
Hasards mieux fortunés que les sages conduites,

Jardins, cygnes, faisans, canards, carpes et truites,
Je vous dis cent adieux par moi trop attendus,
Et à vous, courtisans que l'espoir a perdus,
Gens qu'il faut assommer à coup de pommes cuites.

Gens de qui les desseins n'auront jamais de bout,
Bien que vous vous teniez tête nue et debout,
Mendiant un bonjour ou quelque froid langage

Comme gueux assemblés dedans un carrefour :
Pour faire un saint de vous il en faut davantage
Que de boules de neige à réchauffer un four.

(*Le Cabinet satyrique*, 1618)

Honoré d'Urfé

AU VENT

Doux Zéphyr que j'entends errer folâtrement
Entre les crins aigus de ces plantes hautaines,
Puis, éveillant aux prés les fleurs par tes haleines,
D'un larcin glorieux tu te vas parfumant,

Si jamais la pitié te donna mouvement,
Oublie en ma faveur ici tes douces peines,
Et t'en vas dans le sein de ces fertiles plaines,
Plaines où j'ai laissé tout mon contentement.

Va, mais porte avec toi mes amoureuses plaintes,
Qui bien souvent aux pleurs ont ces roches contraintes,
Seul et dernier plaisir à tant de déplaisirs.

Là tu pourras cueillir sur ses lèvres jumelles
Des odeurs et des fleurs plus douces et plus belles,
Mais rapporte-les-moi pour nourrir mes désirs.

(*Nouveau recueil des plus beaux vers,* 1609)

COMPARAISON D'UNE FONTAINE
A SON DÉPLAISIR

Cette source éternelle
Qui ne finit jamais,
Mais qui se renouvelle
Par des flots plus épais,
Ressemble à ces ennuis dont le regret m'oppresse.
Car comme elle est sans cesse
D'une source féconde au malheur que je sens,
Ils s'en vont renaissant.

Puis d'une longue course,
Tout ainsi que ces flots
Vont éloignant leur source,
Sans prendre nul repos,
Moi par divers travaux, par mainte et mainte peine,
Comme parmi l'arène,
Serpentant à grands sauts, l'onde s'en va courant,
Mon mal je vais pleurant.

Et comme vagabonde
Murmurant elle fuit,
Quand onde dessus onde
A longs flots elle bruit,
De même, me plaignant de ma triste aventure,
Contre amour je murmure ;
Mais que me vaut cela, puisqu'il faut qu'à la fin
Je suive mon destin ?

Astrée, 1re partie

STANCES D'HYLAS

DE SON HUMEUR INCONSTANTE

Je le confesse bien, Phyllis est assez belle
      Pour brûler qui le veut ;
Mais que, pour tout cela, je ne sois que pour elle,
      Certes il ne se peut.

Lorsqu'elle me surprit, mon humeur en fut cause,
      Et non pas sa beauté ;
Ores qu'elle me perd, ce n'est pour autre chose
      Que pour ma volonté.

J'honore sa vertu, j'estime son mérite
      Et tout ce qu'elle fait ;
Mais veut-elle savoir d'où vient que je la quitte ?
      C'est parce qu'il me plaît.

Chacun doit préférer, au moins s'il est bien sage,
      Son propre bien à tous ;
Je vous aime, il est vrai, je m'aime davantage :
      Si faites-vous bien, vous.

Bergers, si dans vos cœurs ne régnait la feintise,
      Vous en diriez autant ;
Mais j'aime beaucoup mieux conserver ma franchise
      Et me dire inconstant.

Qu'elle n'accuse donc sa beauté d'impuissance,
      Ni moi d'être léger ;
Je change, il est certain ; mais c'est grande prudence
      De savoir bien changer.

Pour être sage aussi, quelle en fasse de même,
      Égale en soit la loi.
Que s'il faut par destin, que la pauvrette m'aime,
      Qu'elle m'aime sans moi !

Astrée, 3ᵉ partie

SON CŒUR
A PLUS D'ENNUIS
QUE LES CHAMPS
DE MOISSONS

Déesse ! dont la main, de son volant armée,
Coupe de nos moissons les épis ramassés,
Et puis en gerbe d'or en ton poing amassés,
Fais voir ce qui te rend des mortels estimée ;

Déesse ! dont la main est tant accoutumée
Aux moissons dont nos champs richement tapissés
Semblent du faix très grand être presque oppressés,
Peine du laboureur toutefois bien aimée ;

Déesse ! par pitié tourne sur moi les yeux,
Et dis-moi si jamais tu vis en quelques lieux
De nos jeunes guérets les campagnes plus pleines

Que mon cœur, de tourments en l'état où je suis.
Et puis, raconte à tous qu'une moisson d'ennuis
Se trouve dans mon cœur aussi bien qu'en nos plaines.

Astrée, 3e partie

Vauquelin des Yveteaux

Avecque mon amour naît l'amour de changer :
J'en aime une au matin, l'autre au soir me possède ;
Premier qu'avoir le mal, je cherche le remède,
N'attendant être pris pour me désengager.

Sous un espoir trop long je ne puis m'affliger ;
Quand une fait la brave, une autre lui succède,
Et n'aime plus longtemps la belle que la laide :
Car dessous telles lois je ne veux me ranger.

Si j'ai moins de faveur, j'ai moins de frénésie ;
Chassant les passions hors de ma fantaisie,
A deux, en même jour, je m'offre et dis adieu.

Mettant en divers lieux l'heur de mes espérances,
Je fais peu d'amitiés et bien des connaissances ;
Et me trouvant partout je ne suis en nul lieu.

Recueil de vers

Les sanglots embrasés qu'à tout moment il tire,
Joignant à ses propos toujours quelque serment,
Font que mille beautés pensent certainement
Qu'il n'est rien ici-bas égal à son martyre.

Par feintes passions pour toutes il soupire ;
Telle croit que ses yeux lui donnent du tourment,
Qui, le tenant bien pris, ne le tient nullement
Et dont le plus souvent il ne se fait que rire.

Il couvre son amour de tant de fictions
Que le peuple a pensé que ses affections
Étaient en un endroit étant en autre place.

Aux plus grands de la Cour il ne découvre rien ;
Jamais son amitié ne se lit en sa face,
Et ses mots sont mourants quand il se porte bien.

                                        Recueil de vers

Avoir peu de parents, moins de train que de rente,
Et chercher en tout temps l'honnête volupté,
Contenter ses désirs, maintenir sa santé,
Et l'âme de procès et de vices exempte ;

A rien d'ambitieux ne mettre son attente,
Voir ceux de sa maison en quelque autorité,
Mais sans besoin d'appui garder sa liberté,
De peur de s'engager à rien qui mécontente.

Les jardins, les tableaux, la musique, les vers,
Une table fort libre et de peu de couverts,
Avoir bien plus d'amour pour soi que pour sa dame,

Être estimé du Prince et le voir rarement,
Beaucoup d'honneur sans peine et peu d'enfants sans
Font attendre à Paris la mort fort doucement.   [femme,

                                        Recueil de vers

De toutes passions j'éteins la violence ;
Je me passe aisément des caresses du Roi ;
L'amour de mon pays ne peut plus rien sur moi :
Je hais ce que chacun estime en apparence.

De tout, sans me fâcher, on peut faire défense,
Et sans me réjouir établir toute loi,
Car j'ai perdu le goût, et bientôt je me vois
Aussi las des effets comme de l'espérance.

Mais comme je suis mort au reste des plaisirs,
Je me sens si sensible au feu de mes désirs,
Que cent fois, hors de moi mon âme se promène,

Et dédaignant la terre et n'aspirant qu'aux Cieux,
La grandeur de la Cour et sa pompe plus vaine
Sans toucher mon esprit passe devant mes yeux.

Recueil de vers

Annibal de Lortigue

POUR LE PLAISIR CHAMPÊTRE

Loin de l'ambition et des pompes royales,
Dans un sacré vallon, orné de cent ruisseaux,
Ombragé tout partout de divers arbrisseaux,
Nous allons imitant les folles Bacchanales.

Nous ne chérissons plus, dans les superbes salles,
La musique, le musc, le fard ni les flambeaux ;
Les chants des oiselets sont plus doux et plus beaux,
Et nos Sirènes font le tity des cigales.

Aux champs nous ne voyons les visages fardés,
Nous ne craignons aux champs de nous voir poignardés :
Ceux que nous fréquentons sont bergers et bergères.

Scipion l'Africain fut jadis comme nous,
Nous discourons d'amour à l'ombre des fougères :
Bref, le plaisir champêtre est le plaisir plus doux.

Poèmes divers

SUR LA COUR DE FRANCE

Valeter tout le jour, repu d'une espérance ;
Caresser bien souvent ceux qu'on voudrait voir morts ;

Après, se moquer d'eux, et d'un rire retors
Devoir, cillant les yeux, faire la révérence ;

Se baiser à la joue en gaie contenance,
Prodiguer de parole un monde de trésors ;
Dissimuler, flatter, caresser des Milords,
Qui croient gouverner l'État en apparence ;

Voiler son poil grisard pour tromper Cupidon,
Se musquer, se friser, comme un mignard Adon,
Porter une houssine [1], et s'en frapper la botte ;

Contrefaire le grand, bégayer quelquefois,
La chaste demoiselle estimer une sotte,
Sont des traits coutumiers de la cour de nos rois.

Poèmes divers

Vous dites que je suis le Phénix de bien dire,
Et je vous tiens, mon cœur, un Phénix de beauté,
Et le Phénix encor de toute cruauté,
Puisque pour vous je souffre un rigoureux martyre.

J'avoue être un Phénix, non pour jouer la lyre,
Mais un Phénix d'amour et de fidélité,
Et non de l'éloquence, ou de subtilité :
Je suis donc un Phénix, et ne m'en veux dédire.

Le Phénix aux rayons du soleil est brûlé,
Et moi, comme amoureux tout triste et désolé,
Je suis sur mon bûcher rôti de votre flamme.

Votre œil est mon soleil, et mon Phénix aussi ;
Nous sommes deux Phénix, et se peut faire ainsi
Depuis que nos deux corps auraient assez d'une âme.

Poèmes divers

Ni la fleur qui naquit du beau nom de Junon,
L'honneur à ce jour d'hui de l'écusson de France[1],
Ni le fleuron pourpré qui tira sa naissance
De celui que Cyprine élut pour mignon[2],

Ni celle qui d'Ajax fait vivre le renom[3],
Ni l'autre qui s'éclôt quand le printemps commence,
Née du beau jeune homme épris de sa présence
Dont encore aujourd'hui elle retient le nom[4],

Ne me feront jamais oublier mon ortie[5],
Que la froideur d'hiver n'a jamais amortie,
Et revivra toujours sous l'aile de mes vers.

Phébus empêchera qu'elle ne se flétrisse :
Bref, elle domptera les glaçons des hivers
Mieux que les lis, l'œillet, l'Ajax, ou le Narcisse.

Poèmes divers

Nervèze

J'aime la solitude et me rends solitaire
Pour penser librement à mes belles amours,
Je cherche les forêts et les lieux les plus sourds
Pour leur dire les maux qu'aux mortels je veux taire.

Ils servent à mon deuil de loyal secrétaire,
Recevant les soupirs que je pousse toujours ;
C'est le trésor caché des regrets de mes jours,
L'air en est le registre et le vent le notaire.

Le vent écrit ma plainte et la répand en l'air,
Mes soupirs lui dictant mon martyre sans pair,
Et je me fie à lui parce qu'il n'a point d'âme.

S'il était animé, je tairais mon regret
Parce que j'aime tant en amour le secret,
Qu'on ne sait ni le bien ni le mal de ma flamme.

Les Essais poétiques

Au murmure des eaux j'accorde mes complaintes
Et semble que les eaux plaignent mes déplaisirs,
Et qu'encore les vents me prêtent leurs soupirs
Pour rendre plus parfait le concert de mes plaintes.

Les sujets de ce chant ne sont pas choses feintes
Parce que nous chantons la mort de mes plaisirs,
Défaits par les malheurs qui gênent mes désirs
Et donnent à mon cœur de mortelles atteintes.

Les eaux, le vent et moi, tous d'un semblable accord,
Concertons les regrets de cette triste mort,
Mais je la puis chanter sans ces vents et cette onde,

Parce que pour ces eaux, je les trouve en mes pleurs,
Et ces vents aux soupirs de mes tristes douleurs,
Si bien que ce concert me suit par tout le monde.

Les Essais poétiques

CHANSON

J'entends la triste Philomèle,
Qui chante la nuit et le jour :
Mais je ne puis faire comme elle
Qui dit librement son amour.

Je voudrais en mes tristes peines
Me transformer en cet oiseau,
Pour aller chanter sur les chênes
L'ennui qui me mène au tombeau.

J'irais sur la verte ramée
Chanter la beauté de deux yeux,
Et voudrais que ma bien-aimée
Me pût entendre en tous les lieux.

Tantôt dans quelque allée sombre,
Tantôt dans quelque cabinet,
Recherchant la fraîcheur de l'ombre
Je chanterais là mon regret.

Si la fraîcheur donnait le somme
A ses beaux yeux pour reposer,
Reprenant la forme d'un homme,
J'hasarderais de la baiser.

Et si je voyais que ma belle
Y prît quelque contentement,
Quittant le chant de Philomèle
Je ferais l'office d'amant.

Les Essais poétiques

Laugier de Porchères

DE SPONDE [1], ton malheur fut ta félicité,
Tu fus, abandonnant la vanité mondaine,
De son incertitude une preuve certaine,
Et trouvas ta constance en sa légèreté.

Mon Dieu, que ta prison fut bien ta liberté !
Ô combien de repos tu tiras de la peine !
Que de bonheur divin de l'infortune humaine,
Mourant heureusement en son adversité !

L'éteuf [2] qu'on pousse en bas, en haut saute et s'élance,
Recevant de son corps contraire violence,
Et plus fort abattu ressaute beaucoup mieux.

DE SPONDE, tout ainsi tombant de la fortune,
Tu pris si rude coup qu'en ta chute opportune,
Repoussé contre-mont, tu bondis dans les cieux.

(*Les Muses françaises ralliées*, 1599)

SUR LES YEUX DE MADAME
LA MARQUISE DE MONTCEAUX [1]

Ce ne sont pas des yeux, ce sont plutôt des dieux,
Ils ont dessus les rois la puissance absolue :

Dieux, non, ce sont des cieux, ils ont la couleur bleue[2],
Et le mouvement prompt comme celui des cieux.

Cieux, non, mais deux soleils clairement radieux
Dont les rayons brillants nous offusquent la vue :
Soleils, non, mais éclairs de puissance inconnue,
Des foudres de l'amour signes présagieux.

Car s'ils étaient des dieux, feraient-ils tant de mal ?
Si des cieux, ils auraient leur mouvement égal ;
Deux soleils, ne se peut : le soleil est unique.

Éclairs, non : car ceux-ci durent trop et trop clairs ;
Toutefois je les nomme, afin que je m'explique,
Des yeux, des dieux, des cieux, des soleils, des éclairs.

(Recueil de diverses poésies, 1597)

POUR LE BALLET DES PRINCES

habillés de plume, de miroirs,
de blanc et de noir,
qui voulaient louer l'inconstance

La plume montre le courage,
Aussi bien que l'humeur volage
De ces Amants audacieux :
Leur fermeté n'est que de verre,
Car l'amour constant est de terre,
Et le leur vole dans les cieux.

Ce blanc et ces miroirs visibles
Témoignent qu'ils sont susceptibles[1]
De tous objets de la beauté ;
La couleur noire représente
Que leur âme est toujours constante,
Mais c'est en la légèreté.

Seulement ils craignent, Mesdames,
Vos beaux yeux, miroirs où les âmes
Brûlent s'y mirant tant soit peu,
Mais ils opposent face à face,
Un nombre de miroirs de glace,
Contre tant de miroirs à feu.

Ils représentent vos visages
Afin que vos belles images
Touchent votre cœur indompté :
Car ils ont ce seul artifice,
De vous perdre comme Narcisse,
Avec votre propre beauté.

Si chacune de vous les tue,
Comme un Basilic de la vue,
Alors que vous les pouvez voir,
Personne ne les doit reprendre,
Quand ils essayent de vous prendre,
Comme un Basilic, au miroir.

(*Les Muses françaises ralliées,* 1603)

SUR UN PORTRAIT DE CIRE

Stances

Peintre, dessus tous nos ouvrages,
Entre tant de sujets divers,
Tu prends les plus beaux des images,
Et moi les plus beaux de mes vers.

Avec tous les corps et les âmes,
Nous peignons de traits empruntés
De la beauté de tant de Dames,
La Dame de tant de beautés ;

Et comme les sages avettes [1]
Dedans un verger odorant
Vont sur mille et mille fleurettes,
La cire et le miel picorant,

Sur autant de beautés décloses
Nous cueillons, ainsi qu'elles font,
Des œillets, des lis et des roses,
La bouche, la joue et le front.

Du suc que l'un et l'autre tire
De ces vivantes fleurs du ciel,
Tu fais la peinture de cire,
Je fais les paroles de miel.

Ce miel figure en mon ouvrage
(Œuvre assez doucement écrit)
La douceur de son beau visage
Et celle de son bel esprit.

D'un peu de cire en ce volume
Tu fais un grand flambeau d'amours,
Lequel jamais ne se consume,
Encore qu'il brûle toujours,

Semblable à ses yeux pleins de flammes,
Qui de leurs rayons animés
Brûlent incessamment les âmes,
Sans jamais être consumés.

Mais c'est à nous trop entreprendre
De vouloir peindre ces beaux yeux :
Icare nous devait apprendre
De ne voler pas dans les cieux.

Desseignant [2] contre la coutume
Ce qu'un mortel ne devait pas,
Le soleil, la cire et la plume
Furent cause de son trépas.

Toi pour peindre, moi pour écrire,
Nous courons un semblable sort :
Ces soleils, ma plume, et ta cire
Seront causes de notre mort.

Mais achève sa belle face,
Seul tu n'auras pas la douleur.
Le compagnon de ton audace
Sera celui de son malheur.

(*Les Muses françaises ralliées*, 1599)

François Ménard

STANCES

S'il est vrai que la mort soit l'absence de l'âme,
Comment puis-je donc vivre éloigné de ma Dame ?
Et comment soupirer si je n'ai point de cœur ?
Un mort ne se plaint point, car la plainte est suivie
       D'une triste douleur.
Toutefois je me plains et si n'ai point de vie.

Que si je ne vis point, comment donc ma pensée
Devers mon beau Soleil saintement élancée
Me fait vivre d'espoir, et mourir mon désir ?
Et si dans les appas de ma douce espérance
       Je trouve du plaisir,
Pourquoi me plains-je, hélas, d'une si douce absence ?

Mais si quand mon Soleil s'éclipsa de ma vue,
Entre mille douleurs mon âme combattue
Me laissa pour tribut aux rigueurs du trépas,
Hé ! comment puis-je vivre, ô erreur amoureuse ?
       Si fais [1] ! je vis, hélas !
Mais une triste vie et sombre et langoureuse.

Les Œuvres

Miroir où nuit et jour je vois mon inhumaine,
Tableau où mon vainqueur figure la beauté
Qui enlace mon âme en sa captivité,
Seul démon de ma vie et sorcier de ma peine ;

Papillon voletant autour de ma Sirène,
Dont les jumeaux soleils [1] brûlent ma liberté,
Doux penser partisan de ma fidélité,
Fais-moi voir ma Cléante en douceur toute humaine.

Ores que sa beauté s'éclipse de mes yeux,
Je cille ma paupière à la clarté des cieux,
Car j'ai tant seulement des regards pour ses charmes.

Maintenant éloigné du jour de ses appas,
Je ne puis que par toi sécher mes tristes larmes,
Et vaincre la douleur qui me livre au trépas.

Les Œuvres

Le flot pousse le flot, les ombres les lumières.
Cestuy à son réveil trouve son occident,
L'autre meurt au midi de son jour plus ardent,
Car le ciel tôt ou tard limite nos carrières.

L'un ampoulé d'honneur ressemble à ces rivières,
Dont l'orgueil écumeux dans ses rives grondant
S'enfle par les glaçons que l'été va fondant,
Mais qui rend à la mer ses ondes tributaires.

Le temps avec ses jours dévore ses trésors,
Et la terre reprend son tributaire corps ;
Mais que devient enfin ce superbe Encelade

Qui échelle [1] les cieux ? Une chaude vapeur
Que le soleil résout [2] par le trait d'une œillade :
Car le ciel seulement s'ouvre aux humbles de cœur.

Les Œuvres

DISCOURS[1]

Belle et pudique étoile en la mer de ce monde,
Qui reguides au port la course vagabonde
De ma nef égarée, aurore dont le jour
Enfanta chastement le doux soleil d'amour,
Il est temps que votre œil fasse luire en mon âme
Un rayon de pitié, et que sa chaste flamme
Épure ma pensée et mes sales désirs.
Il est temps d'étouffer les ravissants[2] plaisirs
Dont les trompeurs appas allèchent mon envie,
Et sous un feint bonheur me dérobent la vie.
Il faut vaincre à la fin ce charme[2] gracieux
Qui me retient au monde et m'éloigne des cieux.
Il faut enfin battu de maint et maint orage
Surgir tandis qu'on peut à un calme rivage.
Conduisez-nous, bel astre, au séjour du repos,
Où le vent ennemi n'irrite point les flots,
Et où l'esprit malin, fier pirate des âmes,
Ne mouille aucunement ses impudiques rames.
Car l'œil de mon Seigneur, jadis bénin et doux,
Maintenant allumé d'un trop juste courroux,
N'a pour moi de regards que ceux que sa colère
Lâche dessus mon âme au monde prisonnière.

Les Œuvres

Forget de La Picardière

Ne penser que d'amour, n'avoir d'autre langage,
Brûler d'un feu cruel allumé dans mes os,
N'avoir qu'un seul désir qui n'a point de repos,
Se plaire en son tourment et bénir son servage,

Changer en un moment mille fois de visage,
Jeter sans y penser et soupirs et sanglots,
Discourir sans raison, répondre sans propos,
Comme un homme qui rêve ou qui n'est pas bien sage,

Affliger son esprit de mille déplaisirs,
Languir entre l'espoir, la crainte et les désirs,
Dévoré d'un soupçon qui jamais ne me laisse,

Mourir cent fois le jour, et ne pouvoir mourir,
C'est le mal qui me tue, et dont je meurs sans cesse,
Comme un fleuve qui passe et qui ne peut tarir.

(*Nouveau recueil des plus beaux vers*, 1609)

Un céleste penser m'élève sur la nue,
Et si l'opinion ne me va décevant,
Je ne suis plus mortel ainsi qu'auparavant
Du jour que mon esprit vous eut bien reconnue.

Car si d'un beau sujet mon âme entretenue
Et franche des liens de ce tombeau vivant,
Dans le plus haut du ciel superbe s'élevant
Va cherchant la beauté d'où la vôtre est venue.

Mon esprit est au ciel, et mon corps ici-bas ;
Aussi suis-je vivant comme ne vivant pas,
Triste, morne, pensif, taciturne et sauvage.

Et si l'être où je suis vivre se peut nommer,
Je vis comme un palmier planté sur le rivage,
Qui n'a de sentiment sinon que pour aimer.

(Nouveau recueil des plus beaux vers, 1609)

LES SENTIMENTS
DE MESSIRE PIERRE FORGET[1]

.... C'est un ordre en la vie humaine,
Que tout gît à bien commencer ;
Peu de bien s'acquiert à grand'peine,
Et les grands biens sans y penser.

*

Tiens le passé comme perdu
Près des Grands, où l'on doit prétendre
Moins pour le service rendu,
Que pour celui qu'on y peut rendre.

*

Comme il est bon de reculer
Pour faire un effort tout contraire,
Qui veut apprendre à bien parler,
Il doit apprendre à se bien taire....

Pyard de La Mirande

Quel destin favorable ennuyé de mes peines
Tranchera ces liens dont je suis si pressé ?
Hélas, mon pauvre cœur, veux-tu donc, insensé,
Toujours errer après des espérances vaines ?

Ton espoir désormais soit borné de tes plaines,
Et dans tes champs féconds ton désir enlacé ;
Cany[1] soit ton empire, et son ruisseau lissé
L'onde qui sert de borne à tes courses lointaines.

En vain par tant de peine et de divers tourments
Tu fais, mon cœur, la chasse à tes contentements,
Qui pour proie à tes pieds de gré se viennent se rendre.

Ces prés t'en font présents, sage si désormais,
Saoul de tes maux passés, au poil tu les sais prendre,
Et jouir des plaisirs en tes champs enfermés.

(*Le Temple d'Apollon,* 1611)

Je suis jaloux du vent qui si privé se joue
Parmi vos blonds cheveux qu'il émeut doucement,
Comme on voit au printemps le liquide élément
Ému du doux zéphyr qui sur ses ondes noue.

Je suis marri de voir sur votre belle joue
Ce mignard moucheron s'asseoir si hardiment :
Si grande privauté ne me plaît nullement,
Et le dis haut et clair que je l'en désavoue.

Je redoute les dieux et surtout Jupiter
Que cent moindres beautés ont fait les cieux quitter
Afin de les ravir sous des figures vaines.

Ô vent, ô moucheron, si vous n'êtes point dieux,
Transformés pour ravir mon bien délicieux,
Cessant donc ces façons, donnez fin à mes peines.

(*Le Temple d'Apollon*, 1611)

Ces prés, heureux témoins de notre amitié sainte,
Puissent, ma Doralise, à jamais être verts,
Toujours de fleurs de joncs et de glaïeuls couverts,
Sans de la courbe faux jamais sentir l'atteinte.

Y puissions-nous toujours, francs de haine et de crainte,
Le long des clairs ruisseaux serpentant au travers,
Nous baiser sans soupçon, et couchés à l'envers
L'un et l'autre d'Amour nous entrefaire plainte.

Qu'en l'écorce des saux[1] nos chiffres engravés
Contre l'effort du temps soient du ciel préservés,
Afin d'être témoins à la race future.

Combien ferme en nos cœurs autrefois fut l'amour,
Dont malgré le trépas la flamme chaste et pure
En nos esprits unis rayonnera toujours.

(*Le Temple d'Apollon*, 1611)

Régnier

SATIRE III

.... Or, quant à ton conseil qu'à la Cour je m'engage,
Je n'en ai pas l'esprit, non plus que le courage.
Il faut trop de savoir et de civilité,
Et si j'ose en parler, trop de subtilité ;
Ce n'est pas mon humeur, je suis mélancolique,
Je ne suis point entrant, ma façon est rustique,
Et le surnom de bon me va-t-on reprochant,
D'autant que je n'ai pas l'esprit d'être méchant.
Et puis je ne saurais me forcer ni me feindre ;
Trop libre en volonté je ne me puis contraindre ;
Je ne saurais flatter et ne sais point comment
Il faut se faire accort[1] ou parler faussement,
Bénir les favoris de geste et de paroles,
Parler de leurs aïeux au jour de Cérisolles[2],
Des hauts faits de leur race, et comme ils ont acquis
Ce titre avec honneur de ducs et de marquis.

   Je n'ai point tant d'esprit pour tant de menterie ;
Je ne puis m'adonner à la cajolerie,
Selon les accidents, les humeurs ou les jours,
Changer comme d'habits tous les mois de discours.
Suivant mon naturel je hais tout artifice,
Je ne puis déguiser la vertu ni le vice,
Offrir tout de la bouche et, d'un propos menteur,
Dire : « Pardieu, monsieur, je vous suis serviteur »,

Pour cent bonadies[3] s'arrêter en la rue,
Faire sur l'un des pieds en la salle la grue,
Entendre un marjolet[4] qui dit avec mépris :
« Ainsi qu'ânes ces gens sont tout vêtus de gris ;
Ces autres verdelets aux perroquets ressemblent,
Et ceux-ci mal peignés devant les dames tremblent »,
Puis au partir de là, comme tourne le vent,
Avecques un bonjour, amis comme devant....

Les Premières Œuvres

CONTRE UN AMOUREUX TRANSI

Pourquoi perdez-vous la parole
Aussitôt que vous rencontrez
Celle que vous idolâtrez ?
Devenant vous-même une idole[1],
Vous êtes là sans dire mot
Et ne faites rien que le sot.

Par la voix Amour vous suffoque ;
Si vos soupirs vont au-devant,
Autant en emporte le vent :
Et votre déesse s'en moque,
Vous jugeant de même imparfait
De la parole et de l'effet.

Pensez-vous la rendre abattue
Sans votre fait lui déceler ?
Faire les doux yeux sans parler
C'est faire l'amour en tortue :
La belle fait bien de garder
Ce qui vaut bien le demander.

Voulez-vous en la violence
De votre longue affection

Montrer une discrétion ?
Si on la voit par le silence,
Un tableau d'amoureux transi
Le peut bien faire tout ainsi.

Souffrir mille et mille traverses
N'en dire mot, prétendre moins,
Donner ses tourments pour témoins
De toutes ses peines diverses,
Des coups n'être point abattu,
C'est d'un âne avoir la vertu.

Les Satires, 1613

SATIRE VIII[1]

A L'ABBÉ DE BEAULIEU,

nommé par sa majesté
à l'évêché du Mans[2]

Charles, de mes péchés j'ai bien fait pénitence.
Or toi qui te connais aux cas de conscience,
Juge si j'ai raison de penser être absous.
J'oyais un de ces jours la messe à deux genoux,
Faisant mainte oraison, l'œil au ciel, les mains jointes,
Le cœur ouvert aux pleurs, et tout percé des pointes
Qu'un dévot repentir élançait dedans moi,
Tremblant des peurs d'enfer et tout brûlant de foi,
Quand un jeune frisé, relevé de moustache,
De galoche[3], de botte et d'un ample panache,
Me vint prendre et me dit, pensant dire un bon mot :
« Pour un poète du temps vous êtes trop dévot. »
Moi, civil, je me lève et le bonjour lui donne.
Qu'heureux est le folâtre à la tête grisonne,
Qui brusquement eût dit, avec une sambieu[4] :
« Oui bien pour vous, Monsieur, qui ne croyez en Dieu ! »

Sotte discrétion ! je voulus faire accroire
Qu'un poète n'est bizarre et fâcheux qu'après boire ;
Je baisse un peu la tête et, tout modestement,
Je lui fis à la mode un petit compliment.
Lui, comme bien appris, le même me sut rendre,
Et cette courtoisie à si haut prix me vendre,
Que j'aimerais bien mieux, chargé d'âge et d'ennuis,
Me voir à Rome pauvre entre les mains des Juifs [5].
   Il me prit par la main après mainte grimace,
Changeant sur l'un des pieds à toute heure de place,
Et, dansant tout ainsi qu'un barbe encastelé [6],
Me dit, en remâchant un propos avalé :
   « Que vous êtes heureux, vous autres belles âmes,
Favoris d'Apollon, qui gouvernez les dames,
Et par mille beaux vers les charmez tellement,
Qu'il n'est point de beautés que pour vous seulement !
Mais vous les méritez : vos vertus non communes
Vous font digne, Monsieur, de ces bonnes fortunes. »
   Glorieux de me voir si hautement loué,
Je devins aussi fier qu'un chat amadoué ;
Et sentant au palais mon discours se confondre,
D'un ris de saint Médard [7] il me fallut répondre.
Il poursuit ; mais, ami, laissons-le discourir,
Dire cent et cent fois : « Il en faudrait mourir ! »
Sa barbe pinçoter, cajoler [8] la science,
Relever ses cheveux, dire : « En ma conscience ! »
Faire la belle main, mordre un bout de ses gants,
Rire hors de propos, montrer ses belles dents,
Se carrer sur un pied, faire arser [9] son épée,
Et s'adoucir les yeux ainsi qu'une poupée....

Les Premières Œuvres

SATIRE XV

Oui, j'écris rarement et me plais de le faire,
Non pas que la paresse en moi soit ordinaire,

Mais sitôt que je prends la plume à ce dessein,
Je crois prendre en galère une rame en la main :
Je sens, au second vers, que la Muse me dicte,
Et contre sa fureur ma raison se dépite.
    Or si parfois j'écris suivant mon ascendant,
Je vous jure encore est-ce à mon corps défendant ;
L'astre qui de naissance à la Muse me lie
Me fait rompre la tête après cette folie,
Que je reconnais bien ; mais pourtant, malgré moi,
Il faut que mon humeur fasse joug à sa loi,
Que je demande en moi ce que je me dénie,
De mon âme et du Ciel étrange tyrannie !
Et qui pis est, ce mal qui m'afflige au mourir
S'obstine aux récipés[1] et ne se veut guérir.
Plus on drogue ce mal et tant plus il s'empire ;
Il n'est point d'ellébore assez en Anticyre[2] ;
Revêche à mes raisons il se rend plus mutin
Et ma philosophie y perd tout son latin.
Or pour être incurable il n'est pas nécessaire,
Patient en mon mal, que je m'y doive plaire ;
Au contraire il m'en fâche et m'en déplaît si fort
Que durant mon accès je voudrais être mort :
Car lorsqu'on me regarde et qu'on me juge un poète,
Et qui par conséquent a la tête mal faite,
Confus en mon esprit je suis plus désolé
Que si j'étais maraud, ou ladre, ou vérolé.
    Encor si le transport dont mon âme est saisie
Avait quelque respect durant ma frénésie,
Qu'il se réglât selon les lieux moins importants,
Ou qu'il fît choix des jours, des hommes ou du temps,
Et que, lorsque l'hiver me renferme en la chambre,
Aux jours les plus glacés de l'engourdi novembre,
Apollon m'obsédât, j'aurais en mon malheur
Quelque contentement à flatter ma douleur.
Mais aux jours les plus beaux de la saison nouvelle,
Que Zéphyre en ses rets surprend Flore la belle,
Que dans l'air les oiseaux, les poissons en la mer,
Se plaignent doucement du mal qui vient d'aimer,
Ou bien lorsque Cérès de froment se couronne,
Ou que Bacchus soupire amoureux de Pomone,

Ou lorsque le safran, la dernière des fleurs,
Dore le Scorpion de ses belles couleurs [3],
C'est alors que la verve insolemment m'outrage,
Que la raison forcée obéit à la rage
Et que, sans nul respect des hommes ou du lieu,
Il faut que j'obéisse aux fureurs de ce Dieu ;
Comme en ces derniers jours les plus beaux de l'année,
Que Cybèle est partout de fruits environnée [4],
Que le paysan recueille, emplissant à milliers
Greniers, granges, chartils et caves et celliers,
Et que Junon, riant d'une douce influence,
Rend son œil favorable aux champs qu'on ensemence [5],
Que je me résolvais, loin du bruit de Paris,
Et du soin de la Cour et de ses favoris,
M'égayer au repos que la campagne donne,
Et sans parler curé, doyen, chantre ou Sorbonne,
D'un bon mot faire rire, en si belle saison,
Vous, vos chiens et vos chats et toute la maison,
Et là-dedans ces champs que la rivière d'Oise
Sur des arènes d'or en ses bords se dégoise [6],
Séjour jadis si doux à ce roi qui deux fois
Donna Sidon en proie à ses peuples français [7],
Faire maint soubresaut, libre de corps et d'âme,
Et froid aux appétits d'une amoureuse flamme,
Être vide d'amour comme d'ambition,
Des galants de ce temps horrible passion.
    Mais à d'autres revers ma fortune est tournée ;
Dès le point que Phébus nous montre la journée,
Comme un hibou qui fuit la lumière et le jour,
Je me lève et m'en vais dans le plus creux séjour
Que Royaumont recèle en ses forêts secrètes,
Des renards et des loups les ombreuses retraites,
Et là malgré mes dents rongeant et rêvassant,
Polissant les nouveaux, les vieux rapetassant,
Je fais des vers, qu'encor qu'Apollon les avoue,
Dedans la Cour peut-être on leur fera la moue ;
Ou s'ils sont à leur gré bien faits et bien polis,
J'aurai pour récompense : Ils sont vraiment jolis !
Mais moi qui ne me règle aux jugements des hommes,
Qui dedans et dehors connais ce que nous sommes,

Comme le plus souvent ceux qui savent le moins
Sont témérairement et juges et témoins,
Pour blâme ou pour louange ou pour froide parole,
Je ne fais de léger banqueroute [8] à l'école
Du bon homme Empédocle, où son discours m'apprend
Qu'en ce monde il n'est rien d'admirable et de grand
Que l'esprit dédaignant une chose bien grande
Et qui roi de soi-même à soi-même commande....

Les Satires, 1613

Du Pin-Pager

ODE A CLÉON

Je ne suis point du sang des Princes,
Et dans mes fastes les plus vieux,
Je ne lis point qu'en nos provinces
Mes pères fussent demi-dieux.
Je ne suis point dans cette pompe
Dont le superbe éclat nous trompe,
Et je n'ai point ces grands trésors
Qui servent d'âme et de machine
Au fils qui marque la ruine
De ses parents entre les morts....

.... La planète qui m'envisage [1]
En m'affranchissant de ces lois
M'échauffa le sang d'un courage
Aussi grand que celui des rois ;
Et quelque si vaste domaine
Où leur puissance se promène,
Mon âme y régente [2] partout ;
Voire la terre n'a contrée
Que mon esprit n'en ait l'entrée,
De l'un jusques à l'autre bout.

Quelquefois d'une aile étendue
Me balançant entre les airs,

Ma raison demeure perdue
Sur mille pensements divers ;
Je m'enquiers par-dessus les nues
Si tant de causes inconnues
Qui nous font gémir et pleurer
Sont de fatales influences,
Et si contre leurs ordonnances
L'on ne doit jamais murmurer.

Là méditant en solitude
Bien loin de la foule et du bruit,
Je mets mon esprit à l'étude
Des feux qui reluisent la nuit :
Au matin je vois la courrière [3]
Qui marche devant la lumière
Quand elle sort du fond des eaux ;
Et sur le soir, cette brunette
Brillant clair comme une planète
Sert de guide aux petits flambeaux.

Sous mes pieds fondent les orages,
L'exhalaison et la vapeur
Qui poussent les plus grands courages
Dans les mouvements de la peur.
La neige, la grêle, et la pluie,
Quoique tout le monde s'ennuie,
Sont l'entretien de mes ébats ;
Et si la nature en querelle
Armait les éléments contre elle,
Je me rirais de ces combats.

D'autres fois, descendant en terre,
Je contemple les souverains
Qui portent la paix ou la guerre
Comme il leur plaît dedans leurs mains ;
Je vois que les plus grands des hommes
Ne sont rien que ce que nous sommes,
Et qu'enterrés sous leurs palais,
Ils montrent dans un cimetière
Qu'ils sont faits de même matière
Que les moindres de leurs valets.

Après d'une courte élancée,
Aussi vite comme est le dard
Qui trompe l'œil et la pensée,
Sur le moment qu'il se départ
En dépit du vent et des ondes,
Je visite les nouveaux mondes,
Et par truchements assurés,
Je parle à ces pauvres barbares
Qui nous trouvent aussi bizarres
Que nous les croyons égarés.

Je vois ces peuples que nos pères
Jugeaient hors de la vérité,
Comme habiter deux hémisphères,
Leur semblait une impiété ;
Ici j'apprends que ces grands maîtres
Qu'adoraient presque nos ancêtres
Ne philosophaient pas toujours,
Puisque vraiment ces antipodes
Ont leurs temps, leur vie, et leurs modes
Sous le soleil qui fait nos jours.

Je viens après, merveille étrange !
Par un mouvement non pareil,
Des premières sources du Gange
Jusqu'aux mers où dort le soleil ;
Et parmi ces hautes montagnes,
Et parmi ces larges campagnes,
Et parmi ces lieux désertés,
Je marche en la même assurance
Que marche le roi par la France,
Ayant sa garde à ses côtés.

Mais je n'ai pas si peu d'audace
En cette curiosité
Que je ne cherche une autre place
Pour contenter ma vanité :
Me plongeant dans les eaux salées,
Je vois leurs beautés reculées
De notre œil, au fond de leur sein,

Et dessous l'écume blanchie
J'ai toujours ma vie affranchie
Des hasards d'un si grand dessein....

Les Œuvres poétiques

Auvray

ÉPITAPHE

DE L'AVOCAT DE MONTAUBAN

et autres médisants de la Cabale[1]

Ces corbeaux nourris au carnage
Fondent sur l'honneur de mon Roi,
Ces chiens mâtins saisis de rage
Mordent les piliers de la foi,
Ces loups d'une gueule affamée
Vont déchirant la renommée
Des princes dedans les tombeaux :
Faut-il donc pas que les entrailles
Des loups, des chiens et des corbeaux
Soient les tombeaux de ces canailles ?

Le Banquet des Muses

LES VISIONS DE POLIDOR

EN LA CITÉ DE NISANCE, PAYS ARMORIQUE[1]

Un satyrique[2] feu bouillant dans mes artères,
J'écris ces visions aux sévères censeurs ;

Mais nul soit si hardi d'expliquer ces mystères,
S'il n'est des plus savants au métier des neuf Sœurs.

De ces critiques vers, moelleux en substance,
Le sens tropologic[3] est du tout interdit
A ceux qui n'ont humé l'air pesteux de Nisance,
Ni épluché les mœurs de ce peuple maudit.

Nisance est une ville aux îles armoriques,
Dont les flancs sont souvent d'un grand fleuve battus,
Où ne sont que serpents, que monstres faméliques,
Gens ivrognes, grossiers, ennemis des vertus.

Là, dans un vieux donjon, je vis, ô cas indigne !
Plusieurs mâles couplés d'un furieux amour :
L'on me dit que c'étaient des pêcheurs à la ligne,
Et que l'invention en venait de la Cour.

Aussi j'y vis pêcher d'un jeune capitaine
L'honorable drapeau par cet accouplement ;
L'autre au bout de sa ligne un cabinet entraîne,
L'autre une pension, l'autre un gouvernement.

L'un qui portait au cul la grègue[4] boutonnée,
Les caleçons fendus en planche de sapin,
Me dit qu'un brave Mars assisté d'Hyménée
Avait banni du ciel Ganymède et Jupin.

Quand j'eus considéré tant de jeunes moustaches,
Qui montraient rechignant leurs postères tous nus,
Je vis bien que j'étais en l'île des Bardaches[5],
Où jamais n'habita la douillette Vénus.

Laissant ces pèlerins aller à Saint-Fiacre[6],
Fuyant du Pont-de-Cé les tonnerres grondants[7],
Je vis le chaperon[8] d'un gerfaut, ou d'un sacre,
Qu'une hôtesse invoquait pour la rage de dents.

Hécate était au bout de sa nocturne borne[9],
La nuit désattelait ses pénibles moreaux[10],

Lorsque le dieu Morphée par la porte de corne
Me fit voir en songeant ces prodiges nouveaux.

Je vis d'un magasin sortir une gargouille [11]
Qui engloutit vivant un grand monopoleur,
Un capitaine battre à grands coups de quenouille,
Et l'âme de Calvin dans le corps d'un voleur.

Ce voleur s'enfuyant de la nouvelle Égypte
Emportait les trésors des pauvres orphelins,
Alors qu'un surveillant, averti de la fuite,
Rompit à Chalanton [12] l'écluse des moulins.

Deux chevêches [13] je vis, qui fondant des montagnes,
De cris sépulcraliers menaçaient jour et nuit
Un tortu chastagner [14] dont les branches brehaignes,
Stériles, ne portaient ni feuille, fleur, ni fruit.

Je vis Endymion, l'amoureux de Diane,
Prisonnier, endormi, d'un grand rocher couvert,
Fabrice et Metellus porter oreilles d'âne,
Et changer leur calotte en un chaperon vert.

Près d'un grand carrefour une donzelle en rage,
Front ridé, nez chancreux, dos à vis de pressoir,
Qui disait en pleurant : est-ce pas grand dommage
Quand la beauté défaut au cul de bon vouloir !

Un difforme cyclope, un monstre de nature,
Plus cornu que les cerfs et les daims bocagers,
Mettait dans sa chaudière un froc à la teinture,
Où l'aumusse [15] pendait d'un chanoine d'Angers.

Il me semblait à voir qu'un florissant royaume
En ruine tombait par trop de nouveauté,
Quand le vineux Bacchus, caché dedans un heaume,
Par les Ménades fut en triomphe porté.

Qui pourrait exprimer l'honneur que ces Évantes
Sur le mont Citheron faisaient au Bromien ?

Les danses de Cybèle avec ses Corybantes
Prenant possession du sceptre Nysien [16].

Plus bas, au fond obscur d'une sale venelle,
Une vieille ridée aux cheveux tout chenus,
Disait qu'en son jardin croissait de la morelle [17]
Qui jetait de la glace au brasier de Vénus.

Passant chemin, je vis une cabaretière
Qu'un scribe caressait dessus un tabouret,
La déesse Thémis devenir tavernière,
Et le greffe tenir dedans un cabaret.

Je vis pleine de vin une infâme boiteuse
Qui grommelant disait à son vieux sacerdos
Qu'elle enrageait de voir que sa fille amoureuse
Faisait à leur instar de la bête à deux dos.

Se conchiant disait une veuve maigrette,
Qui voulait faire encor piquer son canevas,
Qu'elle était grasse au cul ainsi que l'alouette,
Et que les bons morceaux n'étaient pas les plus gras.

Après l'on me montra la grand' jument d'Étampes
Que jadis chevaucha le bon Pantagruel,
Qui, métamorphosée en une vieille lampe,
Éclairait ses enfants au chemin du bordel.

Lors parut à mes yeux un spectacle effroyable :
Ce fut un veau couplé sur cette grand' jument,
Dont un monstre naquit qui fut si formidable
Qu'on le mit aussitôt du ventre au monument.

Je vis dans un pâtis [18] des gloutonnes sangsues
Suçant le bien d'autrui, s'emplir de sang humain,
Et d'un coq gigantal les poules dissolues
Qui rongeaient jusqu'aux os l'honneur de leur prochain.

La glapissante voix de ces poules jasardes
J'entendais murmurer aux foyers des voisins,

Quand un affreux scadron d'infernales lézardes
Emporta loin le coq, la poule et les poussins.

Je vis sous un baril l'Aurore matinale,
Lasse des froids baisers de son vieillard époux,
Prendre furtivement le dard de son Céphale
Qui brassait la vendange entre ses deux genoux.

Dans les prés bondissait une gaillarde poutre [19],
A qui l'œstre [20] d'amour aiguillonnait la peau,
Qui brûlait d'un désir de se faire tout foutre
Par un franc chevalier de l'ordre du cordeau.

Il est vrai qu'il aura fortune assez prospère,
Pourvu qu'en femme il soit bienheureux désormais,
Car il porte avec soi le collier de son père,
Et s'il gagne toujours il ne perdra jamais.

Mon extase passant ses régulières bornes,
Me transporte en l'obscur d'un solitaire bois,
Dont les chênes branchus ne portaient que des cornes
Que l'oiseau de Thronax [21] anime de sa voix.

Lors le spectre je vis d'une grand' femme morte,
Qui me dit : Polidor, voici où j'ai vécu ;
Cet oiseau vergogneux qui chante de la sorte,
C'est mon sot de mari transformé en cocu.

Les cornes que j'avais dessus son chef plantées
A force de danser ici les matassins [22],
En mémoire il les a sur ces arbres entées
Afin d'en ombrager le front de ses voisins.

Rebroussant mon chemin, je rencontre un Protée,
Marchand, fermier, sergent, procureur au barreau ;
Je lui dis : Mon ami, ta cervelle éventée
Briguera quelque jour l'office de bourreau.

Arriva de Saumur une nymphe des nôtres,
Qui savait du manège autant que Pluvinel,

Que la vieille Baucis disant ses patenôtres
Acheta pour monture à son fils Darinel[23].

Ma foi, je pensais être en l'île des Pygmées,
Quand je vis tant de nains courir dans ce bordeau ;
Mais voici qu'à l'instant quatre putains pommées[24]
Firent la révérence à la grande Ysabeau.

Marthe, Urbane, Renotte et la grosse Perrine
Laissèrent à Flipot ce petit quolibet
Qu'il lui fallait autant de garces en cuisine
Qu'il fallait de piliers à construire un gibet.

Montant vers le coq d'Inde on oit un bruit de chaînes
Et de gens cuirassés un horrible combat,
Mais je vis que c'était le médecin des chênes
Qu'un démon rapportait tout armé du sabbat.

A voir son pâle teint, son visage d'incube,
Ses yeux de loup-garou, sa gorge de cocu,
L'on jugea qu'il s'était accouplé d'un succube[25],
Et qu'il avait vilain baisé le diable au cul.

Je vis sous un peuplier la rousse de Tantale[26]
Montrer à son valet le signe des poissons[27],
Tandis qu'un daim poussif montait une quenalle[28]
Qui brusque le portait souvent hors des arçons.

Chez un petit boiteux trois rustres de Bavière
Par Mercure faisaient graisser leur canepin[29],
Cependant que l'hôtesse au dieu porte-lumière
Folâtrait toute nue à l'ombrage d'un pin.

Environ ce temps-là mourut de la pépie
Chicanoux l'avaleur de fours et de moulins[30].
Reposerait au ciel l'âme de cette harpie,
Qui s'engraissa jadis du sang des orphelins ?

Sisamne y vit encor gentillâtre à Sutane
Qui craint que Cambisès ne le fasse écorcher[31]

Écorcher ! et pourquoi ? la peau de ce grand âne
Ne vaut pas seulement pour payer le boucher.

Le Banquet des Muses

SONNET SPIRITUEL

Bouleversent les monts, fassent les vents grondants
Les chênes et les pins jusqu'aux racines tordre ;
Que tous les éléments pêle-mêle et sans ordre
En l'antique chaos retournent discordants ;

Que les flots de la mer s'aillent tout débordant,
Qu'un déluge de feu mette tout en désordre ;
Ne cesse Lucifer d'aboyer et de mordre,
Pleuve le sang, le soufre, et les foudres ardant[1] ;

La sanglante Enyo[2] remplisse tout de guerre,
Grimpe la terre au ciel, tombe le ciel en terre,
Que ce grand univers s'ébranle de son lieu ;

Que la terre engloutisse encore les Sodomes,
Et vomisse l'Enfer ses horribles fantômes :
Toujours l'âme du juste est en la main de Dieu.

Les Œuvres saintes

Lingendes

LES CHANGEMENTS
DE LA BERGÈRE IRIS[1]

.... Disant ces mots en me baissant,
Et sa belle main saisissant,
Je pris un baiser de sa bouche.

Doux baiser, le plus doux vraiment
Que jamais reçut un amant,
Jugez de sa douceur extrême,
Et de quelle sorte il me plut,
Puisque cette bouche qui l'eut
Ne le peut pas dire elle-même.

Doux baiser si doux en effet
Que le plaisir en fut parfait,
Car l'amour qui me le fit prendre,
Iris y semblant incliner,
Lui-même me le fit donner,
Et lui-même me le fit rendre.

Mon esprit se vint rendre alors,
Enchanté sur ces rouges bords,
Ma vie en cette douce envie
Pour ma passion apaiser,
N'étant plus pour tout qu'un baiser,
Mais un baiser qui fut ma vie.

Ainsi par ce baiser rendu,
Ayant dans sa bouche perdu
Mon âme en ces douceurs charmée,
Je perdis la mémoire aussi
De n'avoir jamais plus souci
De chose auparavant aimée.

Dès lors nos amours s'avançaient,
Et nos désirs se chérissaient,
J'étais en toute sa pensée
Ainsi qu'elle était en mon cœur,
De moi son œil était vainqueur,
Du mien son âme était blessée.

J'étais l'objet de ses désirs,
Elle l'était de mes soupirs,
Elle me croyait bien fidèle,
J'espérais beaucoup de sa foi,
Ses yeux étaient toujours sur moi,
Comme mes pensers avec elle.

Nous fûmes ainsi quelque temps
Autant amoureux que contents,
Brûlant d'une flamme si chère
Que si nous absentions un peu
La douce chaleur de ce feu,
Ce nous était une misère.

Notre amour n'était qu'un désir,
Ce désir qu'un même plaisir,
Nos yeux en leurs vives semonces
S'annonçaient entre eux nos amours,
Et s'ils commençaient le discours,
Nos baisers faisaient les réponses....

                                   Chant II, vers 166-216

POUR MADEMOISELLE DU MAINE [1]

Toi qui lis dans le cœur des hommes et des dieux,
Si tu sais la raison d'un secret que j'ignore,
D'où vient que ta Cloris que tout le monde adore
Porte tant de rayons et de feux dans ses yeux ?

Et pourquoi ne voyant qu'un soleil dans les cieux,
Faut-il qu'elle en ait deux, et si luisants encore,
Qu'auprès d'eux le soleil ne paraît guère mieux
Que fait auprès de lui l'étoile de l'aurore ?

Ainsi, belle Cloris, je parlais à l'Amour
De tes yeux plus ardents que ce flambeau du jour
Que nous voyons au soir se cacher sous les ondes.

Quand ce Dieu, me montrant deux mondes dans ton sein,
Me fit voir que les dieux les firent à dessein
Et que ces deux soleils étaient pour ces deux mondes.

(Nouveau recueil des plus beaux vers, 1609)

ALCIDON PARLE

Phyllis, auprès de cet ormeau
Où paissait son petit troupeau,
Étant toute triste et pensive,
De son doigt écrivait un jour
Sur le sablon de cette rive :
Alcidon est mon seul amour.

Je ne devais pas m'assurer
De voir sa promesse durer,
Parce qu'en chose plus légère

Ni plus ressemblante à sa foi,
L'ingrate et parjure Bergère
Ne pouvait se promettre à moi.

Un petit vent qui s'élevait
En même instant qu'elle écrivait
Cette preuve si peu durable,
Effaça sans plus de longueur
Sa promesse dessus le sable
Et son amour dedans son cœur.

(*Nouveau recueil des plus beaux vers*, 1609)

POUR LE BALLET
DES AMOUREUX VÊTUS DE VENT

AUX DAMES

Eh ! pourquoi, nous voyant paraître,
Feindrez-vous de ne pas connaître
Ces amants revêtus de vents ?
Belles causes de notre flamme,
Nous sommes les portraits vivants
De l'inconstance de votre âme.

Si, pour avoir toujours porté
Dans le cœur la fidélité,
Nous sommes un peu dissemblables,
Maintenant que nous la quittons,
Nous sommes donc méconnaissables
Parce que nous vous imitons.

Car le seul désir de vous plaire
Contre notre humeur ordinaire
Cause en nous un tel changement,
Sachant que sans la sympathie

De l'aimée avec son amant,
L'amour est bientôt amortie [1].

Toutefois si [2] ne pouvons-nous
Nous transformer si bien en vous
Que notre art se change en nature,
Et quoi qu'enfin nous ayons fait,
Nous ne pouvons qu'être en peinture
Ce que vous êtes en effet [3].

(*Nouveau recueil des plus beaux vers,* 1609)

CHANSON

Si c'est un crime que l'aimer,
L'on n'en doit justement blâmer
Que les beautés qui sont en elle :
 La faute en est aux dieux
 Qui la firent si belle,
 Mais non pas à mes yeux.

Car elle rend par sa beauté
Les regards et la liberté
Incomparables devant elle :
 La faute en est aux dieux
 Qui la firent si belle,
 Mais non pas à mes yeux.

Je suis coupable seulement
D'avoir beaucoup de jugement,
Ayant beaucoup d'amour pour elle :
 La faute en est aux dieux
 Qui la firent si belle,
 Mais non pas à mes yeux.

Qu'on accuse donc leur pouvoir,
Je ne puis vivre sans la voir,
Ni la voir sans mourir pour elle :
    La faute en est aux dieux
    Qui la firent si belle,
    Mais non pas à mes yeux.

(*Livre d'airs de Cour,* 1623)

Angot de L'Éperonnière

LA FOIRE DE VILLAGE

SATIRE III

Le beau char du soleil qui la clarté nous porte
Ne sort pas tous les jours par une même porte ;
Car en quittant le Daim, le Verseau, les Poissons,
Il vient voir le Mouton et les Frères bessons [1].
Puis par un doux aspect il change en robe verte
La cime des hauts monts de farine couverte.
Or, puisque cet hiver maintenant nous laissons,
Que la neige se fond, qu'il n'est plus de glaçons,
Qu'Apollon a quitté le cornu Capricorne,
Que le mignard Zéphyr fait que la terre s'orne
D'un bigarré tapis, et que l'on voit parés
De fleurs les beaux jardins et d'herbage les prés,
Que les chantres ailés vont saluant l'aurore,
Que le doucet Zéphyr va baisotant sa Flore,
D'une chaleur humide, amoureux de ses yeux,
Portant par les forêts, par l'air et par les cieux
Son haleine doucette, et la rendant féconde,
En produisant des fleurs fait rajeunir le monde,
Que l'on voit les oiseaux faire l'amour en l'air,
Sur terre les humains, les poissons dans la mer,
Allons, il est saison d'abandonner la ville,
La vie de la campagne est plus libre et gentille ;
Je hais les compliments, j'aime la liberté,
Passer le temps à rire en toute honnêteté,

En peignoir, en jupon, la gorge bien ouverte,
Folâtrant sur un lit à demi découverte,
Pincer l'un, frapper l'autre, et faire à qui mieux mieux
L'amour soir et matin de la bouche et des yeux,
En dépit des jaloux et de la médisance
Qui de blâmer autrui n'a jamais suffisance.
Et puis, nos jeunes ans qui bouillonnent d'ardeur
Font que l'aveugle dieu loge dans notre cœur :
La rose et la beauté ne sont pas de durée,
Cueillez l'une au matin, au soir elle est fanée,
L'autre passe aussi tôt ; alors ce temps perdu
Est de nous regretté sans nous être rendu :
Sus, vivons librement, évitons la tristesse,
Que chaque serviteur conduise sa maîtresse ;
Il n'est pas toujours temps d'être en dévotion,
Notre vie s'écoule en diverse action ;
Durant ce saint Carême on pleurait son offense,
Mais la fête est passée, adieu la pénitence !
C'est l'allée aujourd'hui de Saint-Martin-du-Mont [2] :
Allons-y promener, les bons danseurs y sont ;
Laissons là nos maris, évitons leur présence,
Car de dire un bon mot envers eux, c'est offense ;
Qu'ils fassent bande à part, chacun de son côté,
Ou bien l'on vit en crainte, et non en liberté.
Il est temps de partir, vite, qu'on se dépêche,
Il n'est que le matin pour aller à la fraîche.
     Chacun monte en carrosse, et Dieu sait les discours
Que l'on tient là-dedans du joli jeu d'amours ;
L'une assise sur l'autre, et toutes pêle-mêle,
Un chacun se fait place, un gros près d'une grêle ;
L'un tient la main de l'autre, et lui serrant les doigts,
Lui faisant les doux yeux, la réduit aux abois ;
Puis, discourant d'amour, penché sur la portière,
Coule sa main en bas pour trouver la jartière ;
L'autre tient sa maîtresse, et lui pressant le flanc,
D'ardeur et de prurit lui fait couler le sang ;
Un autre plus discret veut user d'une feinte,
Tient à l'une un discours de l'Écriture sainte,
Poussant le pied de l'autre, il lui perce le cœur,
Si bien qu'en un instant il s'en rend le vainqueur,

Puis couvert d'un manteau, détachant l'aiguillette,
Prend sa main et lui met au fond de sa braguette.
On n'y fait point état d'un baiser simplement,
Aux champs tout est permis, on y vit librement,
C'est pour passer le temps, il n'y a point d'offense,
Honni soit celui-là qui tant de mal y pense.
Grand Dieu qui vois nos faits, qui découvres nos mœurs,
Qui juges nos conseils, qui connais nos humeurs,
Qui guerdonnes [3] les bons de juste récompense,
Qui punis les méchants quand ils font une offense ;
Soleil de l'univers à qui rien n'est caché,
Grand juge des humains, vengeur de leur péché,
Ce n'est pas pour toujours que ta haute justice
Diffère de punir cette humaine malice :
Car quoique avec les bons les méchants soient souvent,
Sans souci de mieux vivre, exempts du châtiment,
On les voit poursuivis par la boiteuse peine
Qui les attrape enfin avec ses pieds de laine.
Les voici arrivés ; chacune à son miroir
Se regarde, s'attife ; on leur rend le devoir,
On met bas la portière, on les descend à terre,
D'un baiser savoureux les lèvres on leur serre ;
Chacun prend sa maîtresse, et seule la conduit
Pour y passer une heure en l'amoureux déduit [4].
Puis on vient à la foire, et lors on prend sa place
Pour y voir des danseurs le maintien et la grâce.
Dans un orme rameux, fourchu jusqu'au plus haut,
Était un cabinet qui servait d'échafaud
Pour placer les hautbois, que les valets de fête
Avaient palissadé pour rendre plus honnête ;
C'était près de l'église, au milieu d'un carfour [5]
Où le peuple affluait tant que durait le jour.
Là, comme au rendez-vous, la gentille jeunesse
Passait le temps à rire et folâtrer sans cesse,
Qui de vouloir eût fait le soleil avancer,
Pour y pouvoir plutôt le branle [6] commencer ;
La fille du seigneur, qui doit avoir la danse,
Son esprit à rien plus qu'à ce branle ne pense,
Et n'a d'autre désir que d'avoir ce bonheur
D'emporter de la danse et le prix et l'honneur.

Durant ce passe-temps, des simples l'amusoire,
La finette s'écoule [7], abandonnant la foire,
Entre dedans l'église, et feint de prier Dieu,
Assignant son ami des yeux en autre lieu,
Qui, sans la regarder, s'évade par-derrière,
Se rencontrant tous deux dans une chenevière.
Chacun pense à son fait, les uns dedans le bois,
Les autres dans un pré le font en villageois,
Pendant que le cocher, sur le lit du carrosse,
Bricole une donzelle éprise en son amorce.
On veut se réjouir, on se perd en plaisirs,
On s'abandonne au vice, on forcène en désirs ;
Le dieu bouffi de vin, et Cérès la fruitière
Pour servir à Vénus on ne met pas derrière ;
Car on voit sur la place, épars de tous côtés,
Bouteilles, cervelas, jambons, langues, pâtés ;
Chacun à qui mieux mieux y fait la chère entière,
La maîtresse en un coin, ailleurs sa chambrière.
Ainsi le jour s'écoule en diverse action,
Suivant sa fantaisie et son affection ;
L'un est voluptueux, l'autre se plaît à boire,
L'un aime le danger, l'autre y veut voir la foire ;
Tel enivré s'endort, perdant toute raison,
Qu'on est contraint conduire au soir en sa maison.
Puis la foire finie, on revient dans la ville ;
Qui le plus en a fait est tenu plus habile.
Ainsi s'en va le monde, on n'a d'autre désir
Que dans la volupté se combler de plaisir,
Boire bon vin et frais, bien manger et bien rire,
Tenant pour tout certain d'Épicure le dire :
« Qui bien va de la dent, bien boit, fiente et dort,
Sans peine et sans souci fait la nique à la mort. »

Ede, bibe, lude : post mortem nulla voluptas [8]

Les Exercices de ce temps, 1617

LE CONTENT

SATIRE XIV[1]

Dans les mondains plaisirs mon âme accoutumée,
Suivant par ci-devant une ombre, une fumée,
Pour un fruit désiré ne cueillait que du vent,
Et dans un faux objet prenait contentement.
  Mille étranges travaux[2], plus d'incroyables peines,
Cent espoirs incertains, mille douleurs certaines
L'agitaient sans cesse ; et quand l'un finissait,
L'autre, sans donner trêve, un mal recommençait.
Je brûlais de désirs, d'ardeur, d'impatience,
De maux, d'ennuis soufferts ; ma longue expérience
Rendait de jour en jour mon feu plus allumé,
Mais tant plus je brûlais, moins j'étais consumé.
Délié maintenant, une Beauté nouvelle,
Doux objet de mes sens, veut que j'approche d'elle,
Et ces amours mortels de mon cœur bannissant,
Pour eux je ne sois plus faible ni languissant.
Ah dieux ! pauvres mortels, que malheureux nous sommes !
Combien de passions vont agitant les hommes !
Quels travaux, quels périls, que de maux en un temps
Aux esclaves d'Amour servent de passe-temps !
J'éloigne loin de moi toutes les promenades,
J'ai quitté de tout point les douces sérénades,
Ces torrents de musique au milieu des bateaux,
Ces ravissants déduits[3] de nos nymphes des eaux.
Jeunes gens pleins de feux, l'espérance est méchante
Qui par ces doux appas doucement vous enchante ;
D'un faux masque couvert elle trompe et déçoit
Cil[4] qui la va suivant, et qui sot la reçoit.
Le sage ou le prudent qui jamais ne s'y fie
Prévoit de longue main que le cours de la vie
N'est rien qu'incertitude et pure vanité,
Ne fondant son espoir qu'en cette vérité.
Mais ce malheur nous suit, car la verte jeunesse
Ne jette point les yeux sur la morne vieillesse,

Et ne croit pas tomber dans un triste méchef[5],
Quoiqu'il lui soit pendant deux doigts près de son chef[6],
Dépourvuë de sens, débile et misérable,
Ne peut considérer que l'heur[7] est peu durable.
Abusés de tout point, pauvres, ne savez pas
Que la mort près de nous nous guide pas à pas,
Que le destin fatal et que la Parque noire
L'enfant, comme un vieillard, aussitôt mène boire
Dans les flots étouffants de ce fleuve oublieux[8],
En tout temps, sans délai, nous sillant les deux yeux.
Car les papes, les rois, les grands foudres de guerre,
Ainsi comme vachers, sont renversés à terre,
Dépouillés de grandeurs, de sang, de veines, d'os,
Viennent tous pêle-mêle au trône de Minos.
Pourquoi donc en soucis écouler notre vie,
Puisqu'en un seul moment elle nous est ravie ?
Car l'impiteuse[9] mer engloutit le marchand ;
Le soldat vomit l'âme au coup d'un fer tranchant ;
L'avocat turbulent dans les procès se mine ;
L'alchimiste imprudent ne souffle que famine,
Son esprit sablonneux, privé du doux sommeil,
Le réduit au bissac[10] pour chercher le soleil,
Son feu dans un fourneau, sous l'alambic de verre,
Éclipse le soleil et met la lune à terre ;
L'amoureux desséché d'un cœur tout languissant,
Les yeux tout abattus, et le teint jaunissant,
Palpitant, agité d'une amoureuse envie,
Coule sans y penser le plus pur de sa vie,
L'espoir qui le déçoit[11] l'empêchant de sentir
Le mal qui le conduit au trop tard repentir.
Bref, le sage voit bien qu'il n'est chose qui vive
Qui souffre tant de maux que la race chétive
De tous ces empêchés, esclaves de douleurs,
Qui vivent de fumée et meurent en malheurs.
Pour moi je tiens mon heur, je possède mon aise,
J'incague[12] de l'Amour les flammes et la braise,
Les palais des grands rois, la Cour, ses vanités,
Ses faveurs, ses grandeurs, ses superfluités,
Et tous les grands trésors de l'Arabie heureuse,
La perle de haut prix de l'Inde plantureuse,

L'insatiable ardeur de gagner, d'acquérir
Qui tient l'homme altéré sans pouvoir le guérir,
Et qui, pour s'enrichir, met sur la mer Égée
De riches lingots d'or mainte grand'nef chargée,
La pourpre, l'écarlate et ces hauts appareils[13],
La suite des plaideurs, leurs devoirs non pareils,
Leurs respects, la cherté introduite aux offices[14],
La peine que l'on a d'entrer aux bénéfices[15] :
Tout cela ne me touche, et les fuis tellement
Que je n'ai pas le cœur de les voir seulement.
Car, puisque notre vie est sans nulle assurance,
Qu'au milieu des espoirs on meurt sans jouissance,
Qu'attendant ces désirs on arrive au trépas,
Qu'on ne boit, qu'on ne mange étant passés là-bas,
Notre grange en partant pleine de grains laissée,
Nos celliers pleins de vins sont hors notre pensée.
A quoi tant de tourments, pourquoi tant désirer ?
Les désirs sont fleaux[16] pour l'homme martyrer.
Bien armé de tout point de la philosophie,
Targué de la vertu, mon corps se fortifie
Contre ces passions et tous ces accidents
Qui, logés dedans, nous accourcissent nos ans.
Sans peur et sans effroi de chose qui survienne,
Que le ciel périssant les abîmes devienne,
Que la mer se déborde au-devant de nos yeux,
Ou que la terre basse escalade les cieux :
Tout m'est indifférent, pourvu qu'j'aie un verre
A l'ombre d'une treille, où, couronné de lierre,
Je noie les ennuis, les procès, le souci,
L'ire, l'ambition et les amours aussi.
Pour richesses, grandeurs, pour tout bien je désire
A mon corps clair et net santé qui ne s'empire,
A l'esprit liberté, jugement et raison,
Et, pour comble de biens, la paix dans ma maison.

> *Frui paratis, et valido mihi,*
> *Integra cum mente, nec*
> *Turpem senectam degere*
> *Nec cithara carentem*[17].

Les Exercices de ce temps, 1631

François Maynard

Ô que vous êtes éblouis [1]
D'oser attendre la tempête
Que la juste main de Louis
Va lancer dessus votre tête !
Parpaillots, vous êtes tous morts,
Quelque grands que soient les efforts
De votre folle résistance.
Toutefois vous aurez le choix
De la corde de la potence,
Ou du cordon de saint François.

(*Recueil des plus beaux vers*, 1627)

Cloris vit sous les dures lois
D'un mari, dont la rêverie
Le fait même jaloux des rois
Qui sont peints dans sa galerie.

Il lui prêche que le devoir
L'oblige à fuir ma rencontre ;
Je serai privé de la voir
Sans le songe qui me la montre.

Ce doux sorcier de mes ennuis
Me l'amène toutes les nuits,
Tant il est soigneux de me plaire.

Que mon sort est capricieux !
Pour voir le soleil qui m'éclaire,
Il faut que je ferme les yeux.

Les Œuvres

Crois-moi, vivons au gré de nos désirs.
Calmons notre âme ; et ne faisons que rire
De ces vieillards qui, lassés des plaisirs,
Censurent tout, et n'aiment qu'à médire.

Nos beaux soleils vont achever leur tour,
Livrons nos cœurs à la merci d'Amour :
Le temps qui fuit, Cloris, nous le conseille.

Mes cheveux gris[1] me font déjà frémir,
Dessous la tombe il faut toujours dormir :
Elle est un lit où jamais on ne veille.

Les Œuvres

LA BELLE VIEILLE[1]

Cloris, que dans mon cœur j'ai si longtemps servie
Et que ma passion montre à tout l'univers,
Ne veux-tu pas changer le destin de ma vie
Et donner de beaux jours à mes derniers hivers ?

N'oppose plus ton deuil au bonheur où j'aspire,
Ton visage est-il fait pour demeurer voilé ?

Sors de ta nuit funèbre, et permets que j'admire
Les divines clartés des yeux qui m'ont brûlé.

Où s'enfuit ta prudence acquise et naturelle ?
Qu'est-ce que ton esprit a fait de sa vigueur ?
La folle vanité de paraître fidèle
Aux cendres d'un jaloux, m'expose à ta rigueur.

Eusses-tu fait le vœu d'un éternel veuvage
Pour l'honneur du mari que ton lit a perdu
Et trouvé des Césars dans ton haut parentage,
Ton amour est un bien qui m'est justement dû.

Qu'on a vu revenir de malheurs et de joies,
Qu'on a vu trébucher de peuples et de rois,
Qu'on a pleuré d'Hectors, qu'on a brûlé de Troies
Depuis que mon courage a fléchi sous tes lois !

Ce n'est pas d'aujourd'hui que je suis ta conquête,
Huit lustres ont suivi le jour que tu me pris,
Et j'ai fidèlement aimé ta belle tête
Sous des cheveux châtains et sous des cheveux gris.

C'est de tes jeunes yeux que mon ardeur est née,
C'est de leurs premiers traits que je fus abattu ;
Mais tant que tu brûlas du flambeau d'hyménée,
Mon amour se cacha pour plaire à ta vertu.

Je sais de quel respect il faut que je t'honore
Et mes ressentiments ne l'ont pas violé.
Si quelquefois j'ai dit le soin qui me dévore,
C'est à des confidents qui n'ont jamais parlé.

Pour adoucir l'aigreur des peines que j'endure
Je me plains aux rochers et demande conseil
A ces vieilles forêts dont l'épaisse verdure
Fait de si belles nuits en dépit du soleil.

L'âme pleine d'amour et de mélancolie
Et couché sur des fleurs et sous des orangers,

J'ai montré ma blessure aux deux mers d'Italie
Et fait dire ton nom aux échos étrangers.

Ce fleuve impérieux à qui tout fit hommage
Et dont Neptune même endura le mépris,
A su qu'en mon esprit j'adorais ton image
Au lieu de chercher Rome en ces vastes débris.

Cloris, la passion que mon cœur t'a jurée
Ne trouve point d'exemple aux siècles les plus vieux.
Amour et la nature admirent la durée
Du feu de mes désirs et du feu de tes yeux.

La beauté qui te suit depuis ton premier âge
Au déclin de tes jours ne veut pas te laisser,
Et le temps, orgueilleux d'avoir fait ton visage,
En conserve l'éclat et craint de l'effacer.

Regarde sans frayeur la fin de toutes choses,
Consulte le miroir avec des yeux contents.
On ne voit point tomber ni tes lis, ni tes roses,
Et l'hiver de ta vie est ton second printemps.

Pour moi, je cède aux ans ; et ma tête chenue
M'apprend qu'il faut quitter les hommes et le jour.
Mon sang se refroidit, ma force diminue
Et je serais sans feu si j'étais sans amour.

C'est dans peu de matins que je croîtrai le nombre
De ceux à qui la Parque a ravi la clarté !
Oh ! qu'on oira souvent les plaintes de mon ombre
Accuser tes mépris de m'avoir maltraité !

Que feras-tu, Cloris, pour honorer ma cendre ?
Pourras-tu sans regret ouïr parler de moi ?
Et le mort que tu plains te pourra-t-il défendre
De blâmer ta rigueur et de louer ma foi ?

Si je voyais la fin de l'âge qui te reste,
Ma raison tomberait sous l'excès de mon deuil ;

Je pleurerais sans cesse un malheur si funeste
Et ferais jour et nuit l'amour à ton cercueil !

Les Œuvres

CHANSON

Que le plus sage de la troupe
Prenne l'esprit du cabaret,
Et que le cristal de sa coupe
Soit vermeil de ce vin clairet !
    Faisons durer la guerre
    De la soif et du verre.

Mes chers amis, je vous convie,
Ce bon vin dissipe l'ennui.
Qui n'aura goinfré de sa vie
Doit commencer dès aujourd'hui.
    Faisons durer la guerre
    De la soif et du verre.

Quelle plaine, et quelle montagne
Reçoit les faveurs du soleil,
Ou dans la Grèce ou dans l'Espagne
Qui puisse en porter de pareil ?
    Faisons durer la guerre
    De la soif et du verre.

Si le nectar est quelque chose
De plus digne de nos amours,
Les dieux de la métamorphose
Doivent s'enivrer tous les jours.
    Faisons durer la guerre
    De la soif et du verre.

Cher piot [1], dont je suis esclave,
Ô que mon destin serait beau

Si je vous trouvais dans la cave
Qui me doit servir de tombeau !
        Faisons durer la guerre
        De la soif et du verre.

Lorsque la glace de décembre
Me tient dans l'engourdissement,
Il n'est point de robe de chambre
Qui m'échauffe si doucement.
        Faisons durer la guerre
        De la soif et du verre.

Le bon comte qui nous régale
Veut qu'on trinque jusqu'à demain,
Et que la garce de Céphale [2]
Nous trouve le verre à la main
        Faisons durer la guerre
        De la soif et du verre.

C'est ainsi que durant la guerre
Qui met l'Espagne dans l'effroi,
Flotte [3] se joue avec le verre,
A l'ombre des palmes du roi.
        Faisant durer la guerre
        De la soif et du verre.

Les Œuvres

Quand dois-je quitter les rochers [1]
Du petit désert qui me cache,
Pour aller revoir les clochers
De Saint-Paul et de Saint-Eustache ?

Paris est sans comparaison,
Il n'est plaisir dont il n'abonde ;
Chacun y trouve sa maison,
C'est le pays de tout le monde.

Apollon, faut-il que Maynard
Avec les secrets de ton art
Meure en une terre sauvage,

Et qu'il dorme, après son trépas,
Au cimetière d'un village
Que la carte ne connaît pas ?

Les Œuvres

Adieu, Paris, adieu pour la dernière fois [1].
Je suis las d'encenser l'autel de la fortune,
Et brûle de revoir mes rochers et mes bois,
Où tout me satisfait, et rien ne m'importune.

Je n'y suis pas touché de l'amour des trésors.
Je n'y demande pas d'augmenter mon partage.
Le bien qui m'est venu des pères dont je sors
Est petit pour la Cour, mais grand pour le village.

Depuis que je connais que le siècle est gâté,
Et que le haut mérite est souvent maltraité,
Je ne trouve ma paix que dans ma solitude.

Les heures de ma vie y sont toutes à moi.
Qu'il est doux d'être libre, et que la servitude
Est honteuse à celui qui peut être son roi !

Les Œuvres

Je suis dans le penchant de mon âge de glace [1]
Mon âge se détache et va laisser mon corps ;
En cette extrémité que faut-il que je fasse
Pour entrer sans frayeur dans la terre des morts ?

J'ai flatté les puissants, j'ai plâtré leurs malices,
J'ai fait de mes péchés mes uniques plaisirs,
Je me suis tout entier plongé dans les délices,
Et les biens passagers ont été mes désirs.

Tout espoir de salut me semble illégitime ;
Je suis persécuté de l'horreur de mon crime,
Et son affreuse image est toujours devant moi.

Mais, ô mon doux Sauveur, que mon âme est confuse !
Que je suis faiblement assisté de ma foi !
Rends-tu pas innocent le pécheur qui s'accuse ?

(Jardin d'Épitaphes choisies, 1648)

Mon âme, il faut partir[1]. Ma vigueur est passée,
     Mon dernier jour est dessus l'horizon.
Tu crains ta liberté. Quoi ? n'es-tu pas lassée
     D'avoir souffert soixante ans de prison ?

Tes désordres sont grands. Tes vertus sont petites ;
     Parmi tes maux on trouve peu de bien.
Mais si le bon Jésus te donne ses mérites,
     Espère tout et n'appréhende rien.

Mon âme, repens-toi d'avoir aimé le monde,
     Et de mes yeux fais la source d'une onde
Qui touche de pitié le Monarque des rois.

     Que tu serais courageuse et ravie,
Si j'avais soupiré durant toute ma vie
     Dans le désert, sous l'ombre de la Croix !

Les Œuvres

Claude Hopil

CANTIQUE

Grand Dieu, vous êtes donc mon Dieu devant l'aurore ;
La lune et le soleil n'éclairaient pas encore
          L'hémisphère des cieux,
Que vous luisiez sans temps, car l'éternité même
Est le bel orient où mon Soleil suprême
          Luit toujours glorieux.

Le temps est fait pour l'homme, et l'éternité pure
Appartient à Dieu seul d'éternelle nature
          Comme au grand Tout du tout :
Dieu n'était ni sera, celui-là que j'adore
Est éternellement, pur soleil sans aurore,
          Et sans vêpre et sans bout.

L'homme n'est rien que nuit, et l'ange n'est qu'une ombre
Au regard du Soleil qui, étant trois en nombre,
          N'est qu'un seul par amour,
Par essence et par gloire ; et cette unité belle
En l'orient d'en haut le Verbe nous révèle
          Au ciel au point du jour.

Ô beau jour, ô nuit sombre, astres, soleil, aurore,
Annoncez en luisant du Soleil que j'adore
          L'éclat mystérieux ;

Vous n'êtes que des nuits devant ce jour suprême,
Vous n'êtes que vapeurs devant mon Soleil même,
            Tout n'est rien à ses yeux.

Ce beau tout que je vois en cette masse ronde
N'est rien pour mon esprit ; dans le monde du monde
            Abstrait divinement,
Tenant dessous mes pieds toutes mortelles choses,
J'entre dedans le cœur de la cause des causes
            En mon ravissement.

J'adore ce beau trois qui n'est qu'un en essence,
Cet UN est le vrai tout où gît ma complaisance,
            Et ce tout est mon Dieu :
Me complaisant qu'il est ce qu'il est en lui-même,
Je goûte les douceurs d'un Paradis suprême
            En ce terrestre lieu.

Si l'ange ne voyait dans l'essence divine
Tout bien et toute gloire en Dieu seule origine
            De tout notre existant,
Je veux m'imaginer qu'il ne pourrait pas croire
La grandeur de la joie et l'excès de la gloire
            Qui me rend si content.

Tout l'honneur et la joie et le plaisir encore
Dont l'archange jouit en celui que j'adore,
            Je le goûte en ce lieu :
Que dis-je ? est-il possible, ô doux prodige étrange !
J'ai bien Dieu dans mon cœur, mais non pas comme
            Car je ne vois pas Dieu.   [l'Ange :

L'archange le voit tout, il est tout dans mon âme,
Il se révèle à l'ange en son verbe, il se pâme
            Au céleste séjour,
Il vit en le voyant dans son intelligence,
Et moi, ne voyant pas la vivifique essence,
            Hélas ! je meurs d'amour.

Je préfère la mort à la mondaine vie,
Dans les cachots divins mon âme étant ravie.
            Voit Dieu par un pertuis,

Elle le voit sans voir, de tous objets abstraite,
Ses délices trouvant avec un Roi Prophète
      Dans ses mystiques nuits.

Dieu se montrait la nuit à la troupe d'Israël,
Dieu par son propre Fils à minuit se révèle
      En l'étable naissant !
Je n'aime que les nuits et les brouillas mystiques
Pour chanter en silence à mon Dieu des cantiques
      D'un air tout ravissant.

Les Divins Élancements d'amour...

Étienne Durand

DIALOGUE

Pourquoi courez-vous tant, inutiles pensées,
Après un bien perdu qui ne peut revenir ?
Nous voulons rechercher tes liesses passées,
Pour en faire à ton cœur quelqu'une parvenir.

Quoi ? Ne savez-vous pas, chimères insensées,
Que d'un plaisir perdu triste est le souvenir ?
Oui, mais on peut encor d'espoir s'entretenir,
Quand un peu les douleurs ont nos âmes laissées.

Hé ! pourrais-je espérer de jamais convertir
Le crime de ma belle en un doux repentir ?
La constance en amour fait d'étranges miracles.

Quoi donc, faut-il aimer ? Faut espérer aussi,
Car les refus de femme ont l'effet des oracles
Qui, jurés, bien souvent n'arrivent pas ainsi.

Méditations

COMPLAINTE

Quoi ? Faut-il qu'à jamais en mes os se nourrissent
Des brasiers inconnus qui mes ans accourcissent
Sous le poids des sanglots qui me vont suffoquant ?
Faut-il que ma raison de mon âme bannie
D'un forcené désir suive la tyrannie ?
Hélas au moins, Amour, dis-moi jusques à quand.

Je ne suis plus celui dont l'humeur vagabonde
Ne cherchait que des ris pour plaire à tout le monde ;
La mort est le démon que je vais invoquant,
Mes chansons de plaisir sont des plaintes funèbres,
Et les beaux jours d'autrui pour moi sont des ténèbres.
Hélas au moins, Amour, dis-moi jusques à quand.

Dès le jour que le Ciel m'a fait être capable
De former un désir toujours impitoyable,
De mille et mille traits tu m'as été piquant :
Tu n'as jamais laissé mon cœur vide de flamme,
Et je t'ai toujours fait le maître de mon âme.
Hélas au moins, Amour, dis-moi jusques à quand.

Plus je vais en avant, plus mon mal est extrême,
Si j'aimai ci-devant, j'étais aimé de même ;
Mais ores un bel œil se va de moi moquant,
Il me fuit dédaigneux autant que je l'adore,
Sans vouloir avouer le feu qui me dévore.
Hélas au moins, Amour, dis-moi jusques à quand.

Que te sert d'enfoncer en mon cœur tant de brèches,
Si la chère beauté qui te fournit de flèches
Méprise ainsi les coups qu'elle va provoquant ?
Ou blesse-lui le cœur, ou guéris ma blessure,
Ou bien si sans remède il convient que j'endure,
Hélas au moins, Amour, dis-moi jusques à quand.

Dis-moi jusques à quand, Amour, je te supplie,
Je languirai captif sous le joug qui me lie,
Et si tu n'iras pas ton arrêt révoquant.
La rigueur de mon mal m'afflige en telle sorte
Que je ne puis plus vivre en l'ardeur que je porte
Si tu ne me veux dire au moins jusques à quand.

Méditations

STANCES A L'INCONSTANCE

Esprit des beaux esprits, vagabonde inconstance,
Qu'Éole, roi des vents, avec l'onde conçut,
Pour être de ce monde une seconde essence,
Reçois ces vers sacrés à ta seule puissance,
Aussi bien que mon âme autrefois te reçut,

Déesse qui partout et nulle part demeure [1],
Qui préside à nos jours et nous porte au tombeau,
Qui fait que le désir d'un instant naisse et meure,
Et qui fait que les cieux se tournent à toute heure
Encor qu'il ne soit rien ni si grand ni si beau.

Si la terre pesante en sa base est contrainte
C'est par le mouvement des atomes divers,
Sur le dos de Neptun ta puissance est dépeinte,
Et les saisons font voir que ta majesté sainte
Est l'âme qui soutient le corps de l'univers.

Notre esprit n'est que vent, et comme un vent volage,
Ce qu'il nomme constance est un branle rétif :
Ce qu'il pense aujourd'hui demain n'est qu'un ombrage,
Le passé n'est plus rien, le futur un nuage,
Et ce qu'il tient présent il le sent fugitif.

Je peindrais volontiers mes légères pensées,
Mais déjà, le pensant, mon penser est changé,

Ce que je tiens m'échappe, et les choses passées,
Toujours par le présent se tiennent effacées,
Tant à ce changement mon esprit est rangé.

Aussi depuis qu'à moi ta grandeur est unie
Des plus cruels dédains j'ai su me garantir ;
J'ai gaussé les esprits dont la folle manie
Esclave leur repos sous une tyrannie,
Et meurent à leur bien pour vivre au repentir.

Entre mille glaçons je sais feindre une flamme,
Entre mille plaisirs je fais le soucieux ;
J'en porte une à la bouche, une autre dedans l'âme,
Et tiendrais à péché, si la plus belle dame
Me retenait le cœur plus longtemps que les yeux.

Doncques, fille de l'air, de cent plumes couverte,
Qui, de serf que j'étais, m'a mis en liberté,
Je te fais un présent des restes de ma perte,
De mon amour changé, de sa flamme déserte,
Et du folâtre objet qui m'avait arrêté.

Je te fais un présent d'un tableau fantastique,
Où l'amour et le jeu par la main se tiendront,
L'oubliance, l'espoir, le désir frénétique,
Les serments parjurés, l'humeur mélancolique,
Les femmes et les vents ensemble s'y verront.

Les sables de la mer, les orages, les nues,
Les feux qui font en l'air les tonnantes chaleurs,
Les flammes des éclairs plus tôt mortes que vues.
Les peintures du ciel à nos yeux inconnues,
A ce divin tableau serviront de couleurs.

Pour un temple sacré je te donne ma belle,
Je te donne son cœur pour en faire un autel,
Pour faire ton séjour tu prendras sa cervelle,
Et moi, je te serai comme un prêtre fidèle
Qui passera ses jours en un change immortel.

Méditations

Le comte de Cramail

LA NUIT

Stances

Ô Nuit tant de fois désirée,
Ô Nuit de moi tant espérée,
Cause de ma félicité,
Ô Nuit à mes yeux favorable,
Fais que dans l'horreur effroyable
De l'ombre et de l'obscurité,
Je puisse adorer, cette nuit,
L'astre qui me brûle et me luit.

Épands sur la terre tes voiles,
Et cache du ciel les étoiles,
Qui semblent allumer le jour :
Je n'ai besoin d'autre lumière
Pour ma visite coutumière
Que de celle de mon amour ;
Car toute autre clarté me nuit
Que celle de l'œil qui me luit.

Oubli de nos peines passées,
Charme de nos tristes pensées,
Repos des esprits langoureux,

Qu'attends-tu pour sortir de l'onde ?
Ne vois-tu pas que tout le monde
Est plein de pauvres amoureux,
Ennemis du jour et du bruit,
Qui ne désirent que la nuit ?

Verrais-tu point par la fenêtre
Le bel œil d'Aminthe paraître,
Qui comme un soleil radieux
Les ombres dans le ciel efface,
Changeant la couleur de sa face
En celle d'un jour gracieux ?
Ne crains pas le soleil qui luit,
Car il est ami de la Nuit.

Sors donc, chère Nuit que j'honore,
Qui sers à mon soleil d'aurore,
Prends ton plus noir habillement ;
Déjà le sommeil te devance,
Et partout un muet silence
Annonce ton avènement.
Je sais que l'astre qui me luit
N'attend pour me voir que la nuit.

Ah ! je vois naître les ténèbres :
Je sors donc pour baiser les lèvres,
Le sein et l'œil qui m'ont déçu.
Ô Nuit, de mes désirs la gloire,
Puisses-tu devenir si noire
Que je ne sois pas aperçu,
Et que je puisse cette nuit
Voir le beau soleil qui me luit.

Que puisses-tu, déesse sombre,
Dedans l'épaisseur de ton ombre
Éteindre du ciel les flambeaux,
Et quoiqu'ils te fassent la guerre,
Dominer toujours sur la terre,

Et jamais n'aller sous les eaux ;
Et qu'éternelle soit la nuit
Quand je vois l'astre qui me luit.

(*Les Délices,* 1618)

Arnauld d'Andilly

DE LA CHARITÉ

Quand tu saurais parler le langage des anges,
Que ta voix prédirait tous les succès[1] futurs,
Et que perçant du ciel les voiles plus obscurs[2],
Tu verrais du Seigneur les mystères étranges ;
Quand ta foi te rendrait le maître des démons,
Qu'elle aurait le pouvoir de transporter les monts,
Et que de tous les biens tu ferais des largesses ;
Quand aux tourments du feu tu livrerais ton corps :
Tu possèdes en vain tant de saintes richesses,
Si la charité manque à tes rares trésors.

Stances sur diverses vérités chrétiennes

IL NE FAUT PAS S'ENDORMIR DANS LE PÉCHÉ

Songe combien du temps les ailes sont légères ;
Tu t'endors dans le vice, et lui vole toujours ;
Vers la nuit du cercueil il entraîne tes jours,
Sans respecter l'éclat des grandeurs passagères.

Veux-tu sans y penser entrer dans le tombeau,
Et perdre la clarté de l'Éternel Flambeau
Qui luit aux bienheureux au-delà des étoiles ?
Réveille ton esprit de ce profond sommeil,
Et de tes faux plaisirs perce les sombres voiles,
Pour revoir la splendeur de ton Divin Soleil.

Stances sur diverses vérités chrétiennes

Racan

ODE[1]

Saison des fleurs et des plaisirs,
Beau temps parfumé de zéphyrs,
Espoir d'une fertile année,
Que tes appas ont de rigueur,
Et que ta plus claire journée
Produira de nuits dans mon cœur !

Mon Roi, las de l'oisiveté
Où l'hiver l'avait arrêté,
Bénit le temps qui l'en délivre.
On voit bien quel est son pouvoir,
De ce qu'il faut que pour le suivre
Mon amour cède à mon devoir.

Non, non, contentons mon désir,
C'est le conseil qu'il faut choisir,
Quoiqu'on m'en parle et qu'on m'en blâme :
Puis-je servir un plus grand roi
Que le bel astre à qui mon âme
A donné ma vie et ma foi ?

Qu'un autre enflé d'ambition
Aille assouvir sa passion

Aux yeux d'une foule importune :
Pour moi je renonce à la Cour,
Et ne veux ni faveur ni fortune
Que dans l'empire de l'amour.

Qu'il fasse des faits inouïs
Sous les enseignes de Louis,
Ce grand Mars du siècle où nous sommes,
Je n'en serai point curieux [2] :
S'il sert le plus puissant des hommes,
Je sers le plus puissant des dieux.

(*Recueil des plus beaux vers*, 1627)

ODE [1]

Plaisant séjour des âmes affligées,
Vieilles forêts de trois siècles âgées,
Qui recelez la nuit, le silence et l'effroi,
Depuis qu'en ces déserts les amoureux, sans crainte,
Viennent faire leur plainte,
En a-t-on vu quelqu'un plus malheureux que moi ?

Soit que le jour dissipant les étoiles
Force la nuit à retirer ses voiles
Et peigne l'orient de diverses couleurs,
Ou que l'ombre du soir du faîte des montagnes
Tombe dans les campagnes,
L'on ne me voit jamais que plaindre mes douleurs.

En mon sommeil aucunefois les songes
Trompent mes sens par de si doux mensonges
Qu'ils donnent à mes maux un peu de réconfort.
Ô dieux ! de quel remède est ma douleur suivie,
De ne tenir la vie
Que des seules faveurs du frère de la mort !

Cette beauté dont mon âme est blessée,
Et que je vois toujours dans ma pensée,
Jusque dedans les cieux commande absolument,
Et si ce petit dieu qui tient d'elle ses armes
          N'est captif de ses charmes,
Il en doit rendre grâce à son aveuglement.

Il faut pourtant après tant de tempêtes
     Borner mes vœux à de moindres conquêtes.
Je devrais être sage aux dépens du passé ;
Mais ses perfections, ses vertus immortelles
          Et ses beautés sont telles,
Que pour être insensible il faut être insensé.

Son œil divin, dont j'adore la flamme,
     En tous endroits éclaire dans mon âme,
Comme aux plus chauds climats éclaire le soleil ;
Et si l'injuste sort, aux beautés trop sévère,
          A fait mourir son frère [2],
C'est que le Ciel voulut qu'il n'eût point de pareil.

Ainsi Daphnis, empli d'inquiétude,
     Contait sa peine en cette solitude,
Glorieux d'être esclave en de si beaux liens.
Les nymphes des forêts plaignirent son martyre,
          Et l'amoureux Zéphyre
Arrêta ses soupirs pour entendre les siens.

                                   (*Les Délices*, 1618)

STANCES [1]

Tircis, il faut penser à faire la retraite,
La course de nos jours est plus qu'à demi faite,
L'âge insensiblement nous conduit à la mort.

Nous avons assez vu sur la mer de ce monde
Errer au gré des flots notre nef vagabonde,
Il est temps de jouir des délices du port.

Le bien de la fortune est un bien périssable,
Quand on bâtit sur elle, on bâtit sur le sable,
Plus on est élevé, plus on court de dangers ;
Les grands pins sont en butte aux coups de la tempête,
Et la rage des vents brise plutôt le faîte
Des maisons de nos rois, que des toits des bergers.

Ô bienheureux celui qui peut de sa mémoire
Effacer pour jamais ce vain espoir de gloire,
Dont l'inutile soin traversé nos plaisirs,
Et qui loin retiré de la foule importune,
Vivant dans sa maison content de sa fortune,
A selon son pouvoir mesuré ses désirs !

Il laboure le champ que labourait son père,
Il ne s'informe point de ce qu'on délibère
Dans ces graves conseils d'affaires accablés,
Il voit sans intérêt la mer grosse d'orages,
Et n'observe des vents les sinistres présages,
Que pour le soin qu'il a du salut de ses blés.

Roi de ses passions, il a ce qu'il désire,
Son fertile domaine est son petit empire,
Sa cabane est son Louvre et son Fontainebleau,
Ses champs et ses jardins sont autant de provinces,
Et, sans porter envie à la pompe des princes,
Se contente chez lui de les voir en tableau.

Il voit de toutes parts combler d'heur sa famille,
La javelle à plein poing tomber sous la faucille,
Le vendangeur ployer sous le faix des paniers,
Et semble qu'à l'envi les fertiles montagnes,
Les humides vallons et les grasses campagnes
S'efforcent à remplir sa cave et ses greniers.

Il suit aucunesfois un cerf par les foulées [2]
Dans ces vieilles forêts du peuple reculées,
Et qui même du jour ignorent le flambeau ;
Aucunesfois des chiens il suit les voix confuses,
Et voit enfin le lièvre, après toutes ses ruses,
Du lieu de sa naissance en faire son tombeau.

Tantôt il se promène au long de ses fontaines
De qui les petits flots font luire dans les plaines
L'argent de leurs ruisseaux parmi l'or des moissons ;
Tantôt il se repose avecque les bergères
Sur des lits naturels de mousse et de fougères
Qui n'ont autres rideaux que l'ombre des buissons.

Il soupire en repos l'ennui de sa vieillesse
Dans ce même foyer où sa tendre jeunesse
A vu dans le berceau ses bras emmaillotés,
Il tient par les moissons registre des années,
Et voit de temps en temps leurs courses enchaînées
Vieillir avecque lui les bois qu'il a plantés.

Il ne va point fouiller aux terres inconnues,
A la merci des vents et des ondes chenues,
Ce que nature avare a caché de trésors,
Et ne recherche point pour honorer sa vie
De plus illustre mort ni plus digne d'envie,
Que de mourir au lit où ses pères sont morts.

Il contemple du port les insolentes rages
Des vents de la faveur, auteurs de nos orages,
Allumer des mutins les desseins factieux ;
Et voit en un clin d'œil, par un contraire échange,
L'un déchiré du peuple au milieu de la fange,
Et l'autre à même temps élevé dans les cieux.

S'il ne possède point ces maisons magnifiques,
Ces tours, ces chapiteaux, ces superbes portiques,
Où la magnificence étale ses attraits,
Il jouit des beautés qu'ont les saisons nouvelles,

Il voit de la verdure et des fleurs naturelles
Qu'en ces riches lambris l'on ne voit qu'en portraits.

Crois-moi retirons-nous hors de la multitude,
Et vivons désormais loin de la servitude
De ces palais dorés où tout le monde accourt,
Sous un chêne élevé les arbrisseaux s'ennuient,
Et devant le soleil tous les astres s'enfuient,
De peur d'être obligés de lui faire la cour.

Après qu'on a suivi sans aucune assurance
Cette vaine faveur qui nous paît d'espérance,
L'envie en un moment tous nos desseins détruit ;
Ce n'est qu'une fumée, il n'est rien de si frêle,
Sa plus belle moisson est sujette à la grêle,
Et souvent elle n'a que des fleurs pour du fruit.

Agréables déserts, séjour de l'innocence,
Où loin des vanités, de la magnificence,
Commence mon repos et finit mon tourment,
Vallons, fleuves, rochers, plaisante solitude,
Si vous fûtes témoins de mon inquiétude,
Soyez-le désormais de mon contentement.

(*Le Second Livre des délices*, 1620)

POUR UN MARINIER[1]

Dessus la mer de Chypre où souvent il arrive
Que les meilleurs nochers se perdent dès la rive,
J'ai navigué la nuit plus de fois que le jour :
La beauté d'Uranie est mon pôle et mon phare,
Et dans quelque tourmente où ma barque s'égare,
Je n'invoque jamais d'autre dieu que l'Amour.

Souvent à la merci des funestes Pléiades,
Ce pilote sans peur m'a conduit en des rades
Où jamais les vaisseaux ne s'étaient hasardés,
Et, sans faire le vain, ceux qui m'entendront dire
De quel art cet enfant a guidé mon navire,
Ne l'accuseront plus d'avoir les yeux bandés.

Il n'est point de brouillards que ses feux n'éclaircissent ;
Par ses enchantements les vagues s'adoucissent ;
La mer se fait d'azur et le ciel de saphirs,
Et, devant la beauté dont j'adore l'image,
En faveur du printemps, qui luit en son visage,
Les plus fiers aquilons se changent en zéphyrs.

Mais bien que dans ses yeux l'amour prenne ses charmes,
Qu'il y mette ses feux, qu'il y forge ses armes,
Et qu'il ait établi son empire en ce lieu,
Toutefois sa grandeur leur rend obéissance ;
Sur cette âme de glace il n'a point de puissance,
Et seulement contre elle il cesse d'être dieu.

Je sais bien que ma nef y doit faire naufrage,
Ma science m'apprend à prédire l'orage,
Je connais le rocher qu'elle cache en son sein ;
Mais plus j'y vois de morts et moins je m'épouvante ;
Je me trahis moi-même, et l'art dont je me vante,
Pour l'honneur de périr en un si beau dessein.

(*Recueil des plus beaux vers*, 1627)

CHANSON[1]

Sombre demeure du silence,
Vallons dont les antres secrets

Savent quelle est la violence
De mes pitoyables regrets :
Permettez qu'en mourant je soupire un martyre
Que je ne saurais taire et que je n'ose dire.

Durant les ardeurs insensées
Dont naguère j'étais brûlé,
Vous savez bien que mes pensées
Ne vous ont jamais rien celé :
Souffrez donc qu'en mourant je soupire un martyre
Que je ne saurais taire et que je n'ose dire.

Quand libre de soin et de peine
Je possédais ma liberté,
Les yeux d'une belle inhumaine
M'ont remis en captivité :
Et me vois maintenant affligé d'un martyre
Que je ne saurais taire et que je n'ose dire.

Du doux poison qu'ils m'ont fait boire,
Je languis la nuit et le jour,
Et ne sais lequel je dois croire,
Ou mon devoir ou mon amour :
Leurs conseils différents nourrissent mon martyre,
L'un m'enjoint de le taire, et l'autre de le dire.

Devant cette belle homicide,
Combien que la discrétion
Tâche de retenir en bride
L'ardeur de mon affection,
L'on voit bien à mes yeux d'où me vient ce martyre,
Que je ne saurais taire et que je n'ose dire.

Mon cœur qui soupire sans cesse
Les ennuis dont il est touché,
Insensiblement lui confesse
Ce que ma voix lui tient caché,
Tous deux diversement souffrent en ce martyre
Que je ne saurais taire et que je n'ose dire.

Ainsi le berger Tisimandre
Se plaignant tout seul dans les bois
Fut à la fin réduit en cendre,
Et ne lui resta que la voix,
Qui, changée en zéphyre, incessamment soupire
Ce qu'elle ne peut taire et qu'elle n'ose dire.

(Recueil des plus beaux vers, 1627)

LE PSAUME XLII

« JUDICA ME, DEUS... »

Sois mon juge, Seigneur, comme tu l'as promis ;
N'écoute point les vœux que font mes ennemis,
Mais consulte plutôt tes bontés paternelles :
Après tant de bienfaits qu'autrefois tu me fis,
Te voudrais-tu servir, pour châtier ton fils,
          Du bras des infidèles ?

Que la foi me conduise en la sainte Sion,
Où de nos cœurs épris l'ardente affection
Avecque leur encens élève leurs prières ;
Confonds l'idolâtrie et l'incrédulité,
Et pour me retirer de leur obscurité,
          Prête-moi ta lumière.

Lors d'un esprit content et d'un cœur assuré,
J'irai dans ta maison, et te remercierai
De ce comble d'honneur que ta grâce m'octroie ;
Et les justes accords de ma voix et mon luth
Te publieront partout l'auteur de mon salut
          En publiant ma joie.

Mais quoi ? Veux-tu toujours, mon âme, sans besoin
Redouter et prévoir les malheurs de si loin ?
Dieu ne t'offre-t-il pas sa maison pour refuge ?
N'y dois-tu pas un jour, après tant de combats,
Bénir le roi des cieux, qui des rois d'ici-bas
       Est le maître et le juge ?

Dernières œuvres et poésies chrétiennes

Gombauld

Source de mes désirs, agréables pensées,
Qui m'offrez un objet que je ne connais pas,
Et qui comme il vous plaît m'en formez les appas,
Quelle erreur vous possède ? Êtes-vous insensées ?

Vos lointaines ardeurs sont trop récompensées :
On excite sans cesse et mes soins et mes pas.
Ma lenteur fait souffrir mille vivants trépas,
Et les lois du devoir y sont même offensées.

Je sais qu'on me souhaite où vous me souhaitez ;
Qu'on me croit voir présent où vous me présentez,
Et que de mêmes vœux ont des effets semblables.

Mais en vain l'espérance entretient mes souhaits :
Par vos seuls mouvements, ô pensers agréables,
Je vais cent fois le jour où je n'irai jamais.

Poésies

Carite pour jamais a quitté ces fontaines,
Où ses yeux faisaient voir deux soleils dans les eaux,
Voilà bien le rivage où parmi les roseaux
Les zéphyrs pour l'ouïr retenaient leurs haleines.

Voilà bien les forêts, dont les cimes hautaines
Semblaient porter sa gloire aux célestes flambeaux :
Mais ces lieux, autrefois si plaisants et si beaux,
N'ont plus de ces beautés que les images vaines.

Délices de mes jours, quel est votre destin ?
Vous passez comme fleurs qui durent un matin,
Et laissez après vous des douleurs éternelles,

Douleurs qui des plaisirs imitant les appas,
Peuplent tous ces déserts d'ombres claires et belles,
Et me font voir Carite où Carite n'est pas.

Poésies

Quelle image amoureuse ou quelle ombre plaintive
Au milieu du sommeil me vient solliciter ?
Quelle nymphe à mes yeux se vient représenter,
Languissante, éplorée, et plus morte que vive ?

C'est à ce coup, bons dieux, qu'Amaranthe est captive,
Et mes vœux ni les siens n'ont su rien mériter.
Mais si je ne vis plus que pour la regretter,
D'où vient qu'à mon secours la mort est si tardive ?

Est-ce donc pour jamais que le ciel irrité
Me sépare de vous, chère et douce beauté,
De grâces et d'appas si richement pourvue ?

Serai-je donc privé d'un objet si charmant ?
Et comme si pour vous j'avais perdu la vue
Ne vous dois-je plus voir si ce n'est en dormant ?

Poésies

A UNE AMIE VOLAGE

De soin ni de mémoire, il n'en faut pas attendre
D'un sujet, en amour, si facile à changer.
La nouveauté lui plaît, et son esprit léger
D'un seul de ses amants ne saurait se défendre.

Montrez-vous seulement, elle est prête à se rendre,
Et pour elle un absent est comme un étranger.
La foi ni les serments ne peuvent l'obliger ;
Nul ne peut la garder et tous la peuvent prendre.

Mais son humeur s'accorde au commun jugement,
Que le monde n'est beau que pour son changement,
Que le destin l'oblige à ces lois éternelles,

Que les désirs d'enfance accompagnent l'amour,
Que, pour être volage, on lui donne des ailes,
Et qu'il vieillirait trop s'il durait plus d'un jour.

Poésies

La voix qui retentit de l'un à l'autre pôle,
La terreur et l'espoir des vivants et des morts,
Qui du rien sait tirer les esprits et les corps,
Et qui fit l'Univers d'une seule parole ;

La voix du Souverain qui les cèdres désole
Cependant que l'épine étale ses trésors,
Qui contre la cabane épargne ses efforts,
Et réduit à néant l'orgueil du Capitole ;

Ce tonnerre éclatant, cette divine voix,
A qui savent répondre et les monts et les bois,
Et qui fait qu'à leur fin toutes choses se rendent ;

Que les cieux les plus hauts, que les lieux les plus bas,
Que ceux qui ne sont point, et que les morts entendent,
Mon âme, elle t'appelle, et tu ne l'entends pas.

Poésies

Théophile de Viau

TRAITÉ DE L'IMMORTALITÉ DE L'ÂME[1]

.... SOCRATE — Pour se ressouvenir de quelque chose, il faut l'avoir su auparavant ; quand la science de quelque chose nous vient de cette façon, il faut avouer que c'est une réminiscence ; et voici comment je le prends : si quelqu'un, après avoir vu quelque chose, ou entendu, vient à se ressouvenir non seulement de cela, mais encore de quelque autre chose ensuite, dont la connaissance est différente, le ressouvenir de cette chose plus éloignée s'appelle réminiscence, comme par exemple la connaissance d'un homme et d'un luth sont des choses différentes, et lorsqu'un amoureux vient à voir le luth dont il a vu jouer sa maîtresse, il se souvient aussitôt de sa maîtresse.

> Si je passe en un jardinage
> Semé de roses et de lis,
> Il me ressouvient de Phyllis,
> Qui les a dessus son visage.
>
> Diane qui luit dans les cieux
> Toujours jeune, amoureuse et belle,
> Me la remet devant les yeux,
> Pource qu'elle est chaste comme elle.

Je la vois si je vois l'aurore,
Et quand le soleil luit ici,
Il me ressouvient d'elle aussi,
Pource que l'univers l'adore.

Les grâces dedans un tableau,
Le petit Amour et sa flamme,
Bref, tout ce que je vois de beau
Me la fait revenir dans l'âme.

Ainsi, pensant à Cébès, on peut aussi penser à Simias[2] et cela s'appelle réminiscence, même lorsqu'il arrive qu'on se ressouvient des choses que la longueur du temps et la nonchalance avaient effacées de la mémoire. Et ne se peut-il pas faire que voyant un cheval peint, ou un lit peint, on vienne à se ressouvenir d'une personne? Et qu'à voir la peinture de Simias, on se représente aussi Cébès? Et sans doute aussi voyant Simias peint, on se ressouvient de Simias. Ainsi voyons-nous que la réminiscence arrive par le moyen de ce qui est approchant et semblable, et par le moyen aussi de ce qui est dissemblable.

Au seul ressouvenir d'avoir couru les eaux,
Nos rapides pensers volent dans les étoiles,
Et le moindre instrument qui sert à des vaisseaux
Nous fait ressouvenir du cordage et des voiles....

Les Œuvres, 1621

A MONSIEUR
LE MARQUIS DE BOQUINGANT
Ode[1]

Vous pour qui les rayons du jour
Sont amoureux de cet empire
Que Mars redoute et que l'amour

Ne saurait voir qu'il ne soupire,
C'est bien avecque du sujet
Qu'un grand Roi[2] vous a fait l'objet
D'une affection infinie,
Et que toutes les nations
Ont permis que votre génie
Forçât leurs inclinations.

Les faveurs que vous méritez
Ont obligé même l'envie
D'accroître vos prospérités
En disant bien de votre vie.
Lorsqu'elle veut parler de vous,
Sans artifice et sans courroux,
Elle se produit toute nue,
Et ses vains désirs abattus,
Fait gloire d'être reconnue
Pour triomphe de vos vertus.

Personne n'est fâché du bien
Dont votre sort heureux abonde,
D'autant qu'il ne vous sert de rien
Qu'à faire du plaisir au monde.
Ainsi le céleste flambeau,
Qui fut l'ornement le plus beau
Qu'enfanta la masse première,
N'a jamais eu des envieux ;
Car il n'use de sa lumière
Que pour en éclairer nos yeux.

Chaque saison donne ses fruits :
L'automne nous donne ses pommes,
L'hiver donne ses longues nuits
Pour un plus grand repos des hommes ;
Le printemps nous donne des fleurs,
Il donne l'âme, et les couleurs
A la feuille qui semble morte ;
Il donne la vie aux forêts,
Et l'autre saison nous apporte
Ce qui fait jaunir nos guérets.

La terre pour donner ses biens
Se laisse fouiller jusqu'au centre ;
Et pour nous les champs indiens
Se tirent les trésors du ventre [3].
L'onde enrichit de cent façons
Nos vaisseaux et nos hameçons ;
Et cet élément si barbare,
Pour se faire voir libéral,
Arrache de son sein avare
L'ambre, la perle et le coral.

Ce qu'on dit de ce grand trésor
Découlant de la voix d'Alcide,
C'étaient vraiment des chaînes d'or
Qui tenaient les esprits en bride [4].
Connaissant ces divins appas,
Alexandre donnait-il pas
Tout son gain de paix et de guerre ?
Ce prince avec tout son bonheur,
S'il n'eût donné toute la terre,
Ne s'en fût jamais fait seigneur.

Les Zéphyrs se donnent aux flots,
Les flots se donnent à la lune,
Les navires aux matelots,
Les matelots à la fortune.
Tout ce que l'univers conçoit
Nous apporte ce qu'il reçoit
Pour rendre notre vie aisée ;
L'abeille ne prend point du ciel
Les doux présents de la rosée
Que pour nous en donner le miel.

Les rochers qui sont le tableau [5]
Des stérilités de nature,
Afin de nous donner de l'eau
Fendent-ils pas leur masse dure ?
Et les champs les plus impuissants
Nous donnent l'ivoire et l'encens ;
Les déserts les plus inutiles

Donnent de grands titres aux rois,
Et les arbres les moins fertiles
Nous donnent de l'ombre et du bois.

Marquis, tout donne comme vous,
Vous donnez comme celui même
Dont les animaux sentent tous
La libéralité suprême.
Dieu nous donne par son amour,
Avecque les présents du jour,
Les traits mêmes de son visage ;
Ce monde, ouvrage de ses mains,
N'est point bâti pour son usage,
Car il l'a fait pour les humains.

Que le ciel reçoit de plaisir
Alors qu'il voit sa créature
Vivre dans un si beau désir,
Et si conforme à sa nature !
Je voudrais bien vous imiter,
Mais, ne pouvant vous présenter
Ce que la fortune me cache,
Puisque tout donne en l'univers,
Je veux que tout le monde sache
Que je vous ai donné ces vers.

Les Œuvres, 1621

LA SOLITUDE[1]

.... Sus, ma Corinne ! que je cueille
Tes baisers du matin au soir !
Vois comment pour nous faire asseoir
Ce myrte a laissé choir sa feuille !

Ois le pinson et la linotte,
Sur la branche de ce rosier ;

Vois branler leur petit gosier,
Ois comme ils ont changé de note !

Approche, approche, ma Dryade !
Ici murmureront les eaux,
Ici les amoureux oiseaux
Chanteront une sérénade.

Prête-moi ton sein pour y boire
Des odeurs qui m'embaumeront ;
Ainsi mes sens se pâmeront
Dans les lacs de tes bras d'ivoire.

Je baignerai mes mains folâtres
Dans les ondes de tes cheveux,
Et ta beauté prendra les vœux
De mes œillades idolâtres.

Ne crains rien, Cupidon nous garde.
Mon petit ange, es-tu pas mien ?
Ah ! Je vois que tu m'aimes bien :
Tu rougis quand je te regarde.

Dieux ! que cette façon timide
Est puissante sur mes esprits !
Renaud ne fut pas mieux épris
Par les charmes de son Armide [2].

Ma Corinne, que je t'embrasse !
Personne ne nous voit qu'Amour ;
Vois que même les yeux du jour
Ne trouvent point ici de place.

Les vents qui ne se peuvent taire
Ne peuvent écouter aussi,
Et ce que nous ferons ici
Leur est un inconnu mystère.

Les Œuvres, 1621

A PHYLLIS
Stances [1]

Ah ! Phyllis, que le ciel me fait mauvais visage,
   Tout me fâche et me nuit,
  Et, réservé l'amour et le courage,
   Rien de bon ne me suit.

Les astres les plus doux ont conjuré ma perte
   Je n'ai plus nul soutien ;
  La Cour me semble une maison déserte
   Où je ne trouve rien.

Les hommes et les dieux menacent ma fortune,
   Mais en leur cruauté,
  Pour mon soulas [2] tout ce que j'importune,
   Ce n'est que ta beauté.

Les traits de tes beautés sont d'assez fortes armes
   Pour vaincre mon malheur,
  Et dans la gêne [3] assisté de tes charmes,
   Je mourrai sans douleur.

Dedans l'extrémité de la peine où nous sommes,
   Soupirant nuit et jour,
  Je feins que c'est la disgrâce des hommes,
   Mais c'est celle d'amour.

Parmi tant de dangers c'est avec peu de crainte
   Que je prends garde à moi,
  En tous mes maux le sujet de ma plainte
   C'est d'être absent [4] de toi.

Pour m'ôter aux plus forts qui me voudraient poursuivre,
   Je trouve assez de lieux :
  Mais quel climat m'assurera de vivre,
   Si je quitte tes yeux ?

Le soleil meurt pour moi, une nuit m'environne,
  Je pense que tout dort,
Je ne vois rien, je ne parle à personne :
  N'est-ce pas être mort ?

Les Œuvres, 1621

STANCES

  Quand tu me vois baiser tes bras,
  Que tu poses nus sur tes draps,
  Bien plus blancs que le linge même ;
  Quand tu sens ma brûlante main
  Se promener dessus ton sein,
  Tu sens bien, Cloris, que je t'aime.

  Comme un dévot devers les cieux,
  Mes yeux tournés devers tes yeux,
  A genoux auprès de ta couche,
  Pressé de mille ardents désirs,
  Je laisse sans ouvrir ma bouche
  Avec toi dormir mes plaisirs.

  Le sommeil aise de t'avoir
  Empêche tes yeux de me voir,
  Et te retient dans son empire
  Avec si peu de liberté,
  Que ton esprit tout arrêté
  Ne murmure ni ne respire.

  La rose en rendant son odeur,
  Le soleil donnant son ardeur,
  Diane et le char qui la traîne,
  Une Naïade dedans l'eau,
  Et les Grâces dans un tableau,
  Font plus de bruit que ton haleine.

Là je soupire auprès de toi,
Et considérant comme quoi
Ton œil si doucement repose,
Je m'écrie : Ô Ciel ! peux-tu bien
Tirer d'une si belle chose
Un si cruel mal que le mien ?

Les Œuvres, 1621

LES NAUTONIERS[1]

Les amours plus mignards[2] à nos rames se lient,
Les Tritons à l'envi nous viennent caresser,
Les vents sont modérés, les vagues s'humilient
Par tous les lieux de l'onde où nous voulons passer.

Avec notre dessein va le cours des étoiles,
L'orage ne fait point blêmir nos matelots,
Et jamais alcyon sans regarder nos voiles
Ne commit sa nichée à la merci des flots[3].

Notre océan est doux comme les eaux d'Euphrate,
Le Pactole, le Tage, est moins riche que lui[4],
Ici jamais nocher ne craignit le pirate,
Ni d'un calme trop long ne ressentit l'ennui.

Sous un climat heureux, loin du bruit du tonnerre,
Nous passons à loisir nos jours délicieux,
Et là jamais notre œil ne désira la terre,
Ni sans quelque dédain ne regarda les cieux.

Agréables beautés pour qui l'amour soupire,
Éprouvez avec nous un si joyeux destin,
Et nous dirons partout qu'un si rare navire
Ne fut jamais chargé d'un si rare butin.

Les Œuvres, 1621

ÉLÉGIE[1]

Proche de la saison où les plus vives fleurs
Laissent évanouir leur âme et leurs couleurs,
Un amant désolé, mélancolique, sombre,
Jaloux de son chemin, de ses pas, de son ombre,
Baisait aux bords de Loire en flattant son ennui[2]
L'image de Caliste errante avecque lui.
Rêvant auprès du fleuve il disait à son onde :
Si tu vas dans la mer qui va par tout le monde,
Fais la ressouvenir d'apprendre à l'univers
Qu'il n'a rien de si beau que l'objet de mes vers.
Ces fleurs dont le printemps fait voir tes rives peintes,
Au matin sont en vie et le soir sont éteintes ;
Mais quelque changement qui te puisse arriver,
Caliste et ses beautés n'auront jamais d'hiver.
Ces humides baisers dont tes rives mouillées
Seront pour quelques jours encore chatouillées
Arrêteront enfin leur amoureuse erreur,
Et, s'approchant de toi, se gèleront d'horreur.
Alors que tous les flots sont transformés en marbres,
Lorsque les aquilons vont déchirer les arbres,
Et que l'eau n'ayant plus humidité ni poids
Fait pendre le cristal des roches et des bois,
Que l'onde aplanissant ses orgueilleuses bosses
Souffre sans murmurer le fardeau des carrosses,
Que la neige durcie a pavé les marais,
Confondu les chemins avecque les guérets,
Que l'hiver renfrogné d'un orgueilleux empire
Empêche les amours de Flore et de Zéphyre,
Qu'Endymion vaincu du froid et du sommeil
Ne peut tenir parole à la sœur du soleil[3],
Qui cependant toujours va visiter sa place
Sur le haut d'un rocher tout hérissé de glace,
Moi, qui d'un sort plus humble ou bien plus glorieux
Sur les beautés du ciel n'ai point jeté mes yeux,
Qui n'ai jamais cherché cette bonne fortune

Qu'Endymion trouvait aux beautés de la lune,
Durant cette saison où leur ardent désir
Ne trouve à son dessein ni place ni loisir,
Je verrai ma Caliste après ce long voyage,
Qui plus que cent hivers m'a fait souffrir d'orage,
Qui m'a plus ruiné que de faire abîmer
Un vaisseau chargé d'or que j'aurais sur la mer.
Quel outrage plus grand aurait-il pu me faire
Que me cacher un mois le seul jour qui m'éclaire ?
Dieux, hâtez donc l'hiver, et lui soyez témoins
Que le printemps, l'automne et l'été valent moins,
Qu'il dépouille les bois, et de sa froide haleine
Perde tout ce que donne et le mont et la plaine ;
Ce mois qui maintenant retient cette beauté
A bien plus d'injustice et plus de cruauté ;
Car l'hiver au plus fort de sa plus dure guerre
Nous ôte seulement ce que nous rend la terre,
N'emporte que des fruits, n'étouffe que des fleurs,
Et sur notre destin n'étend point ses malheurs,
Où [4] la dure saison qui m'ôte ma maîtresse
Toutes ses cruautés à ma ruine adresse.
Mon front est plus terni que des lis effacés,
Mon sang est plus gelé que des ruisseaux glacés,
Blois est l'Enfer pour moi, la Loire est le Cocyte,
Je ne suis plus vivant si je ne ressuscite....

Œuvres...
Seconde partie, 1623

Sacrés murs du soleil où j'adorai Phyllis,
Doux séjour où mon âme était jadis charmée,
Qui n'est plus aujourd'hui sous nos toits démolis
Que le sanglant butin d'une orgueilleuse armée ;

Ornements de l'autel, qui n'êtes que fumée,
Grand temple ruiné, mystères abolis,
Effroyables objets d'une ville allumée,
Palais, hommes, chevaux, ensemble ensevelis ;

Fossés larges et creux tout comblés de murailles,
Spectacles de frayeur, de cris, de funérailles,
Fleuve par où le sang ne cesse de courir,

Charniers où les corbeaux et les loups vont repaître,
Clairac, pour une fois que vous m'avez fait naître,
Hélas ! combien de fois me faites-vous mourir [1] ?

Œuvres...
Seconde partie, 1623

A MONSIEUR DE L...

SUR LA MORT DE SON PÈRE [1]

Ode

Ôte-toi, laisse-moi rêver :
Je sens un feu se soulever
Dont mon âme est tout embrasée.
Ô beaux prés, beaux rivages verts,
Ô grand flambeau de l'univers,
Que je trouve ma veine aisée !
Belle aurore, douce rosée,
Que vous m'allez donner de vers !

Le vent s'enfuit dans les ormeaux,
Et, pressant les feuillus rameaux,
Abat le reste de la nue ;
Iris [2] a perdu ses couleurs ;
L'air n'a plus d'ombre ni de pleurs ;
La bergère, aux champs revenue,
Mouillant sa jambe toute nue,
Foule les herbes et les fleurs.

Ces longues pluies dont l'hiver
Empêchait Tircis d'arriver

Ne seront plus continuées ;
L'orage ne fait plus de bruit ;
La clarté dissipe la nuit,
Ses noirceurs sont diminuées ;
Le vent emporte les nuées,
Et voilà le soleil qui luit.

Mon Dieu, que le soleil est beau !
Que les froides nuits du tombeau
Font d'outrages à la nature !
La mort, grosse de déplaisirs,
De ténèbres et de soupirs,
D'os, de vers et de pourriture,
Étouffe dans sa sépulture
Et nos forces et nos désirs.

Chez elle les géants sont nains ;
Les Mores et les Africains
Sont aussi glacés que le Scythe ;
Les Dieux y tirent l'aviron ;
César, comme le bûcheron,
Attendant que l'on ressuscite,
Tous les jours aux bords du Cocyte
Se trouve au lever de Charon.

Tircis, vous y viendrez un jour ;
Alors les Grâces et l'Amour
Vous quitteront sur le passage,
Et dedans ces royaumes vains,
Effacé du rang des humains,
Sans mouvement et sans visage,
Vous ne trouverez plus l'usage
Ni de vos yeux ni de vos mains.

Votre père est enseveli,
Et, dans les noirs flots de l'oubli
Où la Parque l'a fait descendre,
Il ne sait rien de votre ennui,
Et, ne fût-il mort qu'aujourd'hui,
Puisqu'il n'est plus qu'os et que cendre,

Il est aussi mort qu'Alexandre,
Et vous touche[3] aussi peu que lui.

Saturne n'a plus ses maisons,
Ni ses ailes, ni ses saisons :
Les Destins en ont fait une ombre.
Ce grand Mars n'est-il pas détruit ?
Ses faits ne sont qu'un peu de bruit.
Jupiter n'est plus qu'un feu sombre
Qui se cache parmi le nombre
Des petits flambeaux de la nuit.

Le cours des ruisselets errants,
La fière chute des torrents,
Les rivières, les eaux salées,
Perdront et bruit et mouvement :
Le soleil, insensiblement
Les ayant toutes avalées,
Dedans les voûtes étoilées
Transportera leur élément.

Le sable, le poisson, les flots,
Le navire, les matelots,
Tritons, et Nymphes, et Neptune,
A la fin se verront perclus ;
Sur leur dos ne se fera plus
Rouler le char de la Fortune,
Et l'influence de la lune
Abandonnera le reflux.

Les planètes s'arrêteront,
Les éléments se mêleront
En cette admirable structure
Dont le Ciel nous laisse jouir.
Ce qu'on voit, ce qu'on peut ouïr,
Passera comme une peinture :
L'impuissance de la Nature
Laissera tout évanouir.

Celui qui, formant le soleil,
Arracha d'un profond sommeil

L'air et le feu, la terre et l'onde,
Renversera d'un coup de main
La demeure du genre humain
Et la base où le ciel se fonde,
Et ce grand désordre du monde
Peut-être arrivera demain [4].

Les Œuvres de Théophile, 1632

Je songeais que Phyllis des enfers revenue,
Belle comme elle était à la clarté du jour,
Voulait que son fantôme encore fît l'amour
Et que comme Ixion j'embrassasse une nue.

Son ombre dans mon lit se glissa toute nue
Et me dit : cher Tircis, me voici de retour,
Je n'ai fait qu'embellir en ce triste séjour
Où depuis ton départ le sort m'a retenue.

Je viens pour rebaiser le plus beau des amants,
Je viens pour remourir dans tes embrassements.
Alors quand cette idole eut abusé ma flamme,

Elle me dit : Adieu, je m'en vais chez les morts,
Comme tu t'es vanté d'avoir... tu mon corps,
Tu te pourras vanter d'avoir... tu mon âme [1].

(*La Quintessence satyrique*, 1623)

SONNET

PAR LE SIEUR THÉOPHILE [1]

Phyllis, tout est ...tu, je meurs de la vérole,
Elle exerce sur moi sa dernière rigueur :
Mon v.. baisse la tête et n'a point de vigueur,
Un ulcère puant a gâté ma parole.

J'ai sué trente jours, j'ai vomi de la colle,
Jamais de si grands maux n'eurent tant de longueur,
L'esprit le plus constant fût mort à ma langueur,
Et mon affliction n'a rien qui la console.

Mes amis plus secrets ne m'osent approcher,
Moi-même, en cet état, je ne m'ose toucher :
Phyllis le mal me vient de vous avoir... tue.

Mon Dieu, je me repens d'avoir si mal vécu :
Et si votre courroux à ce coup ne me tue,
Je fais vœu désormais de ne ...tre qu'en cul.

(*Le Parnasse satyrique*, 1623)

REMÈDE APPROUVÉ
POUR LES FILLES

Recipe virgam hominis
Cum duobus testiculis
Gros, durs et longs et pleins d'humeur,
Pris dans le soupirail du cœur.
Virga rigide figatur,
Pro una vice in die,
Deux ou trois fois *iteretur,*
Soir et matin *Quotidie.*

(*La Quintessence satyrique*, 1623)

LA MAISON DE SYLVIE[1]

Ode VI[2]

.... Quand le ciel lassé d'endurer
Les insolences de Borée

L'a contraint de se retirer
Loin de la campagne azurée,
Que les Zéphyres rappelés
Des ruisseaux à demi gelés
Ont rompu les écorces dures,
Et d'un souffle vif et serein
Du céleste palais d'airain [3]
Ont chassé toutes les ordures,

Les rayons du jour égarés
Parmi des ombres incertaines
Éparpillent leurs feux dorés
Dessus l'azur de ces fontaines,
Son or dedans l'eau confondu
Avecque ce cristal fondu
Mêle son teint et sa nature,
Et sème son éclat mouvant
Comme la branche au gré du vent
Efface et marque sa peinture.

Zéphyre jaloux du Soleil
Qui paraît si beau sur les ondes
Traverse ainsi l'état vermeil
De ses allées vagabondes ;
Ainsi ces amoureux Zéphyrs
De leurs nerfs qui sont leurs soupirs,
Renforçant leurs secousses fraîches,
Détournent toujours ce flambeau,
Et pour cacher le front de l'eau
Jettent au moins des feuilles sèches.

L'eau qui fuit en les retardant,
Orgueilleuse de leur querelle,
Rit et s'échappe cependant
Qu'ils sont à disputer pour elle,
Et pour prix de tous leurs efforts,
Laissant les âmes sur les bords
De cette fontaine superbe,
Dissipent toutes leurs chaleurs

A conserver l'état des fleurs,
Et la molle fraîcheur de l'herbe....

Les Œuvres, 1626

Ode IX[4]

.... Quand la nuit vous[5] ôte d'ici
Et que ses ombres coutumières
Laissent ce cabinet[6] noirci
De l'absence de vos lumières,
Aussitôt j'ois que le Zéphyr
Me demande avec un soupir
Ce que vous êtes devenue :
Et l'eau me dit en murmurant
Que je ne suis qu'un ignorant
De vous avoir si peu tenue.

Ô Zéphyres ! ô chères eaux,
Ne m'en imputez point l'injure :
J'ai chanté tous les airs nouveaux
Que m'apprit autrefois Mercure[7] ;
Mais que ma voix dorénavant
N'approche ni ruisseau ni vent,
Que l'air ne porte plus mes ailes[8],
Si dans le printemps à venir
Je n'ai de quoi l'entretenir
De dix mille chansons nouvelles.

Ainsi finit ses tons charmeurs,
L'oiseau dont le gosier mobile
Souffle toujours à nos humeurs
De quoi faire mourir la bile,
Et brûlant après son dessein,
Il ramasse dedans son sein
Le doux charme des voix humaines,
La musique des instruments,
Et les paisibles roulements
Du beau cristal de nos fontaines.

Comme en la terre et par le ciel
Des petites mouches errantes
Mêlent pour composer leur miel
Mille matières différentes,
Formant ses airs qui sont ses fruits,
L'oiseau digère mille bruits
En une seule mélodie,
Et, selon le temps de sa voix,
Tous les ans le parc une fois
Le reçoit et le congédie.

Les Œuvres, 1626

LETTRE DE THÉOPHILE
A SON FRÈRE[1]

.... Si je passais dans ce loisir[2]
Encore autant que j'ai de vie,
Le comble d'un si cher plaisir
Bornerait toute mon envie.
Il faut qu'un jour ma liberté
Se lâche en cette volupté.
Je n'ai plus de regret au Louvre ;
Ayant vécu dans ces douceurs,
Que la même terre me couvre
Qui couvre mes prédécesseurs.

Ce sont les droits que mon pays
A mérités de ma naissance,
Et mon sort les aurait trahis
Si la mort m'arrivait en France.
Non, non, quelque cruel complot
Qui de la Garonne et du Lot
Veuille éloigner ma sépulture,
Je ne dois point en autre lieu

Rendre mon corps à la nature,
Ni résigner mon âme à Dieu.

L'espérance ne confond[3] point,
Mes maux ont trop de véhémence,
Mes travaux sont au dernier point :
Il faut que mon repos commence.
Quelle vengeance n'a point pris
Le plus fier de tous ces esprits
Qui s'irritent de ma constance !
Ils m'ont vu, lâchement soumis,
Contrefaire une repentance,
De ce que je n'ai point commis.

Ha ! que les cris d'un innocent,
Quelques longs maux qui les exercent[4],
Trouvent malaisément l'accent,
Dont ces âmes de fer se percent !
Leur rage dure un an sur moi
Sans trouver ni raison ni loi
Qui l'apaise ou qui lui résiste.
Le plus juste et le plus chrétien
Croit que sa charité m'assiste
Si sa haine ne me fait rien.

L'énorme suite de malheurs !
Dois-je donc aux races meurtrières
Tant de fièvres et tant de pleurs,
Tant de respects, tant de prières,
Pour passer mes nuits sans sommeil,
Sans feu, sans air et sans soleil,
Et pour mordre ici les murailles ?
N'ai-je encore souffert qu'en vain ?
Me dois-je arracher les entrailles
Pour soûler leur dernière faim ?

Parjures infracteurs des lois[5],
Corrupteurs des plus belles âmes,
Effroyables meurtriers des rois,
Ouvriers de couteaux et de flammes,

Pâles prophètes de tombeaux,
Fantômes, loups-garous, corbeaux,
Horrible et venimeuse engeance,
Malgré vous, race des enfers,
A la fin j'aurai la vengeance
De l'injuste affront de mes fers.

Derechef, mon dernier appui,
Toi seul dont le secours me dure,
Et qui seul trouves aujourd'hui
Mon adversité longue et dure,
Rare frère, ami généreux,
Que mon sort le plus malheureux,
Pique davantage à le suivre,
Achève de me secourir :
Il faudra qu'on me laisse vivre
Après m'avoir fait tant mourir.

Les Œuvres, 1626

Boisrobert

L'HIVER DE PARIS

D'Avaux [1], qui me vois tout transi,
Trouves-tu pas ce froid ici
Plus grand que celui de décembre,
Et qu'il fait meilleur dans ta chambre,
Le dos tourné devers le feu,
Passer le temps à quelque jeu,
Rire, et se provoquer à boire,
Que pour aller chercher la Foire,
Passer, comme je fais souvent,
Sur le Pont-Neuf, le nez au vent ?
L'air qu'on y respire est de glace,
On n'y peut marcher sans grimace,
Le manteau tout autour du cou,
Le nez caché, comme un filou
Qui guette, quand les jours sont troubles,
La laine au bout du Pont-aux-doubles,
Les doigts dans les ongles gênés,
Et la roupie au bout du nez ?
  Cette froidure est bien étrange,
Qui fait des roches de la fange,
Qui fend les massifs fondements
Des plus assurés bâtiments,
Et se raidit contre la Seine,
Qui ne va plus qu'avecque peine ;

Tout se ressent de son effort :
Les bateaux sont cloués au port,
La Samaritaine [2] enrhumée
N'a plus sa voix accoutumée ;
Sa cruche, sèche jusqu'au fond,
Ne verse plus d'eau sur le pont ;
Les moulins, sans changer de place,
Demeurent oisifs sur la glace ;
Les crocheteurs demi troublés
Rappellent à coups redoublés
Toutes leurs chaleurs naturelles,
Frappant des bras sous les aisselles ;
Les misérables porteurs d'eau,
Tremblant en l'attente du seau,
Qui se remplit dans la fontaine,
Chauffent leurs mains à leur haleine.
Les plus pénibles artisans
Partout chagrins et déplaisants
Demeurent, avec leurs pratiques,
Les bras croisés dans les boutiques.
Les pauvres, gelés et transis,
Contre la terre mal assis,
Aux lieux publics, d'une voix lente
Et d'une main sèche et tremblante,
Demandent l'aumône aux passants ;
Mais le froid leur glace les sens.
Les dames ne font plus la presse
Comme elles soulaient [3] à la messe.
Celles qui s'écartent du feu,
La lèvre pâle et le nez bleu,
Paraissent toutes morfondues
En carrosse au milieu des rues ;
Celles qui restent aux maisons
Troussent leurs jupes aux tisons,
Et devant le chien et la chatte
Montrent leur cuisse délicate.
    Le courtisan tout tailladé [4]
Gèle dans son satin brodé.
Ceux que la pauvreté dispense
De se porter à la dépense,

De bonne heure se vont coucher
Parce que le bois est trop cher[5].
On voit la bourgeoise proprette
Avec sa petite soubrette
Qui trottent comme des souris
Dessus le pavé de Paris.
Les carrefours sont sans tripières,
Les sergents quittent leurs barrières,
Les femmes qui vendent du fruit
Au marché ne font plus de bruit.
   Tout divertissement nous manque,
Tabarin[6] ne va plus en banque,
L'Hôtel de Bourgogne[7] est désert,
Chacun se tient clos et couvert.
Et moi, d'Avaux, j'en fais de même,
Car j'ai le visage si blême
Du froid que je viens d'endurer,
Que je suis contraint d'en pleurer,
Et bien que je sois à mon aise,
Auprès de toi, devant la braise,
Pour te conter ces accidents,
J'ai peine à desserrer les dents.

(*Le Parnasse satyrique*, 1623)

CHANSON

Doncque je puis souffrir la lumière des cieux,
Donc je respire encor séparé des beaux yeux
      Qui me donnent la vie ?
Je suis privé de cœur, et j'ai du sentiment,
Je puis vivre trois jours après l'éloignement
      De ma chère Sylvie ?

Pensers, vous faites bien de m'en entretenir,
Car j'ai du seul objet de ce doux souvenir
      L'âme toute ravie.

Je n'ai point de plaisir à tout ce que je vois,
Ce paradis du monde est un enfer pour moi
      Séparé de Sylvie.

Ô belle solitude, agréables forêts,
Infertiles sillons où les fruits de Cérès
      N'ont jamais eu de vie,
Combien dessus le tronc de vos stériles bois
Et dedans vos sablons ai-je gravé de fois
      Le beau nom de Sylvie ?

Nymphe qui recevant ma voix dans ces déserts
Réclamez après moi la beauté que je sers
      Sans qu'on vous y convie,
Bois, fontaines, rochers, je vous demande à tous
Combien de fois ma bouche a proféré chez vous
      Le beau nom de Sylvie.

Je vois tous les matins l'Aurore à son lever,
J'entends le rossignol, les eaux me font rêver
      Quand j'en ai moins d'envie ;
Mais parmi ces plaisirs si doux et si charmants
Qui pourraient divertir les plus tristes amants,
      Je meurs sans ma Sylvie.

Lorsque je me promène autour de ces canaux
Capables d'adoucir les ennuis et les maux
      De toute âme asservie,
Je vois naître en marchant la verdure et les fleurs :
Bref tout rit à mes yeux qui se fondent en pleurs
      Pour ne voir point Sylvie.

(Recueil des plus beaux vers, 1627)

A MONSIEUR DE VILLENNES[1]

ÉPÎTRE XIX

Il se plaint de ce que les beaux nains[2] qu'il lui a donnés
n'ont pas réussi dans son terroir[3], et qu'on ne les devait pas
ôter de Villennes[4], dont il décrit les beautés.

Bourdin, tes beaux présents ne me servent de rien ;
En vain tu t'appauvris pour me faire du bien,
Et tâches d'enrichir un climat froid et rude
En qui nous ne trouvons que de l'ingratitude :
J'ai beau chérir tes nains, j'ai beau les cultiver,
Ils m'ont paru, l'été, plus tristes que l'hiver,
Et j'ai pitié de voir ces malheureuses plantes,
Qui conservaient chez toi des beautés florissantes,
Pleurer l'éloignement de ce climat heureux
Où le flambeau du monde en était amoureux.
Figure-toi de voir une fille chérie,
Sous l'aile d'une mère avecque soin nourrie,
Qui se plaît auprès d'elle, et dans ses bras aimés
Sent croître ses appas dont les yeux sont charmés ;
Un bel amant découvre une beauté si rare,
Il s'embrase pour elle, elle pour lui se pare ;
Mais comme ce trésor ailleurs est destiné
Et qu'il faut séparer ce couple infortuné,
La belle est reléguée dans un climat sauvage
Où l'amant qui la suit voit pâlir son visage ;
Il regrette sa perte, et ses ennuis divers
Sont marqués par ses yeux, d'un nuage couverts ;
Ainsi ce beau soleil jette une triste œillade
Sur ta plante chérie et qu'il voit si malade ;
Il la suit sans regret, la voyant sans vigueur,
Et, déclinant comme elle, il paraît en langueur ;
Il n'a force en ce lieu que pour former la peste ;
C'est un endroit maudit, c'est un séjour funeste.
J'ai redoublé pour lui ma haine et mon mépris,
Depuis que ton Villenne a charmé mes esprits :

C'est le vrai paradis de la terre habitable,
C'est un lieu fortuné, c'est un lieu délectable,
Où les fleurs et les fruits et les bois et les eaux,
Pour nos sens, chaque jour, ont des charmes nouveaux.
Soit que je considère ta grande fontaine
Que Ronsard et Baïf n'abandonnaient qu'à peine,
Soit que je porte l'œil sur tes jardins divers
Qui conservent leur grâce au milieu des hivers,
Soit que de ton château j'admire la structure,
Ou de son bon terroir l'assiette et la nature,
Ou le cours de la Seine, ou ces riches coteaux
D'où comme d'un théâtre on contemple ses eaux,
Soit qu'enfin je m'arrête à ton île enchantée
Qui par tous nos romans devrait être chantée
Ravi de tant d'objets dont je suis amoureux,
Plus que tous les mortels je te répute heureux,
Et plus heureuse encor la mère trop aimable,
Qui te sauva ces biens d'un prix inestimable [5].
Mais si tu vas songer aux biens de tes aïeux
Qui vivaient sur la terre ainsi que petits dieux,
Et si d'ambition ton âme travaillée
Est dans ce beau séjour par le sang réveillée,
Je t'en réputerai moins heureux de moitié,
Je ne t'envierai plus : tu me feras pitié.
Garde que ce bourreau des âmes généreuses
Ne t'ôte un seul moment des heures précieuses
Que tu mets à l'étude, et que tu vas passer
Aux lieux où ton esprit cherche à se délasser.
Bourdin, l'âge s'en va comme ces fleurs écloses ;
Nous avons le destin des œillets et des roses :
Nous mourons en naissant, et n'avons pas loisir
De connaître les biens où tend notre désir.
Contemple donc, connais, cherche, rêve, étudie,
Vois le monde et la Cour comme une comédie :
Tu nous plaindras enfin, comme de vrais badins,
Tu croiras qu'il n'est rien qui vaille tes jardins,
Que tu vas au solide, et qu'en ta solitude
Consiste le vrai bien acquis par ton étude.

Épîtres en vers

Claude d'Esternod

L'AMBITION
DE CERTAINS COURTISANS
NOUVEAUX VENUS

SATIRE I

De tant de cavaliers qui vont avec des bottes,
A faute de souliers, et n'ont faute de crottes,
De tant qui vont à pied à faute de chevaux
(Cavaliers, postillons, n'ont faute d'animaux) :
Les plus sots sont ceux-là qui se vantent sans cesse
De leurs extractions, sans argent, ni noblesse ;
Qui présument, bouffis de magnanimité,
Faire jambes de bois à la nécessité ;
Pauvres et glorieux, veulent pousser fortune
A contre-fil du ciel, qui leur porte rancune ;
Font la morgue au destin, et, chétifs obstinés,
Fourrent jusqu'au retrait leurs satyriques nez.
    Ils font les Rodomonts, les Rogers[1], les bravaches ;
Ils arboriseront quatre ou cinq cents panaches
Au faîte sourcilleux d'un chapeau de cocu,
Et n'ont pas dans la poche un demi-quart d'écu.
« Monsieur, vous plairait-il me payer ? » Il réplique :
« Je n'ai point de monnaie », au courtaud de boutique ;
Puis, pompeux, se bragant[2] avecque majesté,
Dira à son valet : « Suis-je pas bien botté ?
Fraisé comme Médor[1] ? N'ai-je pas bonne grâce ? »
— « C'est-mon[3], dit le laquais, mais garde la besace !

De gripper la fortune assez vous essayez » ;
Mais tandis les marchands veulent être payés,
Et n'y a dans Paris tel courtaud de boutique
Qui, vous voyant passer, ne vous fasse la nique,
Et ne désire bien que tous les courtisans
Fussent aussi taillés[4] comme les paysans,
Qui, taillables des grands, n'ont point d'autres querelles
Que tailles et qu'impôts, que guets et que gabelles.
L'on ne fait rien pour rien, et, pour l'odeur du gain,
Le manœuvre subtil prend l'outil en la main.
Mais vous, guêpes de Cour, gloutonnes sans pareilles,
Vous mangez le travail et le miel des abeilles,
Et ne ruchez jamais, ni d'été ni d'hiver.

　　Quand ils sont attachés à leurs pièces de fer,
Et qu'ils ont au côté (comme un pédant[5] sa verge)
Joyeuse, durandal, hauteclaire, et flamberge[6],
Ils présument qu'ils sont tombés de Paradis,
Ils prisent les ducats pour les maravédis[7].
Les simulacres vains des faux dieux de la Chine
Ne s'oseraient frotter contre leur étamine,
Et Maugis le sorcier, prince des Sarrasins[8],
Ni le fameux Nembroth[9] n'est pas de leurs cousins ;
Bragardants[10] en courtaut[11] de cinq cents richetales[12],
Gringotant[13] leur satin comme ânes leurs cymbales,
Piolés, riolés[14], fraisés, satinisés,
Veloutés, damassés, et armoisinisés[15],
Relevant la moustache à coup de mousquetade,
Vont menaçant le ciel d'une prompte escalade,
Et de bouleverser, cracque ! dans un moment,
Arctos, et Antarctos, et tout le firmament.
　　La maison de Cécrops, d'Atrée, de Tantale,
Champignons d'une nuit, leur noblesse n'égale ;
Ils sont, en ligne oblique, issus de l'arc-en-ciel.
Leur bouche est l'alambic par où coule le miel ;
Leurs discours nectarés sont sacro-saints oracles,
Et, demi-Dieux çà-bas, ne font que des miracles.
Mais un lion plutôt me sortirait du cul
Que de leur vaine bourse un misérable écu !....

L'Espadon satyrique

Saint-Amant

LA SOLITUDE[1]

....Au creux de cette grotte fraîche,
Où l'amour se pourrait geler,
Écho ne cesse de brûler
Pour son amant froid et revêche[2].
Je m'y coule sans faire bruit,
Et par la céleste harmonie
D'un doux luth, aux charmes instruit,
Je flatte sa triste manie,
Faisant répéter mes accords
A la voix qui lui sert de corps.

Tantôt, sortant de ces ruines,
Je monte au haut de ce rocher,
Dont le sommet semble chercher
En quel lieu se font les bruines ;
Puis je descends tout à loisir,
Sous une falaise escarpée,
D'où je regarde avec plaisir
L'onde qui l'a presque sapée
Jusqu'au siège de Palémon[3],
Fait d'éponges et de limon.

Que c'est une chose agréable
D'être sur le bord de la mer,

Quand elle vient à se calmer
Après quelque orage effroyable !
Et que les chevelus tritons,
Hauts, sur les vagues secouées
Frappent les airs d'étranges tons
Avec leurs trompes enrouées,
Dont l'éclat rend respectueux
Les vents les plus impétueux.

Tantôt l'onde brouillant l'arène,
Murmure et frémit de courroux,
Se roulant dessus les cailloux,
Qu'elle apporte et qu'elle r'entraîne.
Tantôt elle étale en ses bords,
Que l'ire de Neptune outrage,
Des gens noyés, des monstres morts,
Des vaisseaux brisés du naufrage,
Des diamants, de l'ambre gris,
Et mille autres choses de prix.

Tantôt la plus claire du monde,
Elle semble un miroir flottant,
Et nous représente à l'instant
Encore d'autres cieux sous l'onde.
Le soleil s'y fait si bien voir,
Y contemplant son beau visage,
Qu'on est quelque temps à savoir
Si c'est lui-même, ou son image,
Et d'abord il semble à nos yeux
Qu'il s'est laissé tomber des cieux.

Bernières[4], pour qui je me vante
De ne rien faire que de beau,
Reçois ce fantasque tableau
Fait d'une peinture vivante.
Je ne cherche que les déserts,
Où, rêvant tout seul, je m'amuse
A des discours assez diserts
De mon génie avec la muse ;

Mais mon plus aimable entretien
C'est le ressouvenir du tien.

Tu vois dans cette poésie,
Pleine de licence et d'ardeur,
Les beaux rayons de la splendeur
Qui m'éclaire la fantaisie :
Tantôt chagrin, tantôt joyeux,
Selon que la fureur m'enflamme,
Et que l'objet s'offre à mes yeux,
Les propos me naissent en l'âme,
Sans contraindre la liberté
Du démon [5] qui m'a transporté.

Ô que j'aime la solitude !
C'est l'élément des bons esprits,
C'est par elle que j'ai compris
L'art d'Apollon sans nulle étude.
Je l'aime pour l'amour de toi,
Connaissant que ton humeur l'aime ;
Mais, quand je pense bien à moi,
Je la hais pour la raison même :
Car elle pourrait me ravir
L'heur de te voir et te servir.

Les Œuvres

PLAINTE
SUR LA MORT DE SYLVIE

Ruisseau qui cours après toi-même,
Et qui te fuis toi-même aussi,
Arrête un peu ton onde ici
Pour écouter mon deuil extrême ;
Puis, quand tu l'auras su, va-t-en dire à la mer
Qu'elle n'a rien de plus amer.

Raconte-lui comme Sylvie
Qui seule gouvernait mon sort,
A reçu le coup de la mort
Au plus bel âge de la vie,
Et que cet accident triomphe en même jour
De toutes les forces d'amour.

Las ! je n'en puis dire autre chose,
Mes soupirs tranchent mon discours.
Adieu, ruisseau, reprends ton cours.
Qui non plus que moi ne repose ;
Que si par mes regrets j'ai bien pu t'arrêter.
Voilà des pleurs pour te hâter.

Les Œuvres

LA NUIT[1]

Paisible et solitaire nuit,
    Sans lune et sans étoiles,
Renferme le jour qui me nuit
    Dans tes plus sombres voiles ;
Hâte tes pas, déesse, exauce-moi :
    J'aime une brune comme toi.

J'aime une brune dont les yeux
    Font dire à tout le monde
Que, quand Phébus quitte les cieux
    Pour se cacher sous l'onde,
C'est de regret de se voir surmonté
    Du vif éclat de leur beauté.

Mon luth, mon humeur et mes vers
    Ont enchanté son âme ;
Tous ses sentiments sont ouverts
    A l'amoureuse flamme ;

Elle m'adore, et dit que ses désirs
   Ne vivent que pour mes plaisirs.

   Quel jugement y dois-je asseoir ?
     Veut-elle me complaire ?
   Mon cœur s'en promet à ce soir
     Une preuve plus claire.
Viens donc, ô nuit ! que ton obscurité
   M'en découvre la vérité.

   Sommeil, répands à pleines mains
     Tes pavots sur la terre ;
   Assoupis les yeux des humains
     D'un gracieux caterre [2],
Laissant veiller en tout cet élément
   Ma maîtresse et moi seulement.

   Ainsi jamais de ta grandeur
     Rien n'abaisse la gloire ;
   Ainsi jamais bruit ni splendeur
     N'entre en ta grotte noire,
Comme autrefois, quand à chaque propos,
   Iris troublait ton doux repos [3].

   Ha ! voilà le jour achevé,
     Il faut que je m'apprête ;
   L'astre de Vénus est levé,
     Propice à ma requête ;
Si bien qu'il semble en se montrant si beau,
   Me vouloir servir de flambeau.

   L'artisan las de travailler
     Délaisse son ouvrage ;
   Sa femme qui le voit bâiller
     En rit en son courage [4],
Et l'œilladant s'apprête à recevoir
   Les fruits du nuptial devoir.

   Les chats presque enragés d'amour
     Grondent dans les gouttières ;
   Les loups-garous fuyant le jour
     Hurlent aux cimetières ;

Et les enfants, transis d'être tout seuls,
  Couvrent leurs têtes des linceuls[5].

  Le clocheteur des trépassés[6],
    Sonnant de rue en rue,
  De frayeur rend leurs cœurs glacés,
    Bien que leur corps en sue ;
Et mille chiens, oyant sa triste voix,
    Lui répondent à longs abois.

  Ces tons, ensemble confondus,
    Font des accords funèbres,
  Dont les accents sont épandus
    En l'horreur des ténèbres,
Que le silence abandonne à ce bruit
    Qui l'épouvante et le détruit.

  Lugubre courrier du Destin.
    Effroi des âmes lâches,
  Qui si souvent, soir et matin,
    M'éveilles et me fâches,
Va faire ailleurs, engeance de démon,
    Ton vain et tragique sermon.

  Tu ne me saurais empêcher
    D'aller voir ma Sylvie,
  Dussé-je pour un bien si cher
    Perdre aujourd'hui la vie.
L'heure me presse, il est temps de partir,
    Et rien ne m'en peut divertir[7].

  Tous ces vents qui soufflaient si fort
    Retiennent leurs haleines ;
  Il ne pleut plus, la foudre dort,
    On n'oit que les fontaines,
Et le doux son de quelques luths charmants
    Qui parlent au lieu des amants.

  Je ne puis être découvert,
    La nuit m'est trop fidèle ;

Entrons, je sens l'huis entrouvert,
  J'aperçois la chandelle.
Dieux ! qu'est-ce ci ? Je tremble à chaque pas,
  Comme si j'allais au trépas.

  Ô toi, dont l'œil est mon vainqueur,
    Sylvie, eh ! que t'en semble ?
  Un homme qui n'a point de cœur,
    Ne faut-il pas qu'il tremble ?
Je n'en ai point, tu possèdes le mien ;
  Me veux-tu pas donner le tien ?

Les Œuvres

L'ENAMOURÉ [1]

Parbleu ! j'en tiens, c'est tout de bon,
Ma libre humeur en a dans l'aile,
Puisque je préfère au jambon
Le visage d'une donzelle.
Je suis pris dans le doux lien
De l'archerot idalien [2].
Ce dieutelet, fils de Cyprine,
Avecque son arc mi-courbé,
A féru ma rude poitrine
Et m'a fait venir à jubé [3].

Mon esprit a changé d'habit :
Il n'est plus vêtu de revêche [4],
Il se raffine et se fourbit
Aux yeux de ma belle chevêche [5].
Plus aigu, plus clair et plus net
Qu'une dague de cabinet,
Il estocade la tristesse,
Et la chassant d'autour de soi,

Se vante que la politesse
Ne marche plus qu'avec moi.

Je me fais friser tous les jours,
On me relève la moustache ;
Je n'entrecoupe mes discours
Que de rots d'ambre et de pistache ;
J'ai fait banqueroute au petun[6] ;
L'excès du vin m'est importun :
Dix pintes par jour me suffisent ;
Encore, ô falote beauté
Dont les regards me déconfisent,
Est-ce pour boire à ta santé !

Les Œuvres
Raillerie à part

Vos attraits n'ont plus rien que l'épée et la cape[1] ;
Votre esprit est plus plat qu'un pied de pèlerin[2] ;
Vous pleurez plus d'onguent que n'en fait Tabarin[3],
Et qui voit votre nez le prend pour une grappe.

Vous avez le museau d'un vieux limier qui lappe,
L'œil d'un cochon rôti, le poil d'un loup marin,
La chair d'un aloyau lardé de romarin,
Et l'embonpoint d'un gueux qui réclame Esculape.

Vous portez comme un cul longue barbe au menton,
Votre corps est plus sec que le son d'un teston[4] ;
Vous berçâtes jadis l'aïeul de Mélusine.

Pièce de cabinet, quittez notre quartier,
Et, prenant pour jamais congé de la cuisine,
Qu'on ne vous trouve plus, sinon chez Dumonstier[5].

Les Œuvres
Raillerie à part

LA JOUISSANCE[1]

.... Un jour, près d'une vive source
D'argent liquide et transparent,
Qui prend la fuite en s'égarant
Vers la mer où finit sa course,
Mon luth, parlant à basse voix,
S'entretenait avec mes doigts
De mes secrètes fantaisies,
Et parfois s'éclatant en la vigueur des sons,
Les roches se sentaient saisies
Du mignard tremblement de mille doux frissons.

Les oiseaux, tirés par l'oreille,
Allongeant le col pour m'ouïr,
Se laissaient presque évanouir,
Tout comblés d'aise et de merveille.
Les animaux autour de nous
Nous contemplaient à deux genoux,
Plongés dans un profond silence,
Quand d'un vieux chêne ému de ce contentement,
Avec un peu de violence
Sortirent ces propos assez distinctement :

Orphée, aux yeux de Rhadamante,
A donc ramené des enfers,
Malgré les flammes et les fers,
Sa chère et gracieuse amante ?
Ce rare exemple d'amitié
Est donc rejoint à sa moitié
Par deux fois de lui séparée ?
Et sa tête, où les dieux tant de dons ont enclos,
Ni sa lyre tant admirée,
Ne furent donc jamais à l'abandon des flots[2] ?

Les Œuvres

Assis sur un fagot, une pipe à la main,
Tristement accoudé contre une cheminée,
Les yeux fixés vers terre, et l'âme mutinée,
Je songe aux cruautés de mon sort inhumain.

L'espoir qui me remet du jour au lendemain,
Essaie à gagner temps sur ma peine obstinée,
Et me venant promettre une autre destinée,
Me fait monter plus haut qu'un empereur romain.

Mais à peine cette herbe est-elle mise en cendre,
Qu'en mon premier état, il me convient descendre,
Et passer mes ennuis à redire souvent :

Non, je ne trouve point beaucoup de différence
De prendre du tabac à vivre d'espérance,
Car l'un n'est que fumée, et l'autre n'est que vent [1].

Les Œuvres
Raillerie à part

Fagoté plaisamment comme un vrai Simonnet [1],
Pied chaussé, l'autre nu, main au nez, l'autre en poche,
J'arpente un vieux grenier, portant sur ma caboche
Un coffin [2] de Hollande en guise de bonnet.

Là, faisant quelquefois le saut du sansonnet [3],
Et dandinant du cul comme un sonneur de cloche,
Je m'égueule de rire, écrivant d'une broche,
En mots de patelin [4], ce grotesque sonnet.

Mes esprits à cheval sur des coquecigrues,
Ainsi que papillons s'envolent dans les nues,
Y cherchant quelque fin qu'on ne puisse trouver.

Nargue : c'est trop rêver, c'est trop ronger ses ongles ;
Si quelqu'un sait la rime, il peut bien l'achever [5].

. . . .

Les Œuvres
Raillerie à part

ORGIE[1]

Sus, sus, enfants ! qu'on empoigne la coupe !
Je suis crevé de manger de la soupe.
Du vin ! du vin ! cependant qu'il est frais,
Verse, garçon, verse jusqu'aux bords,
      Car je veux chiffler[2] à longs traits
A la santé des vivants et des morts.

Pour du vin blanc, je n'en tâterai guère ;
Je crains toujours le sirop de l'aiguière
Dont la couleur me pourrait attraper.
Baille-moi donc de ce vin vermeil
      C'est lui seul qui me fait tauper[3],
Bref, c'est mon feu, mon sang et mon soleil.

Ô qu'il est doux ! j'en ai l'âme ravie,
Et ne crois pas qu'il se trouve en la vie
Un tel plaisir que de boire d'autant.
Fais-moi raison, cher ami Faret[4],
      Ou tu seras tout à l'instant
Privé du nom qui rime à cabaret.

La Suite des Œuvres

LE PARESSEUX

Accablé de paresse et de mélancolie,
Je rêve dans un lit où je suis fagoté,
Comme un lièvre sans os qui dort dans un pâté,
Ou comme un Don Quichotte en sa morne folie.

Là, sans me soucier des guerres d'Italie,
Du comte Palatin, ni de sa royauté[1],

Je consacre un bel hymne à cette oisiveté
Où mon âme en langueur est comme ensevelie.

Je trouve ce plaisir si doux et si charmant,
Que je crois que les biens me viendront en dormant,
Puisque je vois déjà s'en enfler ma bedaine,

Et hais tant le travail que, les yeux entrouverts,
Une main hors des draps, cher Baudouin [2], à peine
Ai-je pu me résoudre à t'écrire ces vers.

La Suite des Œuvres

LE PASSAGE DE GIBRALTAR

CAPRICE HÉROÏ-COMIQUE [1]

Matelots, taillons de l'avant [2] ;
Notre navire est bon de voile ;
Ça, du vin pour boire à l'étoile
Qui nous va conduire au levant.
A toi, la belle et petite ourse !
A toi, lampe de notre course,
Quand le grand falot [3] est gîté !
Il n'est point d'humeur si rebourse [4]
Qui ne se crève à ta santé.

Mais, certes je suis bien oison,
Et je n'acquiers guère de gloire
De défier un astre à boire
Qui ne me peut faire raison !
Son malheureux destin me touche ;
Jamais le pauvret ne se couche [5]
Pour aller trinquer chez Thétis,
Et ce n'est rien qu'un corps sans bouche
Privé des nobles appétits.

A qui dois-je donc m'adresser ?
A Mars, dont la fière planète
Brille d'une clarté plus nette
Qu'un verre qu'on vient de rincer :
Aussi bien est-il notre guide ;
Aussi bien les piliers d'Alcide [6]
Frissonnent de le voir pour nous,
Et devant ce brave homicide
Atlas se présente à genoux.

Relève-toi, vieux crocheteur [7] ;
L'Olympe pourrait choir en l'onde,
Et prendre comme un rat le monde
Sous son énorme pesanteur :
Ce n'est point toi que l'on menace ;
Bannis la crainte qui te glace
Et prends garde à ce que tu fais,
Si tu ne veux perdre la place
De monarque des porte-faix.

Mais n'aperçois-je pas aux cieux
Voguer le pin des Argonautes [8],
Qui me reproche mille fautes,
En se découvrant à mes yeux ?
Oui, c'est lui qu'en mer on adore ;
Il me dit (car il jase encore
Comme il faisait au temps passé [9])
Que je ne suis qu'une pécore
De boire, et de l'avoir laissé.

Pardon, ô céleste vaisseau,
Avec soif je te le demande,
Et veux, pour t'en payer l'amende,
Que ma tasse devienne seau.
Tu nous dois être favorable :
Un prince en valeur admirable [10],
Représente ici ton Jason,
Et notre projet honorable,
Comme toi vise à la Toison [11].

C'est au Castillan qu'on en veut :
Nous cherchons partout à le mordre ;
Mais le poltron y met bon ordre,
Il fuit notre choc tant qu'il peut ;
A Neptune il fait banqueroute,
Nul défi naval il n'écoute,
La terreur l'échoue en ses ports,
Et dans Madrid même il redoute
Le bruit mortel de nos sabords [12].

La nuit commence à dénicher ;
Enfants, voilà l'aube qui trotte,
Phébus la suit, et notre flotte
Dans le détroit va s'emmancher.
Que la pompe en est fière et belle !
Glauque [13] n'en a point vu de telle
Depuis qu'une herbe qu'il mangea,
Rendant sa nature immortelle,
D'homme en Dieu marin le changea.

Au gré de maint doux tourbillon
J'y vois cent flammes [14] secouées ;
Cent banderoles enjouées
Y font la cour au pavillon [15] ;
Ici, l'or brillant sur la soie
En une grande enseigne ondoie,
Superbe de couleur et d'art,
Et là richement se déploie
Le grave et royal étendard....

Les Œuvres
Seconde partie

L'AUTOMNE DES CANARIES [1]

Voici les seuls coteaux, voici les seuls vallons
Où Bacchus et Pomone ont établi leur gloire ;

Jamais le riche honneur de ce beau territoire
Ne ressentit l'effort des rudes aquilons.

Les figues, les muscats, les pêches, les melons
Y couronnent ce dieu qui se délecte à boire ;
Et les nobles palmiers, sacrés à la victoire,
S'y courbent sous des fruits qu'au miel nous égalons.

Les cannes au doux suc, non dans les marécages,
Mais sur les flancs de roche, y forment des bocages
Dont l'or plein d'ambroisie éclate et monte aux cieux.

L'orange en même jour y mûrit et boutonne,
Et durant tous les mois on peut voir en ces lieux
Le printemps et l'été confondus en l'automne.

Les Œuvres
Troisième partie

SONNET SUR AMSTERDAM

À M. CHANUT,

étant alors ambassadeur
et plénipotentiaire de France
au traité de Lübeck [1]

Je revois, grand Chanut, ce miracle du monde,
Ce fameux Amsterdam, ce petit univers ;
Je revois ces canaux enrichis d'arbres verts,
Mais bien plus d'arbres secs qui fleurissent sur l'onde [2].

Je revois ces palais de qui l'orgueil se fonde
Sur d'autres arbres morts au bout de cent hivers [3],
Qui le sommet en bas, et de pierres couverts,
Dans l'abîme de feu semblent porter la sonde.

Je revois ces remparts sur Neptune conquis,
Où tout ce que l'Aurore a de rare et d'exquis,
De la Meuse et du Rhin fait l'Indus et le Gange.

Le commerce m'en plaît ; hé ! sais-tu pour quel bien ?
C'est parce qu'ici même, ô trop aimable échange !
Le seul don de mon cœur me fit gagner le tien[4].

Dernier recueil

MOYSE SAUVÉ[1]

.... Ces propos achevés, le Calme et ses compagnes[2]
Prennent soudain leur vol sur les molles campagnes[3] ;
L'ange brille à la tête, et des flots aplanis
Les vents séditieux aussitôt sont bannis ;
Zéphyre et le beau temps, suivant leur course ailée,
D'un branle agile et doux rasent l'onde salée,
Désembarrassent l'air de nuages épais,
Et de leurs doigts sereins partout sèment la paix.
Les nageurs écaillés, ces sagettes[4] vivantes
Que nature empenna d'ailes sous l'eau mouvantes,
Montrent avec plaisir en ce clair appareil
L'argent de leur échine à l'or du beau soleil.
Enfin l'ange et sa troupe en un moment se rendent
Sur la terre où du Nil les rivages s'étendent ;
Borée, à leur abord de l'Égypte chassé,
S'en retourne en prison sous le pôle glacé ;
Le fleuve est un étang qui dort au pied des palmes
De qui l'ombre, plongée au fond des ondes calmes,
Sans agitation semble se rafraîchir,
Et de fruits naturels le cristal enrichir ;
Le firmament s'y voit, l'astre du jour y roule ;
Il s'admire, il éclate en ce miroir qui coule,
Et les hôtes de l'air, aux plumages divers,
Volant d'un bord à l'autre, y nagent à l'envers,

La Rumeur est muette aux approches de l'ange ;
Elle n'a plus de bouche ; en yeux elle se change ;
Que s'il en est quelqu'une, elle provient des sons
De mille rossignols perchés sur les buissons,
Où, faisant retentir leur douce violence,
Ils rendent le bruit même agréable au Silence,
Et d'accents gracieux lui forment un salut
Qui se peut égaler aux charmes de mon luth.
A l'air du temps si beau mille bandes légères,
Mille bruyants essaims d'abeilles ménagères,
Vont boire le nectar en des coupes de fleurs
Où de l'aimable Aurore on voit rire les pleurs ;
Le gentil papillon voltige sur les herbes,
Il couronne leurs bouts de ses ailes superbes,
Et, par le vif émail dont se pare son corps,
Qui des plus beaux bouquets efface les trésors,
Fait qu'il semble aux regards que l'abeille incertaine
Dans ses diversités se trouve comme en peine,
Et que son œil confus, suspendant son désir,
D'une fleur ou de lui ne sache que choisir.

6ᵉ partie, vers 545-588

Chapelain

ODE

A MONSEIGNEUR LE CARDINAL
DUC DE RICHELIEU [1]

.... Ainsi tous nos Cygnes célèbres [2]
S'efforcent par leurs ornements
D'affranchir ces événements
De la puissance des ténèbres ;
Mais en vain pour te contenter
Ils les font partout éclater,
Leur plus simple récit blesse ta modestie ;
Il semble que tes yeux en soient même éblouis,
Tu n'en peux avouer une seule partie,
Et veux qu'ils soient tous dus à l'honneur de LOUIS.

Lorsque dessus notre hémisphère
Ton feu se montre sans pareil,
Tu crois l'emprunter du soleil
Qui seul nos provinces éclaire,
De même que sur l'horizon,
Durant la brûlante saison,
Un astre en plein midi quelquefois étincelle ;
Bien que semblable à ceux dont se pare la nuit,
Il emprunte son feu de la flamme éternelle
Qui seule dans les cieux d'elle-même reluit.

Ton esprit humble s'imagine
Qu'en ta haute félicité
Ton éclat n'est qu'obscurité
Si ton prince ne t'illumine ;
Tu considères ta splendeur
Comme un rayon de sa grandeur
De qui superbement ta pourpre est embellie ;
De sa seule clarté tu la penses tirer,
Et lorsque sa lumière à la tienne s'allie,
C'est alors seulement que tu crois éclairer.

Toutefois en toi l'on remarque
Un feu qui luit séparément
De celui dont si vivement
Resplendit notre grand monarque,
Comme le pilote égaré
Voit en l'Ourse un feu séparé
Qui brille sur sa route et gouverne ses voiles,
Cependant que la lune accomplissant son tour
Dessus un char d'argent environné d'étoiles
Dans le sombre univers représente le jour.

Bien que ton zèle inestimable
Consacre au maître que tu sers
Ce que les terres et les mers
T'ont vu faire d'inimitable,
Il te reste encore des biens
Qui ne sauraient être que tiens,
Au partage desquels tu ne reçois personne ;
Ma Muse avec transport reconnaît ces trésors,
Et pour les publier me choisit et m'ordonne
Que j'élève ma voix et suive ses accords....

Desmarets de Saint-Sorlin

LES PROMENADES DE RICHELIEU
OU LES VERTUS CHRÉTIENNES [1]

De la mansuétude

Que j'aime la nuit fraîche et ses lumières sombres
Lorsque l'astre des mois en adoucit les ombres !
Que ce palais pompeux me paraît bien plus beau,
Quand il n'est éclairé que du second flambeau,
Dont la douce clarté d'autres grâces apporte,
Rehaussant les reliefs par une ombre plus forte.
Sous la corniche aiguë, une longue noirceur
Sur le mur qui la porte en marque l'épaisseur ;
Et chaque niche creuse a de chaque statue
La figure imprimée, obscure et rabattue.
Une brune couleur, des balcons avancés
Trace sur un fond blanc les angles renversés ;
Et de chaque obélisque à pointes égalées
Tombent sur le pavé les pointes affilées.
Lorsque sur ce château la lune se fait voir,
En éclaire une part, et peint l'autre de noir,
Je pense voir deux temps que confond la nature.
Le jour est d'un côté, d'autre la nuit obscure.
Quel miracle ! qu'ensemble ici règnent sans bruit
Et partagent la place et le jour et la nuit !
Allons voir aux jardins en plus ample étendue

L'ombre de ce grand corps sur la terre épandue.
Déjà du grand palais si clair, si bien dressé,
J'en vois sortir un autre obscur et renversé,
Noircissant le parterre, et ses superbes dômes
Sur la terre couchés comme de longs fantômes ;
L'ombre aux corps attachée, inégale en son cours,
Suit l'astre également, et s'en cache toujours.
Allons voir ces canaux : quel doux calme en cette onde !
Ici je vois sous terre une lune seconde.
Ici le palais même, et si clair, et si beau,
A chef précipité se renverse dans l'eau.
Ô tromperie aimable ! Ô jeu de la nature !
Est-ce une vérité ? n'est-ce qu'une peinture ?
Ensemble en trois façons ce palais se fait voir,
En soi-même, en son ombre, et dans ce grand miroir,
Où tout est à l'envers, où tout change d'office,
Où les combles pointus portent tout l'édifice.
Les astres pétillants y sont encor plus bas,
Et semblent dans un lac prendre leurs doux ébats.
Leurs feux y sont riants, se plongeant sans rien craindre,
Et défiant les eaux de les pouvoir éteindre.
Quoi ? de la ville encor les pavillons égaux
Se montrent renversés dans ces larges canaux ;
Et du double clocher les deux pointes égales
Semblent vouloir percer les prisons infernales....

Marbeuf

LE SOLITAIRE

Agréable forêt où j'ai comme en dépôt
De mon cœur travaillé, consigné le repos,
Où mon esprit flottant a trouvé son rivage,
Que je t'aime, ô forêt et que le bruit sauvage
Des arbres, de Zéphyr, et des oiseaux du bois
A mon oreille triste, est une douce voix.
Arbres, Zéphyrs, oiseaux, fidèles secrétaires
Du pénitent Silvandre, en ces lieux solitaires,
C'est vous seuls qui savez mes soins et mes regrets,
A vous seuls j'ai voulu découvrir mes secrets ;
Non, ce sont des regrets qu'il ne faut que je cache,
Non, ce sont des secrets que je veux que l'on sache,
Et pour ne les tenir davantage couverts,
Ce que j'ai dit aux bois, je l'écris dans ces vers.
La naissance m'apprend qu'il faut que l'homme meure,
Très certaine est ma mort, très douteuse en est l'heure,
A tous les mesureurs je demande un compas
Qui me puisse marquer le point de mon trépas.
Mais je ne peux trouver ni compas, ni figure
Qui des longueurs des ans m'enseigne la mesure,
Dans l'abîme profond des divins jugements
L'éternel a caché le nombre des moments,
Qui doivent composer le temps de nos journées,
Et s'arrêter au point dont elles sont bornées,

Qu'on ne peut allonger par vœux ni par souhaits,
Et que le cours humain n'outrepassa jamais....

.... Ô plaisirs passagers de notre vanité !
Êtes-vous donc suivis de quelque éternité ?
Éternité de bien, éternité de peine,
Lorsque je pense à toi tu m'assèches la veine ;
Ma plume ni mes vers ne peuvent plus couler,
Ma langue s'engourdit, je ne peux plus parler :
Gouffre d'éternité, tu n'as ni fond ni rive,
De la fin de tes jours jamais le jour n'arrive,
Et ce jour éternel, qui toujours s'entre-suit,
Aux plus clairs jugements n'est qu'une obscure nuit.
Que si quelqu'un te nomme alors que je t'écoute,
Hélas, éternité, mon esprit ne voit goutte !
Tous les siècles qu'on peut figurer par les sens,
Les cents de millions, les milliards de cents
Ne font d'une minute une moindre parcelle,
Si l'on les veut marquer à l'horloge éternelle....

.... Heureuse éternité, tes beaux jours que j'attends
Amèneront au monde un éternel printemps,
Une aurore sans nuit, un soleil sans nuage,
Et la tranquillité d'un calme sans orage,
Éternité, repos de nos esprits lassés.
Ainsi comme ont vécu tous les siècles passés,
Les siècles à venir vivront sans te connaître,
Le monde par sa fin commencera ton être,
Mais ce qui doit alors embellir l'univers,
Ne peut être dépeint par le pinceau des vers....

.... La seule éternité nous rendra possesseurs
Des plaisirs ravissants que l'on goûte aux douceurs
D'un objet qui présente à l'œil une ambroisie,
De qui le suc divin jamais ne rassasie :
La vision d'un Dieu que l'homme doit aimer,
Et une belle source, ou plutôt une mer,
Où l'âme qui s'y baigne, heureusement surnage,
Sans craindre que jamais elle y fasse naufrage ;
C'est là que l'amour trouve une solidité

Dans l'objet infini de la divinité,
Puisque la jouissance est de telle durée,
Que dans l'éternité sa gloire est assurée ;
Certitude éternelle, en toi tous nos plaisirs
Ont borné leur espoir, car quoi que nos désirs
Se figurent de beau, de doux et d'agréable,
A ta félicité nulle autre est comparable,
Et nos cœur et mes vers, en ce bonheur divin,
Trouvent, lorsque j'y pense, et leur but et leur fin....

Recueil des vers

CONCLUSION
DES BEAUTÉS D'AMARANTE

Alors que j'ai chanté par un vers précieux
Cette divine bouche où Piton[1] se repose,
Que j'ai doré les fers où mon âme est enclose,
Et qu'après j'ai fait luire un soleil dans ses yeux,

J'ai fait flotter Pactole avecque ses cheveux,
J'ai fait rire la perle et soupirer la rose :
Mon pinceau poursuivait, mais ma Muse s'oppose
Aux traits les plus hardis des attraits amoureux.

Je voulais peindre à nu les beautés que dérobe
A mes yeux envieux le voile de sa robe ;
Mais là des déités est le saint Panthéon,

Aux téméraires yeux, là, l'amour met des bornes,
Et menace, cruel, du supplice des cornes,
Tous ceux qui commettront le péché d'Actéon[2].

Recueil des vers

Et la mer et l'amour ont l'amer pour partage,
Et la mer est amère, et l'amour est amer,
L'on s'abîme en l'amour aussi bien qu'en la mer,
Car la mer et l'amour ne sont point sans orage.

Celui qui craint les eaux, qu'il demeure au rivage,
Celui qui craint les maux qu'on souffre pour aimer,
Qu'il ne se laisse pas à l'amour enflammer,
Et tous deux ils seront sans hasard de naufrage.

La mère de l'amour eut la mer pour berceau,
Le feu sort de l'amour, sa mère sort de l'eau,
Mais l'eau contre ce feu ne peut fournir des armes.

Si l'eau pouvait éteindre un brasier amoureux,
Ton amour qui me brûle est si fort douloureux,
Que j'eusse éteint son feu de la mer de mes larmes.

Recueil des vers

LA LIBERTÉ DES CHAMPS

fait décrire à Silvandre
les contentements d'un amour rustique

Ne percez plus mon cœur, ô vanités serviles,
          De vos soucis tranchants :
Éloigné de la Cour, je m'éloigne des villes
          Pour approcher les champs.

Cet amour que j'y bois dedans l'œil de Sylvie
          M'est plus délicieux
Que ce que Jupiter pour nous donner envie
          Dit qu'il boira dans les cieux.

Non, ces lieux où l'on dit que ce grand Dieu demeure,
          N'ont point tant de plaisirs,

Puisqu'il a cru qu'aux champs la place était meilleure
          Pour flatter ses désirs.

On l'a vu dans les champs plusieurs fois se repaître
          De quelque ébat nouveau,
Et chatouiller ses sens sous la forme champêtre
          D'un cygne ou d'un taureau.

Pour le plaisir des champs si ce Dieu s'est fait bête,
          Doit-on à cette fois
Dire que j'ai banni la raison de ma tête,
          Me faisant villageois ?

Tant de dieux qui jadis portaient une houlette
          Ont voulu m'obliger,
Bien que je sois mortel, me donnant leur retraite,
          De me faire berger.

Ô que j'aime les eaux, laissez-moi les rivages,
          Ô beaux rivages verts :
Belle Seine, beaux prés, petits monts, bois sauvages,
          Je vous donne mes vers.

Ô vers qui m'échappez sur le bord de la Seine,
          Allez, suivez son cours,
Et dites aux Zéphyrs que je vous fais sans peine,
          Et non point sans amours.

J'aime tant vos fraîcheurs, et j'aime tant vos ombres,
          Ô prés, bois et Zéphyrs,
Que je ferai le frais de vos mollesses sombres,
          Témoins de mes plaisirs.

Zéphyrs, allez hâter, allez baiser Sylvie ;
          Que si j'en suis jaloux,
C'est que je ne peux pas, lorsque j'en ai l'envie,
          La baiser comme vous.

Recueil des vers

Malleville

Le silence régnait sur la terre et sur l'onde[1],
L'air devenait serein et l'Olympe vermeil,
Et l'amoureux Zéphyre affranchi du sommeil
Ressuscitait les fleurs d'une haleine féconde.

L'Aurore déployait l'or de sa tresse blonde
Et semait de rubis le chemin du Soleil ;
Enfin ce dieu venait au plus grand appareil
Qu'il soit jamais venu pour éclairer le monde,

Quand la jeune Phyllis au visage riant,
Sortant de son palais plus clair que l'orient,
Fit voir une lumière et plus vive et plus belle.

Sacré flambeau du jour, n'en soyez point jaloux !
Vous parûtes alors aussi peu devant elle
Que les feux de la nuit avaient fait devant vous.

ÉLÉGIE[1]

Aujourd'hui que ton âme a changé de courage[2],
Je pense que ton corps a changé de visage.
Ta beauté n'a duré qu'autant que ton amour,

Et ta grâce et ta foi meurent en même jour.
Phyllis, lorsque mes yeux découvrent quelque belle
Ou qui fasse la fine, ou qui soit infidèle,
Quand elle brillerait de grâces et d'appas,
Avecque ce défaut elle ne me plaît pas.
Celle à qui maintenant j'adresse mon service
Ne sut jamais que c'est de[3] finesse ou de vice.
Elle est toute parfaite et l'amour glorieux
Règne dedans son cœur aussi bien qu'en ses yeux.
Que si le moindre effet d'une ardeur véritable
Me peut faire trouver une laide agréable,
Si je mets le mérite en la fidélité,
Si pour moi la douceur tient lieu de la beauté,
Quand je vois cet objet[4] plein d'attraits et de flamme
Offrir à mes desseins et son corps et son âme
Et de mille faveurs mon amour obliger,
Si mon cœur est épris, je le laisse à juger !
Certes lorsque je pense aux grâces non pareilles
Qui la mettent au rang des plus rares merveilles,
Quand je pense à l'amour qu'elle m'a témoigné,
Quand je pense aux mépris dont je l'ai dédaigné
Pour faire un bon office à ton inquiétude,
Enfin lorsque je pense à ton ingratitude,
Aux devoirs que mes soins te rendaient chaque jour,
A ton peu de mérite, à mon excès d'amour,
Je suis au désespoir, je rougis de moi-même ;
Et plein d'un repentir aussi juste qu'extrême,
Après tous les tourments que tu me fais souffrir,
Au milieu des faveurs qu'elle me vient offrir,
Je pense que pour faire un acte de justice,
Le ciel veut que je l'aime et que je te haïsse.

STANCES[1]

Phyllis a reconnu ma foi.
Tristes pensers, troupe infidèle,

Allez où l'ennui[2] vous appelle,
Puisque je suis bien avec elle,
Vous êtes mal avecque moi.

Ce n'est plus cette âme farouche
Qui n'avait point de sentiment.
Nous soupirons également
Et nous baisons si doucement
Que l'eau nous vient en la bouche.

Nos cœurs qui goûtent à loisir
Cette innocente jouissance,
Font une éternelle alliance,
Et s'ils ont quelque défaillance,
Ce n'est que de trop de plaisir.

Certes ma gloire peu commune
Me fait oublier le passé,
J'embrasse ou je suis embrassé,
Et je ne suis point menacé
Du changement de ma fortune.

Si voulant mes feux apaiser
Dans ces délices je me pâme,
Phyllis d'un souffle me renflamme,
Et me fait connaître que l'âme
Est souvent fille d'un baiser.

Ainsi d'une ardeur sans égale,
Une nymphe embrassait Daphnis ;
Ainsi de baisers infinis,
Vénus contentait Adonis,
Et l'Aurore obligeait Céphale.

Ni la manne qui vient des cieux,
Ni tout ce que Flore possède,
Ni le nectar de Ganymède
N'a point de douceur qui ne cède
A ce baiser délicieux.

Il est à mon âme embrasée
Ce qu'est le remède aux douleurs,
Ce que zéphyre est aux chaleurs,
Ce qu'aux abeilles sont les fleurs,
Et ce qu'aux fleurs est la rosée.

IMITATION DE L'ONGARO [1]

Fontaine dont les eaux, plus claires que profondes,
Attirent par leur bruit les nymphes et les dieux,
Seul miroir que Phyllis consulte dans ces lieux
Quand elle veut peigner l'or de ses tresses blondes,

Si durant les chaleurs fatales à tes ondes,
J'ai maintenu ton cours des larmes de mes yeux,
De grâce montre-moi ce chef-d'œuvre des cieux
Dans le riche cristal de tes eaux vagabondes.

Mais j'ai beau te prier, tu ne m'exauces pas ;
L'orgueilleuse Phyllis, qui cause mon trépas,
T'imprime en se mirant sa rigueur naturelle.

Ainsi je ne puis voir avec tous mes efforts
Ni de portrait en toi ni de l'amour en elle,
Et ne jouis non plus de l'ombre que du corps.

POUR UN AMANT
QUI S'ÉTAIT BAIGNÉ AVEC SA MAÎTRESSE [1]

Quand je tins en mes bras ce miracle du monde,
Digne source des maux que mon âme ressent,
Il me servit beaucoup d'être au milieu de l'onde
Pour résister aux feux d'un astre si puissant.

Dans un si beau séjour, cette belle inhumaine
Comme un foudre brûla les joncs et les roseaux,
Et tandis qu'elle y fut, les nymphes de la Seine
Ne voulurent jamais paraître sur les eaux.

Ce fut lors que je vis des grâces non pareilles
Me venir assaillir le cœur de mille parts,
Et que mes yeux ravis de toutes ces merveilles
Ne savaient à laquelle accorder leurs regards.

Dieux, quand verrai-je encor cet objet[2] de mon âme,
Capable d'asservir les hommes et les dieux ?
Quand verrai-je céder les ondes à la flamme,
Et les ombres du soir aux clartés de ses yeux ?

Mais que dis-je ? insensé ! fuyons cette aventure !
Cherchons à notre mal un autre allègement,
Car si je ne me trompe au tourment que j'endure,
L'eau n'a fait qu'ajouter à mon embrasement.

CHANSON A BOIRE[1]

Lorsque nos mains s'arment d'un verre,
A tous les plus grands de la terre,
Nous faisons ployer les genoux.
Nos maîtresses sont plus traitables
Et nous semble que les notables
Sont bien moins notables que nous.

Bois, Daphnis, à toute la troupe :
Ce clair ornement d'une coupe
Fait des miracles non pareils ;
Il fléchit une âme cruelle,
Et rend la nature plus belle
En nous faisant voir deux soleils.

C'est lui dont les grâces infuses
De l'art d'Apollon et des Muses
M'ont les mystères découverts.
Lui seul est l'âme de ma veine,
Et toute l'eau de leur fontaine
Ne me ferait pas faire un vers.

Depuis le funeste passage [2]
Où mon esprit et mon courage
Par l'eau se virent agiter,
A la voir même je me pâme,
Et rien ne rappelle mon âme
Que le vin qu'on me fait goûter.

Vive ce jus si délectable !
Je jure, la main sur la table,
D'en boire jusqu'à m'endormir ;
Ce jus est ma bonne fortune,
Et Bacchus plutôt que Neptune
Désormais me fera mourir !

RONDEAU [1]

Au mois de mai, l'amoureuse Isabelle
Et le galant qui soupire pour elle
Sont nés tous deux, et de là seulement
Vient leur amour, vient leur contentement
Et de leurs vœux la rencontre éternelle.

Jamais pigeon, en trémoussant de l'aile,
Ne baisa mieux sa compagne fidèle,
Ni ne sut mieux alléger son tourment,
            Au mois de mai.

Ils sont épris d'une ardeur mutuelle,
Et si l'amour en la saison nouvelle

Dedans les cœurs prend quelque accroissement,
Ne doutons point que cet heureux amant
N'ait au plus tard la fleur de cette belle
          Au mois de mai.

ÉPIGRAMME[1]

Un archevêque est amiral,
Un gros évêque est caporal,
Un prélat préside aux frontières,
Un autre a des troupes guerrières,
Un capucin pense aux combats,
Un cardinal a des soldats,
Et l'autre est éminentissime.
Ô France, je crains qu'ici-bas,
Une Église si magnanime
Milite et ne triomphe pas.

Voiture

SONNET

Belles fleurs, dont je vois ces jardins embellis,
Chastes nymphes, l'amour et le soin de l'Aurore,
Innocentes beautés que le Soleil adore,
Dont l'éclat rend la terre et les cieux embellis,

Allez rendre l'hommage au beau teint de Phyllis,
Nommez-la votre reine, et confessez encore
Qu'elle est plus éclatante et plus belle que Flore,
Lorsqu'elle a plus d'œillets, de roses et de lis.

Quittez donc sans regret ces lieux et vos racines
Pour voir une beauté, dont les grâces divines
Blessent les cœurs des dieux d'inévitables coups ;

Et ne vous fâchez point si vous mourez pour elle :
Aussi bien la cruelle [1]
Fera bientôt mourir tout le monde après vous.

STANCES
ÉCRITES DE LA MAIN GAUCHE

sur un feuillet des mêmes tablettes,
qui regardait un miroir mis devant l'ouverture

Quand je me plaindrais nuit et jour
De la cruauté de mes peines,
Et quand du pur sang de mes veines
Je vous écrirais mon amour,

Si vous ne voyez à l'instant
Le bel objet qui l'a fait naître,
Vous ne le pourrez reconnaître,
Ni croire que je souffre tant.

En vos yeux, mieux qu'en mes écrits,
Vous verrez l'ardeur de mon âme,
Et les rayons de cette flamme
Dont pour vous je me trouve épris.

Vos beautés vous le feront voir
Bien mieux que je ne le puis dire ;
Et vous ne sauriez bien lire
Que dans la glace d'un miroir [1].

STANCES

Je me meurs tous les jours en adorant Sylvie,
Mais dans les maux dont je me sens périr,
Je suis si content de mourir
Que ce plaisir me redonne la vie.

Quand je songe aux beautés par qui je suis la proie
De tant d'ennuis qui me vont tourmentant,
    Ma tristesse me rend content
    Et fait en moi les effets de la joie.

Les plus beaux yeux du monde ont jeté dans mon âme
Le feu divin qui me rend bienheureux ;
    Que je vive ou meure pour eux,
    J'aime à brûler d'une si belle flamme.

Que si dans cet état quelque doute m'agite,
C'est de penser que dans tous mes tourments
    J'ai de si grands contentements
    Que cela seul m'en ôte le mérite.

Ceux qui font en aimant des plaintes éternelles
Ne doivent pas être bien amoureux,
    Amour rend tous les siens heureux,
    Et dans les maux couronne ses fidèles.

Tandis qu'un feu secret me brûle et me dévore,
J'ai des plaisirs à qui rien n'est égal,
    Et je vois au fort de mon mal
    Les cieux ouverts dans les yeux que j'adore.

Une divinité de mille attraits pourvue
Depuis longtemps tient mon cœur en ses fers ;
    Mais tous les maux que j'ai soufferts
    N'égalent point le bien de l'avoir vue.

SONNET[1]

Il faut finir mes jours en l'amour d'Uranie
L'absence ni le temps ne m'en sauraient guérir,
Et je ne vois plus rien qui me pût secourir,
Ni qui sût rappeler ma liberté bannie.

Dès longtemps je connais sa rigueur infinie !
Mais, pensant aux beautés pour qui je dois périr,
Je bénis mon martyre, et content de mourir,
Je n'ose murmurer contre sa tyrannie.

Quelquefois ma raison, par de faibles discours,
M'incite à la révolte et me promet secours.
Mais lorsqu'à mon besoin je me veux servir d'elle,

Après beaucoup de peine et d'efforts impuissants,
Elle dit qu'Uranie est seule aimable et belle,
Et m'y rengage plus que ne font tous mes sens.

SONNET[1]

Sous un habit de fleurs la nymphe que j'adore
L'autre soir apparut si brillante en ces lieux,
Qu'à l'éclat de son teint et celui de ses yeux,
Tout le monde la prit pour la naissante Aurore.

La terre, en la voyant, fit mille fleurs éclore ;
L'air fut partout rempli de chants mélodieux,
Et les feux de la nuit pâlirent dans les cieux
Et crurent que le jour recommençait encore.

Le soleil qui tombait dans le sein de Thétis,
Rallumant tout à coup ses rayons amortis,
Fit tourner ses chevaux pour aller après elle.

Et l'empire des flots ne l'eût su retenir ;
Mais la regardant mieux et la voyant si belle,
Il se cacha sous l'onde et n'osa revenir.

ORDONNANCE POUR UN FESTIN[1]

Pour nous soûler il nous faut des perdreaux,
Force pluviers, et force cailleteaux ;
Mais à cela je veux faire la nique,
Si nous n'avons la bisque magnifique
A double front et triples chapiteaux.

Que l'entremets paraisse des plus beaux,
Suivi de fruits entassés à monceaux ;
Car il nous faut une chère Angélique[2]
        Pour nous soûler.

Nous y voulons contes, et mots nouveaux,
Chansons, dizains, ballades et rondeaux,
Et quand et quand[3] excellente musique ;
Et plus que tout un broc de vin qui pique ;
Que dis-je, un broc ? Il en faut des tonneaux
        Pour nous soûler.

CHANSON

SUR UNE BELLE VOIX

Lorsque Bélise veut chanter,
Et que le bruit pour l'écouter
Est d'accord avec le silence,
L'esprit plein de contentement
S'abandonne au ravissement,
Et suit de ce transport la douce violence.

L'âme qui se veut émouvoir
Cède à l'agréable pouvoir
De sa voix pleine de merveilles,

Et pour mieux goûter ses accents,
Elle quitte les autres sens
Et se vient toute rendre à celui des oreilles.

Chère peine des matelots,
Écueil agréable des flots,
Mort, ensemble et douce et cruelle,
Sirènes, filles d'Achelois,
Cessez de nous vanter vos voix,
Car celle de Bélise est plus douce et plus belle.

Votre chant autrefois perdait
Le nocher qui vous entendait,
Son plaisir était son naufrage ;
Mais la voix de cette beauté
Dont tout le monde est enchanté
Est bien moins périlleuse, et plaît bien davantage.

Elle peut charmer les douleurs,
Et des plus sensibles malheurs
Ôter la funeste pensée ;
Elle donne un plaisir parfait,
Et n'en être point satisfait
Est manquer de raison, ou bien l'avoir blessée.

Le plaisant murmure des eaux,
L'agréable chant des oiseaux,
Les luths d'Amphion et d'Orphée,
Un rossignol et ses appas,
Un cygne proche du trépas
Dressent à cette voix un superbe trophée.

La belle musique des cieux,
Et ce qu'à la table des dieux
Apollon chante sur sa lyre,
Les divins concerts des neuf sœurs
Cèdent à ses moindres douceurs,
Et ma Muse se tait, ne pouvant bien les dire.

RONDEAU

Ou vous savez tromper bien finement,
Ou vous m'aimez assez fidèlement :
Lequel des deux, je ne le saurais dire,
Mais cependant je pleure et je soupire,
Et ne reçois aucun soulagement.

Pour votre amour j'ai quitté franchement
Ce que j'avais acquis bien sûrement ;
Car on m'aimait, et j'avais quelque empire
      Où vous savez.

Je n'attends pas tout le contentement
Qu'on peut donner aux peines d'un amant,
Et qui pourrait me tirer de martyre :
A si grand bien mon courage n'aspire,
Mais laissez-moi vous toucher seulement
      Où vous savez.

STANCES[1]

Je pensais que la destinée
Après tant d'injustes rigueurs,
Vous a justement couronnée
De gloire, d'éclat et d'honneurs,
Mais que vous étiez plus heureuse
Lorsque vous étiez autrefois,
Je ne veux pas dire amoureuse,
La rime le veut toutefois.

Je pensais que le pauvre amour
Qui toujours vous prêta ses charmes

Fut banni loin de votre cour,
Lui, son arc, ses traits et ses armes,
Et ce que je puis espérer
En passant près de vous ma vie,
Si vous pouvez si maltraiter
Un qui vous a si bien servie.

Je pensais, car nous autres poètes
Nous pensons extravagamment,
Ce que dans l'éclat où vous êtes,
Vous feriez, si dans ce moment
Vous avisiez en cette place
Venir le duc de Bouquinken [2],
Et lequel serait en disgrâce,
De lui ou du père Vincent [3].

Je pensais si le cardinal,
Je dis celui de La Valette [4],
Voyait le brillant sans égal
Dans lequel maintenant vous êtes,
J'entends celui de la beauté,
Car au prix je n'estime guère,
Cela soit dit sans vous déplaire,
Tout celui de la majesté,

Que tant de charmes et d'appas,
Qui naissent partout sous vos pas
Et vous accompagnent sans cesse,
Le feraient pour vous soupirer,
Et que Madame la Princesse [5]
Aurait beau s'en désespérer.

Je pensais à la plus aimable
Qui fut jamais dessous les cieux,
A l'âme la plus adorable
Que formèrent jamais les dieux,
A la ravissante merveille
De cette taille sans pareille,
A la bouche la plus vermeille,
La plus belle qu'on vit jamais,

A deux pieds gentils et bien faits
Où le temple d'amour se fonde,
A deux incomparables mains
A qui le ciel et les destins
Ont promis le sceptre du monde,
A cent appas, à cent attraits,
A cent mille charmes secrets,
A deux beaux yeux remplis de flamme
Qui rangent tout dessous leurs lois :
Devinez sur cela, Madame,
Et dites à qui je pensais.

Guillaume Colletet

SOLITUDE AMOUREUSE
Ode

Cependant que la canicule
Fait un brasier de l'univers,
Que l'air bout, que la terre brûle,
Que tous ses pores sont ouverts,
Dans un lieu solitaire et sombre,
Où règnent la fraîcheur et l'ombre,
Je respire un air gracieux ;
Mes pensers y flattent mon âme,
Et je n'y sens point d'autre flamme,
Que la flamme de tes beaux yeux.

Que je me plais d'être passible
A ce feu qui me vint saisir !
Un cœur brutal est insensible
Aux mouvements de ce plaisir.
C'est en secret que je le flatte,
Il m'est plus cher, moins il éclate,
En cela contraire au flambeau
Qui tire sa flamme de l'onde :
Plus il se communique au monde,
Plus le monde le trouve beau.

Plein de ce feu, que dois-je craindre ?
Sans ce feu, que dois-je espérer ?
C'est lui seul qui me fait atteindre
Où je n'oserais aspirer ;
C'est lui qui m'enfle le courage,
Qui réduit en même servage
Celle de qui dépend mon sort,
Et qui me fait malgré l'envie
Trouver les charmes de la vie
Où les autres trouvent la mort.

Chère Cloris, que ton empire
Cause de désirs innocents !
Que la chaleur que je respire
Jour et nuit chatouille mes sens !
Rien ne me peut jamais contraindre
De l'étouffer ni de l'éteindre.
Je l'aimerai jusqu'au trépas,
Puisqu'ainsi que l'ardeur fatale
De celle qui ravit Céphale,
Elle éclaire et ne brûle pas [1].

Mais quand la flamme vagabonde
De ce grand astre lumineux
Ne sortirait du sein de l'onde
Que pour me brûler de ses feux,
Si tu me permets de te dire
Ce que mon pauvre cœur désire,
J'aimerais mieux dessous ta loi
Mourir au fond de la Libye
Ou dans les déserts d'Arabie,
Que de vivre éloigné de toi.

Poésies diverses

LES SIRÈNES DE FONTAINEBLEAU

Je suis dans un désert pompeux et magnifique,
Où les dieux sont mortels, où les peuples sont rois,
Où l'on voit des rochers, des fontaines, des bois,
Et des divinités qui n'ont rien de rustique.

Mais quoique pour flatter le souci qui me pique
D'être loin de Cloris dont j'adore les lois
J'ois un concert de luths, j'ois un concert de voix,
Parmi tant de plaisirs, je suis mélancolique.

Je vois si peu d'amour, et si peu de bonté,
Que je puis bien ailleurs chercher la volupté
Et l'adoucissement de ma fatale peine.

Fuyons donc un écueil si traître et si méchant ;
Et nommons cette Cour une lâche Sirène,
Puiqu'elle en a l'humeur aussi bien que le chant.

Les Divertissements

SOUVENIR

Subtile trame d'or, aimable tresse blonde,
Beau front, trône d'ivoire où sied la majesté ;
Beaux yeux, astres d'amour, dont la vive clarté
Sous deux arcs triomphants se communique au monde ;

Bouche où la grâce parle, et l'éloquence abonde ;
Sein de lait, qui du marbre avez la fermeté,
Petits globes mouvants du ciel de la beauté ;
Mains qui gravez des lois sur la terre et sur l'onde ;

Pieds qui réglez vos pas d'un air impérieux ;
Beau port, vivant écueil des hommes et des dieux ;
Vous dont le seul défaut n'est que d'être inhumaine,

Ô Sophie, ô trésor de splendeur et d'appas,
Le jour que je vous vis, que je souffris de peine !
Et que j'en souffre encore en ne vous voyant pas !

Autres poésies

LE MAI

Chanson

Puisque la saison nous convie
A cueillir les fruits de l'amour,
Ne perdons point le temps, Sylvie,
Sus, cueillons-les à notre tour ;
    Viens-t'en d'un visage plus gai
    Dedans ce bois planter le mai.

Ici tout abonde en délices,
Cet ombrage est propre aux amants ;
Les seuls oiseaux y sont complices
De leurs secrets contentements ;
    Et leur chant en serait plus gai
    S'ils nous voyaient planter le mai.

Chère maîtresse, je t'assure
Que dès le jour que tes beaux yeux
Me firent au cœur la blessure
Que depuis je porte en tous lieux,
    J'espérai que d'un cœur plus gai
    Nous planterions tous deux le mai.

Mais comment, beauté sans seconde,
Ton cœur doute-t-il de ma foi ?
Il n'est point de berger au monde

Qui soit plus fidèle que moi,
　　Ni qui d'un mouvement plus gai
　　Puisse aujourd'hui planter le mai.

Lors la belle toute fâchée
De le voir ainsi s'affliger
Au pied d'un chêne s'est couchée ;
Soudain cet amoureux berger
　　Devenu plus libre et plus gai
　　Avec elle a planté le mai.

Les Divertissements

Dubois-Hus

LA NUIT DES NUITS
LE JOUR DES JOURS

LA NUIT DES NUITS

.... Le jour, ce beau fils du soleil
Dont le visage nonpareil
Donne le teint aux belles choses,
Prêt d'entrer en la mer, enlumine son bord
De ses dernières roses,
Et ses premiers rayons vont lui marquer le port.

Ce doux créateur des beautés,
Roi des glorieuses clartés,
Qui dessus nous sont répandues,
Nous donnant le bonsoir se cache dans les eaux,
Et les ombres tendues
Avertissent le ciel d'allumer ses flambeaux.

Les bois ne paraissent plus verts,
La nuit entrant dans l'univers
Couvre le sommet des montagnes,
Déjà l'air orphelin arrose de ses pleurs
La face des campagnes,
Et les larmes du soir tombent dessus les fleurs.

Le monde change de couleur,
Une générale pâleur
Efface la beauté des plaines,
Et les oiseaux surpris sur le bord des marais,
Courtisant les fontaines,
Se vont mettre à couvert dans le sein des forêts.

Quelques brins d'écarlate et d'or
Paraissent attachés encor
A quelques pièces de nuage ;
Des restes de rayons peignant tout à l'entour
Le fond du paysage
Font un troisième temps qui n'est ni nuit ni jour.

Les rougeurs qu'on voit dans les airs
Jeter ces languissants éclairs
Qui meurent dans les plis de l'onde,
Sont les hontes du jour fuyant le successeur
Qui le chasse du monde,
L'astre des belles nuits que gouverne sa sœur.

Le silence vêtu de noir
Retournant faire son devoir
Vole sur la mer et la terre,
Et l'océan joyeux de sa tranquillité
Est un liquide verre
Où la face du ciel imprime sa beauté.

Le visage du firmament
Descendu dans cet élément
Y fait voir sa figure peinte,
Les feux du ciel sans peur nagent dedans la mer,
Et les poissons sans crainte
Glissent parmi ces feux qui semblent les aimer.

Dans le fond de ce grand miroir
La nature se plaît à voir
L'onde et la flamme si voisines

Et les astres tombés en ces pays nouveaux
Salamandres marines
Se baignent à plaisir dans le giron des eaux.

L'illustre déesse des mois
Quittant son arc et son carquois
Descend avec eux dedans l'onde,
Son croissant est sa barque, où l'hameçon en main
Fait de sa tresse blonde,
Elle pêche à loisir les perles du Jourdain....

LE JOUR DES JOURS

Peintre de la terre et de l'eau,
Soleil, prête-moi ton pinceau ;
Seul artisan des belles choses,
Pour tracer ce beau jour, c'est peu que des crayons
De myrtes et de roses,
Il ne doit être peint qu'avecque tes rayons....

....Allez, nymphes, de tous côtés
Ravir les diverses beautés
Qui naissent dans le sein des plaines,
Et dites aux zéphirs qui dorment doucement
Sur le bord des fontaines
Qu'ils viennent avec vous réjouir votre amant.

Odeurs, richesses de l'été,
Haleines de la volupté,
Parfum naturel des bocages,
Venez faire la cour à ce prince nouveau,
Et rendez les hommages
Que vos douces vapeurs doivent à son berceau.

Été qui fuis chez nos voisins,
Automne habillé de raisins,
Rois des fruits et de la vendange,
Servez à mon dauphin de premiers courtisans,

Et donnez à mon ange
Les premières douceurs de vos plus beaux présents.

Mais toi, Seine majestueux,
Vaste fleuve au cours tortueux,
Liquide et pompeuse couleuvre,
Roule-toi sur tes flots en cet heureux séjour....

.... Il semble en ce jour ravissant
Qu'avecque mon prince naissant
Tout le monde se renouvelle.
La nature prend part à ce contentement.
Et se montrant plus belle
Lui fait à sa façon son muet compliment.

J'entends par tout sur les rameaux,
Je vois sur le bord des ruisseaux
Nos Philomèles et nos cygnes,
Oubliant les chansons de leurs vieilles douleurs,
En prendre de plus dignes,
Et de leurs doux accords faire rire les fleurs.

Le murmure des eaux plus doux
Semble avoir perdu son courroux
Pour prendre un accent de musique,
Les nuages musqués tombent dessus les champs,
Et la troupe rustique
A l'ombre des ormeaux renouvelle ses chants.

La cornemuse et les hautbois
Feraient quasi danser les bois,
Tant l'allégresse est générale ;
Et ce qu'Orphée a fait par ses belles chansons,
Cette couche royale
Le fait dans nos vergers, nos prés et nos buissons.

Les vents les plus délicieux
Parfument la terre et les cieux
De la douceur de leur haleine ;
Ils musquent les œillets, les roses et le thym,

Ils embaument la plaine,
Et couronnent de lis ce glorieux matin.

Ils vont sécher les habits verts
Des prés que l'aurore a couverts
De ses plus précieuses larmes,
Et ne peuvent souffrir que la face des fleurs
En ce jour plein de charmes
Ait son éclat terni d'une espèce de pleurs.

A voir le branle des rameaux,
Des vents, des herbes, des roseaux,
En ce temps de réjouissance,
Comme si les bergers au son du flageolet
Leur donnaient la cadence,
On dirait que les fleurs danseraient un ballet.

Les échos que les belles voix
Réveillent au milieu des bois
Se joignent à la compagnie,
Et les oiseaux servant de vivants violons
Par leur douce harmonie,
Le ris donne le bal aux nymphes des vallons.

Les Zéphyrs et les Cupidons
Suivant l'accord de leurs fredons
Font mille tours de gentillesse,
Les Jeux et les Ébats qui les suivent de près
Bannissant la Tristesse,
La vont emprisonner dans un bois de cyprès.

Le Plaisir aux yeux amoureux
Pour rendre nos pays heureux
A quitté les îles des songes,
Et les prés enchantés du pays des romans
N'ont point vu de mensonges
Qu'il n'ait ici changés en vrais contentements....

Tristan

Jeune divinité dont les grâces nouvelles
Augmentent aujourd'hui mes secrètes douleurs,
Digne objet de mes soins, beau sujet de mes pleurs,
Croyez à ma parole, ô merveille des belles !

L'Amour qui, pour venir, m'a su prêter des ailes
Me donnera des traits pour vaincre nos malheurs,
Et comme de l'épine on voit naître des fleurs,
Il naîtra des plaisirs de nos peines fidèles.

Je jure vos beaux yeux de vous garder ma foi,
Beaux yeux, mes clairs soleils, qui pour l'amour de moi
Furent longtemps couverts d'un si triste nuage.

Si toujours votre amour n'est mon souverain bien,
Le ciel qui me promet plus d'un sceptre en partage
Révoque sa promesse et ne me donne rien [1].

LES AGRÉABLES PENSÉES

Mon plus secret conseil et mon cher entretien [1],
Pensers, chers confidents d'une amour [2] si fidèle,

Tenez-moi compagnie et parlons d'Isabelle
Puisque aujourd'hui sa vue est mon souverain bien.

Représentez-la-moi, dites-moi s'il est rien
D'aimable, de charmant et de rare comme elle :
Et s'il peut jamais naître une fille assez belle
Pour avoir un empire aussi grand que le sien.

Un cœur se peut-il rendre à de plus belles choses ?
Ses yeux sont de saphirs et sa bouche de roses
De qui le vif éclat dure en toute saison.

Ô que ce réconfort flatte mes rêveries !
De voir comme les cieux pour faire ma prison
Mirent des fleurs en œuvre avec des pierreries.

Les Amours

L'AMANT DISCRET

Stances

Douce et paisible Nuit, déité secourable,
    Dont l'empire est si favorable
A ceux qui sont lassés des longs travaux du jour,
Chacun dort maintenant sous tes humides voiles,
Mais malgré tes pavots, les épines d'Amour
M'obligent de veiller avecque tes étoiles.

Tandis qu'un bruit confus règne avec la lumière,
    Ma passion est prisonnière ;
Je crains d'être aperçu, j'ai peur d'être écouté ;
Il faut que je me taise et que je dissimule ;
Mais sous ton cours muet je prends la liberté
D'entretenir tes feux de celui qui me brûle.

Je dirais qu'aujourd'hui leur fatale puissance
　　　　Aurait trahi mon innocence
Et forcé mon esprit d'aimer si hautement,
N'était qu'en si beau lieu mon âme est enchaînée
Qu'on peut, à voir mes fers, juger facilement
Que j'aime par raison plus que par destinée.

J'adore, je l'avoue, une beauté divine,
　　　　De qui la céleste origine
Condamne mes désirs de trop d'ambition.
Mais quoi ? de quelque erreur dont son esprit m'accuse,
Ses appas sont si doux que jamais passion
Ne fut si téméraire et si digne d'excuse.

Sa bouche et ses beaux yeux ont des traits indomptables
　　　　Et des charmes inévitables ;
Il n'est rien de si rare, il n'est rien de si fort ;
Ô Dieux ! qu'il m'est sensible en touchant sa louange
De n'avoir en mes maux que le seul réconfort
De servir un tyran qu'on prendrait pour un ange.

Mais que ce dur glaçon qu'elle porte dans l'âme
　　　　Résiste toujours à ma flamme !
Et que plus je la prie, elle m'exauce moins !
Je lui veux conserver une ardeur si fidèle,
Ne dussé-je obtenir jamais rien de mes soins
Que la seule faveur de mourir auprès d'elle.

Cependant mille voix dont ma fin m'est prédite
　　　　M'annoncent qu'il faut que je quitte
Cet objet que je sers avec si peu de fruit.
Destin, veuille cesser de me faire la guerre,
Et montre ta clémence à dissiper un bruit
Qui m'est aussi mortel qu'un éclat de tonnerre.

Plaintes d'Acante

LA BELLE EN DEUIL

Que vous avez d'appas, belle Nuit animée [1] !
Que vous nous apportez de merveille et d'amour.
Il faut bien confesser que vous êtes formée
Pour donner de l'envie et de la honte au jour.

La flamme éclate moins à travers la fumée
Que ne font vos beaux yeux sous un si sombre atour,
Et de tous les mortels, en ce sacré séjour,
Comme un céleste objet vous êtes réclamée.

Mais ce n'est point ainsi que ces divinités
Qui n'ont plus ni de vœux, ni de solennités
Et dont l'autel glacé ne reçoit point de presse,

Car vous voyant si belle, on pense à votre abord
Que par quelque gageure où Vénus s'intéresse,
L'Amour s'est déguisé sous l'habit de la Mort.

Plaintes d'Acante

PLAINTE DE L'ILLUSTRE PASTEUR [1]

Stances

.... Douce et plaisante solitude,
Vous connaissez l'inquiétude
Que me donne un mal si pressant.
Combien de fois le jour en vous contant ses charmes,
Ai-je troublé vos eaux avec l'eau de mes larmes,
Et percé de mes cris votre bois innocent ?

Las ! toutes ces plaintes sont vaines,
La nuit dans les célestes plaines

Commence de faire son tour.
Elle conduit partout le silence et les ombres,
Et sème le repos dessous ses voiles sombres ;
Mais elle est impuissante où préside l'Amour.

Durant la nuit la plus obscure,
Le vif éclat de sa peinture
Vient de nouveau m'inquiéter.
Je vois mon beau soleil dans l'ombre la plus noire ;
Car mille esprits de flamme occupant ma mémoire,
Empruntent ses appas pour me venir tenter.

Je vois sa taille ravissante,
J'aperçois sa gorge éclatante
Sur qui flottent ses beaux cheveux,
Ces précieux filets, et ces tresses fatales,
Qui pour les libertés font de nouveaux dédales,
Et qui serrent les cœurs d'indissolubles nœuds.

Je la vois, cette Belle ingrate,
Qui me caresse et qui me flatte
Au triste objet de ma douleur.
Elle feint d'ignorer quelle est ma maladie,
Témoigne en être en peine, et veut que je lui die
Ce qu'elle a lu cent fois dans ma pâle couleur.

Pour lui conter je me prépare,
L'Amour veut que je lui déclare,
Mais le respect ne le veut pas.
Je prends ses belles mains, je les couvre de larmes,
Et lorsqu'elle s'enfuit avecque tous ses charmes,
Je baise en la suivant les marques de ses pas.

Voilà comment le ciel me traite
Depuis cette atteinte secrète
Contre qui rien ne me valut.
Et voilà les effets de ce mal qui s'irrite,
Depuis que pour donner tous mes soins à Charite,
Je néglige ma gloire et mon propre salut.

Ministres des choses funèbres,
Démons, noirs amis des ténèbres,
Qui voyez la peine où je suis ;
Dites-moi de mon sort l'ordonnance future,
Ne dois-je plus goûter après cette aventure,
Ni la douceur des jours, ni le repos des nuits ?....

La Lyre

LES CHEVEUX BLONDS

Fin or, de qui le prix est sans comparaison,
Clairs rayons d'un soleil, douce et subtile trame
Dont la molle étendue a des ondes de flamme
Où l'Amour mille fois a noyé ma raison,

Beau poil, votre franchise est une trahison.
Faut-il qu'en vous montrant vous me cachiez madame ?
N'était-ce pas assez de captiver mon âme
Sans retenir ainsi ce beau corps en prison ?

Mais, ô doux flots dorés, votre orgueil se rabaisse ;
Sous la dextérité d'une main qui vous presse,
Vous allez comme moi, perdre la liberté.

Et j'ai le bien de voir une fois en ma vie
Qu'en liant le beau poil qui me tient arrêté,
On ôte la franchise à qui me l'a ravie.

Plaintes d'Acante

POUR UNE EXCELLENTE BEAUTÉ
QUI SE MIRAIT

Amarylle en se regardant
Pour se conseiller de sa grâce,
Met aujourd'hui des feux dans cette glace
Et d'un cristal commun fait un miroir ardent.

Ainsi touché d'un soin pareil
Tous les matins l'astre du monde
Lorsqu'il se lève en se mirant dans l'onde,
Pense tout étonné voir un autre soleil.

Ainsi l'ingrat chasseur dompté [1]
Par les seuls traits de son image,
Penché sur l'eau, fit le premier hommage
De ses nouveaux désirs à sa propre beauté.

En ce lieu, deux hôtes des cieux
Se content un secret mystère :
Si revêtus des robes de Cythère
Ce ne sont deux Amours qui se font les doux yeux.

Ces doigts agençant ces cheveux,
Doux flots où ma raison se noie,
Ne touchent pas un seul filet de soie
Qui ne soit le sujet de plus de mille vœux.

Ô Dieux ! que de charmants appas,
Que d'œillets, de lis et de roses,
Que de clartés et que d'aimables choses,
Amarylle détruit en s'écartant d'un pas !

Si par un magique savoir
On les retenait dans ce verre,
Le plus grand roi qui soit dessus la terre
Voudrait changer son sceptre avecque ce miroir.

Plaintes d'Acante

LA BELLE GUEUSE[1]

Ô que d'appas en ce visage
Plein de jeunesse et de beauté
Qui semblent trahir son langage,
Et démentir sa pauvreté !

Ce rare honneur des orphelines
Couvert de ces mauvais habits,
Nous découvre des perles fines
Dans une boîte de rubis.

Ses yeux sont des saphirs qui brillent,
Et ses cheveux qui s'éparpillent,
Font montre d'un riche trésor :

A quoi bon sa triste requête,
Si pour faire pleuvoir de l'or
Elle n'a qu'à baisser la tête.

Les Vers héroïques

PLAINTES D'ACANTE[1]

Stances

.... Je vous pourrais montrer si vous veniez un jour
En un parc qu'ici près depuis peu j'ai fait clore[2],
Mille amants transformés, qui des lois de l'Amour
      Sont passés sous celles de Flore :
Ils ont pour aliment les larmes de l'Aurore.
        Dieux ! que ne suis-je entre ces fleurs
Si vous devez un jour m'arroser de vos pleurs !

Vous y verriez Clytie, aux sentiments jaloux,
Qui n'a pu jusqu'ici guérir de la jaunisse[3] ;
Et la fleur de ce Grec dont le bouillant courroux
            Ne put souffrir une injustice[4] :
Vous y verriez encore Adonis et Narcisse,
            Dont l'un fut aimé de Cypris,
L'autre fut de son ombre aveuglément épris.

Je vous ferais savoir tout ce que l'on en dit,
Vous contant leurs vertus et leurs métamorphoses ;
Quelle fleur vint du lait que Junon répandit[5]
            Et quel sang fit rougir les roses[6]
Qui grossissent d'orgueil dès qu'elles sont écloses,
            Voyant leur portrait si bien peint
Dans la vive blancheur des lis de votre teint.

Piqué secrètement de leur éclat vermeil,
Un folâtre Zéphyre à l'entour se promène,
Et pour les garantir de l'ardeur du soleil
            Les évente de son haleine ;
Mais lorsqu'il les émeut, il irrite ma peine,
            Car aimant en un plus haut point,
Je vois que mes soupirs ne vous émeuvent point.

Là, mille arbres chargés des plus riches présents
Dont la terre à son gré les mortels favorise,
Et sur qui d'un poinçon je grave tous les ans
            Votre chiffre et votre devise,
Font en mille bouquets éclater la cerise,
            La prune au jus rafraîchissant,
Et le jaune abricot au goût si ravissant.

Là, parmi des jasmins dressés confusément,
Et dont le doux esprit à toute heure s'exhale,
Cependant que partout le chaud est véhément
            On se peut garantir du hâle,
Et se perdre aisément dans ce plaisant dédale[7]
            Comme entre mille aimables nœuds
Mon âme se perdit parmi vos beaux cheveux....

Plaintes d'Acante

LE PROMENOIR DES DEUX AMANTS[1]
Ode

Auprès de cette grotte sombre
Où l'on respire un air si doux
L'onde lutte avec les cailloux
Et la lumière avecque l'ombre.

Ces flots lassés de l'exercice
Qu'ils ont fait dessus ce gravier
Se reposent dans ce vivier
Où mourut autrefois Narcisse.

C'est un des miroirs où le faune
Vient voir si son teint cramoisi
Depuis que l'Amour l'a saisi
Ne serait point devenu jaune.

L'ombre de cette fleur vermeille
Et celle de ces joncs pendants
Paraissent être là-dedans
Les songes de l'eau qui sommeille[2].

Les plus aimables influences
Qui rajeunissent l'univers,
Ont relevé ces tapis verts
De fleurs de toutes les nuances.

Dans ce bois ni dans ces montagnes
Jamais chasseur ne vint encor ;
Si quelqu'un y sonne du cor,
C'est Diane avec ses compagnes.

Ce vieux chêne a des marques saintes ;
Sans doute qui le couperait
Le sang chaud en découlerait
Et l'arbre pousserait des plaintes.

Ce rossignol mélancolique
Du souvenir de son malheur
Tâche de charmer sa douleur
Mettant son histoire en musique.

Il reprend sa note première
Pour chanter d'un art sans pareil
Sous ce rameau que le soleil
A doré d'un trait de lumière.

Sur ce frêne deux tourterelles
S'entretiennent de leurs tourments,
Et font les doux appointements
De leurs amoureuses querelles.

Un jour Vénus avec Anchise
Parmi ses forts[3] s'allait perdant,
Et deux Amours, en l'attendant,
Disputaient pour une cerise.

Dans toutes ces routes divines
Les Nymphes dansent aux chansons,
Et donnent la grâce aux buissons
De porter des fleurs sans épines.

Jamais les vents ni le tonnerre
N'ont troublé la paix de ces lieux,
Et la complaisance des cieux
Y sourit toujours à la terre.

Crois mon conseil, chère Clymène ;
Pour laisser arriver le soir,
Je te prie, allons nous asseoir
Sur le bord de cette fontaine.

N'ois-tu pas soupirer Zéphyre
De merveille et d'amour atteint,
Voyant des roses sur ton teint,
Qui ne sont pas de son empire ?

Sa bouche, d'odeurs toute pleine,
A soufflé sur notre chemin,
Mêlant un esprit de jasmin
A l'ambre de ta douce haleine.

Penche la tête sur cette onde,
Dont le cristal paraît si noir ;
Je t'y veux faire apercevoir
L'objet le plus charmant du monde.

Tu ne dois pas être étonnée,
Si, vivant sous tes douces lois,
J'appelle ces beaux yeux mes rois,
Mes astres et ma destinée.

Bien que ta froideur soit extrême,
Si dessous l'habit d'un garçon
Tu te voyais de la façon
Tu mourrais d'amour pour toi-même.

Vois mille amours qui se vont prendre
Dans les filets de tes cheveux
Et d'autres qui cachent leurs feux
Dessous une si belle cendre.

Cette troupe jeune et folâtre
Si tu pensais la dépiter
S'irait soudain précipiter
Du haut de ces deux monts d'albâtre.

Je tremble en voyant ton visage
Flotter avecque mes désirs
Tant j'ai de peur que mes soupirs
Ne lui fassent faire naufrage.

De crainte de cette aventure,
Ne commets pas si librement
A cet infidèle élément
Tous les trésors de la nature.

Veux-tu par un doux privilège
Me mettre au-dessus des humains ?
Fais-moi boire au creux de tes mains
Si l'eau n'en dissout point la neige.

Ah ! je n'en puis plus, je me pâme,
Mon âme est prête à s'envoler ;
Tu viens de me faire avaler
La moitié moins d'eau que de flamme.

Ta bouche, d'un baiser humide,
Pourrait amortir ce grand feu ;
De crainte de pécher un peu,
N'achève pas un homicide.

J'aurais plus de bonne fortune
Caressé d'un jeune soleil
Que celui qui, dans le sommeil,
Reçut les faveurs de la lune [4].

Clymène, ce baiser m'enivre,
Cet autre me rend tout transi,
Si je ne meurs de celui-ci
Je ne suis pas digne de vivre.

Les Amours

Admirable concert de célestes beautés,
Magnifique recueil de fleurs et de lumières,
Quel aigle audacieux, près de tant de clartés,
Ne serait pas contraint de fermer les paupières ?

Quelle haute raison maintient les libertés,
Quand il vous plaît de voir les âmes prisonnières ?
Et qu'avez-vous de moins que les divinités,
Puisque vous attirez nos vœux et nos prières ?

Ô que j'aurai d'honneur même dans le cercueil !
Encore que ma foi qui combat votre orgueil,
En lieu de vous fléchir, sans cesse vous irrite,

Car sur ma sépulture on lira quelque jour
Que ce fut pour le moins un soleil en mérite
Qui réduisit en cendre un phénix en amour.

Les Vers héroïques

L'ORPHÉE[1]

.... Adieu, charmant Orphée, adieu, ma chère vie,
C'est enfin pour jamais que je te suis ravie.
Par ce transport d'amour, tout espoir m'est ôté
De revoir du soleil l'agréable clarté.
Ta curiosité trop peu considérée
Me remet dans les fers dont tu m'avais tirée.
Pourquoi du vieux Minos n'as-tu gardé les lois,
Et tempéré tes yeux aussi bien que ta voix ?
Ô faute sans remède ! ô dommageable vue !
Avec trop de travaux tu m'avais obtenue ;
Mais je prends tes regards et ma fuite à témoin
Que tu m'as conservée avec trop peu de soin.
Que dis-je toutefois ? mon jugement s'égare,
Puisque c'est seulement ton soin qui nous sépare.
Tu craignais de me perdre en cette sombre horreur,
Et cette seule crainte a produit ton erreur.
De ton affection ma disgrâce est éclose,
Et si j'en hais l'effet, j'en dois aimer la cause.
Encore que tes yeux me donnent le trépas,
Cette atteinte me tue et ne me blesse pas.
Ta foi, charmant époux, n'en peut être blâmée ;
Tu n'aurais point failli si j'étais moins aimée.
Je me dois consoler de ne voir plus le jour,
Puisque c'est par un trouble où j'ai vu ton amour.

Console-toi de même et ne plains point ma cendre
Dans les torrents de pleurs que tu pourrais épandre.
Ne va point abréger le beau fil de tes jours,
Les destins assez tôt en borneront le cours.
Le Ciel est équitable, il nous fera justice ;
Tu te verras encore avec ton Eurydice.
Si l'Enfer ne me rend, la Parque te prendra ;
L'amour nous désunit, la mort nous rejoindra ;
Il faudra que le sort à la fin nous rassemble,
Et nous aurons le bien d'être à jamais ensemble...

La Lyre

LES BAISERS DE DORINDE

Sylvio parle [1]

La douce haleine des zéphyrs
Et ces eaux qui se précipitent
Par leur murmure nous invitent
A prendre d'innocents plaisirs.
Dorinde, on dirait que les flammes,
Dont nous sentons brûler nos âmes,
Brûlent les herbes et les fleurs.
Goûtons mille douceurs à la faveur de l'ombre,
Donnons-nous des baisers sans nombre,
Et joignons à la fois nos lèvres et nos cœurs.

Quand deux objets également
Soupirent d'une même envie,
Comme l'amour en est la vie,
Les baisers en sont l'élément.
Il faut donc en faire des chaînes
Qui durent autant que les peines
Que je souffre loin de tes yeux.
Amour, qui les baisers aime sur toutes choses,
Fait une couronne de roses
Pour donner à celui qui baisera le mieux.

Ô que tes baisers sont charmants !
Dorinde, tous ceux que tu donnes
Pourraient mériter des couronnes
De perles et de diamants.
Cette douceur où je me noie
Force par un excès de joie
Tous mes esprits à s'envoler.
Mon cœur est palpitant d'une amoureuse fièvre,
Et mon âme vient sur ma lèvre,
Alors que tes baisers l'y veulent appeler.

Si l'Amour allait au tombeau,
Par un noir effet de l'envie,
Tes baisers lui rendraient la vie
Et rallumeraient son flambeau.
Leur aimable délicatesse
A banni toute la tristesse
Qui rendait mon sens confondu.
Mais un roi détrôné par le malheur des armes,
A la faveur des mêmes charmes,
Se pourrait consoler d'un empire perdu.

La manne fraîche d'un matin
N'a point une douceur pareille,
Ni l'esprit que cherche l'abeille
Sur la buglosse et sur le thym.
Le meilleur sucre qui s'amasse,
Et que l'art sait réduire en glace,
N'a point ces appas ravissants ;
Et même le nectar semblerait insipide
Au prix de ce baiser humide
Dont tu viens de troubler l'office de mes sens.

Aussi les plus riches trésors
Qu'on tire du sein de la terre,
Et que, pour engendrer la guerre,
L'océan sème sur ses bords,
L'or et toutes les pierreries,
Dont nous provoquent les Furies
Pour envenimer nos esprits,

Bref, tout ce que l'aurore a de beau dans sa couche,
    Au prix des baisers de ta bouche,
Sont à mes sentiments des objets de mépris.

La Lyre

LA SERVITUDE

Stances [1]

Nuit fraîche sombre et solitaire,
        Sainte dépositaire
De tous les grands secrets, ou de guerre, ou d'amour ;
Nuit mère du repos, et nourrice des veilles
        Qui produisent tant de merveilles,
Donne-moi des conseils qui soient dignes du jour.

Mais quel conseil pourrais-je prendre,
        Fors celui de me rendre
Où je vois le fléau sur ma tête pendant ?
Où s'imposent les lois d'une haute puissance
        Qui fait voir avec insolence
A mes faibles destins son superbe ascendant ?

Je vois que GASTON [2] m'abandonne,
        Cette digne personne
Dont j'espérais tirer ma gloire et mon support,
Cette divinité que j'ai toujours suivie,
        Pour qui j'ai hasardé ma vie,
Et pour qui même encore je voudrais être mort.

Irais-je voir en barbe grise
        Tous ceux qu'il favorise
Épier leur réveil et troubler leur repas ?
Irais-je m'abaisser en mille et mille sortes
        Et mettre le siège à vingt portes
Pour arracher du pain qu'on ne me tendrait pas ?

Si le ciel ne m'a point fait naître
　　Pour le plus digne maître
Sur qui jamais mortel puisse porter les yeux :
Il faut dans ce malheur que mon espoir s'adresse
　　A la plus charmante maîtresse [3]
Qui se puisse vanter de la faveur des Cieux.

　　En ce lieu mon zèle possible [4]
　　　　Se rendra plus visible ;
On y connaîtra mieux ma franchise et ma foi.
Ce n'est pas une cour où la foule importune
　　Des prétendants à la fortune
Produise une ombre épaisse entre le jour et moi.

　　Possible l'étoile inhumaine
　　　　Dont j'éprouve la haine,
S'opposera toujours au bonheur que j'attends.
Et quelques dignes soins que mon esprit se donne,
　　Tous les labeurs de mon automne
Auront même succès que ceux de mon printemps.

　　Ô triste et timide pensée
　　　　Dont j'ai l'âme glacée,
Et que je ne conçois qu'avec un tremblement ;
Fantôme déplaisant et de mauvais présage,
　　Faut-il que ta funeste image
Me rende malheureux avant l'événement ?

　　Donc les cruelles destinées
　　　　Veulent que mes années
En pénibles travaux se consument sans fruit !
Et c'est, ô mon esprit, en vain que tu murmures
　　Contre ces tristes aventures,
Il faut que nous allions où le sort nous conduit.

　　Il s'en va nous mettre à la chaîne ;
　　　　Le voilà qui nous traîne
Dans les sentiers confus d'un dédale nouveau.
Mon jugement surpris cède à sa violence,

Et je perds enfin l'espérance
D'avoir d'autre repos que celui du tombeau.

L'image de la servitude
          Errant dans mon étude
Y promène l'horreur qui réside aux enfers :
J'ois déjà qu'on m'enrôle au nombre des esclaves,
          Je ne vois plus que des entraves,
Des jougs et des colliers, des chaînes et des fers.

Les Muses pâles et timides
          Avec des yeux humides
Soupirent hautement de mon secret dessein ;
Et consultent déjà s'il sera légitime
          Que leur grâce encore m'anime
De la divine ardeur qui m'échauffait le sein.

Ô ma raison ! dans ces alarmes,
          Que ne prends-tu les armes
Pour t'opposer aux lois de la captivité ?
Rejetons les liens d'un cœur opiniâtre ;
          Et ne feignons point de combattre
Jusqu'au dernier soupir pour notre liberté....

Les Vers héroïques

POUR UNE ABSENCE
Chanson [1]

Phyllis, en la peine où je suis,
Ai-je une place en ta mémoire ?
Et m'aimes-tu dans mes ennuis
Comme je t'adore en ta gloire ?
Hélas ! tu sais de quelle foi
Je t'ai promis de vivre et de mourir pour toi.

Partout où Mars conduit mes pas
Ta belle image m'environne,
Et même au milieu des combats
Je vois ta main qui me couronne,
Et vient récompenser la foi
Dont j'ai promis de vivre et de mourir pour toi.

Souviens-toi comme en ces adieux,
Où la douleur mit tant de charmes,
Mon cœur te parlait par mes yeux
Et disait, se fondant en larmes :
Phyllis, tu sais de quelle foi
Je t'ai promis de vivre et de mourir pour toi.

La Lyre

Vion d'Alibray

Ton corps plus doux que ton esprit
S'exposait hier à ma vue,
Et d'un transport qui me surprit
Soulageait l'ardeur qui me tue.

Ton visage masqué me rit
Ainsi qu'au travers d'une nue,
Et sous le gant qui la couvrit
Ta main m'apparut demi nue.

Même pour mieux flatter mes sens
De mille plaisirs innocents,
Ton sein poussait hors de ta robe.

Cloris, n'est-ce pas proprement
Que ton corps de toi se dérobe
Pour se donner à ton amant ?

La Musette

Gros et rond dans mon cabinet,
Comme un ver à soie en sa coque,
Je te fabrique ce sonnet
Qui de nos vanités se moque.

De quoi servent ces vastes lieux
Où l'un l'autre on se perd de vue ?
Ne saurions-nous apprendre mieux
A mesurer notre étendue ?

Dedans ce trou qui me comprend,
Je suis plus heureux et plus grand
Que si j'occupais un empire.

J'atteins de l'un à l'autre bout,
Et s'il m'est permis de le dire,
J'y suis un dieu qui remplit tout.

La Musette

De quoi servirait-il de flatter ta fierté ?
Oui, oui, tu cesseras enfin d'être adorée,
Tes cheveux n'auront plus cette couleur dorée,
Ni tes yeux ces rayons si brillants de clarté.

Alors, considérant la fin de ta beauté,
Et de ma vive ardeur l'éternelle durée :
Ma raison, diras-tu, s'était bien égarée
Lorsque je méprisais tant de fidélité.

Pourquoi fus-je si dure alors que j'étais belle ?
Ou pourquoi désormais, devenant moins cruelle,
Aux soupirs amoureux ai-je le cœur ouvert ?

Ô que je reconnais, trop tard à mon dommage,
Que l'amour règne peu sous un jeune visage,
Mais bien plutôt se trouve où la beauté se perd.

Les Œuvres poétiques

J'ai fait des vers toute ma vie
Et j'ai toute ma vie aimé ;
Ma pauvre veine en est tarie,
Et mon cœur en est consumé.

J'étais glorieux de te suivre,
Père du savoir et du jour,
Et croyais aussi que l'amour
Me ferait heureusement vivre.

Maintenant près de mes vieux ans,
J'ai mille repentirs cuisants
De n'avoir pris un meilleur maître.

Phébus et l'amour m'ont trahi ;
Mes vers, vous le faites connaître
Combien tous les deux m'ont haï.

Les Œuvres poétiques

Hercule de Lacger

Flots heureux qui baisez l'agréable rivage
Où maintenant Iris[1] passe de si beaux jours,
Que j'aime à regarder votre rapide cours,
Et qu'il s'offre à mes yeux une charmante image.

Je la vois sur vos bords, la belle qui m'engage,
Dessous des saules verts faire plus de cent tours.
Les Grâces à sa suite et les petits Amours
En ces lieux écartés lui rendent leur hommage.

Les fleurs abondamment naissent dessous ses pas,
Et ses yeux éclatant de lumineux appas
Remplissent ces déserts d'une clarté visible :

Tout cède à leur effort, tout s'allume à l'entour,
Et tout ce que ces lieux ont de plus insensible
Ressent en ce moment le pouvoir de l'Amour.

Vers pour Iris

A quoi bon l'aimer davantage ?
L'ingrate se rit de mes pleurs,
Et mes plus mortelles douleurs

Ne font qu'irriter son courage [1].
Donc, Amour, que veux-tu de moi ?
Et quelle insupportable loi
Me retient dessous ton empire ?
J'ai dispense des vœux que mon cœur a formés.
C'est sans raison que je soupire :
Je n'aimais que pour être aimé.

Vers pour Iris

Scudéry

Mille, et mille bouillons, l'un sur l'autre poussés [1],
Tombent en tournoyant au fond de la vallée ;
Et l'on ne peut trop voir la beauté signalée [2]
Des torrents éternels, par les Nymphes versés.

Mille, et mille surgeons, et fiers, et courroucés
Font voir de la colère à leur beauté mêlée ;
Ils s'élancent en l'air, de leur source gelée,
Et retombent après, l'un sur l'autre entassés.

Ici l'eau paraît verte, ici, grosse d'écume,
Elle imite la neige, ou le cygne en sa plume ;
Ici comme le ciel, elle est toute d'azur ;

Ici le vert, le blanc, et le bleu se confondent ;
Ici les bois sont peints dans un cristal si pur ;
Ici l'onde murmure, et les rochers répondent.

Poésies diverses

Les vents, même les vents, qu'on entend respirer [1],
Et parmi ces rochers, et parmi ces ombrages,
Eux qui me font aimer ces aimables rivages,
Ont appris de Pétrarque à si bien soupirer.

Les flots, même les flots, qu'on entend murmurer,
Avec tant de douceur dans des lieux si sauvages,
Imitent une voix, qui charmait les courages[2],
Et parlent d'un objet[3] qu'on lui vit adorer.

Au lieu même où je suis, mille innocents oiseaux
Nous redisent encor, près de ces claires eaux,
Ce que Laure disait à son amant fidèle.

Ici tout n'est que flamme, ici tout n'est qu'amour ;
Tout nous parle de lui, tout nous entretient d'elle ;
Et leur ombre erre encor en ce charmant séjour.

Poésies diverses

LA BELLE ENDORMIE

Vous faites trop de bruit, Zéphyre, taisez-vous,
Pour ne pas éveiller la belle qui repose ;
Ruisseau qui murmurez, évitez les cailloux,
Et si le vent se tait, faites la même chose.

Mon cœur, sans respirer, regardons à genoux
Sa bouche de coral, qui n'est qu'à demi close,
Dont l'haleine innocente est un parfum plus doux
Que l'esprit de jasmin, de musc, d'ambre et de rose.

Ah ! que ces yeux fermés ont encor d'agrément !
Que ce sein demi-nu s'élève doucement !
Que ce bras négligé nous découvre de charme !

Ô dieux ! elle s'éveille, et l'Amour irrité
Qui dormait auprès d'elle, a déjà pris ses armes,
Pour punir mon audace et ma témérité.

Poésies diverses

POUR UNE DAME QUI FILAIT

Plus charmante qu'Omphale, et plus que Déjanire [1],
Phyllis en se jouant pirouette un fuseau,
Mais un fuseau d'ébène aussi riche que beau,
Mais d'un air si galant qu'on ne le saurait dire.

Il tourne, il se grossit de ce lin qu'elle tire ;
Il descend, il remonte, et descend de nouveau ;
Et de ses doigts d'albâtre, elle trempe dans l'eau
Cet invisible fil que Pallas même admire [2].

L'objet [3] impérieux qui me donne des lois
Égale sa quenouille aux sceptres des grands rois [4],
Et son noble travail est digne d'un monarque.

Aussi, depuis le temps qu'elle file toujours,
C'est de la belle main de cette belle Parque
Que dépend mon destin et le fil de mes jours [5].

Poésies diverses

SUR UNE AMOUR NOUVELLE

Stances

Mon cœur, il faut perdre la vie,
Rien ne saurait t'en empêcher ;
Soit que tu veuilles t'approcher
Ou t'éloigner de ta Sylvie,
Quand on la voit, on ne saurait guérir.

Et la quittant il faut mourir.
Sa rigueur désespère l'âme,

Et sa beauté charme les yeux :
La quitter, c'est quitter les cieux ;
La voir, c'est se voir dans la flamme ;
Mais puisque rien ne peut nous secourir,
Il faut la voir et puis mourir.

Poésies diverses

SUR UN BOUQUET

Ose-t-on croire que ces fleurs
Ne soient point des fleurs inutiles ?
Faut-il les arroser de pleurs
        Pour les rendre fertiles ?
Et si l'on veut vous adorer,
Leur vert permet-il d'espérer ?
Pourquoi douter s'il est permis,
Après vos paroles divines ?

Il suffit que l'on m'a promis
        La rose sans épines.

Poésies diverses

Un peu plus bas que le mont de Suresnes,
Une bergère écoutait son Philène,
Qui, loin du monde et du bruit de la Cour,
Allait disant aux rochers d'alentour,
Que sa maîtresse était une inhumaine.

Elle, à ces mots, de la rive prochaine,
Pour l'arrêter court à perte d'haleine,
Veut qu'il se taise, ou qu'il parle en ce jour
        Un peu plus bas.

Sois dans mon cœur, lui cria Dalimène ;
Non, non, dit-il, je n'ai point l'âme vaine :
Pour un tel bien je devrais du retour.
Il me suffit qu'on souffre mon amour,
Et qu'on me place en me tirant de peine
         Un peu plus bas[1].

Poésies diverses

CONTRE LA GRANDEUR
MONDAINE[1]

Superbes ornements des maîtres de la terre,
Sceptres de qui l'éclat éblouit tous les yeux ;
Couronnes qui brillez comme l'astre des cieux,
Majesté redoutée autant que le tonnerre ;

Rois qui pouvez donner ou la paix ou la guerre,
Monarques souverains autant que glorieux ;
Hommes mortels, enfin, qui passez pour des dieux,
Et qui faites les fiers sur des trônes de verre,

Toute votre puissance est une vanité ;
Les débiles roseaux ont plus de fermeté
Que le faste orgueilleux de toute votre pompe.

En vain vous me charmez par des objets si beaux ;
Car sans vous regarder, sous le dais qui nous trompe,
Je veux vous aller voir au creux de vos tombeaux.

Poésies diverses

Le Moyne

DE LA VIE CHAMPÊTRE
À MGR. LE DUC D'ESTRÉES,
maréchal de France [1]

Heureux trois fois celui, sage et brave d'Estrée,
Qui, rangé sous les lois de l'innocente Astrée [2],
Loin des troubles du monde et du tracas des cours,
A sa mode et sans bruit, chez soi roule ses jours !
Purgé des vains abus de la foule commune,
Il ne présente point d'encens à la fortune ;
Soit à celle qui tient le vague frein des eaux
Et fait avec les vents le destin des vaisseaux ;
Soit à celle qui règne où la mort et la guerre
Fauchent à bras sanglants les peuples de la terre ;
Soit à celle qui taille et moule de ses mains
Les dieux d'or et d'argent adorés des humains.
Il croit, dans la maison que lui laissa son père,
Posséder en petit l'un et l'autre hémisphère,
Sans se commettre aux vents, sans errer sur leur foi ;
Il trouve les trésors des deux Indes chez soi.
Tout ce qu'on voit de beau, de grand, de magnifique,
Qui du char du soleil tombe sur l'Amérique,
Rubis et diamants, opales et saphirs,
Inutiles appas des frivoles désirs,
N'ont rien de comparable aux vives pierreries

Qui parent ses jardins et couvrent ses prairies.
Là le riche oranger tout d'un temps lui produit
Des perles en ses fleurs, et de l'or en son fruit.
Étendu quelquefois à l'ombre d'une treille,
Où le silence dort, où le zéphyre veille,
Il aime à comparer le murmure des eaux
Au concert inégal d'une troupe d'oiseaux.
Reposant d'autres fois au bord d'une rivière,
Qui se fait de son lit une longue carrière,
Et sort comme d'un bain où le soleil de jour,
Où la lune de nuit, se baignent tour à tour,
Il aime à voir nager les coulantes images
Des arbres, des troupeaux, des oiseaux, des nuages.
Il se plaît à compter du regard, en rêvant,
Les cercles et les plis qui se font sous le vent ;
Et voyant comme l'eau roule sans retenue
Vers l'immense bassin d'où sa source est venue,
Que ni l'abri des buis, ni le vert de ses bords,
Ni des guérets voisins les jaunissants trésors,
Ni même les palais qui couronnent sa rive,
Ne peuvent un moment la retenir captive,
Qu'elle coule toujours, et va sans s'arrêter,
Tant que son poids la peut par sa pente porter,
Ainsi, dit-il, nos jours, ainsi nos ans s'écoulent ;
Et la mort est le terme où leurs cercles nous roulent.
Tous les temps, tous les lieux, mènent à cette fin ;
Comme on y va le soir, on y va le matin ;
Les monts les plus hautains, les plus basses vallées,
Vers ce gîte fatal ont d'égales allées.
On passe sous le chaume, on passe sous le dais ;
On meurt à l'hôpital, on meurt dans les palais.
Il n'est point de grandeur, de beauté, de richesse,
Qui puisse de nos jours arrêter la vitesse ;
Et quoique les chemins en soient fort différents,
Les petits n'y vont pas plus vite que les grands....

Entretiens et Lettres poétiques

HYMNE DE L'AMOUR DIVIN[1]

.... Mais l'Amour, quoi qu'il ait pu faire,
N'a rien fait de si merveilleux
Que le furent les derniers feux
Qu'il alluma sur le Calvaire :
Par un rare et nouvel accord
De la vie avecque la mort,
Il fit un célèbre mélange ;
Et sur les os d'Adam tirés de leur tombeau,
Par un dessein qui fut en son effet étrange,
D'un Dieu mis sur un bois, il se fit un flambeau.

A ce feu, par mille ouvertures,
La terre découvrit son cœur ;
Et la vie avec la chaleur
Pénétra dans les sépultures.
Là, par un merveilleux effort,
Cette chaleur de l'homme mort
Ralluma l'ombre et la poussière ;
Et portant sa vertu jusque dans les enfers,
Des chaînes des démons endurcit la matière,
Et des pères captifs, elle fondit les fers.

Mille brillantes étincelles
Qui volèrent de ce flambeau
Dessus la terre et dessus l'eau
Firent mille flammes nouvelles.
Tous les cœurs touchés de ces feux
Se relevèrent avec eux,
Et sous la croix se ramassèrent ;
Et pour s'en allumer se prenant alentour,
Firent par la chaleur de laquelle ils brûlèrent
D'un calvaire de mort un Vésuve d'amour.

Sur ce beau théâtre de flammes,
Où l'amour a son élément,

　　　Il se consume à tout moment
　　　Des troupes d'innocentes âmes :
　　　Plus elles souffrent de chaleur,
　　　Et plus est rare le bonheur
　　　Dont leur belle cendre est suivie.
Le seul feu qui les blesse a de quoi les guérir ;
Il leur donne la mort pour leur donner la vie,
Et s'il ne les brûlait, il leur faudrait périr.

　　　Ainsi sur un lit de canelle,
　　　L'oiseau sans sexe et sans pareil [2]
　　　Se brûle aux rayons du soleil,
　　　Et par sa mort se renouvelle :
　　　De ce beau planète amoureux,
　　　Lui-même il provoque ses feux,
　　　Et donne aux astres de l'envie ;
Du même bois il fait son nid et son tombeau ;
Et le soleil à peine a consumé sa vie
Que l'amour le rallume avecque son flambeau.

　　　Que ces feux causent de délices !
　　　Qu'il est doux de s'en approcher !
　　　Et qu'il s'en fait un beau bûcher
　　　Pour nos amoureux sacrifices !
　　　Sens la noble ardeur de ce bois,
　　　Vois ces ronces et cette croix,
　　　Qui brillent de flammes divines.
Arrête ici, mon cœur, ta vie est en ce lieu,
Sois un bouton de feu sur ces belles épines,
Tu seras un rubis sur le trône de Dieu.

Hymnes de la sagesse divine
et de l'amour divin

Rampalle

LA NYMPHE SALMACIS[1]

.... C'était l'aimable enclos d'une verte prairie,
Où l'herbe est toujours fraîche, et riante, et fleurie.
La féconde rosée entretient ses beautés,
Que cent petits ruisseaux baignent de tous côtés,
Tandis qu'à tours fréquents un amoureux Zéphyre
Les flatte, les nourrit du doux air qu'il respire.
Ainsi d'un riche émail tous les gazons mêlés
Forment des cieux fleuris ou des prés étoilés ;
Et l'orme, et l'alisier, et le saule, et le tremble
Sont plantés à l'entour, et faisant joindre ensemble
Leurs verdoyants rameaux, prennent soin d'empêcher
Que l'ardeur du soleil ne les vienne sécher ;
Et comme on voit la mer légèrement émue
Faire un branle ondoyant qui délecte la vue,
Ainsi les doux soupirs d'un vent chargé d'odeurs
Y font trembler partout les herbes et les fleurs.
Sur le milieu s'élève un beau tertre qui pousse
L'éternelle fraîcheur d'une odorante mousse,
Et de son flanc ouvert par un petit canal
Verse à menus bouillons un liquide cristal,
A qui nature semble avoir formé de l'herbe
Un bassin d'émeraude éclatant et superbe,
Où l'eau garde toujours un état tempéré,
Comme celle qu'on trouve en un bain préparé.

Ainsi ces flots coulants d'une source féconde
Forment un petit lac où s'amasse leur onde.
Le fréquent embarras des joncs et des roseaux
N'y trouble en aucun lieu la clarté de ses eaux :
L'œil peut voir jusqu'au fond comme au travers d'un verre,
Et regarde à plaisir entre l'onde et la terre
Mille nageurs muets qui pleins de liberté
Montrent leur sein d'ivoire et leur dos argenté.
   Les différentes fleurs qui bordent le rivage
Dans ce miroir flottant rencontrent leur image,
Quand leur tête se courbe et penche mollement
Pour se voir reproduire à cet autre élément,
Où d'un moite pinceau leur face est si bien peinte
Qu'on ignore quelle est ou la vraie ou la feinte.
   A gauche un petit bois, ou plutôt un verger,
Sur le tremblant ormeau, le myrte et l'oranger,
Étale abondamment les présents de Pomone,
Et se pare en tout temps des beaux fruits de l'automne.
On peut voir sur le sein de ces prochaines eaux
Danser au gré du vent l'ombre de leurs rameaux ;
Et l'on trouve toujours la fraîcheur et l'ombrage
Sous l'épais entrelacs de ce plaisant bocage,
Qui formant un berceau de ces arbres touffus
Fait aux rais du soleil un éternel refus.
Mais s'ils cachent du ciel la clarté nonpareille,
Ils en montrent une autre agréable à merveille,
Où les jaunes citrons et les pommes encore
Sont dans un vert lambris autant d'étoiles d'or.
Les plus dignes oiseaux, dont le chant harmonique
Dispose absolument des tons de la musique,
Y méprisent tous ceux qui se nichent ailleurs,
Parce que leurs concerts sont plus doux et meilleurs,
Et qu'un pinceau trempé dans des couleurs plus belles
Leur enrichit le bec, les plumes et les ailes ;
Enfin, tous les objets qu'on peut voir alentour
Sont cultivés des mains ou de Flore, ou d'Amour.
Dans ce beau lieu demeure une nymphe pourvue
De toutes les beautés qui surprennent la vue,
Et sur elle on ne sait ce qui charme le mieux,
De la bouche, du teint, des cheveux ou des yeux.

Jamais l'astre du jour n'en a vu de si belle,
Sur le bord des ruisseaux, ni sur l'herbe nouvelle,
Ni parmi cette troupe errante dans les bois
Qui porte après Diane et l'arc et le carquois.
Son humeur délicate et contraire à la peine
Négligeait d'aller mettre un chevreuil hors d'haleine,
Et n'aimait point de courre au travers des forêts
Pour faire trébucher un sanglier dans les rets.
Jamais un trait parti de sa main vigoureuse
Ne traversa le flanc d'une biche peureuse ;
Car son cœur ennemi de ces rudes plaisirs
Sur le bord de ce lac bornait tous ses désirs,
Ce lac que mille amants, esclaves de ses charmes,
Ont accru bien souvent par d'inutiles larmes.
Elle eût cru faire tort à ses rares appas
Que de porter ailleurs ses regards ou ses pas ;
Ses beaux yeux ne luisaient que dessus cette rive,
Où, n'aimant qu'elle-même, et mollement oisive,
Tantôt d'un doigt mignard elle allait déployant
Ses cheveux qui formaient un Pactole ondoyant,
Et tandis qu'à son gré Zéphyre les caresse,
Soit que sa blanche main les attache ou les tresse,
Ou qu'un peigne subtil les tenant séparés
Fasse honte au soleil par leurs rayons dorés,
Toujours accoutumés d'enchaîner et de plaire,
Ils sont de mille cœurs la prison volontaire.
    Tantôt le sein penché sur ce cristal mouvant,
Elle parait de fleurs cet ivoire vivant ;
Puis, couchée à demi sur la tendre prairie,
Elle entrait à dessein dans quelque rêverie,
Où les plus doux plaisirs qui chatouillent les sens
Lui remplissaient l'esprit de crimes innocents....

Idylles

Cotin

ÉPIGRAMMES

Docteurs en lieux communs sont chez moi sans crédit,
Je ne prends pas la peine de les lire :
      Ces gens-là n'auraient rien à dire
      Si les autres n'avaient rien dit.

*

      Belle Iris, la gloire des dames,
      Pour échauffer tous les humains,
N'attisez point le feu, n'excitez point les flammes,
Laissez faire vos yeux, sans employer vos mains.

*

Vous cachez votre sein, mais vous montrez vos yeux,
      Qui de tout vaincre ont le beau privilège :
N'est-ce pas me sauver du milieu de la neige,
      Pour m'exposer au feu des cieux ?

Œuvres mêlées

ÉNIGMES

Mon corps est sans couleur comme celui des eaux,
Et, selon la rencontre, il change de figure ;
Je fais plus d'un seul trait que toute la peinture,
Et puis, mieux qu'un Apelle[1], animer mes tableaux.

Je donne des conseils aux esprits les plus beaux,
Et ne leur montre rien que la vérité pure.
J'enseigne sans parler autant que le jour dure,
Et, la nuit, on me vient consulter aux flambeaux.

Parmi les curieux j'établis mon empire.
Je représente aux rois ce qu'on n'ose leur dire,
Et je ne puis flatter ni mentir à la cour.

Comme un autre Pâris je juge les déesses
Qui m'offrent leurs beautés, leurs grâces, leurs richesses,
Et j'augmente souvent les charmes de l'amour[2].

*

Je ressemble au torrent dont la course rapide
Se dérobe à soi-même et s'enfuit loin de soi.
Je suis de l'univers le tyran et le roi
Et de tous les humains le père et l'homicide.

Les forces de Milon[3] et les forces d'Alcide
Ont tenté vainement de s'opposer à moi.
Les superbes Césars ont fléchi sous ma loi,
Et je n'entreprends rien que le ciel ne me guide.

Tout cède à mon pouvoir par force ou par amour ;
La lune et le soleil font la nuit et le jour,
Afin d'entretenir ma puissance suprême.

Fils aîné de nature, et ministre du sort,
Je conduis dans le monde et la vie et la mort,
Et, comme le Phénix, je renais de moi-même[4].

Œuvres mêlées

Martial de Brive

PARAPHRASE SUR LE CANTIQUE
« BENEDICITE OMNIA OPERA DOMINI DOMINO[1] »

Êtres qui n'avez rien que l'être,
Êtres prenant accroissement,
Êtres pourvus de sentiment,
Êtres capables de connaître,
Par des tressaillements sacrés
Franchissez les divers degrés
Soit du genre, soit de l'espèce ;
Et prenez soin de vous unir
Et bénir le Seigneur sans cesse,
Puisque sans cesse il prend le soin de vous bénir....

Benedicite aquae omnes
.... Clairs amas des mers précieuses,
Qui, pendant sur le firmament
Et coulant sans écoulement,
Semblent être judicieuses,
Eaux assises dessus les feux
Qui dorent d'un éclat pompeux
Le front de la nuit la plus noire,
Bénissez le Dieu qui remplit
De tant de lumière et de gloire
Comme d'un sablon d'or votre superbe lit....

Benedicite stellae cœli

.... Paillettes d'or, claires étoiles
Dont la nuit fait ses ornements,
Et que comme des diamants
Elle sème dessus ses voiles,
Fleurs des parterres azurés,
Points de lumière, clous dorés
Que le ciel porte sur sa roue,
De vous soit à jamais béni
L'Esprit souverain qui se joue
A compter sans erreur votre nombre infini....

Benedicite ros Domino

.... Grains de cristal, pures rosées
Dont la marjolaine et le thym
Pendant leur fête du matin
Ont leurs couronnes composées,
Liquides perles d'Orient,
Pleurs du ciel qui rendez riant
L'émail mourant de nos prairies,
Bénissez Dieu qui par les pleurs
Redonne à nos âmes flétries
De leur éclat perdu les premières couleurs....

Benedicite nives

.... Belle soie au ciel raffinée,
Neige dont l'air se déchargeant
Comme d'une toison d'argent
Rend la campagne couronnée,
Blanc du ciel par qui sont couverts
Les lieux qui soulaient être verts,
Tremblant albâtre de nos plaines,
Bénissez l'auguste grandeur
Du juge des grandeurs humaines
Qui veut qu'on le bénisse en esprit de candeur....

Benedicite filii hominum

.... Hommes dans qui toutes les choses
Sont avec ordre bien rangé
Comme en un petit abrégé

Miraculeusement encloses,
Pierres par l'être seulement,
Et plantes par l'accroissement,
Bêtes en chair, en esprit anges,
Puisque tous êtres sont en vous,
Bénissez Dieu par les louanges
Que ce maître commun doit recevoir de tous.

Les Œuvres poétiques et saintes

Cyprien de la Nativité de la Vierge

CANTIQUES ENTRE L'ÂME
ET JÉSUS-CHRIST SON ÉPOUX

.... J'ai en mon bien-aimé les monts
Et les vallées solitaires,
Les fleuves bruyants et profonds,
Avec les Îles étrangères,
Le souffle des plus doux zéphyrs
Qui rafraîchissent mes désirs....

.... Notre lit est semé de fleurs,
Les lions y ont leur retraite,
Le pourpre fournit ses couleurs,
Et bâti d'une paix parfaite,
De boucliers d'or environné,
Et de gloire aussi couronné.

Sur les traces de ton marcher
Vont courant les filles pudiques ;
De l'étincelle un seul toucher,
Un goût des vins aromatiques,
Écoulement délicieux
D'un baume dérivé des Cieux.

Dans le cellier plus retiré
De mon ami j'ai bu sans peine,

Et par ce nectar désiré
Surprise sortant en la plaine,
J'oubliai ce que je savais,
Jusqu'au troupeau que je suivais.

Là donc il me donna son sein,
Là il m'apprit une science
Savoureuse ; et sur son dessein
Me livrant toute en confiance,
Promis le servir désormais,
Comme l'épousant pour jamais....

.... Hôtes de l'air, légers oiseaux,
Lions, cerfs et chèvres sauvages,
Monts, vallées, airs, claires eaux,
Et vous délicieux rivages,
Ardeurs qui causez tant d'ennuis,
Vous, craintes des veillantes nuits,

Je vous conjure par les luths,
Et par le doux chant des sirènes,
D'arrêter votre ire, et que plus
Touchant le mur, les frayeurs vaines
Ne puissent causer le réveil
De celle qui prend son sommeil....

.... Sus, allons, ami, pour nous voir,
Et pour considérer nos faces
En vos beautés, ce clair miroir,
Où l'on découvre toutes grâces,
Au mont d'où l'eau plus pure sourd,
Au bois plus épais et plus sourd.

Aussitôt nous nous en irons
Gagner les grottes de la pierre,
Les plus hautes des environs,
Et plus secrètes de la terre.
Nous entrerons dans ces celliers
Buvant le moût des grenadiers.

En ce lieu vous me montrerez
Tout ce que prétendait mon âme.
Ô vie ! vous me donnerez
Ce pourquoi mon cœur vous réclame ;
Et que déjà d'un pur amour
Vous me donnâtes l'autre jour :

Les zéphyrs et la douce voix
De l'agréable Philomèle,
L'honneur et la beauté des bois,
En la nuit plus calme et plus belle,
La flamme qui va consommant,
Et ne donne point de tourment....

*Les Œuvres spirituelles
du bienheureux Père Jean de la Croix...*

Godeau

LA GRANDE CHARTREUSE[1]

Déserts où le démon a perdu sa puissance,
Retraite des vertus, séjour de l'innocence,
Terrestre paradis, où des anges mortels
Font de divins concerts au pied des saints autels.
Solitaires forêts, que vous êtes célèbres !
Que je trouve un beau jour dans vos saintes ténèbres !
Que votre horreur est sainte ! et que votre âpreté
Dans de rudes objets a pour moi de beauté !
Sur les rives de Seine, et sur celles de Loire,
J'ai vu tous les beaux lieux dont on vante la gloire ;
Mais ni ces longs canaux qui sur leurs riches bords
Du marbre et du porphyre assemblent les trésors,
Et dans l'égalité de leur surface humide,
Semblent un long miroir fait d'un argent liquide ;
Ni ces superbes ronds, où d'un large tuyau,
Comme un trait de cristal, on voit s'élever l'eau ;
Ni ces jets disposés en longues palissades,
Ni vases, ni glacis, ni miroirs, ni cascades ;
Ni ces hauts promenoirs où, pour les rendre unis,
Les vallons sont comblés, et les monts aplanis ;
Ni ces riches vergers où le fertile automne
De fruits délicieux tous les ans se couronne ;
Ni ces fameux jardins où des plus belles fleurs
La nature avec pompe étale les couleurs ;

Enfin tous ces palais dont la riche structure
Sous un art orgueilleux captive la nature,
N'ont rien auprès de vous, ô déserts innocents,
Qui charme mon esprit ni qui plaise à mes sens.
Il est vrai qu'autrefois je vous trouvai sauvages,
Cette sombre épaisseur de vos tristes bocages,
Cette énorme hauteur de vos superbes monts
Qui vous cachent le ciel, où se joignent leurs fronts,
Ce long éloignement de la clarté féconde
De l'astre dont les feux enrichissent le monde,
La neige qui blanchit vos coteaux dépouillés,
Les torrents furieux dont leurs pieds sont mouillés,
Votre aride terrain, dont l'ingrate culture
Des soins du laboureur ne rend jamais l'usure,
Vous ont fait longuement passer à ma raison
Plutôt pour un tombeau que pour une prison.
Mes sens gouvernaient lors ma raison déréglée,
De sa propre lumière elle était aveuglée ;
Et mieux elle pensait savoir la vérité,
Plus ses vains jugements avaient de fausseté.
Je croyais que le monde, en cet éclat qui trompe,
Eût autant de vrais biens comme il avait de pompe,
Qu'il prisât, qu'il chérît les esprits généreux,
Que toutes ses faveurs ne fussent que pour eux,
Que la haute vertu conduisît à la gloire,
Et qu'elle y fît aimer son illustre mémoire,
Qu'en ceux qui par leur rang éclataient de splendeur,
Un grand esprit soutînt une auguste grandeur,
Que leur cœur fût constant, sincère, magnanime,
Et que leur plus grand bien fût une grande estime.
Le temps m'a détrompé de ce monde trompeur,
Je ne sens plus pour lui ni d'espoir, ni de peur ;
Je suis désabusé de ses pompes frivoles,
Et je vois que ses dieux ne sont que des idoles.
Saints déserts, je n'ai plus d'estime que pour vous,
Vous n'avez rien pour moi que de beau, que de doux,
Et nul sort aujourd'hui n'excite mon envie
Que le sort de ces morts dont vous cachez la vie [2],
Et que Dieu, connaissant leurs fidèles ferveurs,
Comble, avec tant d'amour, de toutes ses faveurs....

BIENHEUREUX CEUX
QUI SONT PERSÉCUTÉS
POUR LA JUSTICE

CAR LE ROYAUME DES CIEUX EST À EUX[1]

Vous que l'on croit l'objet de la fureur céleste,
Dont les jours sont ourdis de continus malheurs,
Qu'on fuit comme frappés d'une maligne peste,
Qui donnez votre bien, et qu'on traite en voleurs ;

Vous qui servez chacun, et que chacun déteste,
Dont on fait vanité d'accroître les douleurs,
A qui tout est contraire, à qui tout est funeste,
Et qu'on peint lâchement de si noires couleurs ;

Vous enfin qui souffrez, défendant la justice,
Bienheureux êtes-vous dans ce cruel supplice,
Par qui de votre Dieu vous soutenez les lois ;

L'Éternel vous prépare, après votre victoire,
Dans l'empire du ciel, où vous serez tous rois,
Pour un moment de peine une éternelle gloire.

Œuvres chrétiennes

SAINT PAUL[1]

.... Sans elle[2], chrétiens, l'enfer m'eût abattu.
Je n'ai donné combat, je n'ai gagné victoire
Dont sa protection ne mérite la gloire ;
Et de tous les travaux pour sa cause soufferts,
Des verges, des cailloux, des prisons et des fers,
De la faim, de la soif, du mépris, des outrages,

Des embûches sur terre, et sur mer des naufrages,
Je ne veux ni ne dois tirer de vanité :
J'ai par son seul secours tout fait, tout supporté,
D'un roseau ses bontés ont fait une colonne,
Et d'elles seulement j'espère ma couronne....

.... Ceux que vous condamnez à recevoir la mort[3]
Se plaignent lâchement des rigueurs de leur sort ;
Chacun voit la frayeur peinte sur leurs visages ;
Pour amoindrir l'horreur des larcins, des carnages,
Ils accusent les lois de la fatalité,
Ils rapportent leur faute à la divinité.
Enfin le crime plaît, et le supplice fâche,
Car qui vit en méchant ne peut mourir qu'en lâche.
Voit-on rien de pareil arriver aux chrétiens ?
Quand ils sont prisonniers, ils baisent leurs liens ;
Quand vous les tourmentez[4], leurs tourments ils chérissent,
Quand vous les maudissez, leurs bouches vous bénissent ;
Et dans le zèle ardent d'adorer le Sauveur,
La plus cruelle mort leur tient lieu de faveur.
Quel est ce nouveau crime, ô Sénat débonnaire[5],
Qui du crime n'a point la nature ordinaire ?
Qui, lorsqu'il est commis, ne nous fait ressentir
Ni honte, ni remords, ni peur, ni repentir,
Dont nous voir accusés est notre unique gloire,
Et pour qui le trépas nous tient lieu de victoire....

.... Le grand Paul par l'archange à son trône est conduit[6] ;
Ses yeux sont éblouis du feu dont il reluit,
Il sent au fond de l'âme une frayeur secrète,
Son esprit est confus, et sa langue est muette.
Des séraphins ailés paraissent à l'entour
De ce Dieu qui les brûle et les nourrit d'amour,
Et ne pouvant souffrir ses clartés immortelles,
Ils se font, par respect, un bandeau de leurs ailes.
Dans ce saint tremblement où les met sa grandeur,
Dans ce divin transport d'une amoureuse ardeur,
Ils répètent toujours ces paroles aimées :

Saint, Saint, Saint, le Seigneur, le grand Dieu des armées.
JÉSUS, près de ce trône assis en majesté,
Montre à Paul sans bandeau sa divine beauté.
Ô combien différent de cet état funeste
Où lui-même s'offrit à son Père céleste,
Lorsque, dessus la Croix, ses bourreaux inhumains
Ouvrirent son côté, lui percèrent les mains,
Couronnèrent son front d'un piquant diadème,
Et noircirent son nom d'un horrible blasphème !
L'apôtre, transporté de plaisir et d'amour,
S'estime moins heureux dans ce divin séjour
De tenir le haut rang que lui donne son Maître
Que de l'y voir lui-même en sa gloire paraître
Exercer un pouvoir, et posséder un lieu
Digne du Roi des rois et du vrai Fils de Dieu,
Sans craindre que ni temps, ni rivaux, ni rebelles,
Ébranlent tant soit peu ses grandeurs immortelles.
JÉSUS, qui dans son cœur lit son contentement,
Augmente par ces mots son saint ravissement :
« Fidèle imitateur de mes divins exemples
Dieu veut que sans bandeau ses beautés tu contemples,
Et que par ton trépas m'ayant montré ta foi,
Dans son sein glorieux tu règnes avec moi.
Ne crains point désormais de perdre ta couronne,
Ton Dieu te l'a promise, et ton Dieu te la donne. »
Ainsi parle JÉSUS à l'apôtre étonné ;
De sa divine main son front est couronné,
Et cet astre nouveau qu'il remplit de lumière
Ouvre de son bonheur l'éternelle carrière.

Corneille

CHANSON[1]

Si je perds bien des maîtresses,
J'en fais encor plus souvent,
Et mes vœux et mes promesses
Ne sont que feintes caresses,
Et mes vœux et mes promesses
Ne sont jamais que du vent.

Quand je vois un beau visage,
Soudain je me fais de feu,
Mais longtemps lui faire hommage,
Ce n'est pas bien mon usage,
Mais longtemps lui faire hommage,
Ce n'est pas bien là mon jeu.

J'entre bien en complaisance
Tant que dure une heure ou deux,
Mais en perdant sa présence
Adieu toute souvenance,
Mais en perdant sa présence
Adieu soudain tous mes feux.

Plus inconstant que la lune
Je ne veux jamais d'arrêt ;
La blonde comme la brune

En moins de rien m'importune,
La blonde comme la brune
En moins de rien me déplaît.

Si je feins un peu de braise,
Alors que l'humeur m'en prend,
Qu'on me chasse ou qu'on me baise,
Qu'on soit facile ou mauvaise,
Qu'on me chasse ou qu'on me baise,
Tout m'est fort indifférent.

Mon usage est si commode,
On le trouve si charmant,
Que qui ne suit ma méthode
N'est pas bien homme à la mode,
Que qui ne suit ma méthode
Passe pour un Allemand.

Mélanges poétiques, 1632

STANCES [1]

Marquise, si mon visage
A quelques traits un peu vieux,
Souvenez-vous qu'à mon âge
Vous ne vaudrez guère mieux.

Le temps aux plus belles choses
Se plaît à faire un affront,
Et saura faner vos roses
Comme il a ridé mon front.

Le même cours des planètes
Règle nos jours et nos nuits :
On m'a vu ce que vous êtes
Vous serez ce que je suis.

Aime à n'être connu, s'il se peut, de personne,
Ou du moins aime à voir qu'aucun n'en fasse état.

DE LA PURETÉ DU CŒUR ET DE LA SIMPLICITÉ DE L'INTENTION

Corps ou sujet de l'emblème : *Saint Pacôme se retire seul dans l'île de Tabenne, où il trouve à louer Dieu et à s'instruire dans toutes les créatures.* Âme ou sentence : *Omnis creatura speculum vitae et liber doctrinae purae*[2].

Pour t'élever de terre, homme, il te faut deux ailes,
La pureté du cœur et la simplicité ;
Elles te porteront avec facilité
Jusqu'à l'abîme heureux des clartés éternelles ;
Celle-ci doit régner sur tes intentions,
Celle-là présider à tes affections,
Si tu veux de tes sens dompter la tyrannie :
L'humble simplicité vole droit jusqu'à Dieu,
La pureté l'embrasse, et l'une à l'autre unie
S'attache à ses bontés, et les goûte en tout lieu.

Nulle bonne action ne te ferait de peine
Si tu te dégageais de tous dérèglements ;
Le désordre insolent des propres sentiments
Forme tout l'embarras de la faiblesse humaine.
Ne cherche ici qu'à plaire à ce grand Souverain,
N'y cherche qu'à servir après lui ton prochain,
Et tu te verras libre au-dedans de ton âme ;
Tu seras au-dessus de ta fragilité,
Et n'auras plus de part à l'esclavage infâme
Où par tous autres soins l'homme est précipité.

Si ton cœur était droit, toutes les créatures
Te seraient des miroirs et des livres ouverts,
Où tu verrais sans cesse en mille lieux divers
Des modèles de vie et des doctrines pures ;
Toutes comme à l'envi te montrent leur Auteur :
Il a dans la plus basse imprimé sa hauteur,

Et dans la plus petite il est plus admirable ;
De sa pleine bonté rien ne parle à demi,
Et du vaste éléphant la masse épouvantable
Ne l'étale pas mieux que la moindre fourmi.

Purge l'intérieur, rends-le bon et sans tache,
Tu verras tout sans trouble et sans empêchement,
Et tu sauras comprendre, et tôt et fortement,
Ce que des passions le voile épais te cache.
Au cœur bien net et pur l'âme prête des yeux
Qui pénètrent l'enfer, et percent jusqu'aux cieux ;
Il voit tout comme il est, et jamais ne s'abuse :
Mais le cœur mal purgé n'a que les yeux du corps ;
Toute sa connaissance ainsi qu'eux est confuse ;
Et tel qu'il est dedans, tel il juge au-dehors.

Certes, s'il est ici quelque solide joie
C'est ce cœur épuré qui seul la peut goûter ;
Et, s'il est quelque angoisse au monde à redouter,
C'est dans un cœur impur qu'elle entre et se déploie.
Dépouille donc le tien de ce qui l'a souillé,
Et vois comme le fer par le feu dérouillé
Prend une couleur vive au milieu de la flamme :
D'un plein retour vers Dieu c'est là le vrai tableau ;
Son feu sait dissiper les pesanteurs de l'âme,
Et faire du vieil homme un homme tout nouveau....

QU'IL FAUT SE REPOSER EN DIEU
PAR-DESSUS TOUS LES BIENS ET TOUS LES DONS
DE LA NATURE ET DE LA GRÂCE

Corps ou sujet de l'emblème : *Jésus-Christ épouse sainte
Catherine de Sienne, et lui met l'anneau au doigt en présence
de la Vierge et de plusieurs saints.* Âme ou sentence : *O mi
dilectissime sponse* [3].

.... Laisse-toi donc toucher, Seigneur, à mes soupirs,
Laisse-toi donc toucher, Seigneur, aux déplaisirs
Qui, de tous les côtés tyrannisant la terre,

En cent et cent façons me déclarent la guerre,
Et, répandant partout leur noire impression,
N'y versent qu'amertume et désolation.
Ineffable splendeur de la gloire éternelle,
Consolateur de l'âme en sa prison mortelle,
En ce pèlerinage où le céleste amour
Lui montrant son pays la presse du retour,
Si ma bouche est muette, écoute mon silence :
Écoute dans mon cœur une voix qui s'élance ;
Là, d'un ton que jamais nul que toi n'entendit,
Cette voix sans parler te dit et te redit :

Combien dois-je encore attendre ?
Jusques à quand tardes-tu,
Ô Dieu tout bon, à descendre
Dans mon courage abattu ?

Mon besoin t'en sollicite,
Toi, qui de tous biens auteur,
Peux d'une seule visite
Enrichir ton serviteur.

Viens donc, Seigneur, et déploie
Tous tes trésors à mes yeux ;
Remplis-moi de cette joie
Que tu fais régner aux cieux.

De l'angoisse qui m'accable
Daigne être le médecin,
Et d'une main charitable
Dissipes-en le chagrin.

Viens, mon Dieu, viens sans demeure ;
Tant que je ne te vois pas,
Il n'est point de jour ni d'heure
Où je goûte aucun appas.

Ma joie en toi seul réside,
Tu fais seul mes bons destins,

Et sans toi ma table est vide
Dans la pompe des festins.

Sous les misères humaines,
Infecté de leur poison,
Et tout chargé de leurs chaînes,
Je languis comme en prison ;

Jusqu'à ce que ta lumière
Y répande sa clarté,
Et que ta faveur entière
Me rende ma liberté ;

Jusqu'à ce qu'après l'orage,
La nuit faisant place au jour,
Tu me montres un visage
Qui soit pour moi tout d'amour.

Scarron

POUR UN GENTILHOMME
QUI ÉTAIT À BOURBON[1]

Cloris, je brûle depuis peu :
Vos yeux ont embrasé mon âme.
Jugez combien chaude est ma flamme,
Par mon visage tout en feu.
Dedans ma poitrine velue
Si ce feu grégeois continue,
Je ne puis éviter la mort.
Ô beauté, dont les yeux jettent flamme et flammèche !
Regard perçant comme une flèche !
Avouez que vous avez tort
De me brûler comme une mèche,
Moi qui vous honore si fort.

Tout aussitôt que je vous vis,
Ma liberté prit la campagne.
Ah ! qu'un bel habit à pistagne[2]
Me viendrait bien, à mon avis !
Que ne l'ai-je dans ma valise !
Car (ô malheur pour ma franchise !)
Je n'ai rien qu'un habit rentrait[3].
J'ai véritablement un manteau d'écarlate,
Où certain bouton d'or éclate ;

D'ailleurs je suis assez bien fait ;
Mais que mon espérance est plate,
Et que j'en suis peu satisfait !

Je sais que l'honneur vous est cher,
Que vous avez l'âme insensible,
Que vous êtes moins accessible
Que n'est le coq d'un haut clocher,
Qu'en vain je vous fais ma prière ;
Mais, ô beauté bien plus que fière
Qui me brûlez comme un charbon,
C'est de vous que j'attends mon chagrin ou ma joie.
Souffrez toujours que je vous voie ;
Ou bien (je le dis tout de bon)
Commandez-moi que je me noie
Dans la fontaine de Bourbon.

Mais adieu ! lumière du jour :
Cloris prend sa mine sévère ;
Et puis, feu Monseigneur mon père
M'a dit que je mourrais d'amour.
Eh bien, Madame la tigresse,
Ce fâcheux objet qui vous blesse
S'en va se meurtrir comme un fou ;
Voyez comme à frapper sa main est toute prête,
Comme il jure, comme il tempête,
Comme il fourre un grand vilain clou
Dans le beau milieu de sa tête,
Enfin comme il se rompt le cou.

Recueil de quelques vers burlesques

A MADEMOISELLE DE LENCLOS[1]

Étrennes

Ô belle et charmante Ninon,
A laquelle jamais on ne répondra non

Pour quoi que ce soit qu'elle ordonne,
     Tant est grande l'autorité
Que s'acquiert en tout lieu une jeune personne
Quand avec de l'esprit elle a de la beauté,

     Puisque, hélas ! à cet an nouveau
Je n'ai rien d'assez bon, je n'ai rien d'assez beau
     De quoi vous bâtir une étrenne,
     Contentez-vous de mes souhaits ;
Je consens de bon cœur d'avoir grosse migraine
Si ce n'est de bon cœur que je vous les ai faits.

     Je souhaite donc à Ninon
Un mari peu hargneux, mais qui soit bel et bon,
     Force gibier tout le carême,
     Bon vin d'Espagne, gros marron,
Force argent, sans lequel tout homme est triste et blême,
Et qu'un chacun l'estime autant que fait Scarron.

Recueil de quelques vers burlesques

CHANSON A BOIRE

     Que de biens sur la table
     Où nous allons manger !
     Ô le vin délectable
     Dont on nous va gorger !
Sobres, loin d'ici ! loin d'ici, buveurs d'eau bouillie[1] !
Si vous y venez, vous nous ferez faire folie.
Que je sois fourbu, châtré, tondu, bègue-cornu[2],
Que je sois perclus, alors que je ne boirai plus.

     Montrons notre courage :
     Buvons jusques au cou.
     Que de nous le plus sage
     Se montre le plus fou.

Vous, qui les oisons imitez en votre breuvage,
Puissiez-vous aussi leur ressembler par le visage.
Que je sois fourbu, châtré, tondu, bègue-cornu,
Que je sois perclus, alors que je ne boirai plus.

        Et d'estoc et de taille
        Parlons comme des fous ;
        Qu'un chacun crie et braille :
        Hurlons comme des loups.
Jetons nos chapeaux, et nous coiffons de nos serviettes,
Et tambourinons de nos couteaux sur nos assiettes.
Que je sois fourbu, châtré, tondu, bègue-cornu,
Que je sois perclus, alors que je ne boirai plus.

        Que le vin nous envoie
        D'agréables fureurs !
        C'est dans lui que l'on noie
        Les plus grandes douleurs.
Ô Dieu ! qu'il est bon ! prenons-en par-dessus la tête ;
Aussi bien, chez nous, vomir est chose fort honnête.
Que je sois fourbu, châtré, tondu, bègue-cornu,
Que je sois perclus, alors que je ne boirai plus.

        Hâtons-nous de bien boire
        Devant qu'il soit trop tard,
        Et chantons à la gloire
        Du Seigneur de Cinq-Mars [3] :
Il est beau, vaillant, courtois, prend plaisir à dépendre [4] ;
Tel fut autrefois défunt Monseigneur Alexandre.
Que je sois fourbu, châtré, tondu, bègue-cornu,
Que je sois perclus, alors que je ne boirai plus.

Suite des œuvres burlesques

LE CHEMIN DU MARAIS
AU FAUBOURG SAINT-GERMAIN[1]

Parbleu bon ! je vais par les rues.
Mais je n'y vais pas de mon chef,
Ni de mes pieds, qui par méchef
Sont parties très malotrues :
Je marche sur pieds empruntés.
Ceux dont mes membres sont portés
Sont à deux puissants porte-chaises
Que je loue presque un écu.
Ah ! que les maroufles sont aises,
Au prix de moi qui suis toujours dessus le cul !

Non que s'asseoir sur le derrière
Soit laide situation ;
Car parmi toute nation
On s'assied en cette manière ;
Aussi ne dis-je que s'asseoir
Soit une chose laide à voir ;
Mais de dire qu'elle soit bonne,
C'est ce que je ne dirai point,
Avec la douleur que me donne
Mon derrière pointu qui n'a plus d'embonpoint.

Revenez, mes fesses perdues,
Revenez me donner un cul.
En vous perdant, j'ai tout perdu.
Hélas, qu'êtes-vous devenues ?
Appui de mes membres perclus,
Cul que j'eus et que je n'ai plus,
Étant une pièce si rare,
Que l'on devrait vous tenir cher !
Eh ! que la coutume est barbare,
De porter vêtements afin de vous cacher[2] !

Que de la chaise qui me porte
J'aperçois de gens cheminer !

Hélas ! que me faut-il donner
Pour pouvoir marcher de la sorte !
Quiconque me fera marcher
Sache que je n'ai rien de cher[2]
Comme mes bourrelets de laine :
Je les lui donne de bon cœur,
De carmes[3] main de papier pleine,
Et serai dessus tout son humble serviteur.

Mais je sens ma chaise arrêtée :
Je pourrais bien être arrivé,
Et je n'aurai pas achevé
Cette pièce un peu trop hâtée.
Achevons au moins ce dizain,
Nous ferons le reste demain.
Porteurs on vous va satisfaire ;
Taisez-vous donc : vous m'empêchez,
Vous troublez toute mon affaire.
Mais ne vous taisez plus : mes vers sont dépêchés.

Recueil de quelques vers burlesques

STANCES

POUR MADAME DE HAUTEFORT[1]

On ne vous verra plus en posture de pie
Dans le cercle[2] accroupie :
Au grand plaisir de tous et de votre jarret,
Votre cul, qui doit être un des beaux culs de France,
Comme un cul d'importance,
A reçu chez la reine enfin le tabouret[3].

Comme on connaît souvent une chose par l'autre,
D'un cul comme le vôtre,
J'ai connu le destin, voyant votre beau nez ;
Et sans être devin, j'ai prédit que sans doute

Ce cul qui ne voit goutte
Serait vu dans le rang de nos culs couronnés.

Notre reine, princesse aussi juste que sage,
                N'a pu voir davantage
Un cul plein de mérite et très homme de bien,
Tandis que d'autres culs sont assis à leur aise
                Au côté de sa chaise,
Debout ou mal assis, comme un cul bon à rien.

Ce cul de satin blanc, dont sans doute la face
                Ne fit jamais grimace,
Devait assurément être un cul duc et pair :
Car qu'aurait-on pensé de ce qu'un cul si sage
                Qui vaut bien un visage,
N'eût pas eu chez la reine où reposer sa chair ?

Que les hommes n'ont pas pareille destinée !
                Et que vous êtes née
Sous un astre puissant et favorable aux culs !
Tandis que le vôtre est, près de ceux des princesses,
                Assis sur ses deux fesses,
Le nôtre n'est assis que sur deux os pointus [4].

La suite des œuvres burlesques
Seconde partie

La Guirlande de Julie
Madrigaux

ZÉPHYRE A JULIE

Recevez, ô nymphe adorable
Dont les cœurs reçoivent les lois,
Cette couronne plus durable
Que celles que l'on met sur la tête des rois.
Les fleurs dont ma main la compose
Font honte à ces fleurs d'or qui sont au firmament ;
L'eau dont Permesse les arrose
Leur donne une fraîcheur qui dure incessamment,
Et tous les jours, ma belle Flore
Qui me chérit et que j'adore
Me reproche avecque courroux
Que mes soupirs jamais pour elle
N'ont fait naître de fleur si belle
Que j'en ai fait naître pour vous.

Charles de Montausier [1]

LE NARCISSE

Je consacre, Julie, un Narcisse à ta gloire,
Lui-même des beautés te cède la victoire ;

Étant jadis touché d'un amour sans pareil,
Pour voir dedans l'eau son image,
Il baissait toujours son visage,
Qu'il estimait plus beau que celui du soleil ;
Ce n'est plus ce dessein qui tient sa tête basse ;
C'est qu'en te regardant il a honte de voir
Que les Dieux ont eu le pouvoir
De faire une beauté qui la sienne surpasse.

Charles de Montausier

LA ROSE

Alors que je me vois si belle et si brillante
Dans ce teint dont l'éclat fait naître tant de vœux,
L'excès de ma beauté moi-même me tourmente :
Je languis pour moi-même et brûle de mes feux,
Et je crains qu'aujourd'hui la rose ne finisse
Par ce qui fit jadis commencer le narcisse.

Germain Habert [1]

LA VIOLETTE

Franche d'ambition, je me cache sous l'herbe,
Modeste en ma couleur, modeste en mon séjour ;
Mais si sur votre front je me puis voir un jour,
La plus humble des fleurs sera la plus superbe.

Desmarets de Saint-Sorlin [1]

LE LIS

Devant vous je perds la victoire
Que ma blancheur me fit donner,
Et ne prétends plus d'autre gloire
Que celle de vous couronner.

Le ciel, par un honneur insigne,
Fit choix de moi seul autrefois,
Comme de la fleur la plus digne
Pour faire un présent à nos rois.

Mais si j'obtenais ma requête
Mon sort serait plus glorieux
D'être monté sur votre tête
Que d'être descendu des cieux.

Tallemant des Réaux [1]

Benserade

SUR JOB

Job de mille tourments atteint
Vous rendra sa douleur connue,
Et raisonnablement il craint
Que vous n'en soyez point émue.

Vous verrez sa misère nue ;
Il s'est lui-même ici dépeint ;
Accoutumez-vous à la vue
D'un homme qui souffre et se plaint.

Bien qu'il eût d'extrêmes souffrances,
On voit aller des patiences
Plus loin que la sienne n'alla.

Il souffrit des maux incroyables,
Il s'en plaignit, il en parla :
J'en connais de plus misérables.

Les Œuvres

A MADEMOISELLE DE GUERCHY

LUI ENVOYANT LA COPIE
D'UNE JOUISSANCE [1]

Stances

Belle Guerchy, je vous les donne,
Ces vers que vous désirez tant ;
Ils ne sont pas fort beaux, mais pour votre personne,
Qui ne souhaiterait d'en pouvoir faire autant ?

Au reste, ne trouvez étrange
Mon scrupule, et gardez-vous bien
De dire que ce sont vers à votre louange,
Car je vous maintiendrais tout franc qu'il n'en est rien.

Et ne vous faites point de fête
En une telle occasion ;
Ce serait faire un tour qui serait malhonnête,
Et qui vous tournerait à grande confusion.

Il ne faut pas, ne vous déplaise,
S'enrichir d'injustes acquêts :
L'adresse est pour une autre, et seriez-vous bien aise
Que quelqu'un en chemin détroussât vos paquets ?

Les biens d'autrui ne sont pas vôtres,
Mais comme on est parfois jaloux,
Je m'offre de bon cœur à vous en faire d'autres
Sur le même sujet qui seront tous pour vous.

Qu'est-ce que par votre prière
Ne ferait un pauvre garçon ?
Vous n'avez seulement qu'à fournir la matière,
Il vous en coûtera fort peu pour la façon.

Les Œuvres

Chevreau

POUR UNE BELLE ÉGYPTIENNE[1]

Astre dont la noirceur semble former la gloire,
Et qui fais ton éclat de ton obscurité !
      Tu montres bien que la beauté
   Charme en ébène, aussi bien qu'en ivoire.
Le pinceau de Beaubrun[2] est un pinceau fort bon ;
Mais tu fais voir aussi qu'il doit peu se contraindre,
      Et que c'est par toi qu'il peut peindre
     Le soleil avec du charbon.

*

    Cette fière et noire beauté
Qui court de toutes parts comme une vagabonde,
    Ne se sert de l'obscurité
    Que pour assassiner le monde.

*

    Vous cachez votre argent en vain,
Et vous connaissez mal ce que vaut cette belle :
    Ses yeux, quand on s'approche d'elle,
    Sont plus à craindre que sa main.

*

Ce bel astre brûlé, ce miracle des cieux,
De deux extrémités est la vivante image :
        Si c'est un soleil par les yeux,
        C'est une ombre par le visage.

                    *

        Ce chef-d'œuvre que tu vois peint
        Pourrait enfin nous faire croire,
        Par l'éclat qui sort de son teint,
        Que la lumière serait noire.

Poésies

Je dormais d'un profond et paisible sommeil
Quand Phyllis, en dormant, m'apparut toute nue,
Comparable en son teint délicat et vermeil
A celle qui du jour annonce la venue.

Jamais plaisir au mien ne peut être pareil
Et jamais passion ne fut mieux reconnue,
Puisque je l'embrassais et que, sans mon réveil,
J'étais prêt de forcer toute sa retenue.

Ici je vous appelle à mon soulagement,
Astres qui présidez au bonheur d'un amant,
Et je t'invoque encor, doux père du mensonge.

Faites, si vous pouvez me donner du secours,
Que je voie en effet [1] ce que je vis en songe,
Ou faites pour le moins que je dorme toujours.

Poésies

Sarasin

DISCOURS I[1]

Que la poésie lui sert de divertissement

Au bord de l'océan, où le flot qui se joue
Avec beaucoup de bruit produit un peu de boue,
Rêvant confusément sur des objets divers,
Je flatte ma tristesse à composer des vers,
Et laisse en liberté couler ma poésie
Selon les mouvements où va ma fantaisie.
Tantôt je suis moral, tantôt j'écris d'amour ;
Je peins une naïade, un jardin, un beau jour,
Un étang, des rochers, des forêts, une source,
Le lit où le soleil s'en va finir sa course,
Et tout ce que je vois qui s'offre à mon esprit
Avec facilité ma muse le décrit.
 Autrement, si les vers me donnaient de la peine,
Je laisserais Phébus et les eaux d'Hippocrène.
Car le poète naît, la nature le fait ;
Le travail rend toujours un plaisir imparfait,
Et le métier des vers, plein de peine et d'étude,
Au lieu de contenter, a de l'inquiétude.
 Pour moi, ceux que je fais sont avec liberté ;
S'ils sont bons, la nature en a fait la bonté.
Je ne veux pas pourtant me donner cette gloire,
Ni me dire de ceux qu'Apollon a fait boire ;
Je n'ai pour me régler ni mesures, ni lois,

Et jamais en rimant je ne mordis mes doigts.
  Or, soit bons ou mauvais, Lucidor, avec joie
Prends pour échantillon ces vers que je t'envoie,
Et, les recevant bien, fais voir que tu m'as mis
Parmi ceux que le sort t'a donnés pour amis.

Nouvelles œuvres

STANCES

          Père des fleurs dont la terre se pare
Quand l'amoureux zéphyr a fondu les glaçons,
Le teint de ma Phyllis a l'éclat bien plus rare
          Que tes odorantes moissons,
          Quelque fleur que l'on lui compare.
Printemps, pour embellir tes roses et tes lis,
          Imite le teint de Phyllis.

Du Lion enflammé l'étoile étincelante
          S'en va bientôt flétrir tes fleurs,
          Et sur leur tige languissante
          Ternir les plus vives couleurs ;
          Mais, ni de l'horrible froidure
          Les brûlantes fureurs,
Ni de l'ardent été l'insupportable injure
N'oseraient violer sur le teint de Phyllis
L'éternelle fraîcheur des roses et des lis.

Les Œuvres

ORPHÉE [1]

.... Qu'eût-il fait, en quel lieu se fût-il retiré,
Ayant perdu deux fois cet objet adoré ?

Quels pleurs eussent ému les ombres du Ténare
Et quel chant eût fléchi leur déité barbare ?
   On dit qu'il fut sept fois, accablé de douleur,
A pleurer sans relâche un si cruel malheur
Dans le triste séjour de ces roches sauvages
Qui du fleuve Strymon enferment les rivages,
Repassant mille fois sous ces antres glacés
Le funeste succès[2] de ses malheurs passés,
Et touchant du récit de sa longue disgrâce
Les arbres, les rochers et les monts de la Thrace ;
Tel que le rossignol, d'une mourante voix,
S'attristant solitaire au silence des bois,
Plaint ses petits perdus, quand d'une main cruelle
Le rude villageois, en la saison nouvelle,
Observant les buissons qui les tenaient cachés,
Les a devant ses yeux de leur nid arrachés :
Ce malheureux oiseau, que la douleur transporte,
Gémit incessamment sur une branche morte
Et, soit que la nuit vienne ou qu'elle cède au jour,
Remplit de ses regrets tous les lieux d'alentour.
   Depuis, jamais l'amour ni jamais l'hyménée
Ne fléchirent son âme au deuil abandonnée ;
Mais, fuyant les beautés dont il était pressé
Et demeurant au bord du Tanaïs glacé,
Près des monts Riphéens, dont les rives désertes
De neige et de frimas en tout temps sont couvertes,
Il plaignait Eurydice, et ses malheurs soufferts,
Et les vaines faveurs du tyran des enfers,
Quand des Ciconiens[3] les femmes méprisées,
Aux fêtes de Bacchus de fureur embrasées,
Déchirèrent son corps tout percé de leurs dards
Et couvrirent les champs de ses membres épars.
Alors même dans l'Hèbre, où sa tête jetée
Tournoyait sur les flots rapidement portée,
Son âme, s'enfuyant, d'une mourante voix
Redisait *Eurydice* une dernière fois,
Misérable Eurydice, et les rives atteintes
Répondaient *Eurydice* à sa dernière plainte.

Ainsi dit Palémon, à l'ombrage des bois ;
Le rossignol se tut pour entendre sa voix,
Le vent ne troubla plus le calme du feuillage,
La génisse perdit le désir de l'herbage,
Et le loup, se cachant dans le fort des buissons,
Oubliant les troupeaux, écouta ses chansons.

Les Œuvres

VILLANELLE[1]

Ô beauté sans seconde,
Seule semblable à toi,
Soleil pour tout le monde,
Mais comète pour moi !

De ces lèvres écloses
On découvre en riant
Sous des feuilles de roses
Des perles d'Orient.

Ces beaux sourcils d'ébène
Semblent porter le deuil
De ceux que l'inhumaine
A mis dans le cercueil.

Pour soulager ma flamme,
Amour serait bien mieux
S'il était dans ton âme,
Comme il est dans tes yeux.

Dieux ! Que la terre est belle,
Depuis que le soleil
A pris pour l'amour d'elle
Son visage vermeil !

Là-haut, dans ce bocage,
On entend chaque jour
Le rossignol sauvage
Se plaindre de l'Amour.

Quittez la fleur d'orange,
Agréables zéphyrs,
Et portez à mon ange
Quelqu'un de mes soupirs.

Quand je chante à ma dame
Quelque air de ma façon,
Elle oublie ma flamme
Et retient ma chanson.

(Recueil des plus beaux vers
qui ont été mis en chant, 1661)

D'ENLEVER EN AMOUR

sur l'enlèvement de Mademoiselle de Bouteville
par Monsieur de Coligny [1]

Ce gentil joli jeu d'amours,
Chacun le pratique à sa guise,
Qui par rondeaux et beaux discours,
Chapeau de fleurs, gente cointise,
Tournoi, bal, festin ou devise,
Pense les belles captiver ;
Mais je pense, quoi qu'on en dise,
Qu'il n'est rien tel que d'enlever.

C'est bien des plus merveilleux tours
La passeroute [2] et la maîtrise,
Au mal d'aimer c'est bien toujours
Une prompte et suave crise [3],
C'est au gâteau de friandise

De Vénus la fève trouver ;
L'amant est fol qui ne s'avise
Qu'il n'est rien tel que d'enlever.

Je sais bien que, les premiers jours
Que bécasse est bridée et prise,
Elle invoque Dieu au secours
Et ses parents à barbe grise ;
Mais si l'amant qui l'a conquise
Sait bien la Rose cultiver,
Elle chante en face d'église
Qu'il n'est rien tel que d'enlever.

Envoi

Prince, use toujours de mainmise,
Et te souviens, pouvant trouver
Quelque jeune fille en chemise,
Qu'il n'est rien tel que d'enlever.

Les Œuvres

STANCES

Belle Phyllis, dont le mérite
Peut rendre tous les cœurs soumis,
Vous deviez faire une visite,
Vous me l'aviez même promis ;
Et pensez-vous en être quitte
Pour tromper ainsi vos amis ?

A la porte et sur la fenêtre
J'ai passé la moitié du jour,
Espérant de vous voir paraître
Avec les Grâces et l'Amour ;
Et dans ce moment-là, peut-être,
Vous me jouiez un mauvais tour.

Peut-être qu'à cette heure même
Que je soupirais en courroux,
Un rival, ô malheur extrême,
Se trouvait seul à vos genoux ;
Peut-être il disait : Je vous aime,
Et peut-être l'écoutiez-vous.

Peut-être aussi qu'étant chagrine
Et plaignant mon éloignement,
Vous lui faisiez mauvaise mine
Et me souhaitiez ardemment.
A dire vrai, beauté divine,
Ce *peut-être* est le plus charmant.

Mais de savoir le véritable,
Je le crains et le voudrais fort ;
Si le premier n'est qu'une fable,
Les dieux sont jaloux de mon sort ;
Sinon, croyez, belle adorable,
Sans *peut-être,* que je suis mort.

(*Poésies choisies,* 1653-1660)

Zacharie de Vitré

Mon âme est un roseau faible, sec et stérile,
Dépourvu de moelle, et sans fin se mouvant
       Au premier gré du vent,
Tant il a d'inconstance en son être fragile.

Au moins si ce roseau ne t'était qu'inutile ;
Mais c'est lui, mon Sauveur, qui te frappe souvent [1],
       Et pousse plus avant
Cet outrageux buisson dont ton beau sang distille [2].

Mon Jésus, si tu veux retirer quelque fruit
Du roseau de mon âme, après l'avoir produit,
Trempe-le dans ton sang, lui qui le fait répandre ;

Et puisqu'il est si faible, et si vide, et si vain,
Afin que d'inconstance il se puisse défendre,
       Porte-le dans ta main.

Les Essais de méditations poétiques...

Beautés de mon Sauveur à qui rendent hommage
Et la pourpre, et le lait, et la rose, et le lis
Des charmantes couleurs qui les ont embellis,
Pourquoi n'êtes-vous plus sur ce divin visage ?

Beaux yeux dont le soleil tient sa flamme en partage,
Faut-il que vos rayons restent ensevelis
Sous les vilains crachats dont vous êtes salis ;
Et toi, Père éternel, est-ce là ton image ?

Blonds cheveux de qui l'or emprunte sa couleur,
Mêlés sur cette tête aux traits de la douleur,
Est-ce vous que le sang et l'enflure diffame ?

Ô trop aimable horreur, sainte difformité,
Marquez vos traits sanglants sur le fond de mon âme,
Et de tant de laideurs elle aura sa beauté !

Les Essais de méditations poétiques...

Brébeuf

ÉPIGRAMMES[1]

I

Autrefois, Jeanneton, nous sauver de vos yeux
    Furent nos soins et notre envie,
    Tant au doux repos de la vie
    Leurs traits furent pernicieux.
Nos soins ont à la fin quitté la place aux vôtres,
    Et sous la fausse Jeanneton,
    La véritable, ce dit-on,
Ne se travaille plus qu'à se sauver des nôtres.

II

    J'ai ce matin avec adresse
    Surpris au lit Dame Isabeau,
    Avant qu'au bout de son pinceau
    Elle eût retrouvé sa jeunesse.
    Son teint si jeune hier et si frais
    Aujourd'hui vieux et sans attraits
    De pitié m'a l'âme touchée :
    Quoi ! dis-je, Madame, à vous voir,
    Depuis hier il doit y avoir
    Trente ans que vous êtes couchée !

Poésies diverses

ENTRETIENS SOLITAIRES

DE LA RECONNAISSANCE
QUE NOUS DEVONS À DIEU,

pour les bienfaits que nous recevons de lui

.... Contre mes ennemis si vous n'étiez ma force,
Sans doute à tous moments mon cœur tiendrait pour eux ;
A leurs assauts cruels ils mêlent tant d'amorce,
Que plus ils semblent doux, plus ils sont rigoureux :
J'ai peine à repousser des ennemis que j'aime,
Qui semblent contre moi d'accord avec moi-même,
    Qui me plaisent en m'assaillant,
Et dont souvent en moi l'irruption puissante
      Au lieu d'une âme vigilante
      Trouve un courage sommeillant.

Même, bien que mon cœur tente la résistance,
Sans vous ce beau dessein ne lui succède pas[1],
Leurs combats ont plus d'art à lasser ma défense,
Que n'en a ma défense à lasser leurs combats :
Mille fois étouffés, mille fois ils renaissent ;
Mille fois abattus, mille fois ils s'empressent
      A me terrasser à mon tour ;
Où prendre donc, Seigneur, de la force et des armes
      Pour tenir contre des alarmes
      Qui recommencent chaque jour ?

Que prétendrais-je seul contre tant d'adversaires,
Dont je suis bien souvent le plus à redouter ?
Je combats tout ensemble et chéris mes misères,
Je poursuis la victoire, et crains de l'emporter ;
Je sens en deux partis mon âme divisée,
Je sens à mon instinct ma raison opposée,
      Et mes désirs à votre loi :
Soutenez-moi, Seigneur, dans un péril que j'aime,
      Tenez pour moi contre moi-même,
      Ou je ne réponds pas de moi.

Je ne demande pas que le combat finisse,
Pourvu que vous m'aidiez à le bien soutenir,
Pourvu que le secours de votre main propice
M'excite à le chercher, et se laisse obtenir :
En vain croirais-je ailleurs trouver mon assurance ;
Tout ce qu'ont les humains ou d'art ou de puissance
    Ne peut dissiper ma langueur ;
C'est à vous seulement qu'il faut que je m'adresse,
      Et vous avouer ma faiblesse,
      C'est recouvrer de la vigueur.

C'est ma seule ressource, et mon espoir unique,
De recourir à vous dans mes infirmités ;
Sitôt qu'avecque vous ma douleur s'en explique,
Je vois mes ennemis ou faibles ou domptés :
Pour remède infaillible au péril qui me presse,
Il faut de moi, Seigneur, me défier sans cesse,
      Sans cesse en vous me confier ;
A mes besoins pressants quel secours plus facile ?
      En tous biens je me vois stérile,
      Mais il suffit de vous prier.

Vous n'attendez pas même en ces peines amères
Que mes tristes accents vous parlent de mes maux ;
Souvent votre bonté, prévenant mes prières,
Sans consulter mon âme adoucit mes travaux ;
C'est en ces doux moments que fort de votre force,
Mon cœur d'avec mes sens fait cet heureux divorce
      Qui désarme votre courroux,
Et loin de balancer à vous être fidèle,
      Ma raison, d'accord avec elle,
      Se trouve d'accord avec vous.

Adorables ressorts d'une bonté divine,
Qui dispute mon cœur à de honteux désirs,
Qui presque malgré moi m'enlève à ma ruine,
Et qui dans mes besoins devance mes soupirs !
C'est beaucoup il est vrai qu'en ces rudes alarmes
Votre cœur attendri m'épargne jusqu'aux larmes
      Qu'il pourrait prescrire à mes yeux,

Mais c'est bien plus encore d'épargner à mon âme
Ces périls de crime et de blâme,
Qui me chercheraient en tous lieux....

PRIÈRE À NOTRE-SEIGNEUR JÉSUS-CHRIST,

*pour lui demander l'effet des grâces
qu'Il met en nous, afin de nous exciter
à une conversion parfaite*

.... Mon espérance n'est pas vaine,
Vous m'avez défendu, vous m'avez recherché,
A cent périls certains vous m'avez arraché,
Quand vos faveurs étaient ma peine ;
D'un soin et constant et zélé,
Cent fois vous m'avez appelé
Lorsque je vous fuyais au lieu de vous répondre.
Après tous ces gages d'amour,
Croirai-je qu'aujourd'hui vous vouliez me confondre
Lorsque je vous appelle et vous cherche à mon tour ?

Non votre douceur est trop grande
Pour paraître à nos yeux si prompte à se borner,
Et l'on juge aisément que vous voulez donner
Quand vous voulez qu'on vous demande.
Au fort de ma stupidité,
Vous m'en avez sollicité,
Tantôt par des rigueurs, tantôt par des tendresses.
Je me rends à des soins si doux,
Et vous voyez enfin après tant de caresses
Qu'il ne tient plus à moi que je ne sois à vous.

Ah ! je sens, ô ma seule vie,
Que chercher votre amour, c'est l'avoir obtenu ;
Votre aide a moins suivi qu'elle n'a prévenu
Et ma prière et mon envie ;
Déjà ce noble engagement
Met en moi tant de changement,
Que d'un heureux transport mon âme est toute pleine.
Au seul essai de tant d'appas,

Mon cœur longtemps glacé ne conçoit plus qu'à peine
Comment l'homme peut vivre et ne vous aimer pas.

> Je nage en une joie extrême,
> La terre n'a pour moi rien d'amer ni de doux,
> Et dans l'heureux moment où je me donne à vous,
> Je me sens plus fort que moi-même ;
> Pour vous je pourrais tout oser,
> Sans que rien se pût opposer
> Aux secrètes chaleurs du beau feu qui me presse :
> Puissent ces beaux embrasements
> Dans mon cœur enflammé se redoubler sans cesse,
> Et les siècles entiers me seront des moments.

La Fontaine

ADONIS[1]

.... Quelles sont les douceurs qu'en ces bois ils goûtèrent !
Ô vous de qui les voix jusqu'aux astres montèrent,
Lorsque par vos chansons tout l'univers charmé
Vous ouït célébrer ce couple bien-aimé,
Grands et nobles esprits, chantres incomparables,
Mêlez parmi ces sons vos accords admirables.
Écho, qui ne tait rien, vous conta ces amours ;
Vous les vîtes gravés au fond des antres sourds :
Faites que j'en retrouve au temple de Mémoire
Les monuments sacrés, sources de votre gloire,
Et que, m'étant formé sur vos savantes mains,
Ces vers puissent passer aux derniers des humains !
Tout ce qui naît de doux en l'amoureux empire,
Quand d'une égale ardeur l'un pour l'autre on soupire
Et que, de la contrainte ayant banni les lois,
On se peut assurer au silence des bois,
Jours devenus moments, moments filés de soie,
Agréables soupirs, pleurs enfants de la joie,
Vœux, serments et regards, transports, ravissements,
Mélange dont se fait le bonheur des amants,
Tout par ce couple heureux fut lors mis en usage.
Tantôt ils choisissaient l'épaisseur d'un ombrage :
Là, sous des chênes vieux où leurs chiffres gravés
Se sont avec les troncs accrus et conservés,

Mollement étendus ils consumaient les heures,
Sans avoir pour témoins en ces sombres demeures
Que les chantres des bois, pour confidents qu'Amour,
Qui seul guidait leurs pas en cet heureux séjour.
Tantôt sur des tapis d'herbe tendre et sacrée
Adonis s'endormait auprès de Cythérée,
Dont les yeux, enivrés par des charmes puissants,
Attachaient au héros leurs regards languissants.
Bien souvent ils chantaient les douceurs de leurs peines ;
Et quelquefois assis sur le bord des fontaines,
Tandis que cent cailloux, luttant à chaque bond,
Suivaient les longs replis du cristal vagabond,
« Voyez, disait Vénus, ces ruisseaux et leur course ;
Ainsi jamais le temps ne remonte à sa source :
Vainement pour les dieux il fuit d'un pas léger ;
Mais vous autres mortels le devez ménager,
Consacrant à l'Amour la saison la plus belle. »
Souvent, pour divertir leur ardeur mutuelle,
Ils dansaient aux chansons, de Nymphes entourés.
Combien de fois la lune a leurs pas éclairés,
Et, couvrant de ses rais l'émail d'une prairie,
Les a vus à l'envi fouler l'herbe fleurie !
Combien de fois le jour a vu les antres creux
Complices des larcins de ce couple amoureux !....

Vers 115-162

A M. F.[OUCQUET][1]

Remplissez l'air de cris en vos grottes profondes ;
Pleurez, Nymphes de Vaux, faites croître vos ondes,
Et que l'Anqueuil[2] enflé ravage les trésors
Dont les regards de Flore ont embelli ses bords.
On ne blâmera point vos larmes innocentes ;
Vous pouvez donner cours à vos douleurs pressantes :
Chacun attend de vous ce devoir généreux ;

Les destins sont contents : Oronte [3] est malheureux.
Vous l'avez vu naguère au bord de vos fontaines,
Qui, sans craindre du sort les faveurs incertaines,
Plein d'éclat, plein de gloire, adoré des mortels,
Recevait des honneurs qu'on ne doit qu'aux autels.
Hélas ! qu'il est déchu de ce bonheur suprême !
Que vous le trouveriez différent de lui-même !
Pour lui les plus beaux jours sont de secondes nuits :
Les soucis dévorants, les regrets, les ennuis,
Hôtes infortunés de sa triste demeure,
En des gouffres de maux le plongent à toute heure.
Voilà le précipice où l'ont enfin jeté
Les attraits enchanteurs de la prospérité !
Dans les palais des rois cette plainte est commune,
On n'y connaît que trop les jeux de la Fortune,
Ses trompeuses faveurs, ses appas inconstants ;
Mais on ne les connaît que quand il n'est plus temps.
Lorsque sur cette mer on vogue à pleines voiles,
Qu'on croit avoir pour soi les vents et les étoiles,
Il est bien malaisé de régler ses désirs ;
Le plus sage s'endort sur la foi des Zéphyrs.
Jamais un favori ne borne sa carrière ;
Il ne regarde point ce qu'il laisse en arrière ;
Et tout ce vain amour des grandeurs et du bruit
Ne le saurait quitter qu'après l'avoir détruit [4].
Tant d'exemples fameux que l'histoire en raconte
Ne suffisaient-ils pas, sans la perte d'Oronte ?
Ah ! si ce faux éclat n'eût point fait ses plaisirs,
Si le séjour de Vaux eût borné ses désirs,
Qu'il pouvait doucement laisser couler son âge !
Vous n'avez pas chez vous ce brillant équipage,
Cette foule de gens qui s'en vont chaque jour
Saluer à longs flots le soleil de la Cour :
Mais la faveur du ciel vous donne en récompense
Du repos, du loisir, de l'ombre, et du silence,
Un tranquille sommeil, d'innocents entretiens ;
Et jamais à la Cour on ne trouve ces biens.
Mais quittons ces pensers : Oronte nous appelle.
Vous, dont il a rendu la demeure si belle,
Nymphes, qui lui devez vos plus charmants appas,

Si le long de vos bords Louis porte ses pas,
Tâchez de l'adoucir, fléchissez son courage.
Il aime ses sujets, il est juste, il est sage,
Du titre de clément rendez-le ambitieux :
C'est par là que les rois sont semblables aux dieux.
Du magnanime Henri qu'il contemple la vie :
Dès qu'il put se venger, il en perdit l'envie.
Inspirez à Louis cette même douceur :
La plus belle victoire est de vaincre son cœur.
Oronte est à présent un objet de clémence ;
S'il a cru les conseils d'une aveugle puissance,
Il est assez puni par son sort rigoureux ;
Et c'est être innocent que d'être malheureux.

ÉLÉGIE TROISIÈME[1]

.... Devant que sur vos traits j'eusse porté les yeux,
Je puis dire que tout me riait sous les cieux.
Je n'importunais pas au moins par mes services ;
Pour moi le monde entier était plein de délices :
J'étais touché des fleurs, des doux sons, des beaux jours ;
Mes amis me cherchaient, et parfois mes amours.
Que si j'eusse voulu leur donner de la gloire,
Phébus m'aimait assez pour avoir lieu de croire
Qu'il n'eût en ce besoin osé se démentir ;
Je ne l'invoque plus que pour vous divertir.
Tous ces biens que j'ai dits n'ont plus pour moi de charmes ;
Vous ne m'avez laissé que l'usage des larmes ;
Encor me prive-t-on du triste réconfort
D'en arroser les mains qui me donnent la mort.
Adieu plaisirs, honneurs, louange bien-aimée :
Que me sert le vain bruit d'un peu de renommée ?
J'y renonce à présent ; ces biens ne m'étaient doux
Qu'autant qu'ils me pouvaient rendre digne de vous.
Je respire à regret, l'âme m'est inutile ;
J'aimerais autant être une cendre infertile

Que d'enfermer un cœur par vos traits méprisé :
Clymène, il m'est nouveau de le voir refusé.
Hier encor, ne pouvant maîtriser mon courage [2],
Je dis sans y penser : « Tout changement soulage ;
Amour, viens me guérir par un autre tourment.
Non, ne viens pas, Amour, dis-je au même moment :
Ma cruelle me plaît ; vois ses yeux et sa bouche.
Ô dieux ! qu'elle a d'appas ! qu'elle plaît ! qu'elle touche !
Dis-moi s'il fut jamais rien d'égal dans ta Cour :
Ma cruelle me plaît ; non, ne viens pas, Amour. »
Ainsi je m'abandonne au charme qui me lie :
Les nœuds n'en finiront qu'avec ceux de ma vie....

Fables nouvelles et autres poésies

LE POUVOIR DES FABLES [1]

A M. DE BARRILLON

La qualité d'ambassadeur
Peut-elle s'abaisser à des contes vulgaires ?
Vous puis-je offrir mes vers et leurs grâces légères ?
S'ils osent quelquefois prendre un air de grandeur,
Seront-ils point traités par vous de téméraires ?
Vous avez bien d'autres affaires
A démêler que les débats
Du lapin et de la belette :
Lisez-les, ne les lisez pas ;
Mais empêchez qu'on ne nous mette
Toute l'Europe sur les bras.
Que de mille endroits de la terre
Il nous vienne des ennemis,
J'y consens ; mais que l'Angleterre
Veuille que nos deux Rois se lassent d'être amis,
J'ai peine à digérer la chose.
N'est-il point encor temps que Louis se repose ?
Quel autre Hercule enfin ne se trouverait las

De combattre cette hydre ? et faut-il qu'elle oppose
Une nouvelle tête aux efforts de son bras ?
          Si votre esprit plein de souplesse,
          Par éloquence, et par adresse,
Peut adoucir les cœurs, et détourner ce coup,
Je vous sacrifierai cent moutons ; c'est beaucoup
          Pour un habitant du Parnasse.
          Cependant faites-moi la grâce
          De prendre en don ce peu d'encens.
          Prenez en gré mes vœux ardents,
Et le récit en vers qu'ici je vous dédie.
          Son sujet vous convient ; je n'en dirai pas plus :
          Sur les éloges que l'envie
          Doit avouer qui vous sont dus,
          Vous ne voulez pas qu'on appuie.

Dans Athène autrefois peuple vain et léger,
Un orateur voyant sa patrie en danger,
Courut à la tribune ; et d'un art tyrannique,
Voulant forcer les cœurs dans une république,
Il parla fortement sur le commun salut.
On ne l'écoutait pas : l'orateur recourut
          A ces figures violentes,
Qui savent exciter les âmes les plus lentes.
Il fit parler les morts, tonna, dit ce qu'il put.
Le vent emporta tout ; personne ne s'émut.
          L'animal aux têtes frivoles,
Étant fait à ces traits, ne daignait l'écouter.
Tous regardaient ailleurs : il en vit s'arrêter
A des combats d'enfants, et point à ses paroles.
Que fit le harangueur ? Il prit un autre tour.
« Cérès, commença-t-il, faisait voyage un jour
          Avec l'anguille et l'hirondelle.
Un fleuve les arrête ; et l'anguille en nageant,
          Comme l'hirondelle en volant,
Le traversa bientôt. » L'assemblée à l'instant
Cria tout d'une voix : « Et Cérès, que fit-elle ?
          — Ce qu'elle fit ? un prompt courroux
          L'anima d'abord contre vous.
Quoi, de contes d'enfants son peuple s'embarrasse !

Et du péril qui le menace
Lui seul entre les Grecs il néglige l'effet !
Que ne demandez-vous ce que Philippe fait [2] ? »
　　A ce reproche l'assemblée,
　　Par l'Apologue réveillée,
　　Se donne entière à l'orateur :
　　Un trait de fable en eut l'honneur.

Nous sommes tous d'Athène en ce point ; et moi-même,
Au moment que je fais cette moralité,
　　Si peau d'âne m'était conté,
J'y prendrais un plaisir extrême ;
Le monde est vieux, dit-on ; je le crois, cependant
Il le faut amuser encor comme un enfant.

Fables, 1678-1679

LE SONGE
D'UN HABITANT DU MOGOL [1]

Jadis certain mogol vit en songe un vizir
Aux champs Élysiens possesseur d'un plaisir
Aussi pur qu'infini, tant en prix qu'en durée ;
Le même songeur vit en une autre contrée
　　Un ermite entouré de feux,
Qui touchait de pitié même les malheureux.
Le cas parut étrange, et contre l'ordinaire ;
Minos en ces deux morts semblait s'être mépris.
Le dormeur s'éveilla, tant il en fut surpris.
Dans ce songe pourtant soupçonnant du mystère,
　　Il se fit expliquer l'affaire.
L'interprète lui dit : « Ne vous étonnez point,
Votre songe a du sens, et, si j'ai sur ce point
　　Acquis tant soit peu d'habitude,
C'est un avis des dieux. Pendant l'humain séjour,
Ce vizir quelquefois cherchait la solitude ;
Cet ermite aux vizirs allait faire sa cour. »

Si j'osais ajouter au mot de l'interprète,
J'inspirerais ici l'amour de la retraite :
Elle offre à ses amants des biens sans embarras,
Biens purs, présents du ciel, qui naissent sous les pas.
Solitude où je trouve une douceur secrète,
Lieux que j'aimai toujours, ne pourrai-je jamais,
Loin du monde et du bruit, goûter l'ombre et le frais ?
Ô qui m'arrêtera sous vos sombres asiles !
Quand pourront les neuf sœurs, loin des cours et des villes,
M'occuper tout entier, et m'apprendre des cieux
Les divers mouvements inconnus à nos yeux,
Les noms et les vertus de ces clartés errantes
Par qui sont nos destins et nos mœurs différentes ?
Que si je ne suis né pour de si grands projets,
Du moins que les ruisseaux m'offrent de doux objets !
Que je peigne en mes vers quelque rive fleurie !
La Parque à filets d'or n'ourdira point ma vie ;
Je ne dormirai point sous de riches lambris.
Mais voit-on que le somme en perde de son prix ?
En est-il moins profond, et moins plein de délices ?
Je lui voue au désert de nouveaux sacrifices.
Quand le moment viendra d'aller trouver les morts,
J'aurai vécu sans soins [2], et mourrai sans remords.

Fables, 1678-1679

DISCOURS
A MADAME DE LA SABLIÈRE [1]

Désormais que ma Muse, aussi bien que mes jours,
Touche de son déclin l'inévitable cours,
Et que de ma raison le flambeau va s'éteindre,
Irai-je en consumer les restes à me plaindre,
Et, prodigue d'un temps par la Parque attendu,
Le perdre à regretter celui que j'ai perdu ?
Si le ciel me réserve encor quelque étincelle

Du feu dont je brillais en ma saison nouvelle,
Je la dois employer, suffisamment instruit
Que le plus beau couchant est voisin de la nuit.
Le temps marche toujours ; ni force, ni prière,
Sacrifices ni vœux, n'allongent la carrière :
Il faudrait ménager ce qu'on va nous ravir.
Mais qui vois-je que vous sagement s'en servir ?
Si quelques-uns l'ont fait, je ne suis pas du nombre ;
Des solides plaisirs je n'ai suivi que l'ombre :
J'ai toujours abusé du plus cher de nos biens ;
Les pensers amusants, les vagues entretiens,
Vains enfants du loisir, délices chimériques,
Les romans, et le jeu, peste des républiques,
Par qui sont dévoyés les esprits les plus droits,
Ridicule fureur qui se moque des lois,
Cent autres passions, des sages condamnées,
Ont pris comme à l'envi la fleur de mes années.
L'usage des vrais biens réparerait ces maux ;
Je le sais, et je cours encore à des biens faux.
Je vois chacun me suivre : on se fait une idole
De trésors, ou de gloire, ou d'un plaisir frivole :
Tantales obstinés, nous ne portons les yeux
Que sur ce qui nous est interdit par les cieux.
Si faut-il [2] qu'à la fin de tels pensers nous quittent ;
Je ne vois plus d'instants qui ne m'en sollicitent.
Je recule, et peut-être attendrai-je trop tard ;
Car qui sait les moments prescrits à son départ ?
Quels qu'ils soient, ils sont courts ; à quoi les emploirai-je ?
Si j'étais sage, Iris (mais c'est un privilège
Que la nature accorde à bien peu d'entre nous),
Si j'avais un esprit aussi réglé que vous,
Je suivrais vos leçons, au moins en quelque chose :
Les suivre en tout [3], c'est trop ; il faut qu'on se propose
Un plan moins difficile à bien exécuter,
Un chemin dont sans crime on se puisse écarter.
Ne point errer est chose au-dessus de mes forces ;
Mais aussi, de se prendre à toutes les amorces,
Pour tous les faux brillants courir et s'empresser !
J'entends que l'on me dit : « Quand donc veux-tu cesser ?
Douze lustres et plus ont roulé sur ta vie :

De soixante soleils la course entresuivie
Ne t'a pas vu goûter un moment de repos.
Quelque part que tu sois, on voit à tous propos
L'inconstance d'une âme en ses plaisirs légère,
Inquiète, et partout hôtesse passagère.
Ta conduite et tes vers, chez toi tout s'en ressent.
On te veut là-dessus dire un mot en passant.
Tu changes tous les jours de manière et de style ;
Tu cours en un moment de Térence à Virgile ;
Ainsi rien de parfait n'est sorti de tes mains.
Hé bien ! prends, si tu veux, encor d'autres chemins :
Invoque des neuf sœurs la troupe tout entière ;
Tente tout, au hasard de gâter la matière :
On le souffre, excepté tes contes d'autrefois. »
J'ai presque envie, Iris, de suivre cette voix ;
J'en trouve l'éloquence aussi sage que forte.
Vous ne parleriez pas ni mieux, ni d'autre sorte :
Serait-ce point de vous qu'elle viendrait aussi ?
Je m'avoue, il est vrai, s'il faut parler ainsi,
Papillon du Parnasse, et semblable aux abeilles
A qui le bon Platon compare nos merveilles.
Je suis chose légère, et vole à tout sujet ;
Je vais de fleur en fleur, et d'objet en objet ;
A beaucoup de plaisirs je mêle un peu de gloire.
J'irais plus haut peut-être au temple de Mémoire
Si dans un genre seul j'avais usé mes jours ;
Mais quoi ! je suis volage en vers comme en amours.
En faisant mon portrait, moi-même je m'accuse,
Et ne veux point donner mes défauts pour excuse ;
Je ne prétends ici que dire ingénument
L'effet bon ou mauvais de mon tempérament.
A peine la raison vint éclairer mon âme,
Que je sentis l'ardeur de ma première flamme.
Plus d'une passion a depuis dans mon cœur
Exercé tous les droits d'un superbe vainqueur.
Tel que fut mon printemps, je crains que l'on ne voie
Les plus chers de mes jours aux vains désirs en proie.
Que me servent ces vers avec soin composés ?
N'en attends-je autre fruit que de les voir prisés ?
C'est peu que leurs conseils, si je ne sais les suivre,

Et qu'au moins vers ma fin je ne commence à vivre ;
Car je n'ai pas vécu ; j'ai servi deux tyrans :
Un vain bruit et l'amour ont partagé mes ans.
Qu'est-ce que vivre, Iris ? Vous pouvez nous l'apprendre.
Votre réponse est prête ; il me semble l'entendre :
C'est jouir des vrais biens avec tranquillité ;
Faire usage du temps et de l'oisiveté ;
S'acquitter des honneurs dus à l'Être suprême ;
Renoncer aux Phyllis en faveur de soi-même ;
Bannir le fol amour et les vœux impuissants,
Comme hydres dans nos cœurs sans cesse renaissants.

Ouvrages de prose et de poésie

Drelincourt

SUR L'HOMME
PETIT MONDE [1]

Portrait de la divine Essence,
Incomparable bâtiment,
Où l'Éternel, en le formant,
Déploya sa toute-puissance ;

Simple être, par ton existence,
Plante, par ton accroissement,
Animal, par ton sentiment,
Ange, par ton intelligence ;

Temple vivant, monde abrégé,
Où le Créateur a logé
Tant de différentes images ;

Chef-d'œuvre, admirable et divers,
Homme, rends à Dieu les hommages
Des êtres de tout l'Univers.

Sonnets chrétiens, I

SUR LES VENTS

Voix sans poumons, corps invisibles,
Lutins volants, char des oiseaux,
Vieux courriers, postillons nouveaux,
Sur terre, et sur mer, si sensibles ;

Doux médecins, bourreaux terribles,
Maîtres de l'air, tyrans des eaux,
Qui rendez aux craintifs vaisseaux
Les ondes fières ou paisibles ;

Vents, qui, dans un cours inconstant,
Naissez et mourez, chaque instant,
Mes jours ne sont qu'un vent qui passe ;

Mon cœur fait naufrage en la mort :
Mais Dieu, du souffle de sa Grâce,
Pousse mon âme dans le port.

Sonnets chrétiens, I

SUR SAMSON

Ne vois-je pas ici le véritable Alcide [1] ?
Son invincible bras, en mille occasions,
A de ses ennemis défait les légions :
Mais c'est dans ses cheveux que sa force réside [2].

Ô non pareil athlète ! ô courage intrépide !
Quoi ! faut-il qu'un héros qui dompte les lions,
Le vainqueur soit vaincu, dans ses illusions,
Par les fausses douceurs d'une beauté perfide [3] ?

Ta vertu, toutefois, se ranime en ta mort ;
Et de vaincu, vainqueur, par un dernier effort,
De tous tes ennemis ton cœur prend la vengeance [4].

Mais, ô petit soleil ! dans la mort étouffé,
Qu'es-tu, près du Soleil, qui, dans sa défaillance,
A, même par sa mort, de la mort triomphé [5] ?

Sonnets chrétiens, II

SUR JONAS

Trop timide Jonas [1], que ton naufrage est beau !
La main de l'Éternel, en miracles féconde,
Te prépare un asile au sein même de l'onde,
Et fait pour toi d'un monstre un pilote, un vaisseau.

Soudain, passé d'un gouffre en un gouffre nouveau,
Deux fois mort, sans mourir, tu te fais voir au monde ;
Et dans cet accident, ô merveille profonde,
La mort t'ôte à la mort, et la tombe au tombeau.

Du Sauveur des humains excellente figure,
Tu quittes, dans trois jours, ta noire sépulture.
Ton sort d'avec le sien diffère toutefois :

Sur ton corps, aujourd'hui, la mort a la victoire,
Mais le Jonas céleste, affranchi de ses lois,
Est monté du sépulcre au séjour de la gloire.

Sonnets chrétiens, II

SUR LA CROIX
DE NOTRE SEIGNEUR

LA CAUSE

Prodige incomparable, étrange conjoncture !
Quoi ! le juste, le saint, le puissant Roi des rois,
Est, comme un criminel, attaché sur le bois !
Et l'on verra mourir le Dieu de la nature !

Hélas ! je suis l'auteur des tourments qu'il endure.
Pleurez, mes yeux, pleurez, à l'aspect de sa croix.
C'est par moi, grand Jésus ! que réduit aux abois,
Tu souffres cette mort si honteuse et si dure.

Oui, pourquoi, détester les Juifs et les Romains ?
Je dois chercher en moi tes bourreaux inhumains,
Pour mieux juger du prix de tes bontés divines.

Mes péchés, vrais bourreaux, ont versé tout ton sang,
T'ont fait boire le fiel, t'ont couronné d'épines,
T'ont cloué, pieds et mains, et t'ont percé le flanc.

Sonnets chrétiens, III

SUR LE MÊME SUJET

SES EFFETS

Qui l'eût jamais pensé ? qui l'eût jamais pu croire ?
L'adorable Jésus, meurtri, percé de clous !
Le soleil éternel, dans l'ombre la plus noire !
Le propre Fils de Dieu, l'objet de son courroux !

Je vois dans cette mort, d'immortelle mémoire,
L'innocent condamné, le criminel absous ;
La guerre y fait la paix ; la honte y fait la gloire :
Et la peine d'un seul est le salut de tous.

Anges saints, adorez ces grandeurs ineffables ;
Et vous, aveugles Juifs, vous, païens détestables,
Cessez votre blasphème, insolent et moqueur.

Jésus est le Dieu fort, dans sa faiblesse extrême :
Sa croix est l'ornement et le char d'un vainqueur,
Et sa mort est, enfin, la mort de la mort même.

Sonnets chrétiens, III

PRIÈRE POUR LE MATIN

Je te bénis, Seigneur, en ouvrant la paupière :
Fais-moi, dès le matin, ressentir ta bonté,
Fléchis par ton esprit ma dure volonté,
Et verse dans mon cœur ta divine lumière.

Qu'au milieu des dangers de ma triste carrière,
Soutenu par ta main, je marche en sûreté,
Et qu'enfin, par ta Grâce et par ta Vérité
J'arrive en ton repos à mon heure dernière.

Je suis, à ta Justice, un objet odieux ;
Mais, mon Dieu, lave-moi dans le sang précieux
Que pour moi ton saint Fils versa sur le Calvaire.

Que sans craindre la mort ni son noir appareil,
J'entre, au sortir du jour qui luit sur l'hémisphère,
Dans le jour où les saints n'ont que toi pour Soleil.

Sonnets chrétiens, IV

SUR LA GLOIRE DU PARADIS

Riches voûtes d'azur, flambeaux du firmament,
Couronnes, dignités, grandeurs, pompe royale,
Festins, concerts, parfums que l'Arabie exhale,
Jardins, fleuves, palais bâtis superbement ;

Soleil, du haut lambris le plus noble ornement,
Perles, rubis, joyaux de l'Inde orientale,
Trésors que l'Occident, aujourd'hui, nous étale,
Éclatantes beautés de ce bas élément ;

Objets les plus charmants de toute la nature,
Venez ici m'aider à former la peinture
Du ravissant bonheur que Dieu prépare aux siens.

Mais non, ne venez pas ; cette gloire suprême
Où dans l'éternité l'on possède Dieu même
Surpasse infiniment la nature et ses biens.

Sonnets chrétiens, IV

Pierre de Saint-Louis

LA MADELEINE AU DÉSERT[1]

.... Donc Pécheresse ailleurs, et Pêcheresse là[2],
Elle lui prend le cœur, avec ces filets-là,
J'entends les beaux cheveux de notre Mariane[3],
Filets bien différents de celui d'Ariane,
Puisqu'on peut assez voir comme ils ont été faits
Et pour un autre usage et pour d'autres effets.
Car si l'on fit sortir de sa prison Thésée,
Ceux-ci pour arrêter trament une fusée.
L'un tira du Dédale, aussi long qu'importun,
Et nous voyons ici qu'eux-mêmes en font un
Dont les tours et détours, judicieux et sages,
Forment un labyrinthe, et ferment les passages.
Pouvez-vous donc mieux être, admirables filets,
Pour une telle prise, en boucles annelés ?
   Ô belle chevelure, autrefois sa couronne,
Que tout cède à l'éclat de l'or qui t'environne,
Et qu'un trait aussi beau qu'il est audacieux
Fasse de ton brillant un nouvel astre aux cieux.
   Ô fortunés cheveux, perruque bienheureuse,
Autre comme autrefois, vous fûtes dangereuse.
Ton poil, au poids de l'or, malheureux Absalon[4],
N'a rien de comparable au poil de Madelon ;
Car, en prenant le ciel, le sien lui fait tout prendre,
Et le tien ne te sert que pour te faire pendre.

Prenez donc hardiment, trop aimables lacets,
Ceux qui pour vous avoir n'étaient jamais lassés.
Soyez éparpillés pour un meilleur usage
Que quand vous paraissez, frisés sur son visage,
Où sans difficulté tous les jours vous preniez
La liberté des cœurs que vous entrepreniez.
Raffinez-vous, bel or, mis dans cette fournaise,
Près de cet homme assis, et si bien à son aise,
Reconnaissez, cheveux, l'honneur que vous avez,
Et devenez plus beaux, étant si bien lavés.
Au courant des ruisseaux de cette lavandière,
Qui semble avoir de vous la force tout entière
Que retirait des siens l'invincible Samson[5].
C'est en faisant ainsi, c'est de cette façon
Qu'elle veut s'assurer sa nouvelle conquête,
Mettant aux pieds d'un Dieu ce qu'il mit sur sa tête,
Après avoir bien pris l'heure de son repas,
Pour y venir servir un plat de ses appas.
   Mais en quelle rivière, étang ou pêcherie
Vit-on un trait semblable à celui de Marie ?
Qui fait tout le contraire et jette tout exprès,
Non point ses rets dans l'eau, mais bien l'eau dans ses rets,
Qui sont les lacs d'amour qu'elle fait à Théandre[6]
Et le piège innocent qu'elle vient de lui tendre,
Comme on donne au fiancé que l'on veut obliger
D'anneaux de ses cheveux pour mieux se l'engager.
Toutefois, voulant prendre, avec cette surprise,
Par un contraire effet, elle se trouve prise,
Et devient en cela semblable à l'hameçon,
Qui se voit plutôt pris qu'il ne prend le poisson....

*

.... Marthe[7], voyant ici cette amante si belle
Toujours aux mêmes pieds, ne vous plaignez plus d'elle,
C'est bien vous qui devez l'aider à cette fois,
Lorsqu'elle apprend par cœur et prend la sainte Croix ;
Y voyant son Sauveur étendu de la sorte,
Elle ne veut porter que celle qui le porte,
Trop heureuse à son tour de pouvoir se charger

De ce joug si suave et fardeau si léger ;
Le firmament n'a point sur son dos tant d'étoiles,
La terre tant de fleurs, ni la mer tant de voiles,
Phébus tant de rayons, l'Iris tant de couleurs
Que son cœur de soucis, d'ennuis et de douleurs.
   C'est ainsi qu'elle assiste à tes sanglantes couches,
Belle Croix, qui pour elle as de si fortes touches
Où les nerfs de Jésus, souffrant pour son salut,
Sont tendus et tirés, ainsi que sur un luth.
Instrument pitoyable [8], où l'on voit quand tu brilles
Des épines pour rose, et des clous pour chevilles,
Que ta mélancolie est propre à son amant,
Bois au feu de l'amour, pitoyable instrument,
Que Madeleine tient, touche, embrasse et manie,
Se laissant transporter à la douce harmonie,
De tes charmants accords et fredons excellents,
Mariés par Marie aux soupirs, aux tremblants [9].
   Instrument de salut et de miséricorde,
Vous de qui l'amour joue, et que la grâce accorde
Pour le faire parler, et dire en expirant
Sept mots, ou sept motets, sur un bel air mourant,
Après l'avoir monté sur votre bois infâme,
Et sur le ton plus haut de la plus haute gamme,
Luth, mille fois plus beau que le ciel tout voûté,
Et mille fois plus cher pour avoir tant coûté,
Pour cordes servez-vous du poil de cette belle,
Qui vous sert de pleureuse, et non de chanterelle.
Ô Maître tout céleste, incomparable son !
Divine tablature ! admirable leçon !
Ô comme elle étudie, et qu'elle est occupée !
Du sang de son époux et de ses pleurs trempée !
Marthe, si c'est à vous qu'on donne l'action,
Marie, hélas ! pour soi n'a que la passion ;
Avez-vous la pratique, elle a la théorie,
Marthe, l'une est à vous, et l'autre est à Marie ;
Soyez dans les emplois, agissez au-dehors,
Elle agit au-dedans, plus d'esprit que de corps.
Ne vous étonnez pas que dans un tel partage,
Sur vous votre cadette emporte l'avantage.
   N'en soyez pas fâchée, en votre cœur amer ;

L'amour lui vient de droit, son nom ne fait qu'aimer.
Laissez-la donc ici, près du bois qui la brûle,
Comme elle vous laissait, autrefois, toute seule
Après votre ménage, et dans votre château.
Elle est aussi contente, en ce sanglant coteau,
Son amant sur la croix lui semble autant aimable
Que du temps qu'il était assis à votre table.
En ce temps de plaisir, de douceur et de miel,
Elle n'aime pas moins son vinaigre et son fiel.
L'absinthe, l'aloès, la myrrhe du calice,
Et tout ce qui lui peut augmenter son supplice,
Tout ce qui vient de lui la contente et lui plaît.
Elle suce le sang aussi bien que le lait.
Laissant pour son amour toutes les créatures,
Elle aime ses plaisirs autant que ses tortures,
Les épines, les clous, les croix et les douleurs,
Autant qu'elle ferait les roses et les fleurs ;
Rien ne peut rebuter cette âme généreuse,
Parce qu'elle est toujours plus que tous amoureuse....

Malaval

LE SOMMEIL DE L'ÉPOUSE,

SUR LES PAROLES DU CANTIQUE

Depuis longtemps je suis ensevelie
Dans un sommeil très profond et très fort,
Où la nature à la grâce s'allie ;
Où mon cœur veille, et mon esprit s'endort ;
    Je suis tranquille au bruit,
    Pleine en la solitude,
    Éclairée en ma nuit,
       Sans nulle étude.

Là tous mes sens n'ont presque plus d'usage,
Je ne vois rien, je n'entends qu'à demi :
On voit briller jusque sur mon visage
L'attrait vainqueur qui dompte l'ennemi.
    Ha ! ne m'éveillez point,
    Mon bien-aimé s'en fâche.
    Ha ! ne me cherchez point,
       Puisqu'il me cache.

Si je gémis, si je plains ou soupire,
C'est un élan, ce n'est pas un regret :
C'est mon amour qui doucement respire
Pour exhaler au Ciel son feu secret.
    Dans ce même moment

En Dieu je me relance,
Trouvant mon élément
　　Dans mon silence.

　Mes passions captives et soumises
Suivent en tout l'empire de mon Roi :
Si je les sens, si nous avons des prises,
Jamais au cœur elles ne font la loi.
　　Mon sommeil a charmé
　　Leurs troubles et leurs peines,
　　L'ennemi désarmé
　　　Est sous les chaînes.

　Souvent l'on croit que je demeure oisive,
Mais mon loisir est un travail puissant :
Morte au-dehors, au-dedans je suis vive,
Et mon repos est toujours agissant.
　　Je marche en grande paix
　　Sans voir combien j'avance,
　　Et je ne perds jamais
　　　La confiance.

　Je n'entends plus les tumultes du monde,
Inébranlable entre les changements :
Je ne crains point quand le tonnerre gronde,
Paisible en Dieu parmi ses jugements.
　　Au fort de mon sommeil
　　Nul objet ne me tente,
　　Et même à mon réveil
　　　Je suis contente.

Poésies spirituelles

LA SOLITUDE INTÉRIEURE,
SUR LES PAROLES DU PROPHÈTE OSÉE

　Sombre désert où Dieu seul fait la nuit,
Règne de paix et de silence ;

Un cœur brûlant que le monde poursuit,
A su pour te trouver se faire violence,
Comme au sein de l'amour j'ose ici recourir :
C'est ici qu'on sait vivre, ici qu'on sait mourir.

Centre de Dieu qui veut parler au cœur,
Vrai sanctuaire de la grâce,
Où l'ennemi perd toute sa vigueur,
Où l'on contemple Dieu sans que rien embarrasse.
Que l'esprit est heureux quand il habite en soi,
Paradis de la terre, asile de la foi.

Mes passions, mes sens, obéissez,
Je n'ai qu'un amour et qu'un maître :
Dans ce désert où vous vous enfoncez,
Il ne faut rien porter, et ne vous rien promettre.
L'Époux ne veut ni bruit, ni commerce, ni soin.
Venez lui rendre hommage, ou ne paraissez point.

Poésies spirituelles

Boileau

.... Maudit soit le premier dont la verve insensée
Dans les bornes d'un vers renferma sa pensée,
Et, donnant à ses mots une étroite prison,
Voulut avec la rime enchaîner la raison !
Sans ce métier fatal au repos de ma vie,
Mes jours, pleins de loisirs couleraient sans envie,
Je n'aurais qu'à chanter, rire, boire d'autant,
Et, comme un gras chanoine, à mon aise et content,
Passer tranquillement, sans souci, sans affaire,
La nuit à bien dormir, et le jour à rien faire.
Mon cœur, exempt de soins, libre de passion,
Sait donner une borne à son ambition ;
Et, fuyant des grandeurs la présence importune,
Je ne vais point au Louvre adorer la fortune :
Et je serais heureux si, pour me consumer,
Un destin envieux[2] ne m'avait fait rimer.
   Mais depuis le moment que cette frénésie
De ses noires vapeurs troubla ma fantaisie[3],
Et qu'un démon jaloux de mon contentement
M'inspira le dessein d'écrire poliment,
Tous les jours malgré moi, cloué sur un ouvrage,
Retouchant un endroit, effaçant une page,
Enfin passant ma vie en ce triste métier,

J'envie, en écrivant, le sort de Pelletier [4].
  Bienheureux Scudéry [5], dont la fertile plume
Peut tous les mois sans peine enfanter un volume !
Tes écrits, il est vrai, sans art et languissants,
Semblent être formés en dépit du bon sens ;
Mais ils trouvent pourtant, quoi qu'on en puisse dire,
Un marchand pour les vendre, et des sots pour les lire ;
Et quand la rime enfin se trouve au bout des vers,
Qu'importe que le reste y soit mis de travers !
Malheureux mille fois celui dont la manie
Veut aux règles de l'art asservir son génie !
Un sot, en écrivant, fait tout avec plaisir.
Il n'a point en ses vers l'embarras de choisir ;
Et, toujours amoureux de ce qu'il vient d'écrire,
Ravi d'étonnement, en soi-même il s'admire.
Mais un esprit sublime en vain veut s'élever
A ce degré parfait qu'il tâche de trouver ;
Et, toujours mécontent de ce qu'il vient de faire,
Il plaît à tout le monde, et ne saurait se plaire,
Et tel, dont en tous lieux chacun vante l'esprit,
Voudrait pour son repos n'avoir jamais écrit.
  Toi donc, qui vois les maux où ma muse s'abîme,
De grâce, enseigne-moi l'art de trouver la rime :
Ou, puisque enfin tes soins y seraient superflus,
Molière, enseigne-moi l'art de ne rimer plus.

Satires, 1666

A MON JARDINIER [1]

ÉPÎTRE XI

  Laborieux valet du plus commode maître
Qui pour te rendre heureux ici-bas pouvait naître,
Antoine, gouverneur de mon jardin d'Auteuil,
Qui diriges chez moi l'if et le chèvrefeuil,
Et sur mes espaliers, industrieux génie,

Sais si bien exercer l'art de La Quintinie[2] ;
Ô ! que de mon esprit triste et mal ordonné,
Ainsi que de ce champ par toi si bien orné,
Ne puis-je faire ôter les ronces, les épines,
Et des défauts sans nombre arracher les racines !
  Mais parle : raisonnons. Quand, du matin au soir,
Chez moi poussant la bêche, ou portant l'arrosoir,
Tu fais d'un sable aride une terre fertile,
Et rends tout mon jardin à tes lois si docile ;
Que dis-tu de m'y voir rêveur, capricieux,
Tantôt baissant le front, tantôt levant les yeux,
De paroles dans l'air par élans envolées,
Effrayer les oiseaux perchés dans mes allées ?
Ne soupçonnes-tu point qu'agité du démon,
Ainsi que ce cousin des quatre fils Aymon[3],
Dont tu lis quelquefois la merveilleuse histoire,
Je rumine en marchant quelque endroit du grimoire ?
Mais non : tu te souviens qu'au village on t'a dit
Que ton maître est nommé pour coucher par écrit
Les faits d'un roi plus grand en sagesse, en vaillance,
Que Charlemagne aidé des douze pairs de France[4].
Tu crois qu'il y travaille, et qu'au long de ce mur
Peut-être en ce moment il prend Mons et Namur[5].
  Que penserais-tu donc, si l'on t'allait apprendre
Que ce grand chroniqueur des gestes[6] d'Alexandre,
Aujourd'hui méditant un projet tout nouveau,
S'agite, se démène, et s'use le cerveau,
Pour te faire à toi-même en rimes insensées
Un bizarre portrait de ses folles pensées ?
Mon maître, dirais-tu, passe pour un docteur,
Et parle quelquefois mieux qu'un prédicateur.
Sous ces arbres pourtant, de si vaines sornettes
Il n'irait point troubler la paix de ces fauvettes,
S'il lui fallait toujours, comme moi, s'exercer,
Labourer, couper, tondre, aplanir, palisser,
Et, dans l'eau de ces puits sans relâche tirée,
De ce sable étancher la soif démesurée.
  Antoine, de nous deux, tu crois donc, je le vois
Que le plus occupé dans ce jardin, c'est toi ?
Ô ! que tu changerais d'avis et de langage,

Si deux jours seulement, libre du jardinage,
Tout à coup devenu poète et bel esprit,
Tu t'allais engager à polir un écrit
Qui dît, sans s'avilir, les plus petites choses ;
Fît des plus secs chardons des œillets et des roses ;
Et sût même au discours de la rusticité
Donner de l'élégance et de la dignité ;
Un ouvrage, en un mot, qui, juste en tous ses termes,
Sût plaire à d'Aguesseau, sût satisfaire Termes[7],
Sût, dis-je, contenter, en paraissant au jour,
Ce qu'ont d'esprits plus fins et la ville et la cour !
Bientôt de ce travail revenu sec et pâle,
Et le teint plus jauni que de vingt ans de hâle,
Tu dirais, reprenant ta pelle et ton râteau :
J'aime mieux mettre encore cent arpents au niveau,
Que d'aller follement, égaré dans les nues,
Me lasser à chercher des visions cornues ;
Et, pour lier des mots si mal s'entr'accordants,
Prendre dans ce jardin la lune avec les dents.
    Approche donc, et viens : qu'un paresseux t'apprenne,
Antoine, ce que c'est que fatigue et que peine.
L'homme ici-bas, toujours inquiet et gêné,
Est, dans le repos même, au travail condamné.
La fatigue l'y suit. C'est en vain qu'aux poètes
Les neuf trompeuses sœurs dans leurs douces retraites
Promettent du repos sous leurs ombrages frais :
Dans ces tranquilles bois pour eux plantés exprès,
La cadence aussitôt, la rime, la césure,
La riche expression, la nombreuse mesure,
Sorcières dont l'amour sait d'abord les charmer,
De fatigues sans fin viennent les consumer.
Sans cesse poursuivant ces fugitives fées,
On voit sous les lauriers haleter les Orphées.
Leur esprit toutefois se plaît dans son tourment,
Et se fait de sa peine un noble amusement.
Mais je ne trouve point de fatigue si rude
Que l'ennuyeux loisir d'un mortel sans étude,
Qui, jamais ne sortant de sa stupidité,
Soutient, dans les langueurs de son oisiveté,
D'une lâche indolence esclave volontaire,

Le pénible fardeau de n'avoir rien à faire.
Vainement offusqué de ses pensers épais,
Loin du trouble et du bruit il croit trouver la paix :
Dans le calme odieux de sa sombre paresse,
Tous les honteux plaisirs, enfants de la mollesse,
Usurpant sur son âme un absolu pouvoir,
De monstrueux désirs le viennent émouvoir,
Irritent de ses sens la fureur endormie,
Et le font le jouet de leur triste infamie.
Puis sur leurs pas soudain arrivent les remords,
Et bientôt avec eux tous les fléaux du corps,
La pierre, la colique et les gouttes cruelles ;
Guénaud, Rainssant, Brayer [8], presque aussi tristes qu'elles,
Chez l'indigne mortel courent tous s'assembler,
De travaux douloureux le viennent accabler ;
Sur le duvet d'un lit, théâtre de ses gênes [9],
Lui font scier des rocs, lui font fendre des chênes,
Et le mettent au point d'envier ton emploi.
Reconnais donc, Antoine, et conclus avec moi,
Que la pauvreté mâle, active et vigilante,
Est, parmi les travaux, moins lasse et plus contente
Que la richesse oisive au sein des voluptés.
    Je te vais sur cela prouver deux vérités :
L'une, que le travail, aux hommes nécessaire,
Fait leur félicité plutôt que leur misère ;
Et l'autre, qu'il n'est point de coupable en repos.
C'est ce qu'il faut ici montrer en peu de mots.
Suis-moi donc. Mais je vois, sur ce début de prône,
Que ta bouche déjà s'ouvre large d'une aune,
Et que, les yeux fermés, tu baisses le menton.
Ma foi, le plus sûr est de finir ce sermon.
Aussi bien j'aperçois ces melons qui t'attendent,
Et ces fleurs qui là-bas entre elles se demandent,
S'il est fête au village, et pour quel saint nouveau,
On les laisse aujourd'hui si longtemps manquer d'eau.

Épîtres nouvelles

Mme Deshoulières

LES MOUTONS

Idylle

Hélas ! petits moutons, que vous êtes heureux !
Vous paissez dans nos champs sans soucis, sans alarmes :
     Aussitôt aimés qu'amoureux,
On ne vous force point à répandre des larmes ;
Vous ne formez jamais d'inutiles désirs ;
Dans vos tranquilles cœurs l'amour suit la nature :
Sans ressentir ses maux vous avez ses plaisirs.
L'ambition, l'honneur, l'intérêt, l'imposture,
     Qui font tant de maux parmi nous,
     Ne se rencontrent point chez vous.
Cependant nous avons la raison pour partage
     Et vous en ignorez l'usage.
Innocents animaux, n'en soyez point jaloux,
     Ce n'est pas un grand avantage.
Cette fière raison, dont on fait tant de bruit,
Contre les passions n'est pas un sûr remède :
Un peu de vin la trouble, un enfant la séduit ;
Et déchirer un cœur qui l'appelle à son aide
     Est tout l'effet qu'elle produit ;
     Toujours impuissante et sévère ;
Elle s'oppose à tout et ne surmonte rien.
     Sous la garde de votre chien,

Vous devez beaucoup moins redouter la colère
   Des loups cruels et ravissants
Que, sous l'autorité d'une telle chimère,
   Nous ne devons craindre nos sens.
Ne vaudrait-il pas mieux vivre, comme vous faites,
   Dans une douce oisiveté ?
Ne vaudrait-il pas mieux être, comme vous êtes,
   Dans une heureuse obscurité
   Que d'avoir, sans tranquillité,
   Des richesses, de la naissance,
   De l'esprit et de la beauté ?
Ces prétendus trésors, dont on fait vanité,
   Valent moins que votre indolence :
Ils nous livrent sans cesse à des soins criminels ;
   Par eux plus d'un remords nous ronge ;
   Nous voulons les rendre éternels,
Sans songer qu'eux et nous passerons comme un songe.
   Il n'est, dans ce vaste univers,
   Rien d'assuré, rien de solide ;
Des choses ici-bas la fortune décide
   Selon ses caprices divers.
   Tout l'effort de notre prudence
Ne peut nous dérober au moindre de ses coups.
Paissez, moutons, paissez sans règle et sans science ;
   Malgré la trompeuse espérance,
Vous êtes plus heureux et plus sages que nous.

Poésies

STANCES

Agréables transports qu'un tendre amour inspire,
Désirs impatients, qu'êtes-vous devenus ?
Dans le cœur du berger pour qui le mien soupire
   Je vous cherche, je vous désire,
   Et je ne vous retrouve plus.

Son rival est absent, et la nuit qui s'avance
Pour la troisième fois a triomphé du jour,
Sans qu'il ait profité de cette heureuse absence ;
       Avec si peu d'impatience,
       Hélas ! on n'a guère d'amour.

Il ne sent plus pour moi ce qu'on sent quand on aime ;
L'infidèle a passé sous de nouvelles lois.
Il me dit bien encor que son mal est extrême ;
       Mais il ne le dit plus de même
       Qu'il me le disait autrefois.

Revenez dans mon cœur, paisible indifférence
Que l'amour a changée en de cuisants soucis.
Je ne reconnais plus sa fatale puissance ;
       Et, grâce à tant de négligence,
       Je ne veux plus aimer Tircis.

Je ne veux plus l'aimer ! Ah ! discours téméraire !
Voudrais-je éteindre un feu qui fait tout mon bonheur ?
Amour, redonnez-lui le dessein de me plaire :
       Mais, quoi que l'ingrat puisse faire,
       Ne sortez jamais de mon cœur.

Poésies

Chaulieu

MADRIGAL

À M. DE LA FARE,

qui était à Saint-Cloud avec Monsieur,
pour le prier à souper avec Madame D.

Ce soir, lorsque la nuit, aux amants favorables,
Sur les yeux des mortels répand l'aveuglement,
    Dans mon petit appartement
Les Grâces et l'Amour conduiront ma maîtresse.
    A cet objet de ma tendresse
De mon cœur partagé rejoins l'autre moitié ;
Et donne-moi ce soir le plaisir d'être à table
    Entre l'amour et l'amitié.

Poésies

SUR LA MORT
DE M. LE MARQUIS DE LA FARE,
EN 1712

La Fare n'est donc plus ! La Parque impitoyable
A ravi de mon cœur cette chère moitié.
Étranger dans le monde, il m'est insupportable.

Je n'y goûterai plus ce charme inexplicable
Dont depuis quarante ans jouit mon amitié.

Je te perds pour jamais, ami tendre et fidèle !
Sûr de trouver ton cœur conforme à mes désirs,
Nous goûtions de concert la douceur mutuelle
De partager nos maux ainsi que nos plaisirs.
Flatté que ta bonté ne me fît point un crime
          De mes vices, de mes défauts,
Je te les confiais sans perdre ton estime,
          Ni rien du peu que je vaux.

La trame de nos jours ne fut point assortie
Par raison d'intérêt, ou par réflexion ;
D'un aimant mutuel la douce sympathie
          Forma seule notre union.
          Dans le sein de la complaisance,
          Se nourrit cette affection,
Dont en très peu de temps l'aveugle confiance
          Fit une forte passion.

On te pleure au Parnasse, on te pleure à Cythère ;
En longs habits de deuil, les Muses, les Amours,
Et ces divinités qui donnent l'art de plaire,
De ta pompe funèbre ont indiqué les jours.
          Apollon veut qu'avec Catulle
          Horace conduise le deuil.
Ovide y jettera des fleurs sur ton cercueil,
Comme il fit autrefois au bûcher de Tibulle.

          Cher La Fare, de ces honneurs
              Que t'ont rendus les neuf sœurs,
          Puisse la fidèle histoire
Aux siècles à venir faire passer ta gloire !
J'espère, et cet espoir seul console mon cœur,
          Qu'en éternisant ta mémoire,
          J'éternise aussi ma douleur.

J'appelle à mon secours raison, philosophie ;
Je n'en reçois, hélas, aucun soulagement.

A leurs belles leçons, insensé qui se fie.
Elles ne peuvent rien contre le sentiment.
J'entends que la raison me dit que vainement
Je m'afflige d'un mal qui n'a pas de remède ;
Mais je verse des pleurs dans ce même moment
Et sens qu'à ma douleur il vaut mieux que je cède.

       L'ordre que la nature a mis
Veut que j'aille bientôt rejoindre mes amis.
Tout ce qui me fut cher a passé le Cocyte.
Ô Mort, faut-il en vain que je te sollicite ?
Me refuseras-tu le funeste secours
       De terminer mes tristes jours ?
Ces jours sont un tissu de souffrance et de peine.
Pourquoi n'osai-je rompre une cruelle chaîne
Qui m'attache à la vie, et m'éloigne du port ?
       Il faudrait au moins que le sage,
         Quand il veut, eût l'avantage
         D'être maître de son sort.

Poésies

Racine

CANTIQUES SPIRITUELS

SUR LE BONHEUR DES JUSTES
ET SUR LE MALHEUR DES RÉPROUVÉS [1]

(Tiré de la Sagesse, *chap. v)*

Heureux qui de la sagesse
Attendant tout son secours,
N'a point mis en la richesse
L'espoir de ses derniers jours !
La mort n'a rien qui l'étonne ;
Et dès que son Dieu l'ordonne,
Son âme prenant l'essor
S'élève d'un vol rapide
Vers la demeure où réside
Son véritable trésor.

De quelle douleur profonde
Seront un jour pénétrés
Ces insensés qui du monde,
Seigneur, vivent enivrés,
Quand par une fin soudaine
Détrompés d'une ombre vaine
Qui passe et ne revient plus,
Leurs yeux du fond de l'abîme
Près de ton trône sublime
Verront briller tes élus !

« Infortunés que nous sommes,
Où s'égaraient nos esprits ?
Voilà, diront-ils, ces hommes,
Vils objets de nos mépris.
Leur sainte et pénible vie
Nous parut une folie ;
Mais aujourd'hui triomphants,
Le ciel chante leur louange
Et Dieu lui-même les range
Au nombre de ses enfants.

« Pour trouver un bien fragile
Qui nous vient d'être arraché,
Par quel chemin difficile
Hélas ! nous avons marché !
Dans une route insensée
Notre âme en vain s'est lassée,
Sans se reposer jamais,
Fermant l'œil à la lumière
Qui nous montrait la carrière
De la bienheureuse paix.

« De nos attentats injustes
Quel fruit nous est-il resté ?
Où sont les titres augustes,
Dont notre orgueil s'est flatté ?
Sans amis et sans défense,
Au trône de la vengeance
Appelés en jugement,
Faibles et tristes victimes,
Nous y venons de nos crimes
Accompagnés seulement. »

Ainsi, d'une voix plaintive,
Exprimera ses remords
La pénitence tardive
Des inconsolables morts.
Ce qui faisait leurs délices,
Seigneur, fera leurs supplices ;
Et par une égale loi

Tes saints trouveront des charmes
Dans le souvenir des larmes
Qu'ils versent ici pour toi.

SUR LES VAINES OCCUPATIONS
DES GENS DU SIÈCLE [2]

(Tiré de divers endroits
d'Isaïe et de Jérémie)

Quel charme vainqueur du monde
Vers Dieu m'élève aujourd'hui ?
Malheureux l'homme qui fonde
Sur les hommes son appui !
Leur gloire fuit, et s'efface
En moins de temps que la trace
Du vaisseau qui fend les mers,
Ou de la flèche rapide
Qui loin de l'œil qui la guide
Cherche l'oiseau dans les airs.

De la Sagesse immortelle
La voix tonne, et nous instruit.
« Enfants des hommes, dit-elle,
De vos soins quel est le fruit ?
Par quelle erreur, âmes vaines,
Du plus pur sang de vos veines
Achetez-vous si souvent,
Non un pain qui vous repaisse,
Mais une ombre qui vous laisse
Plus affamés que devant ?

« Le pain que je vous propose
Sert aux Anges d'aliment :
Dieu lui-même le compose
De la fleur de son froment.
C'est ce pain si délectable
Que ne sert point à sa table
Le monde que vous suivez.

Je l'offre à qui me veut suivre.
Approchez. Voulez-vous vivre ?
Prenez, mangez, et vivez. »

Ô sagesse, ta parole
Fit éclore l'univers,
Posa sur un double pôle
La terre au milieu des mers.
Tu dis, et les cieux parurent,
Et tous les astres coururent
Dans leur ordre se placer.
Avant les siècles tu règnes ;
Et qui suis-je, que tu daignes
Jusqu'à moi te rabaisser ?

Le Verbe, image du Père,
Laissa son trône éternel,
Et d'une mortelle mère
Voulut naître homme et mortel.
Comme l'orgueil fut le crime
Dont il naissait la victime,
Il dépouilla sa splendeur,
Et vint, pauvre et misérable,
Apprendre à l'homme coupable
Sa véritable grandeur.

L'âme heureusement captive
Sous ton joug trouve la paix,
Et s'abreuve d'une eau vive
Qui ne s'épuise jamais.
Chacun peut boire en cette onde :
Elle invite tout le monde ;
Mais nous courons follement
Chercher des sources bourbeuses
Ou des citernes trompeuses
D'où l'eau fuit à tout moment.

Mme de Villedieu

Phyllis, dans l'amoureux empire,
Qu'on goûte de contentement !
Et que les peines des amants
Causent un aimable martyre !

Qu'on est heureux quand on soupire !
Et que les plus rudes tourments
Sont payés par de doux moments,
Quand on obtient ce qu'on désire !

Il est vrai qu'étant amoureux,
Et loin de l'objet de ses vœux,
On sent une douleur extrême ;

Mais quand on revoit ses amours,
Un moment près de ce qu'on aime
Répare mille mauvais jours.

Recueil de poésies

ÉGLOGUE V

Solitaires déserts, et vous, sombres allées,
A la clarté du jour presque toujours voilées,

Parterres émaillés, clairs et bruyants ruisseaux,
Bocages où l'on voit mille charmants oiseaux
D'un harmonieux chant divertir les dryades,
Et d'un bec amoureux caresser les naïades,
Lieux qui fûtes souvent témoins de mon bonheur,
Soyez-le maintenant de ma juste douleur.
Je ne viens plus ici, le cœur plein d'allégresse,
Pour demander l'objet de toute ma tendresse,
Et du bruit de son nom incessamment troubler
Les palais résonnants de la fille de l'air.
Je viens, l'esprit rempli de mortelles alarmes,
Le cœur gros de soupirs, et les yeux pleins de larmes,
Vous montrer en Phyllis, par un triste retour,
Les funestes débris d'une constante amour.
Hôtesses de ces lieux, divinités champêtres,
Qui m'avez vu cent fois, à l'ombre de vos hêtres,
Goûter tranquillement les douceurs de mon sort,
Auriez-vous bien prévu mes douleurs et ma mort ?
Qui vous eût dit alors que le traître Tireine
Briserait quelque jour notre commune chaîne,
Que Phyllis de son cœur se verrait effacer ?
Saintes divinités, l'auriez-vous pu penser ?
Quand mes justes soupçons me donnaient quelque atteinte :
« Bannissez, disait-il, bannissez cette crainte,
Cessez de faire tort à vos divins appas ;
Ha ! je vous aimerai même après le trépas !
La Parque ne peut rien sur mon amour extrême ;
Ne vivant plus en moi, je vivrais en vous-même,
Et la terre et les cieux se joindraient aux enfers
Pour éteindre mes feux et pour briser mes fers,
Que pour me conserver fidèle à ma bergère,
Seul, je résisterais à toute leur colère. »
Hélas ! que ne peut point un aimable imposteur,
Quand l'amour l'a rendu le plus fort dans un cœur ?
Ces mots seuls remettaient le calme dans mon âme,
Et le plus grand des dieux m'aurait offert sa flamme,
Qu'après un tel discours, je l'aurais négligé ;
Et cependant, de fers le parjure a changé.
Puissantes déités qui gouvernez la terre,
Monarque souverain qui lancez le tonnerre,

Pour qui réservez-vous vos justes châtiments,
Si vous laissez en paix les perfides amants ?
Quoi ! tous les criminels seront réduits en poudre,
Et les parjures seuls éviteront la foudre ?
Quoi ! pour les Ixions, pour les ambitieux,
Il sera des enfers, des juges et des dieux,
Et pour les traîtres seuls il n'est point de supplices ?
Ha ! que fait, immortels, que fait votre justice ?
Pourquoi ne pas montrer, à qui l'ose offenser,
Que vous savez punir comme récompenser,
Qu'on ressent tôt ou tard l'effet de vos menaces,
Et que, si mon ingrat abuse de vos grâces,
Vous lui ferez sentir votre juste courroux,
Et vengerez sur lui Phyllis, l'amour et vous ?
Mais où m'emportez-vous, tragique rêverie ?
Qu'osez-vous demander, indiscrète furie ?
Tireine, contre qui vous implorez les dieux,
N'est-il pas ce berger si charmant à mes yeux ?
Quoi donc ? Vous demandez les plus cruels supplices
Pour Tireine, l'objet de mes chères délices,
Tireine mes amours, Tireine mon berger ?
Non, non, que cet ingrat soit parjure et léger,
Qu'il ait manqué de foi, qu'il mérite ma haine,
Qu'il soit lâche et trompeur, il est toujours Tireine,
Et mon cœur amoureux, bien loin de le haïr,
Semble d'intelligence à se laisser trahir.
Qu'il vive donc ! Grands dieux, pardonnez-lui son crime !
Et si pour l'expier il faut une victime,
Apaisez sur Phyllis votre juste courroux.
Prenez, prenez mon cœur pour l'objet de vos coups ;
Vous pouvez le punir sans faire une injustice,
Il fut de tous mes maux l'auteur ou le complice ;
Le crédule qu'il est aima trop fortement,
Et fut trop tôt soumis par un perfide amant ;
Il devait se choisir de plus illustres chaînes ;
Par sa faiblesse, hélas ! il mérita ses peines.
Faites-lui donc sentir le barbare pouvoir
Des coups empoisonnés qu'il voulut recevoir.

Recueil de poésies

Suzon de Terson

Lorsque Tityre était absent
Je ne trouvais rien de charmant.
Les bois, les prés et les fontaines
Faisaient mes uniques plaisirs.
C'est là que je disais mes peines,
C'est là que je poussais mille tendres soupirs.
Dans ces lieux écartés, témoins de mon martyre,
Je disais mille fois : Reviens, mon cher Tityre.
Enfin, voici Tityre de retour,
Et je verse encore des larmes.
Il est vrai, je revois ses charmes.
Mais je ne vois plus son amour.

STANCES CHRÉTIENNES

Depuis qu'un mal cruel m'agite et me tourmente
Je meurs presque en vivant. Chacun plaint ma langueur ;
Trop faible pour mes maux mon cœur s'en épouvante,
Et craint de succomber sous sa vive douleur.

Je pleure, je m'abats toujours dans mille alarmes,
Je crains des maux encore plus vifs et plus pressants.

Eh ! mon âme, pourquoi ne verses-tu ces larmes
Plus pour tes propres maux que pour ceux que je sens ?

Pleure pour tes péchés, mon âme, sois certaine
Que ces larmes plairont à ton divin Sauveur.
De leur nombre infini fais tes maux et ta peine,
Et de tes maux enfin Dieu fera ton bonheur.

Pourquoi donc m'affliger du mal qui me dévore ?
Quel était mon état dans ma prospérité ?
J'oubliais, ô malheur, ce grand Dieu que j'adore,
Et tous mes mouvements n'étaient que vanité.

De mes égarements le Seigneur charitable
Voudrait me ramener et me tirer à lui ;
Mon Dieu me tend les bras lorsque mon mal m'accable,
Et ce mal pourrait-il me donner de l'ennui [1] ?

Non, je ne m'en plains plus, et depuis ma naissance
Mon cœur ne s'est jamais flatté de tant d'espoir.
Ô bonté souveraine ! Ô divine clémence !
Que pour changer nos cœurs ta grâce a de pouvoir !

Quelle tranquillité, quel changement extrême !
Moi qui des moindres maux me faisais tant de peur,
Qu'un si prompt changement me dit bien que Dieu m'aime,
Et qu'il veut pour toujours habiter dans mon cœur.

Brûlons, brûlons pour lui d'une flamme éternelle ;
Redoublons notre ardeur s'il redouble ses coups :
Pour tant et tant de maux dont je suis criminelle,
Ah ! que ses châtiments sont et tendres et doux !

Source de charité, grand Dieu dont la tendresse
De nos maux les plus grands tire tout notre bien,
Que ta vertu toujours soutienne ma faiblesse :
Car tu le sais, ô Dieu ! sans toi je ne puis rien.

Chansons populaires

LA BELLE EST AU JARDIN D'AMOUR[1]

La belle est au jar din d'a—mour Voi—là un mois ou six se—mai——nes Son pè—re la cherche par— —tout Et son a—mant qu'est bien en pei——ne.

1

La Belle est au jardin d'amour,
Voilà un mois ou six semaines.
Son père la cherche partout,
Et son amant qu'est bien en peine :

2

Faut demander à ce berger
S'il l'a pas vue dedans la plaine :

« Berger, berger, n'as-tu point vu
Passer ici la beauté même ?

3

— Comment donc est-elle vêtue,
Est-ce de soie ou bien de laine ?
— Elle est vêtue de satin blanc
Dont la doublure est de futaine.

4

— Elle est là-bas dans ce vallon,
Assise au bord d'une fontaine ;
Entre ses mains tient un oiseau,
La Belle lui conte ses peines.

5

— Petit oiseau, tu es heureux,
D'être entre les mains de la Belle !
Et moi, qui suis son amoureux,
Je ne puis pas m'approcher d'elle.

6

Faut-il être auprès du ruisseau,
Sans pouvoir boire à la fontaine ?
— Buvez, mon cher amant, buvez,
Car cette eau-là est souveraine.

7

— Faut-il être auprès du rosier
Sans pouvoir cueillir la rose ?
— Cueillissez-la, si vous voulez,
Car c'est pour vous qu'elle est éclose. »

MA BELLE, SI TU VOULAIS[1]

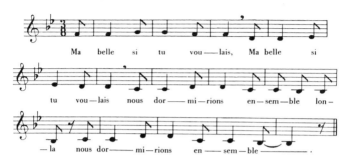

Ma belle si tu vou—lais, Ma belle si
tu vou—lais nous dor——mi—rions en—sem—ble lon—
—la nous dor——mi—rions en——sem—ble .

1

Ma belle, si tu voulais,
    nous dormirions ensemble,

2

Dans un grand lit carré,
    couvert de taies blanches ;

3

Aux quatre coins du lit,
    un bouquet de pervenches.

4

Dans le mitan du lit,
    la rivière est profonde ;

5

Tous les chevaux du roi
y viennent boire ensemble.

6

Et là, nous dormirions
jusqu'à la fin du monde[2].

AUPRÈS DE MA BLONDE[1]

Au jar—din de mon pè—re les li——las sont fleu—

—ris Au jar—din de mon pè—re les li—las sont fleu—ris Tous

les oiseaux du mon—de y viennent faire leur nid——

Au—près de ma blon—de qu'il fait bon, fait bon, fait bon,

Au—près de ma blon—de qu'il fait bon dor—mir

1

« Au jardin de mon père,
les lilas sont fleuris,

2

Tous les oiseaux du monde
    y viennent faire leur nid :

3

La caille, la tourterelle,
    et la jolie perdrix,

4

Et ma jolie colombe
    qui chante jour et nuit,

5

Qui chante pour les filles
    qui n'ont point de mari ;

6

Pour moi ne chante guère,
    car j'en ai un joli.

7

— Dites-nous donc, la Belle,
    où est donc votre mari ?

8

— Il est dans la Hollande,
    les Hollandais l'ont pris[2].

9

— Que donneriez-vous, Belle,
    pour ravoir votre mari ?

10

— Je donnerais Versailles,
  Paris et Saint-Denis,

11

Les tours de Notre-Dame,
  et le clocher de mon pays,

12

Et ma jolie colombe
  qui chante jour et nuit. »

A LA CLAIRE FONTAINE[1]

En re—ve—nant   de   no—ces J'é—tais bien
fa—ti—guée Au bord d'u—ne fon————tai—ne je me suis
re—po——sée *Ah! je l'attends, je l'attends, je l'attends, celui que
j'ai——me, que mon cœur aime, Ah! je l'attends, je l'attends, je
l'attends, Ce—lui que mon cœur ai————me tant.*

1

En revenant de noces,
    j'étais bien fatiguée,

2

Au bord d'une fontaine,
    je me suis reposée,

3

Et l'eau était si claire
    que je m'y suis baignée ;

4

A la feuille du chêne
    je me suis essuyée.

5

Sur la plus haute branche
    le rossignol chantait :

6

Chante, rossignol, chante,
    toi qui as le cœur gai !

7

Le mien n'est pas de même,
    il est bien affligé :

8

C'est de mon ami Pierre
    qui ne veut plus m'aimer,

9

Pour un bouton de rose
 que je lui refusai.

10

Je voudrais que la rose
 fût encore au rosier,

11

Et que mon ami Pierre
 fût encore à m'aimer.

DANS LES PRISONS DE NANTES[1]

Dans les prisons de Nan—tes Eh !
Youp la la la ri tra la la, Dans les prisons de
Nan—tes, Il y a un pri—son— nier —— il
y a un pri—sonnier —— il y a un pri—sonnier ——.

1

Dans les prisons de Nantes,
il y a un prisonnier,

2

Que personne ne va voir
que la fille du geôlier.

3

Elle lui porte à boire,
à boire et à manger ;

4

Et des chemises blanches
quand il veut en changer.

5

Un jour il lui demande :
« De moi oy'ous parler ?

6

— Le bruit court par la ville
que demain vous mourrez.

7

— Puisqu'il faut que je meure,
déliez-moi les pieds. »

8

La fille était jeunette,
les pieds lui a lâchés.

9

Le galant fort alerte
    dans la Loire a sauté.

10

Quand il fut sur la grève,
    il se mit à chanter :

11

« Dieu bénisse les filles,
    surtout celle du geôlier.

12

Si je reviens à Nantes,
    oui, je l'épouserai ! »

NOTE DE L'ÉDITEUR

Notre siècle a largement contribué à remettre au jour nombre de poètes du XVIIᵉ siècle. Aussi la présente anthologie ne vise-t-elle pas, à quelques exceptions près, à faire sortir de l'ombre des œuvres ou des auteurs inconnus : elle prolonge et accompagne seulement le grand mouvement d'exploration qui fait peu à peu justice de la vision outrageusement réductrice de notre histoire poétique qu'inaugura jadis l'*Art poétique* de Boileau, avec son trop célèbre : « Enfin Malherbe vint... »

Ayant opté, en ce qui concerne l'ordre de présentation des quelque soixante-dix poètes retenus[1], pour l'ordre chronologique fondé sur la date de naissance — et, pour une même année, sur l'ordre alphabétique —, nous présentons une sorte d'éphéméride de la production poétique, à partir des années 1590, qui a au moins l'avantage de rétablir des perspectives vraies et, en particulier, de relativiser le phénomène Malherbe, en le restituant à une époque singulièrement riche et variée dans ses aspirations et ses modes d'expression. Mais l'ordre chronologique n'est pas toujours facile à établir : certaines dates de naissance sont hypothétiques[2]. Lorsqu'elles restent décidément inconnues, nous nous sommes autorisé à nous fonder soit sur la date de publication, soit sur le type d'inspiration, la manière et le style pour suggérer les limites chronologiques qui nous paraissaient les plus probables[3]. Bien entendu, nous avons rejeté en fin de sélection les anonymes que sont les chansons populaires, non seulement parce qu'il est impossible, par définition, de leur assigner une date précise, mais aussi parce qu'à elles seules elles

1. Est-il besoin de préciser qu'il ne s'agit que de poètes qui utilisent le vers (même si certains d'entre eux ont volontiers pratiqué le mélange des vers et de la prose) ? D'autre part, nous avons délibérément exclu de notre anthologie la poésie dramatique (encore que les vers de ballet annoncent directement les vers des livrets d'opéra...).
2. Elles sont alors, dans les notes, affectées d'un point d'interrogation, ou, lorsque l'incertitude est particulièrement grande, de la mention : « vers... »
3. Pour le seul ouvrage collectif que nous citons en tant que tel, *La Guirlande de Julie*, nous avons retenu la date de naissance (au reste contestée par certains) : 1610, de l'initiateur du recueil, Charles de Montausier.

constituent le seul véritable contrepoint à une production qui, quelle que soit sa diversité, est toujours une production savante, le fait des milieux cultivés et privilégiés.

La date de composition des œuvres étant souvent difficile à préciser — et il n'est pas fréquent que la date de publication apporte des éclaircissements dans ce domaine —, nous ne nous sommes pas systématiquement astreint, dans la présentation des œuvres d'un même poète, à suivre l'ordre chronologique de composition probable ou même clairement établi ; il nous a semblé souvent plus intéressant, soit d'introduire de la variété à l'intérieur du *corpus* retenu pour un poète, soit de suggérer, par l'ordre adopté, une sorte d'itinéraire esthétique ou spirituel.

Il était difficilement pensable que les grands noms de la poésie française, ceux dont la célébrité ne s'est jamais démentie et dont les éditions sont aisément accessibles, fussent absents de notre choix. On retrouvera donc ici Malherbe et Racine, Régnier et Boileau, Corneille et La Fontaine. Mais la place qu'ils occupent ne correspond pas toujours à la grandeur qui leur est généralement reconnue ; d'abord parce que, pour certains d'entre eux au moins, l'essentiel de leur œuvre se situe hors du champ de la poésie lyrique ; ensuite, parce qu'ils sont réintégrés dans un concert où chaque exécutant occupe sa place, quelle que soit l'étendue de la partie qu'il joue. Cependant, cette anthologie, comme toute autre, est fondée sur des choix qui ont leur part d'arbitraire. On s'est efforcé en tout cas de retenir les poètes qui pouvaient paraître représentatifs, dans la plus grande diversité possible de genres, de formes et de tons. Par ailleurs, sans avoir renoncé à reproduire des pièces célèbres que le lecteur ne nous aurait peut-être pas pardonné d'avoir écartées, nous avons tenté d'élargir le répertoire habituel en faisant intervenir des poètes peu connus ou en citant des morceaux plus rares.

Nous nous étions également fixé comme idéal de donner les poèmes dans leur intégralité : c'est-à-dire dans leur intégrité : couper dans le tissu d'un poème, c'est toujours le trahir. Idéal impossible à atteindre : force a bien été d'une part d'user, et peut-être d'abuser, des formes courtes (épigramme, madrigal, et surtout sonnet), d'autre part de tailler à l'intérieur de poèmes longs[4]. Or ce qui va à peu près de soi pour l'épopée, le discours en vers, la satire, etc., reste, hélas, éminemment contestable lorsqu'il s'agit de poèmes en strophes. Que le lecteur croie que nous avons souffert avant lui de la violence qui est ainsi faite aux textes !

Nous nous sommes appuyé, autant que faire se pouvait, sur les éditions originales, recueils collectifs ou recueils propres aux auteurs, dont les références sont indiquées après chaque poème avec la plus grande exactitude possible, et conformément au libellé figurant dans les bibliographies générale ou particulières[5]. Mais, suivant l'usage établi dans la présente collec-

4. Les coupures sont alors signalées, avant ou après la citation, par quatre points de suspension.
5. Les références aux recueils collectifs sont données entre parenthèses. On trouvera p. 414 la liste de ces recueils collectifs.

tion, et pour satisfaire aux exigences du lecteur d'aujourd'hui, le texte a été modernisé quant à la typographie, l'orthographe et l'accentuation ; ce qui ne va pas quelquefois sans poser d'épineux problèmes, eu égard notamment à la métrique et à la rime, auxquelles nous ne nous flattons pas d'avoir toujours su apporter une réponse pleinement satisfaisante. En ce qui concerne la ponctuation, nous avons essayé, en la rendant conforme à l'usage actuel, de la faire la plus légère, la moins insistante possible. De même pour l'établissement des notes, de la bibliographie générale et de la chronologie, placées en fin de volume ; elles ont été conçues pour apporter les précisions ou informations indispensables à la bonne intelligence des textes, au confort de la lecture, et, éventuellement, pour permettre au lecteur de prolonger sa recherche et d'être informé des publications les plus récentes (éditions de textes, études historiques ou critiques [6], etc.). Ainsi nous espérons qu'il trouvera, sans trop d'efforts, avec ces poètes du XVIIe siècle, les chemins du plaisir.

J.-P. C.

---

6. Pour alléger la présentation, on a évité de citer : Paris, quand Paris était le lieu d'édition.

BIBLIOGRAPHIE GÉNÉRALE

Les indications bibliographiques ci-dessous ne renvoient qu'à des ouvrages généraux. Pour des bibliographies plus particulières, consulter les notices afférant à chacun des auteurs cités dans la présente anthologie.

RECUEILS COLLECTIFS DU XVIIᵉ SIÈCLE
(cités dans la présente anthologie)

Recueil de diverses poésies..., Rouen, Raphaël du Petit Val, 1597.
Du même éditeur :
Le Temple d'Apollon..., Rouen, 1611.
Les Muses françaises ralliées de diverses parts, Mathieu Guillemot, 1599.
Du même éditeur :
Les Muses françaises ralliées. Seconde partie, 1600.
Les Muses françaises ralliées, 1603.
Le Parnasse des plus excellents poètes de ce temps, 1607.
Les Fleurs des plus excellents poètes de ce temps, Nicolas et Pierre Bonfons, 1599. Rééditions augmentées en 1601 et 1603.
La Muse folâtre, Antoine du Breuil, 1600. Plusieurs rééditions de cet ouvrage se succèdent à Paris, à Rouen, à Tours, à Lyon en 1600, 1601, 1602, 1605, 1607, 1609, 1611, 1613, 1615, 1617, 1621.
Nouveau recueil des plus beaux vers de ce temps, Toussaint du Bray, 1609. Cet éditeur privilégié de Malherbe et de ses amis publie encore :
Les Délices de la poésie française..., 1615.
Les Délices de la poésie française..., 1618.
Le Second Livre des délices de la poésie française, 1620.
Les Délices de la poésie française, ou dernier recueil des plus beaux vers, 1620 (ou 1621).
Recueil des plus beaux vers..., 1627.
Recueil des plus beaux vers..., 1630.

Les Muses gaillardes, Antoine du Breuil, 1609. Nouvelles éditions en 1611, 1613.

Recueil des plus excellents vers satyriques de ce temps, Antoine Estoc, 1617.

Le Cabinet satyrique, Antoine Estoc, 1618. Nouvelles éditions en 1619, 1620, 1623, 1627.

Les Délices satyriques..., Antoine de Sommaville, 1620.

Le Parnasse des poètes satyriques (et *La Quintessence satyrique*), Antoine de Sommaville et Antoine Estoc, 1622 et 1623. Nouvelle édition, sous le titre de : *Le Parnasse satyrique du sieur Théophile,* en 1625 et 1627.

Poésies choisies... (Recueil Sercy en vers), Charles de Sercy, cinq volumes, 1653-1660.

ANTHOLOGIES

Recueil des plus belles pièces des poètes français tant anciens que modernes depuis Villon jusqu'à Benserade (choix réalisé par Fontenelle), Claude Barbin, 5 vol., 1692.

Adrien-Claude LE FORT DE LA MORINIÈRE, *Bibliothèque poétique,* Briasson, 4 vol., 1745.

L'Élite de poésies fugitives, Londres, 5 vol., 1770.

Claude-Sixte SAUTEREAU DE MARSY et Barthélemy IMBERT, *Annales poétiques ou Almanach des Muses, depuis l'origine de la poésie française,* 42 vol., 1778-1788.

Maurice ALLEM, *Anthologie poétique française. XVIIe siècle,* 2 vol., Garnier, 1916 (dernière réédition : Garnier-Flammarion, 1966).

Fernand FLEURET et Louis PERCEAU, *Les Satires françaises du XVIIe siècle,* 2 vol., Garnier, 1923.

Fernand FLEURET et Louis PERCEAU, *Le Cabinet satyrique,* Librairie du bon vieux temps, 2 vol., 1924.

Fernand FLEURET et Louis PERCEAU, *Le Cabinet secret du Parnasse,* Au cabinet du livre, 4 vol., 1928-1936.

Georges MONGRÉDIEN, *Les Précieux et les Précieuses,* « Les Plus Belles Pages », Mercure de France, 1939 ; réédition augmentée, 1963.

Dominique AURY et Thierry MAULNIER, *Poètes précieux et baroques du XVIIe siècle,* Angers, 1941.

Dominique AURY, *Anthologie de la poésie religieuse française,* Gallimard, 1943.

Thierry MAULNIER, *Poésie du XVIIe siècle,* La Table Ronde, 1945.

René BRAY, *Anthologie de la poésie précieuse de Thibaut de Champagne à Giraudoux,* Fribourg, 1947 (réédition Nizet, 1957).

Ferdinand DUVIARD, *Anthologie des poètes français (XVIIe siècle),* Larousse, 1947.

André BLANCHARD, *Baroques et classiques. Anthologie des lyriques français de 1550 à 1650,* Lyon, IAC, 1947.

— *Trésor de la poésie baroque et précieuse (1550-1650),* Seghers, 1969.

Albert-Marie Schmidt, *L'Amour noir,* poèmes baroques, Monaco, Éditions du Rocher, 1959.

Jean Rousset, *Anthologie de la poésie baroque française,* 2 vol., Armand Colin, 1961.

Raymond Picard, *La Poésie française de 1640 à 1680. Poésie religieuse, épopée, lyrisme officiel,* Société d'édition d'enseignement supérieur, 1964.

— *La Poésie française de 1640 à 1680. Satire, épître, burlesque, poésie galante,* Société d'édition d'enseignement supérieur, 1969.

Marcel Raymond, *La Poésie française et le maniérisme,* Genève, Droz, 1971.

Terence Cave et Michel Jeanneret, *Métamorphoses spirituelles. Anthologie de la poésie religieuse française (1570-1630),* Corti, 1972.

Gisèle Mathieu-Castellani, *Éros baroque. Anthologie thématique de la poésie amoureuse (1570-1620).* Union générale d'éditions, 10/18, 1978.

— *Anthologie de la poésie amoureuse de l'âge baroque. 1570-1640,* Livre de Poche, 1990.

La Poésie française du premier XVIIe siècle, éd. David Lee Rubin. « Études littéraires françaises », vol. 38, Éd. Wolfgang Leiner, Tübingen, Narr, 1986.

Simone de Reyff, *Sainte Amante de Dieu. Anthologie des poèmes héroïques du XVIIe siècle français consacrés à la Madeleine,* Fribourg (Suisse), Éd. Universitaires, 1989.

OUVRAGES HISTORIQUES ET CRITIQUES

Théophile Gautier, *Les Grotesques,* Desessart, 1844 ; rééd. par Cecilia Rizza, Bari, Schena et Paris, Nizet, 1985. (Onze études, dont huit concernent le XVIIe siècle : Théophile de Viau ; le Père Pierre de Saint-Louis ; Saint-Amant ; Cyrano de Bergerac ; Colletet, l'un des quarante de l'Académie ; Georges de Scudéry ; Chapelain ; Scarron.)

Frédéric Lachèvre, *Bibliographie des recueils collectifs de poésie publiés de 1597 à 1700,* 4 vol., 1901-1905 ; réimp. Genève, Slatkine, 1967.

— *Les Recueils collectifs de poésies libres et satiriques publiés depuis 1600 jusqu'à la mort de Théophile (1626),* 2 vol., 1914-1922 ; réimp. Genève, Slatkine, 1968.

Philippe Martinon, *Les Strophes, Étude historique et critique sur les formes de la poésie lyrique en France depuis la Renaissance,* Champion, 1911.

Henri Bremond, *Histoire littéraire du sentiment religieux en France depuis la fin des guerres de religion jusqu'à nos jours,* 12 vol., Armand Colin, 1916-1936.

Antoine Adam, *Histoire de la littérature française au XVIIe siècle,* 5 vol., Domat, 1948-1956.

Revue des Sciences humaines, numéro de décembre 1949 (sur le baroque ;

études de Marcel Raymond, Raymond Lebègue, Alan Boase, Victor-Louis Tapié, André Chastel et Antoine Adam).

Raymond LEBÈGUE, *La Poésie française de 1560 à 1630*, Société d'édition d'enseignement supérieur, 1951.

Le Préclassicisme français, anthologie et études de Lucien Febvre, Louis Cognet, Georges Mounin, Pierre Guerre, Roland-Manuel, Albert Dauzat, Francis Ponge, Jean Tortel, Georges Mongrédien, André Blanchard, Jean Tardieu, Marcel Arland, Octave Nadal, René Nelli. Marseille, Les Cahiers du Sud, 1952.

Odette DE MOURGUES, *Metaphysical, Baroque and Précieux Poetry*, Oxford, Clarendon Press, 1953.

Jean ROUSSET, *La Littérature de l'âge baroque en France*, Corti, 1953.

Marcel RAYMOND, *Baroque et Renaissance poétique*, Corti, 1955.

Renée WINEGARTEN, *French lyric Poetry in the Age of Malherbe*, New York, 1955.

R. A. SAYCE, *The French Biblical Epic in the Seventeenth Century*, Oxford, Clarendon Press, 1955.

Giovanni MACCHIA, *La Poesia francese della Pleiade alla metà del 1600*, Rome, 1956.

Jean TORTEL, « Le Lyrisme au XVIIᵉ siècle, dans *Histoire des littératures*, vol. III, Encyclopédie de la Pléiade ». Gallimard, 1958.

Francis BAR, *Le Genre burlesque en France au XVIIᵉ siècle. Étude de style*, Éd. d'Artrey, 1960.

Paulette LEBLANC, *Les Paraphrases françaises des psaumes à la fin de la période baroque (1610-1660)*, P.U.F., 1960.

Yoshio FUKUI, *Raffinement précieux dans la poésie française du XVIIᵉ siècle*, Nizet, 1964.

XVIIᵉ siècle, numéro spécial 66-67 : « La Poésie lyrique au XVIIᵉ siècle », 1965.

Roger LATHUILLÈRE, *La Préciosité, étude historique et linguistique*, Genève, Droz, 1966.

Jean ROUSSET, *L'Intérieur et l'extérieur. Essai sur la poésie et le théâtre au XVIIᵉ siècle*, Corti, 1968.

Terence CAVE, *Devotional Poetry, c. 1570-1613*, Cambridge, 1968.

Jean-Charles PAYEN et Jean-Pierre CHAUVEAU, *La Poésie des origines à 1715*, Collection U, Armand Colin, 1968.

Gilbert DELLEY, *L'Assomption de la nature dans la lyrique française de l'âge baroque*, Berne, Lang, 1969.

Claude K. ABRAHAM, *Enfin Malherbe. The Influence of Malherbe on French Lyric Prosody, 1605-1674*, Lexington, The University Press of Kentucky, 1971.

John PEDERSEN, *Images et figures dans la poésie française de l'âge baroque*, Copenhague, Revue romane, 1974.

Arnold ROTHE, *Französische Lyrik im Zeitalter des Barocks*, Berlin, Eric Schmidt, 1974.

Fernand HALLYN, *Formes métaphoriques dans la poésie lyrique de l'âge baroque en France*, Genève, Droz, 1975.

Robert SABATIER, *Histoire de la poésie française. La poésie du dix-septième siècle*, Albin Michel, 1975.

Henri LAFAY, *La Poésie française du premier XVIIe siècle (1598-1630), Esquisse pour un tableau*, Nizet, 1975.

Gisèle MATHIEU-CASTELLANI, *Les Thèmes amoureux dans la poésie française (1570-1600)*, Klincksieck, 1975.

La Basse-Normandie et ses poètes à l'époque classique, préface de Raymond Lebègue. Actes du colloque de Caen, octobre 1975, publiés par les *Cahiers des Annales de Normandie* (n° 9), Caen, 1977.

Marc FUMAROLI, *L'Âge de l'éloquence. Rhétorique et « res litteraria » de la Renaissance au seuil de l'époque classique*, Genève, Droz, 1980.

La Métamorphose dans la poésie baroque française et anglaise. Variations et résurgences. Actes du colloque international de Valenciennes, 1979, publiés par Gisèle Mathieu-Castellani, Tübingen, Narr/Paris, Place, 1980.

Jean-Michel PELOUS, *Amour précieux, amour galant (1654-1675). Essai sur la représentation de l'amour dans la littérature et la société mondaines*, Klincksieck, 1980.

L'Automne de la Renaissance (1580-1630). Actes du XXIIe colloque d'études humanistes de Tours, 1979, réunis par Jean Lafond et André Stegmann, Vrin, 1981.

David Lee RUBIN, *The Knot of Artifice. A Poetic of the French Lyric in the Early 17th Century*, Ohio State University Press, Columbus, 1981.

Les Écrivains normands de l'âge classique et le goût de leur temps. Actes du colloque de Caen, octobre 1980, publiés par les *Cahiers des Annales de Normandie* (n° 14), Caen, 1982.

La Poésie angevine du XVIe siècle au début du XVIIe siècle. Actes du colloque d'Angers du 13 décembre 1980, Angers, Presses de l'Université, 1982.

Claude K. ABRAHAM, *Norman Satirists in the Age of Louis XIII*. Biblio 17, 8, Paris, Seattle, Tübingen, 1983.

Christoph STROSETZKI, *Rhétorique de la conversation, sa dimension littéraire et linguistique dans la société française du XVIIe siècle*. Trad. en français par Sabine Seubert. Biblio 17-20, Paris, Seattle, Tübingen, 1984.

Roger ZUBER et Micheline CUÉNIN, *Le Classicisme, 1660-1680*, « Littérature française/Poche », t. 4, Arthaud, 1984.

Alain VIALA, *Naissance de l'écrivain. Sociologie de la littérature à l'âge classique*, Éditions de Minuit, 1985.

Jacques MOREL, *De Montaigne à Corneille, 1572-1660*, « Littérature française/Poche », t. 3, Arthaud, 1986.

Alain GÉNÉTIOT, *Les Genres lyriques mondains (1630-1660)*, Genève, Droz, 1990.

L'Épître en vers au XVIIe siècle, Littératures classiques (n° 18), Klincksieck, 1993.

NOTES

ANGOT DE L'ÉPERONNIÈRE, Robert, 1581-vers 1637 ? Ce Nor-
mand, né près de Vire, appartient vraisemblablement à la classe des
hommes de loi (avocat au présidial de Caen), qui sont des humanistes,
sinon des érudits. Ami de Vauquelin de La Fresnaye, il compose une
œuvre abondante. Son registre est varié, mais il est surtout connu pour son
inspiration satirique : une satire sans acrimonie, avant tout soucieuse de
pittoresque et de gentillesse bourgeoise et paysanne, même si s'y retrou-
vent les lieux communs sur la dégénérescence des mœurs du siècle.

   Prélude poétique, 1603 ; *Amours solitaires d'Arlanges,* avant 1611 ;
Mélanges poétiques, 1614 ; *Les Exercices de ce temps,* 1617 (?), plusieurs
fois réédités ; *Les Bouquets poétiques,* 1632 ; *Le Chef-d'œuvre poétique,*
1634 ; *Les Nouveaux Satyres et Exercices gaillards de ce temps,* 1637.
   Les Exercices de ce temps, éd. Frédéric Lachèvre, Société des Textes
Français Modernes, 1924.
   Henri Lafay, « Robert Angot de L'Éperonnière », dans *La Basse-
Normandie...* (voir bibliographie générale, 1977).

   LA FOIRE DE VILLAGE — **1.** Le poète énumère ici quelques signes du
zodiaque : le Capricorne *(le Daim),* le Verseau, les Poissons, le Bélier *(le
Mouton),* les Gémeaux *(les Frères bessons).* — **2.** *Saint-Martin-du-Mont*
désigne sans doute un lieu de pèlerinage ou de foire. — **3.** *Guerdonnes :*
récompenses. — **4.** *Déduit :* divertissement, plaisir. — **5.** *Carfour :* pour
carrefour, la graphie étant commandée par la métrique. — **6.** *Branle :*
forme de danse à plusieurs personnes se tenant par la main. — **7.** *S'écoule :*
s'esquive. — **8.** « Mange, bois, amuse-toi : après la mort, plus de plaisir » :
adage latin d'origine non identifiée.

   LE CONTENT — **1.** Cette quatorzième et dernière satire d'Angot de
L'Éperonnière parut seulement dans la cinquième édition des *Exercices de
ce temps* en 1631. — **2.** *Travaux :* épreuves pénibles. — **3.** *Déduits :*
distractions, divertissements. — **4.** *Cil :* celui. — **5.** *Méchef :* malheur,

accident fâcheux. — **6.** *Chef :* tête. — **7.** *Heur :* bonheur, chance. — **8.** *Ce fleuve oublieux :* le Léthé, fleuve des Enfers. — **9.** *Impiteuse :* sans pitié. **10.** *Le réduit au bissac :* le réduit à la mendicité. — **11.** *Déçoit :* trompe, remplit d'illusions. — **12.** *J'incague :* je me moque, je méprise. — **13.** *Appareils :* pompe, magnificence. — **14.** Allusion à la vénalité des charges, introduite au XVIᵉ siècle. — **15.** *Bénéfices :* les rentes attachées aux biens ecclésiastiques. — **16.** *Fleaux :* pour *fléaux,* mais le mot compte pour une seule syllabe. — **17.** « Jouir de mes biens acquis, ayant avec cela la santé et des facultés intactes, et ne pas traîner une vieillesse dégradante et privée de musique » : forme réduite de la dernière strophe d'une ode d'Horace (I, XXXI). C'est sur la même citation — mais complète — que s'achèvent les *Essais* de Montaigne. Gageons que le sage vieillissant qu'était devenu Angot vers 1631 a tenu à saluer, comme souvent le font aussi Régnier et Théophile, celui que toute une part du XVIIᵉ siècle n'a jamais cessé de considérer comme sa référence privilégiée.

ARNAULD D'ANDILLY, Robert, 1589-1674. Aîné de la grande famille des Arnauld, dont le nom reste indissolublement et glorieusement lié à Port-Royal (le plus illustre de la lignée, Antoine — le « grand Arnauld » — est son cadet de près de vingt-cinq ans), il s'occupa des finances de la maison du comte de Schomberg, mais se mêla aussi toute sa vie d'écrire, en vers et en prose. A partir de 1640, il adhère pleinement au courant janséniste, et il termine sa vie à Port-Royal.

Stances pour Jésus-Christ, 1628 ; *Stances sur diverses vérités chrétiennes,* 1642, rééd. dans les *Œuvres chrétiennes,* 1644.

DE LA CHARITÉ — **1.** *Succès :* la suite des événements, les événements qui se succèdent. — **2.** *Plus obscurs :* il faut comprendre : les plus obscurs.

AUBIN DE MORELLES, David, vers 1560 ?-après 1618. Ce poète angevin serait aujourd'hui complètement inconnu, si ne se trouvait sous son nom, conservé à la Bibliothèque municipale d'Angers, un beau recueil de pièces « funèbres » — déploration de la mort de la femme aimée —, *Les Urnes de Julie.* Publié seulement en 1618, mais sans doute écrit beaucoup plus tôt (avant 1590 ?), cę recueil, composé pour l'essentiel de sonnets, se présente comme un écho attentif, avec cependant quelques souvenirs de Desportes et un ton parfois original, des fameuses pièces de Ronsard *Sur la mort de Marie,* parues quarante ans plus tôt. Bel exemple de fidélité, peut-être à une femme réellement aimée, en tout cas à une esthétique sans le moindre souci des modes.

Les Urnes de Julie, Angers, 1618.
Jean-Pierre Chauveau, « L'Amour en deuil : David Aubin de Morelles », dans *La Poésie angevine...* (voir bibliographie générale, 1982).

« VOICI LE MOIS D'AVRIL... » — **1.** *Navré :* blessé (d'amour).
« LA MORT A TOUT MON BIEN... » — **1.** *Et si :* et cependant.

« PEU À PEU S'AFFAIBLIT... » — **1.** *Quadrelle,* ou quarelle, ou carreau : arme à lancer, trait. — **2.** *Caÿstre :* petit fleuve proche d'Éphèse, en Asie Mineure, évoqué par Homère (*Iliade,* II, 461) et par Virgile (*Géorgiques,* I, 384).

« AMOUR M'EMPLUME... » — **1.** *Ne crains d'abîmer :* ne crains pas de tomber dans l'abîme.

AUVRAY, Jean, vers 1580 ?-vers 1630 ? La plus grande incertitude règne à propos de ce poète, très probablement rouennais — il vécut sans doute pour l'essentiel à Rouen, où il fut, au dire de certains, magistrat, selon d'autres chirurgien... —, qu'il ne faut vraisemblablement pas confondre avec un Auvray, sans doute parisien, celui-là, et plus jeune que lui, qui, vers 1630, se fit connaître par des *Lettres,* des tragi-comédies et quelques œuvres religieuses ou écrites à la gloire de Louis XIII. Notre Auvray (s'appelait-il même Jean ?) appartient d'une part à la lignée de ces satiriques normands, bourgeois pieux et monarchistes convaincus, toujours prêts à dénoncer, avec plus ou moins de véhémence — et nul doute qu'Auvray soit l'un des plus véhéments et des plus tourmentés —, les démons de la discorde civile, de l'anarchie et de la corruption des mœurs qui caractérisèrent le royaume de France avant et après le règne d'Henri IV : ainsi s'explique *Le Banquet des Muses,* son œuvre majeure, parue à Rouen en 1623, année importante qui fut aussi celle de l'arrestation de Théophile de Viau et de la parution de la première partie de l'*Histoire comique de Francion* de Charles Sorel, autre monument de la littérature satirique et libertine. Mais Auvray semble avoir été également l'un des poètes les plus assidus des concours des Palinods de Rouen, organisés chaque année par une confrérie religieuse attachée à célébrer l'Immaculée Conception ; ce qui fait de lui un important poète religieux.

Premières publications dans *Le Parnasse des plus excellents poètes,* 1607 ; *Poèmes du sieur Auvray primés au Puy de la Conception, année 1621,* Rouen, 1622 ; *Le Triomphe de la Croix,* Rouen, 1622, *Le Banquet des Muses,* Rouen, 1623, 2ᵉ éd. 1628 ; *Les Œuvres saintes,* Rouen, 1626, rééd. 1628 et 1634 ; *La Pourmenade de l'âme dévote,* Rouen, 1633.

Le Banquet des Muses (extraits), éd. Enea H. Balmas, Milan, 1953 (la riche introduction de ce volume constitue la seule étude moderne sur Auvray).

ÉPITAPHE DE L'AVOCAT DE MONTAUBAN... — **1.** Auvray, poète catholique, se déchaîne contre les protestants *(la Cabale).* C'est en 1621 que Louis XIII mit le siège devant Montauban, place forte protestante.

LES VISIONS DE POLIDOR — **1.** Ce long poème est sans doute la meilleure expression du talent satirique d'Auvray et de sa vision du monde désenchantée et indignée. Il est probable que la pièce, comme l'indiquent plusieurs détails du texte, a un substrat réel dans la vie d'Auvray : Nisance, par exemple, pourrait être l'anagramme d'Ancenis, vieux bourg situé sur les bords de la Loire en « pays armorique », entre Angers et Nantes ; mais il est évident — cf. à ce propos la mention fréquente du mot *île* — qu'il s'agit tout aussi bien d'un pays imaginaire, dont le poète nous offre une vision de cauchemar à la Jérôme Bosch, dans une langue truculente, et selon la démarche d'une sorte de délire organisé. — **2.** *Satyrique* : nous avons conservé la graphie chère aux poètes satiriques du temps. — **3.** *Tropologic* : figuré, symbolique. — **4.** *Grègue* : haut-de-chausse, culotte. — **5.** *Bardaches* : de l'italien *bardassa,* mignon, prostitué masculin. — **6.** *Saint-Fiacre* : nom d'une localité du pays nantais. Mais il est probable que ce saint patron des jardiniers, et très populaire dans l'ancienne France, soit invoqué ici parce qu'il était réputé guérir certaines affections comme les hémorroïdes. — **7.** *Les tonnerres grondants* : ils font sans doute moins allusion au bruit des eaux de la Loire aux Ponts-de-Cé qu'au bruit du canon qui ébranla la ville lors de l'affrontement entre les troupes de Louis XIII et les partisans de Marie de Médicis, en août 1620. — **8.** *Chaperon* : terme de fauconnerie : cuir dont on coiffe les oiseaux de leurre (ici : le gerfaut et le sacre, catégories particulières de faucons). — **9.** *Hécate* : déesse de la nuit et des enfers. — **10.** *Moreaux* : chevaux au pelage noir. — **11.** *Gargouille* : le mot désigne vraisemblablement un serpent monstrueux. — **12.** *Chalanton* : s'agit-il d'un toponyme de la Basse-Loire ? — **13.** *Chevêche* : chouette, oiseau de nuit. — **14.** *Chastagner* : châtaignier. — **15.** *Aumusse* : coiffure sacerdotale. — **16.** Ces deux strophes font allusion au culte de Bacchus (dont le *Bromien* et le *Nysien* sont des surnoms) entouré de ses fidèles, Ménades et Évantes, et au culte de Cybèle accompagnée des Corybantes. — **17.** *Morelle* : plante vénéneuse de la famille des solanées. — **18.** *Pâtis* : pâturage, pré. — **19.** *Poutre* : pouliche, jument (du latin populaire : *pullitra*). — 20. *Œstre* : insecte diptère, muni d'un aiguillon. — **21.** *L'oiseau de Thronax* : sans doute le coucou (le *cocu* dans l'ancienne langue). — **22.** *Matassins* : danseurs affublés de corselets, sonnettes et boucliers. *Danser les matassins* : exécuter des danses grotesques, comme des matassins. — **23.** *Pluvinel* : référence à l'actualité. Antoine Pluvinel de La Baume (1552-1620) était un célèbre écuyer, fondateur d'une académie hippique au faubourg Saint-Honoré à Paris, nommé par Henri IV second gouverneur du Dauphin. On publia de lui, après sa mort en 1623, *Le Manège royal,* dédié à Louis XIII. Nous n'avons pu trouver d'explication pour le nom de Darinel. — **24.** *Pommées* : parfaites, achevées. — **25.** *Incube, loup-garou, succube* : formes démoniaques dans l'imagination populaire. — **26.** *La rousse de Tantale* : en ancien français, *roux* désigne un mauvais cheval. — **27.** *Le signe des poissons* : le signe zodiacal des poissons désigne la période qui précède immédiatement le printemps (20 février-20 mars). — **28.** *Quenalle* : probablement forme normande de : canaille. — **29.** *Canepin* : épiderme. — **30.** Ces vers renvoient à un passage fameux du *Quart Livre* de Rabelais (chap. 12 à 17). Au chapitre 17, le géant Bringuenarilles est dit « avaleur de moulins à vent ». — **31.** Allusion à une histoire racontée par Hérodote (V, 25) : sur ordre de Cambyse, roi de

Perse, le juge Sisamnès, qui s'était laissé corrompre, fut égorgé et écorché, et sa peau, débitée en lanières, servit à tendre le siège du juge son successeur.

SONNET SPIRITUEL — **1.** *Ardant :* du verbe *ardre,* brûler. — **2.** *Enyo :* nom grec de Bellone, divinité de la guerre.

BENSERADE, Isaac de, 1612?-1691. Né dans une famille modeste de Normandie, il vint faire ses études à Paris, puis se lança en littérature par le théâtre, l'année même du *Cid,* et obtint la protection de Richelieu. Entré dans la maison de l'amiral de Brézé, il y fit la connaissance du musicien Michel Lambert, origine d'une féconde collaboration qui fit de Benserade l'un des auteurs de ballets les plus appréciés de son temps. Protégé par Mazarin, puis par Louis XIV, fêté dans les salons, élu à l'Académie française, Benserade devint une sorte de poète officiel dans les milieux mondains. Mais son œuvre, justement, ne va pas au-delà des besoins ordinaires des salons en mots d'esprit et en équivoques élégantes. On s'étonne, après coup, que Mme de Sévigné ait pu mettre Benserade sur le même plan que La Fontaine !

Les Œuvres de M. de Benserade, 2 vol., 1697.

Poésies de Benserade, éd. Octave Uzanne, 1875, réimp. Genève, Slatkine, 1967.

SUR JOB — **1.** A propos de ce sonnet qui fut à l'origine d'une « querelle » dans les milieux mondains, voir ci-dessous, p. 485, la note sur le sonnet de Voiture « Il faut finir mes jours... »

A MADEMOISELLE DE GUERCHY — **1.** *Jouissance :* type de poème, très en vogue dans les milieux épicuriens et libertins, voir ci-dessus, p. 226, *La Jouissance* de Saint-Amant. Mademoiselle de Guerchy était l'une des filles d'honneur d'Anne d'Autriche.

BERTAUT, Jean, 1552-1611. Comme pour beaucoup de ses contemporains, la vocation poétique vint à Bertaut au contact de Ronsard ; pourtant, ce dernier n'appréciait guère un jeune poète (il est né en 1552, à Donnay, près de Caen) qu'il jugeait trop « sage ». C'est sans doute la raison pour laquelle, un siècle plus tard, il eut la chance insigne de surnager dans le vaste naufrage que Boileau s'est plu à décrire, en guise d'histoire de la poésie française au XVIᵉ siècle, dans son *Art poétique*. C'est que Bertaut, imitateur des pétrarquistes et néo-pétrarquistes italiens ainsi que de Ronsard, se signale à la fois par le convenu des motifs choisis et des figures employées, la propension à raisonner au fil de strophes symétriquement construites, et la douceur mélodieuse de son vers. Comme tel, il constitue effectivement un jalon important entre Ronsard et le prophète de la poésie nouvelle, Malherbe. Dignitaire de l'Église, il joua sans doute un rôle dans la conversion d'Henri IV, et mourut, peu après le roi, évêque de Séez.

Nombreuses publications dans les recueils collectifs entre 1599 et 1622 ; *Recueil des œuvres poétiques de Jean Bertaut,* 1601, rééd. augmentées, 1605, 1620, 1633 ; *Recueil de quelques vers amoureux,* 1602, rééd. 1606.

Les *Œuvres poétiques,* éd. Adolphe Chenevière, Bibliothèque elzévirienne, 1891 ; *Recueil de quelques vers amoureux,* éd. Louis Terreaux, Société des Textes Français Modernes, 1970.

Georges Grente, *Jean Bertaut,* Lecoffre, 1903 ; Louis Terreaux, « Bertaut et la rhétorique dans le *Recueil de quelques vers amoureux* », dans *Les Écrivains normands...* (voir bibliographie générale, 1982).

A MADEMOISELLE D'ENTRAGUES — **1.** Bertaut écrit ce sonnet pour le compte d'Henri IV, dont Henriette d'Entragues était la maîtresse. — **2.** *Contraindriez :* la métrique exige que ce mot compte pour trois syllabes.

CHANSON — **1.** Allusion à Samson, dont la chevelure garantissait la force, et qui vint facilement à bout d'un lion rugissant (*Juges,* XIV, 5-6). — **2.** *Lacs :* piège. — **3.** *Prendriez :* la métrique exige que ce mot compte pour deux syllabes.

IMITATION DU PSAUME LXXI — **1.** La référence à l'histoire permet de dater ce poème de 1601 ou 1602 : le fils aîné d'Henri IV et de Marie de Médicis — le futur Louis XIII — est né le 27 septembre 1601. — **2.** *Soins :* soucis, préoccupations. — **3.** *Los :* louange. — **4.** *Bienheurant :* d'un verbe peu usité : bienheurer : faire le bonheur de quelqu'un.

BOILEAU-DESPRÉAUX, Nicolas, 1636-1711. Pendant des générations, Boileau a résumé, avec La Fontaine, la poésie du XVIIe siècle, et c'était, sans aucun doute, outrageusement excessif ; il est arrivé aussi, depuis le romantisme, que Boileau soit présenté comme l'anti-poète et comme le fossoyeur de la poésie en France, et c'était non moins excessif. L'homme, de son vivant, suscitait déjà les passions, à cause de son humeur caustique, de sa verve bourrue et de la férocité avec laquelle il lui arrivait de vilipender, en toute indépendance d'esprit, certains de ses contemporains, même les plus titrés, les plus fêtés, etc. Mû par de fortes convictions morales et esthétiques, mais pas toujours cohérent dans ses prises de position, Boileau s'est trouvé être le compagnon de route d'hommes qui le dépassaient infiniment par la stature ou le génie, ce qu'il eut toujours le rare mérite de reconnaître. Il eut aussi le privilège de survivre, sinon à son roi, du moins à ses confrères en littérature, un peu plus âgés, comme Molière et La Fontaine, et même plus jeunes, comme Racine. De ce fait, il apparut — et il finit par se voir ainsi lui-même — comme le témoin privilégié d'une grande époque désormais achevée, et comme le juge sévère, sinon infaillible, de la nouvelle littérature, comme le « régent du Parnasse » ; rôle disproportionné, et impossible, mais qui contribuera plus tard à figer et à réduire l'originalité poétique du XVIIe siècle. Fasciné par le modèle antique d'Horace (comme lui, il écrivit des satires, des épîtres, un *Art poétique,* et il s'essaya même à l'ode), il gagne à être perçu comme un témoin perspicace de son temps, et comme un modeste et émouvant représentant de ces hommes qui n'ont jamais douté qu'ils avaient vocation à exercer le dur métier d'être poète.

Les premières pièces de Boileau paraissent en 1663 dans les recueils collectifs ou en plaquettes plus ou moins subreptices ; la première édition reconnue des *Satires* (satires I à VII) paraît en 1666 ; à partir de 1670 commencent à paraître, isolément, les *Épîtres* ; *Œuvres diverses* (qui joignent aux œuvres déjà parues l'*Art poétique*, les livres I-IV du *Lutrin*), 1674 ; *Œuvres diverses*, éd. augmentée, 1682 ; *Ode sur la prise de Namur*, 1693 ; *Œuvres diverses*, éd. augmentée, 1694 ; *Épîtres nouvelles*, 1698 ; *Œuvres diverses*, éd. augmentée, 1701 ; *Œuvres*, 1713 ; *Œuvres*, éd. Brossette, Genève, 1716.

Œuvres complètes, éd. Charles Boudhors, Les Belles Lettres, 7 vol., 1934-1943 ; *Œuvres complètes*, éd. Antoine Adam-Françoise Escal, « Bibliothèque de la Pléiade », Gallimard, 1966 ; *Satires, Épîtres, Art poétique*, éd. Jean-Pierre Collinet, « Poésie/Gallimard », 1985.

Pierre Clarac, *Boileau*, Hatier, 1964.

A. M. DE MOLIÈRE — **1.** Cette satire date de 1663 ou 1664, dans le sillage de la querelle de *L'École des femmes*. Elle peut apparaître, à certains égards, comme un premier crayon de certaines pages de l'*Art poétique*. Nous reproduisons la fin de la satire. — **2.** *Envieux* : hostile, malveillant. — **3.** *Fantaisie* : « Imagination, goût, volonté » (Richelet). — **4.** *Pelletier* : selon un contemporain, ce Pelletier était un rimeur prolixe, auteur de « quatre centuries » de sonnets de louange. — **5.** *Scudéry* : Georges de Scudéry, poète fécond (voir ci-dessous, p. 470).

A MON JARDINIER — **1.** Boileau aimait à se retirer dans sa petite maison d'Auteuil, entourée d'un jardin. Reprenant à Horace l'idée d'un dialogue familier avec son jardinier, Boileau entame dans cette épître, écrite vers 1695, une réflexion sur le travail intellectuel et ses exigences. — **2.** *La Quintinie* : célèbre jardinier du roi (1626-1688). — **3.** Ce cousin des quatre fils Aymon, c'est l'enchanteur Maugis, dont l'histoire était très populaire au xviiᵉ siècle. — **4.** Boileau était, depuis 1677, historiographe du roi. — **5.** Mons et Namur avaient été prises par les armées de Louis XIV respectivement en 1691 et 1692. — **6.** *Gestes* : hauts faits de guerre. — **7.** *D'Aguesseau* : jeune avocat général, qui fut plus tard chancelier de France. *Termes* : le marquis de Termes était un ami de Boileau et un familier d'Auteuil. — **8.** *Guénaud, Rainssant, Brayer* : médecins qui furent fameux en leur temps, mais qui étaient morts à l'époque où écrivait le poète. — **9.** *Gênes* : souffrances vives, tortures.

BOISROBERT, François Le Métel, sieur de, 1592-1662. Né à Caen, d'une famille protestante, François Le Métel, sieur de Boisrobert (d'une terre qu'il possédait en Haute-Normandie), d'abord avocat au barreau de Rouen, vint de bonne heure à Paris, où grâce à l'appui du cardinal Du Perron, il réussit à s'introduire à la Cour. En même temps qu'il fréquentait les milieux libertins et se liait en particulier à Théophile de Viau, il eut la chance de s'attacher au cardinal de Richelieu, dont il devint, quand celui-ci fut devenu le maître du royaume, l'amuseur, mais aussi une sorte de ministre de la culture, distribuant le cas échéant les prébendes à ses amis poètes. Il fut, à ce titre, le véritable fondateur de l'Académie française, en 1634. Entre-temps, il se convertit au catholicisme, et, devenu abbé, accumula les bénéfices ecclésiastiques. Homme de salon au temps de Mazarin et d'Anne d'Autriche, il devint le chroniqueur en vers de la haute société de son temps (voir ses *Épîtres*), en même temps qu'il obtenait certains succès au théâtre.

En laissant de côté l'œuvre théâtrale de Boisrobert, on trouve l'essentiel, et sans doute le meilleur de son œuvre lyrique dans les recueils collectifs entre 1616 et 1630 ; *Épîtres en vers,* 1647 et 1649.

Épîtres en vers, Éd. Maurice Cauchie, Société des Textes Français Modernes, 2 vol., 1921 et 1927.

Émile Magne, *Le Plaisant Abbé de Boisrobert,* Mercure de France, 1909.

L'HIVER DE PARIS — **1.** D'Avaux était maître des requêtes au parlement de Paris. — **2.** *La Samaritaine :* la célèbre fontaine, située sur le Pont-Neuf, démolie au XIXᵉ siècle. — **3.** *Comme elles soulaient :* comme elles le faisaient d'habitude. — **4.** *Tailladé :* référence à un détail du costume. — **5.** *Coucher, cher :* exemple de rime dite « normande ». — **6.** *Tabarin :* l'un des plus célèbres farceurs de l'époque. — **7.** *L'Hôtel de Bourgogne :* situé rue Mauconseil, c'est le plus célèbre lieu de théâtre de Paris à cette époque.

A MONSIEUR DE VILLENNES — **1.** Cette épître, qui fait partie des *Épîtres en vers* publiées en 1647, fut probablement écrite par Boisrobert depuis sa terre de Boisrobert en Haute-Normandie à son ami Nicolas Bourdin, marquis de Villennes, qui était connu pour ses recherches en astrologie, durant l'été 1645. — **2.** Très vraisemblablement il s'agit d'arbres nains. — **3.** *Son terroir :* Boisrobert en Normandie. — **4.** *Villennes :* sur la rive gauche de la Seine, en aval de Poissy. — **5.** Le père de Nicolas Bourdin avait dilapidé une partie des biens de la famille.

BRÉBEUF, Georges de, 1617 ?-1661. Né en Basse-Normandie, Brébeuf se fit connaître de bonne heure dans les milieux parisiens, notamment dans les salons. L'œuvre qu'il a laissée compte beaucoup de petites pièces galantes ou satiriques, épigrammes, madrigaux, etc. Mais il s'est aussi taillé une célébrité, dans les années 1650, en écrivant des parodies et des vers burlesques : parodies de l'*Énéide,* et de Lucain (il donna successivement une traduction sérieuse de la *Pharsale,* puis une version « en vers enjoués »). Enfin l'œuvre qui eut la plus grande longévité, ce furent les *Entretiens solitaires,* ouvrage de piété d'un homme malade, qui devint une sorte de bréviaire pour beaucoup de gens du monde tentés par le repentir et la méditation.

L'Énéide de Virgile en vers burlesques, 1650 ; *La Pharsale de Lucain... en vers français,* 1654-1655 ; *Lucain travesti... ou la Pharsale en vers enjoués,* 1656 ; *Poésies diverses,* 1658 ; *Entretiens solitaires,* 1660.

Entretiens solitaires, éd. René Harmand, Société des Textes Français Modernes, 1912.

Trois études sur Brébeuf de D.-P. Cogny, Francis Bar et Yves Giraud dans *La Basse-Normandie...* (voir bibliographie générale, 1977).

ÉPIGRAMMES — **1.** Ces épigrammes font partie d'une série où Brébeuf brocarde les femmes qui usent de fard.

ENTRETIENS SOLITAIRES — **1.** *Ne lui succède pas :* ne lui réussit pas, ne lui apporte pas le succès.

CHANSONS POPULAIRES. Il est d'usage — et on n'a pas entièrement tort — de souligner l'importance du divorce qui, à partir du xviᵉ siècle, s'instaure entre la littérature reconnue comme telle, littérature de Cour, de ville et littérature savante, et la littérature populaire qui ne cesse de sourdre des campagnes françaises jusqu'au xixᵉ siècle. On connaît le diagnostic de Gérard de Nerval : « ... Il est arrivé qu'en France, la littérature n'est jamais descendue au niveau de la grande foule ; les poètes académiques du dix-septième et du dix-huitième siècle n'auraient pas plus compris de telles inspirations, que les paysans n'eussent admiré leurs odes, leurs épîtres et leurs poésies fugitives, si incolores, si gourmées... » (*Chansons et légendes du Valois*). Pourtant, non seulement la poésie savante n'a pas tué la poésie populaire, mais, depuis le Moyen Age, les échanges sont constants entre les deux univers, au point que les poètes ou musiciens « savants » n'ont jamais hésité à mettre à profit des images, des thèmes ou des rythmes venus de l'inspiration populaire, et que cette inspiration populaire s'empare quelquefois de sujets et de motifs qui viennent tout droit des châteaux ou des salons. Jusqu'au début du xixᵉ siècle, la France, même policée, même urbanisée, reste proche de ses racines rurales.

Nous empruntons nos textes et l'essentiel de notre information au livre d'Henri Davenson, *Le Livre des chansons, ou introduction à la chanson populaire française,* Neuchâtel, La Baconnière, 1944.

LA BELLE EST AU JARDIN D'AMOUR — **1.** Cette chanson daterait de la fin du xviiᵉ siècle, et serait un exemple de poésie issue des milieux lettrés et qui aurait été adoptée par les milieux populaires. Répandue surtout dans le nord de la France.

MA BELLE, SI TU VOULAIS — **1.** Chanson frappante par sa densité et son pouvoir de suggestion. — **2.** La « rivière profonde » peut avoir une portée symbolique, et faire penser à l'épée nue qui séparait Tristan d'Yseult ; au reste, la chanson lie intimement l'amour et la mort.

AUPRÈS DE MA BLONDE — **1.** Probablement une chanson de soldats.

— **2.** Les allusions à la Hollande et aux Hollandais permettent de dater à peu près sûrement cette chanson de l'époque des guerres de Louis XIV.

A LA CLAIRE FONTAINE — **1.** Chanson présente dans le recueil de Ballard de 1704 ; complainte de la jeune fille abandonnée.

DANS LES PRISONS DE NANTES — **1.** Chanson qui date vraisemblablement de la fin du XVIIᵉ siècle, et qui vient peut-être de Nantes.

CHAPELAIN, Jean, 1595-1674. Ce fils de notaire parisien, qui se destina lui-même un temps à la médecine, était un passionné de littérature, au reste parfait connaisseur des littératures italienne et espagnole de son temps. C'est à ce titre qu'il traduisit le *Guzman d'Alfarache* de Mateo Aleman et qu'il eut le redoutable honneur, en 1623, de préfacer l'*Adone* de Marino. Pourtant, ses amitiés littéraires — Faret, Vaugelas, Malherbe — allaient faire de lui une figure de proue dans les querelles littéraires (la querelle du *Cid,* par exemple) et dans l'établissement d'une sorte de goût officiel et académique. Une *Ode* en l'honneur de Richelieu, qu'il publia en 1633 en fit l'homme de confiance du cardinal-ministre, qui lui confia le soin d'animer l'Académie française à ses débuts ; plus tard, il collabora encore avec Colbert pour établir la liste des écrivains jugés dignes de recevoir une pension du roi. Protégé de longue date du duc de Longueville, c'est à la gloire de celui-ci et de son ancêtre Dunois qu'il conçut le projet grandiose de son épopée *La Pucelle,* commencée dès le début des années 1630, et qui ne vit le jour qu'en 1656. L'œuvre n'eut pas grand succès, et contribua à discréditer un auteur qui avait, certes, des amis, quelquefois intéressés, mais aussi des détracteurs ; c'est ainsi qu'en dépit de l'Académie, en dépit de la protection de l'hôtel de Rambouillet et du pouvoir, il excita la verve des critiques, Costar, au début de sa carrière, et Boileau, alors qu'il était déjà sur le déclin.

Le Gueux, ou la vie de Guzman d'Alfarache, 1620-1621 ; *Lettre à M. Favereau* (préface de l'*Adone* de Marino), 1623 ; *Ode à Monseigneur le cardinal duc de Richelieu,* 1633 ; *Ode pour la naissance de Mgr. le comte de Dunois,* 1646 ; *Ode pour Mgr. le cardinal Mazarin,* 1647 ; *La Pucelle, ou la France délivrée, poème héroïque,* 1656 ; *Ode pour la paix et pour le mariage du roi,* 1660.

Georges Collas, *Un poète protecteur des lettres au XVIIᵉ siècle, Jean Chapelain,* 1911, réimp. Genève, Slatkine, 1970.

ODE A MONSEIGNEUR LE CARDINAL DUC DE RICHELIEU — **1.** Cette ode, écrite à la manière de Malherbe, et destinée à encenser le cardinal-ministre, attira décidément l'attention sur Chapelain, mais lui attira aussi de sévères critiques, notamment de la part de Costar (voir à ce sujet Jean-Pierre Chauveau, « L'Héritage malherbien : Costar critique de Chapelain et de Godeau », dans : *Critique et création littéraires en France au XVIIᵉ siècle,* publications du CNRS, 1977). Nous reproduisons quelques strophes, situées au milieu de l'ode, au moment où le poète, après avoir sacrifié à l'éloge rituel du roi Louis XIII, annonce son intention de célébrer les mérites propres du ministre. — **2.** *Nos Cygnes célèbres :* nos poètes les plus connus et les plus réputés.

CHAULIEU, Guillaume Amfrye de, 1639-1720. Né à Fontenay en Normandie, Chaulieu fit ses études au collège de Navarre à Paris, puis il entra dans les ordres. Protégé de la duchesse de Bouillon et de ses neveux, les Vendôme, il obtint de riches bénéfices ecclésiastiques, grâce à quoi il put mener grande vie, non sans éveiller les soupçons de la Cour qui lui reprocha d'aider les Vendôme à dilapider leurs biens. Poète mondain, il aimait la poésie d'allure facile et naturelle, et, ardent zélateur des vers irréguliers, se fiait à son oreille pour ordonner ses stances ou manier les petits vers. Il fut, à l'orée du XVIIIᵉ siècle, un adepte d'un épicurisme délicat et d'un libertinage souriant qui s'inscrit sur un fond de mélancolie. Il eut pour meilleur ami le poète La Fare, de cinq ans son cadet, mais qui mourut avant lui. Leurs poésies furent recueillies ensemble après leur mort.

Poésies de M. l'abbé de Chaulieu et du marquis de La Fare, Amsterdam, 1724.

Gilbert Bouriquet, *L'Abbé de Chaulieu et le libertinage au grand siècle,* Nizet, 1972.

CHEVREAU, Urbain, 1613-1701. Ce poète, né et mort à Loudun, est en fait plus un érudit et un traducteur qu'un véritable poète ; son œuvre est abondante et diffuse : il a écrit pour le théâtre, il a écrit des romans et beaucoup de vers qui, souvent, sont des paraphrases — notamment des Italiens modernes, Marino, ses émules, Fulvio Testi, qu'il connaissait fort bien, et aussi de l'*Anthologie grecque* et d'Ovide —, mais toujours un peu des : *à la manière de...* Chevreau fut, en réalité, un grand voyageur, en Angleterre, au Danemark, en Allemagne et en Suède, où il fut un temps secrétaire des commandements et ordonnateur des fêtes de la reine Christine. Chevreau est aussi l'auteur de *Remarques sur les poésies de Malherbe.*

Poésies, 1656 ; *Œuvres mêlées,* 1697.

Remarques sur les poésies de Malherbe, éd. Gustave Boissière, Niort, Clouzot, 1909.

Gustave Boissière, *Urbain Chevreau (1613-1701), sa vie, ses œuvres, étude biographique et critique,* Niort, Clouzot, 1909.

POUR UNE BELLE ÉGYPTIENNE — **1.** Nous reproduisons ici cinq des huit madrigaux que Chevreau composa sur le thème très mariniste de la beauté noire, occasion pour les poètes d'accumuler les paradoxes et les oxymores en vue de procurer au lecteur surprise et émerveillement. En l'occurrence, le point de départ semble avoir été une œuvre picturale.

— **2.** *Beaubrun* : ils étaient plusieurs frères à s'être fait connaître comme portraitistes.

« JE DORMAIS D'UN PROFOND... » — **1.** *En effet :* dans la réalité, en vrai, par opposition aux illusions du rêve.

COLLETET, Guillaume, 1598-1659. Ce Parisien pur sang avait sûrement des dons de conciliateur. Avocat sans vocation, il s'est très tôt adonné à la littérature. Sans doute libertin à ses débuts, en tout cas toute sa vie épicurien et bon vivant, il a été de tous les cercles littéraires importants au fil des années 1620-1630 : les cercles de ces bourgeois érudits que sont Antoine Brun et Piat Maucors, les cercles des poètes « satyriques » qui fleurissaient autour de Théophile de Viau, le groupe des « Illustres Bergers » dont il est l'animateur vers 1625-1630. Si jamais il ne fit partie de la coterie malherbienne, sans doute pour des raisons plus esthétiques que morales — son œuvre abondante et facile ne témoigne pas d'un culte excessif pour la rigueur formelle —, il est cependant de ceux qui tentèrent, autour de 1630, de concilier l'héritage toujours vivant de Ronsard et de la Pléiade, l'appétit de liberté de Théophile et les exigences de Malherbe, comme en témoigne clairement cette épigramme :

> *De nos deux grands héros, dans l'art de bien écrire,*
> *Les effets sont divers, ainsi que les accents ;*
> *Malherbe avec douceur nous flatte et nous attire,*
> *Mais Ronsard nous transporte, et nous charme les sens.*

Au reste, son inspiration préférée, à côté d'un goût marqué pour le bachique et le gentiment satirique, c'est l'inspiration pastorale, une pastorale dont il retient surtout le côté heureux et épicurien. Bon connaisseur de la poésie du passé — il a laissé de précieuses biographies de poètes français, surtout du XVIe siècle —, bon ami de tous les poètes de sa génération, membre fondateur de l'Académie française, Colletet est un excellent représentant d'un certain goût Louis XIII en poésie.

Très présent dans les recueils collectifs, surtout satiriques, dès 1619, Colletet est aussi généreux en poèmes d'hommage liminaire, et en vers de ballet ; *Désespoirs amoureux,* 1622 ; *Le Trébuchement de l'ivrogne,* 1627 ; *Les Divertissements,* 1631 ; *Autres poésies,* 1642 ; *Poésies diverses,* 1656 ; *L'Art poétique,* 1658 (réimp., Genève, Slatkine, 1970).

L'Art poétique, éd. P. A. Jannini, Genève, Droz, 1965 ; *Poésies choisies,* éd. P. A. Jannini, Naples, 1968.

P. A. Jannini, *Verso il tempo della ragione. Studi e ricerche su Colletet,* Milan, 1965 (rééd. Fasano, 1989).

SOLITUDE AMOUREUSE — **1.** *Celle qui ravit Céphale :* l'Aurore.

CORNEILLE, Pierre, 1606-1684. Ce n'est nullement le lieu de refaire ici la biographie de celui qui, au dire de son émule Jean Racine, fut le véritable fondateur du théâtre français moderne, et dont la longévité fit le témoin de tous les grands événements du siècle. Mais ce qui frappe en Corneille, c'est l'unité tranquille du dessein, sous-tendu par une vie intérieure d'une puissante intensité. Dramaturge de génie avant tout, il gonfle tout son théâtre — et pas seulement dans les stances qui ornent les pièces de ses débuts, mais aussi, et toujours, dans les pièces âpres et dépouillées de sa vieillesse — d'un lyrisme qui prend en charge tous les sentiments et les passions. Poète galant à ses heures, il manifeste surtout ses dons de poète lyrique dans une des œuvres religieuses les plus importantes de son siècle. Il a traduit et paraphrasé des psaumes, les hymnes du bréviaire, l'*Office de la Vierge* ; mais, dans ce domaine, son œuvre capitale, c'est la traduction des quatre livres de *L'Imitation de Jésus-Christ,* pour laquelle il mit à profit le congé qu'il prit momentanément de la scène entre 1653 et 1659, et où il s'exprime tout entier, en tant qu'humaniste et en tant que chrétien ; c'est qu'à travers les trois étapes du chemin qui mène à Dieu et que décrit l'auteur de l'*Imitation* : purification, illumination, union, Corneille retrouvait, transposée, la préoccupation qui est peut-être aussi le fil conducteur de son théâtre : « conduire l'âme du jour ténébreux au vrai jour... l'élever jusqu'à la réalité » (Platon, *République,* VII 521c).

Mélanges poétiques (à la suite de la tragi-comédie *Clitandre*), 1632 ; *Les Quatre Livres de l'Imitation de Jésus-Christ traduits et paraphrasés en vers français,* 1656 ; *L'Office de la Sainte Vierge,* 1670.

Œuvres complètes, éd. André Stegmann, « L'Intégrale », Le Seuil, 1963 ; *Œuvres complètes,* éd. Georges Couton, « Bibliothèque de la Pléiade », 3 vol., Gallimard, 1980-1987.

CHANSON : « SI JE PERDS BIEN DES MAÎTRESSES... » — 1. Cette chanson appartient aux toutes premières productions poétiques de Corneille, publiées en 1632 à la suite de la tragi-comédie de *Clitandre.* Corneille fait parler ici un jeune inconstant, type popularisé par le personnage d'Hylas dans l'*Astrée* d'Honoré d'Urfé.

STANCES : « MARQUISE, SI MON VISAGE... » — 1. Durant le printemps et l'été de 1658, Molière séjourne à Rouen avec sa troupe, parmi laquelle Mlle du Parc (Marquise Thérèse de Gorla, épouse de René Berthelot, dit du Parc). Corneille, très touché par la grâce et la beauté de la jeune actrice, lui adresse quelques vers enflammés, dont ces *Stances,* devenues célèbres (elles parurent dans le recueil Sercy), où il exécute une émouvante variation sur le thème du « carpe diem ».

L'IMITATION DE JÉSUS-CHRIST — 1. Extrait de I, 2. Chaque poème est précédé d'un emblème représentant une scène de l'Écriture ou de l'histoire des saints en rapport avec le sujet traité. Le sens général est résumé dans « l'âme » ou « sentence ». *Ama nesciri* : aime à être ignoré. — 2. Extrait de II, 4. *Omnis creatura speculum vitae et liber doctrinae*

purae : toute créature est un miroir de la vie, un livre de la pure doctrine.
— **3.** Extrait de III, 21. *O mi dilectissime sponse :* ô mon très cher époux.

C O T I N, abbé Charles, 1604-1682. Né probablement à Paris, Charles Cotin, après de solides études, entra dans les ordres, tout en se poussant dans les salons, à l'hôtel de Rambouillet, à l'hôtel de Montpensier, où il se fit une réputation à la fois de docte et d'homme d'esprit ; ce qui lui valut d'entrer à l'Académie française. Lorsque en 1638 il mit à la mode le poème-énigme, il avait l'impression, comme en témoigne son *Discours sur les énigmes,* de faire œuvre d'authentique poète, de celui qui use de figures, de métaphores et d'allégories pour pénétrer le réel, et « plaire » et « profiter » tout ensemble à son lecteur. Vers la fin de sa carrière, il fut victime des sarcasmes de Boileau, et surtout de la charge féroce que fit de lui Molière à travers le Trissotin des *Femmes savantes.* Mais peut-être valait-il mieux que ce portrait outrageusement satirique : à défaut d'être poète, il était certainement un impeccable rhétoricien.

  Recueil des énigmes de ce temps (avec le *Discours sur les énigmes*), 1638 ; *Nouveau recueil de divers rondeaux,* 1650 ; *Les Poésies chrétiennes,* 1657 ; *Œuvres mêlées,* 1659 ; *Œuvres galantes en prose et en vers,* 1663.

  ÉNIGMES — **1.** *Apelle :* peintre célèbre du temps d'Alexandre le Grand. — **2.** « Le mot de cette énigme est *le Miroir* » (Cotin). — **3.** *Milon :* l'athlète Milon de Crotone. — **4.** « Le mot de cette énigme est *le Temps* » (Cotin).

C R A M A I L, Adrien de Montluc, comte de, 1588-1646. Petit-fils du maréchal de Montluc, Adrien de Montluc, comte de Cramail (ou Carmain, ou Caramain), prince de Chabanais, devint maréchal de camp et gouverneur du comté de Foix. Grand seigneur libertin, galant de cour sous Louis XIII, il fut impliqué dans une conspiration contre Richelieu, ce qui lui valut de passer douze ans à la Bastille (1630-1642). Protecteur des poètes, surtout des poètes libertins, parmi eux Théophile de Viau, Cramail était lui-même poète à ses heures, et sa *Nuit* obtint un vif succès, comme en témoigne sa présence durable dans les recueils collectifs.

C Y P R I E N D E L A N A T I V I T É D E L A V I E R G E, André de Compans, en religion P., 1605-1680. André de Compans, né à Paris, après de bonnes études et un voyage en Orient entra en 1632 chez les carmes déchaussés de Paris sous le nom de Cyprien de la Nativité de la Vierge. Théologien, prédicateur, auteur de nombreux ouvrages, il se fit aussi une spécialité de traductions, notamment des textes des grands mystiques espagnols. Sa traduction des *Cantiques spirituels* de saint Jean de la Croix met en lumière la singularité de son talent de poète mystique. Paul Valéry l'a sacré un jour comme « l'un des plus parfaits poètes de France ».

Les Œuvres spirituelles du bienheureux Père Jean de la Croix..., le tout traduit en vers français, 1641 ; *Les Œuvres de la sainte mère Thérèse de Jésus,* 1644.

Les Cantiques spirituels de saint Jean de la Croix, traduction en vers français par le R.P. Cyprien, O.C.D., Rouart, 1941, avec une préface de Paul Valéry (reprise dans *Variété V*).

DESHOULIÈRES, Antoinette du Ligier de La Garde, dame, 1638-1694. Fille d'un maître d'hôtel d'Anne d'Autriche, ayant reçu une solide éducation, elle fut mariée très jeune à un gentilhomme poitevin, lequel avait lié son sort à Condé et avait fui aux Pays-Bas. De retour en France, elle obtint, par sa beauté et son esprit, de vifs succès à la cour et dans les salons parisiens. L'époque et le milieu dans lequel elle évoluait voulaient qu'elle sacrifiât aux petits genres mondains qui constituent dans les années 1660-1670 l'épilogue de la préciosité. Mais comme d'autres, à ce moment-là, et notamment quelques poétesses de sa génération, elle renoue avec une inspiration pastorale qui traduit, au-delà de joliesses un peu mièvres et surannées, une insatisfaction véritable, et une aspiration à plus de fraîcheur et de simplicité. Aussi cette œuvre qui, par certains côtés peut paraître rétrograde, annonce-t-elle, y compris par son accent païen et épicurien, le courant « sensible » du XVIIIe siècle.

Poésies, 1688, rééd. en 1693.

DESMARETS DE SAINT-SORLIN, Jean, 1595-1676. Ce poète, né à Paris, fut dans sa jeunesse un habitué de l'hôtel de Rambouillet, et surtout un protégé de Richelieu, ce qui lui valut d'être conseiller du roi, et membre de l'Académie française. Il connut des succès dans le roman et au théâtre (notamment avec sa comédie des *Visionnaires,* en 1637). Poète fécond, prolixe même, il donna dans la poésie galante (voir ci-dessus, p. 337, sa contribution à *La Guirlande de Julie*), mais aussi dans la poésie grave, morale et religieuse, surtout lorsque, l'âge venant, il devint dévot. Influencé par l'exemple du Tasse, il composa les vingt-six livres d'un poème épique, *Clovis ou la France chrétienne,* qu'il publia en 1657, puis remania en vue d'une seconde édition parue en 1673, où il exaltait les succès du jeune Louis XIV. A cette époque, défenseur convaincu, pour le poème héroïque, du merveilleux chrétien, il se heurta à Boileau, adversaire non moins passionné de ce merveilleux, ce qui lui valut de cruelles attaques de la part du satirique ; celui-ci, de quarante ans son cadet, n'appartenait pas en effet au même monde.

Œuvres poétiques, 1641 ; *Les Promenades de Richelieu ou les vertus chrétiennes,* 1653 ; *Clovis ou la France chrétienne,* 1657, 2e éd. remaniée en 1673 ; *Marie-Madeleine, ou le triomphe de la grâce,* 1669.

LES PROMENADES DE RICHELIEU OU LES VERTUS CHRÉTIENNES
— 1. Publiées seulement en 1653, mais composées peut-être une quinzaine

d'années plus tôt, ces *Promenades* participent à la fois du genre encomiastique (Desmarets y fait, à travers l'évocation des splendeurs de sa demeure, l'éloge de Richelieu, son protecteur) et de la poésie morale et religieuse, puisque chacune des *Promenades* débouche sur une exaltation des vertus chrétiennes. A plusieurs reprises, le poète y fait montre d'une imagination et d'un goût que la critique moderne qualifie de *baroques*, et qui visent constamment à l'effet de surprise et d'émerveillement.

DRELINCOURT, Laurent, 1626-1680. Fils d'un pasteur protestant, qui exerça son ministère à Charenton, près de Paris, et qui, ami de l'académicien Conrart, fut un habitué des salons parisiens, Laurent Drelincourt, après de solides études de théologie à Saumur, devint pasteur à son tour en 1651, et exerça scrupuleusement son ministère, à La Rochelle d'abord, puis à Niort, où il mourut en 1680, cinq ans avant la révocation de l'Édit de Nantes. Prédicateur avant tout et de grand talent, il cultiva aussi avec prédilection la poésie, et dans la forme très dense et exigeante du sonnet ; et ses sonnets, groupés en quatre livres selon les règles d'une architecture rigoureuse répondant aux exigences de l'apologétique, « sont la quintessence de ses homélies » (Albert-Marie Schmidt). La poétique de Drelincourt, toute de subtilité et de raffinement, n'est pas sans rappeler celle des grands poètes spirituels du début du siècle, Fiefmelin ou La Ceppède.

Sonnets chrétiens sur divers sujets, Niort, 1677, 2ᵉ éd., posthume, en 1680.

Sonnets chrétiens, éd. Albert-Marie Schmidt, Nizet, 1948 (l'introduction de cette édition constitue la meilleure étude, à ce jour, sur le poète huguenot).

SUR L'HOMME — **1.** Ce sonnet appartient, comme le suivant que nous citons, au premier livre des *Sonnets chrétiens,* intitulé : *Sur la nature et son auteur,* qui est une sorte de récapitulatif de la Création.

SUR SAMSON — **1.** Ce sonnet appartient, comme le suivant, au deuxième livre, où le poète relit l'Ancien Testament comme un répertoire de « figures », c'est-à-dire comme une préfiguration de la vie du Christ et de son œuvre rédemptrice. En note, Drelincourt commente lui-même son sonnet : « Alcide était l'Hercule des païens, on lui attribuait les actions de Samson comme la défaite du lion, dont il portait les dépouilles. » — **2.** « Force miraculeuse, vu la faiblesse naturelle des cheveux » (Drelincourt). — **3.** Samson trahi par Dalila. — **4.** En faisant tomber les colonnes du temple, Samson entraîna avec lui dans la mort une foule de ses ennemis. — **5.** « Samson en hébreu veut dire : petit soleil. Selon d'autres, il signifie le soleil de la force. Ce qui convient fort bien à Samson, et beaucoup mieux encore à Jésus-Christ, le Samson mystique, et le soleil de justice » (Drelincourt).

SUR JONAS — **1.** « Le nom de Jonas qui signifie une colombe marque sa timidité » (Drelincourt).

DUBOIS-HUS, Gabriel, 1599-après 1652. Baptisé à Nantes, Gabriel Dubois-Hus appartenait à une famille de la noblesse de robe attachée au parlement de Bretagne. Venu à Paris, il fréquente l'hôtel de Rambouillet ; à partir de 1645, il est conseiller et aumônier de Gaston d'Orléans ; en 1651-1652, il est de surcroît attaché à la famille du prince de Conti, en dépit des rivalités et conflits du moment. Après avoir brigué, en vain, la riche abbaye cistercienne du Bon Repos en Bretagne, Dubois-Hus, apparemment découragé par les troubles de la Fronde, se réfugie en 1652 en Brandebourg ; après quoi on perd toute trace de lui. Auteur de pièces encomiastiques, il est surtout connu de nos jours par cet étrange poème, écrit en 1638 à la naissance du futur Louis XIV et publié en 1641, qui, intitulé *La Nuit des Nuits, Le Jour des Jours...*, célèbre conjointement — un peu comme le faisaient déjà au début du siècle un Du Perron ou un Bertaut dans leurs paraphrases de psaumes, mais, cette fois, avec un mélange unique de bonhomie populaire et de raffinement dans l'imagination et l'expression — la naissance du Christ (Noël, ou la nuit des nuits) et la naissance, si attendue, d'un dauphin royal (le jour des jours, c'est-à-dire le jour de la naissance du futur Louis XIV, survenue à Saint-Germain, le 5 septembre 1638).

La Nuit des nuits, le Jour des jours, le miroir du destin, ou la nativité du Dauphin du ciel, la naissance du Dauphin de la terre et le tableau de ses aventures fortunées, 1641.

La Nuit des nuits..., éd. Annarosa Poli, Bologne, 1967.

Charles Oulmont, « Un poète coloriste du XVIIᵉ siècle, Dubois-Hus », dans *Maintenant*, nᵒ 3, 1946 ; Annarosa Poli, « Un poeta crepuscolare nell'età barocca : Dubois-Hus », dans *Annali della Facoltà di Lettere e Filosofia dell'Università degli studi di Perugia*, vol. II, 1964-1965.

DU PERRON, Jacques Davy, 1556-1618. Né dans une famille normande qui avait adhéré à la Réforme, Jacques Davy Du Perron reçut une très solide formation humaniste. Esprit exceptionnellement brillant — il lisait couramment, outre le latin, le grec et l'hébreu —, il se fit remarquer de bonne heure à la cour d'Henri III, où le poète à la mode, Philippe Desportes, le prit sous sa protection. Converti au catholicisme en 1578, il montra toute sa vie des dons exceptionnels pour la réflexion théologique et la controverse religieuse. Chargé en 1586 de faire l'éloge de Ronsard qui venait de mourir, il salua d'abord en lui « le grand ennemi et grand impugnateur des Ministres et de l'erreur ». Ordonné prêtre, il fit une brillante carrière ecclésiastique au temps d'Henri IV : évêque d'Évreux dès 1591, il devient ensuite archevêque de Sens, et grand aumônier du roi, avant de recevoir le chapeau de cardinal en 1604. Tenant une place éminente dans les controverses religieuses du temps, travaillant activement à la conversion des grands (on l'appelait « le grand convertisseur »), plusieurs fois ambassadeur à Rome, il ne consacra pas beaucoup de temps à la poésie ; et cependant, ses compositions poétiques, sans doute écrites au XVIe siècle, lui valurent une durable célébrité dans les recueils collectifs au début du XVIIe siècle. Il s'y montre un héritier de la Pléiade — mais un héritier qui trie sérieusement dans l'héritage —, qui s'illustre surtout dans la poésie religieuse. Il représente, au temps d'Henri IV, ce style « moyen » (Henri Lafay) qui prépare les voies à Malherbe, mais avec moins de rigueur et d'intransigeance que son compatriote, qu'il introduisit à la Cour.

Diverses œuvres, 1622 ; *Perroniana,* Cologne, 1694.

Le Cardinal J. D. Du Perron, mélanges publiés à l'occasion du quatrième centenaire de sa naissance, Saint-Lô, 1956 ; Aron Kibedi Varga, « Enfin Du Perron vint. Malherbe ou le sens de la publicité », dans la *Revue d'Histoire Littéraire de la France,* 1967-I ; Marcel Simon, « Du Perron à l'aube du classicisme », dans *La Basse-Normandie...* (voir bibliographie générale, 1977).

« AU BORD TRISTEMENT DOUX... » — **1.** *Si* : et cependant.

LE TEMPLE DE L'INCONSTANCE — **1.** Du Perron traite ici un thème à la mode (cf. Pierre Motin, Étienne Durand, etc.) ; Jean Rousset a voulu y voir l'une des manifestations privilégiées de la sensibilité et de l'imagination baroques. — **2.** *Protée,* fils de l'Océan et de Thétis, avait le privilège de prendre la forme qu'il souhaitait. — *Le serpent qui de vent allaité :* allusion au caméléon, que l'on disait se nourrir de vent.

VERSION DE L'HYMNE « VEXILLA REGIS PRODEUNT... » — **1.** On pourra comparer avec la version paraphrasée du même hymne liturgique de La Ceppède (voir ci-dessus p. 41).

DU PIN-PAGER, Romain, 1578-1644 ? Romain Pager, né à Fontenay-le-Comte, appartenait à la bonne bourgeoisie du lieu ; après des études de droit menées à Poitiers, il revint à Fontenay-le-Comte, qui était un centre humaniste à l'époque. Anobli par Louis XIII, il se fit appeler : Du Pin. Attiré par la poésie, il se mêla aux milieux littéraires de Paris. C'est là qu'il se fit remarquer par Guillaume Colletet, qui préfaça en 1630 son volume de vers d'une ode très élogieuse. Il est aussi l'auteur de vers latins.

Les Deux Premiers Livres de l'hérésie renversée, Fontenay-le-Comte, 1628 ; *Les Œuvres poétiques,* 1630 ; *Sempiternum florentissimæ Richeliorum familiæ ad gloriam monumentum,* 1642.

ODE A CLÉON — **1.** *La planète qui m'envisage :* l'astre qui préside à mon destin. — **2.** *Régente :* domine, gouverne. — **3.** *Courrière :* celle qui précède, ou qui annonce.

DURAND, Étienne, vers 1585-1618. Né à Paris dans une famille bourgeoise, mais alliée à des nobles, Étienne Durand, qui exerça la charge de contrôleur ordinaire des guerres, manifesta de bonne heure des dons pour la musique et la poésie. Attaché à la maison de Marie de Médicis, il commit l'imprudence fatale de rester fidèle à celle-ci après le meurtre de Concini, et de comploter contre le favori du roi, Luynes ; ce qui lui valut d'être condamné et roué en place de Grève le 19 juillet 1618. Bien qu'il soit mort jeune, son œuvre poétique, regroupée pour l'essentiel dans le recueil des *Méditations*, publié en 1611, est loin d'être négligeable. On a parlé à son propos, sans preuves décisives, d'un amour passionné et malheureux qu'il aurait voué à sa cousine Marie de Fourcy, et qui lui aurait inspiré des vers particulièrement émouvants : conception romantique, qui fait bon marché de tout ce qu'il y a de conventionnel et d'apprêté dans la poésie d'Étienne Durand, mais qui n'occulte pas pour autant le ton éloquent et le mouvement passionné qui caractérisent ses meilleures strophes.

Méditations de E. D., 1611.

Poésies complètes, éd. Hoyt Rogers et Roy Rosenstein, préface d'Yves Bonnefoy, Genève, Droz, 1990.

A. Bruzzi, « Metafore e poesia nelle *Méditations* di Etienne Durand », dans *Studi sul barocco francese*, Bologne, 1962 ; B. Rathmann, « Remarques sur les *Stances à l'Inconstance* d'Étienne Durand », dans : *Papers on French Seventeenth Century Literature*, vol. VIII, 14-1, 1981 ; Maria Puleio, *Estienne Durand tra manierismo e barocco*, Catania, 1983 ; Roy Rosenstein, « Late Renaissance Petrarchism : The Rhetorical Inconstancy of Étienne Durand », dans *Papers on French Seventeenth Century Literature*, vol. XIV, 27, 1987 ; « Emblématique et poétique du feu : les sonnets d'Étienne Durand », dans : Yvonne Bellenger, *Le Sonnet à la Renaissance*, Aux Amateurs de livres, 1988.

STANCES À L'INCONSTANCE — **1.** *Demeure* (et, aux vers suivants : *préside, porte, fait...*) : la logique grammaticale ferait attendre une deuxième personne ; mais la métrique s'y oppose.

ESTERNOD, Claude d', vers 1592-vers 1640. Claude d'Esternod appartient à une famille noble et catholique de Franche-Comté ; son père fut gouverneur de Salins, et il fut lui-même gouverneur d'Ornans, pour le compte du roi d'Espagne. Il n'en subit pas moins l'influence des satiriques français ses aînés, Motin, Régnier, Sigogne. C'est du reste à ce dernier qu'il s'apparente le mieux pour la verdeur et la crudité du langage et pour le plaisir qu'il prend à jouer avec les mots et à fustiger durement les victimes de sa verve tour à tour cocasse et vengeresse.

L'Espadon satyrique, Lyon et Rouen, 1619, plusieurs rééd. jusqu'en 1626, puis à Cologne en 1680.

L'Espadon satyrique, éd. Fernand Fleuret et Louis Perceau, Jean Fort, 1922.

L'AMBITION DE CERTAINS COURTISANS NOUVEAUX VENUS — **1.** *Rodomont, Roger, Médor... :* personnages fameux du *Roland furieux* de l'Arioste. — **2.** *Se bragant :* faisant le glorieux. — **3.** *C'est-mon :* formule syncopée : c'est bien mon avis ! — **4.** *Taillés :* astreints à payer la taille, impôt qui frappait durement les paysans, comme la gabelle, et comme l'obligation du guet. — **5.** *Pédant :* régent de collège. — **6.** *Joyeuse :* c'est l'épée de Charlemagne, *durandal* celle de Roland, *hauteclaire* celle d'Olivier, *flamberge* celle de Renaud de Montauban. — **7.** *Ducat :* monnaie italienne. *Maravédis :* petite monnaie espagnole. — **8.** *Maugis le sorcier :* enchanteur des chansons de geste, cousin des quatre fils Aymon. — **9.** *Nembroth :* un esprit invoqué par les magiciens. — **10.** *Bragardants :* fringants (de *bragard :* élégant, ajusté). — **11.** *Courtaut :* cheval qui a été écourté de la queue et des oreilles. — **12.** *Richetales :* ou richedales, rixdales : monnaie des pays du Nord. **13.** *Gringotant :* faisant crisser. — **14.** *Piolés, riolés :* parés de diverses couleurs, bigarrés. — **15.** *Armoisini-sés :* de l'armoisin, teinture pourpre appliquée à certaines étoffes de soie.

FORGET DE LA PICARDIÈRE, Pierre, ?-1638. On ne sait à peu près rien de ce personnage, diplomate et poète. Secrétaire de la chambre du Roi et de ses finances sous Louis XIII, il accomplit des missions diplomatiques en Allemagne et en Turquie ; il fut pendant un an un historiographe de l'Ordre de Saint-Michel. En poésie, il se fit connaître surtout par ses *Sentiments,* recueil de vers gnomiques où il a cherché à retrouver la manière de Guy du Faur de Pibrac (1529-1584) qui, à l'époque des guerres civiles, avait conquis la célébrité avec des *Quatrains* d'inspira-tion stoïcienne.

Poèmes publiés en 1609 dans le *Nouveau recueil des plus beaux vers de ce temps* et dans *Les Délices de la poésie française* en 1620 ; *Hymne à la reine régente,* 1613 ; *Les sentiments de Messire Pierre Forget, chevalier, sieur de La Picardière,* 1630, éd. augmentée, 1636, 1646.

LES SENTIMENTS DE MESSIRE PIERRE FORGET — **1.** Trois échantil-lons des 1 081 quatrains moraux, philosophiques et politiques que La Picardière composa à la manière de Pibrac.

GODEAU, Antoine, 1605-1672. Né à Dreux, d'une famille de riche bourgeoisie, il fut très tôt introduit par son parent Conrart dans les milieux littéraires parisiens, et surtout dans les salons, notamment à l'hôtel de Rambouillet, où il séduisit par les talents et son esprit, en rival de Voiture. Il fit partie aussi, aux alentours de 1625, du groupe des « Illustres Bergers » ; mais, ayant rencontré Malherbe chez la marquise de Rambouil-let, il devint un malherbien si fervent qu'il écrivit un *Discours sur les Œuvres de Monsieur de Malherbe,* qui servit de préface à la première édition des œuvres du maître en 1630. Dès lors sa voie littéraire était tracée : il appartient à l'Académie dès sa fondation ; homme de salon, il brilla dans les genres mondains à la mode dans les années 1630 ; mais il retint de Malherbe l'exigence de clarté, et peut-être surtout le goût d'une poésie où le plaisir est subordonné à l'utilité morale et à l'efficacité du sens. Pas étonnant dans ces conditions que, lorsque la faveur de Richelieu eut fait de lui, d'une manière plutôt inattendue, un prêtre et un évêque — il devint en 1636 évêque de Grasse et de Vence — et qu'il se donna avec beaucoup de foi et de conviction à ses nouvelles fonctions (exception pour l'époque, il tint à résider dans son lointain diocèse), il se fit un devoir de mettre ses talents de poète au service de sa foi et de son ministère. Dès lors, son inspiration est exclusivement religieuse, et il accumule les sonnets chrétiens, les paraphrases de Psaumes et de cantiques, les méditations, les vies de saints, et se risque même, en 1654, avec son *Saint Paul,* à l'épopée chrétienne. Une telle abondance ne peut pas être synonyme de constance dans la qualité ; mais Godeau séduit par cette abondance même, souvent mélodieuse, et soutenue par un sentiment vrai et fort.

Dès 1633, Godeau fait paraître des œuvres d'inspiration profane (notamment une *Ode au Roi*) et une première édition d'*Œuvres chrétiennes* (d'autres éditions, considérablement augmentées, se succéderont en 1641, 1646, 1654, 1660) ; à partir de 1635 paraissent les paraphrases de Psaumes, les paraphrases de saint Paul, divers poèmes religieux (*La Grande Chartreuse, Les Fastes de l'Église, La Sainte-Baume, La Sorbonne...*) ; en 1654 paraît *Saint Paul,* « poème chrétien » en cinq livres ; un certain nombre de pièces, profanes ou sacrées, restent encore de nos jours manuscrites.

Georges Doublet, *Godeau évêque de Grasse et de Vence,* Picard, 1911 ; *Antoine Godeau. De la galanterie à la sainteté,* actes des journées de Grasse, 1972, publiés par Yves Giraud, Klincksieck, 1975 ; Yves Giraud, « Un malherbien, Antoine Godeau », dans *Cahiers de littérature du XVIIe siècle,* n° 6, Université de Toulouse-le-Mirail, 1984.

LA GRANDE CHARTREUSE — **1.** Nous reproduisons le début de ce poème de plus de trois cents vers que Godeau publia en 1650. Évoquant la Grande Chartreuse, où il avait eu l'occasion de passer, et relatant la vie des chartreux et la difficile règle de saint Bruno, le poète décrit aussi, d'une certaine manière, son itinéraire personnel qui va des plaisirs du monde à l'ascèse. — **2.** *Ces morts dont vous cachez la vie :* les moines chartreux qui sont morts au « monde » pour vivre dans la pure contemplation.

BIENHEUREUX CEUX QUI SONT PERSÉCUTÉS POUR LA JUSTICE... — **1.** Ce sonnet est le 55e d'une série de *Sonnets chrétiens sur la vie, sur la mort et sur les mystères de Notre-Seigneur Jésus-Christ,* publiés dans les *Œuvres chrétiennes.*

SAINT PAUL — **1.** *Saint Paul* relève de l'ambition partagée par un certain nombre de poètes de doter la France de « poèmes héroïques », c'est-à-dire d'épopées. Mais Godeau le fait en pasteur soucieux de mettre sa plume au service du salut des âmes, et d'exalter les vertus chrétiennes : « Les Muses françaises, a-t-il osé écrire en 1646, ne furent jamais si modestes, et je crois qu'elles seront bientôt toutes chrétiennes. » De ces quelque 5 000 vers, nous avons extrait certains passages où Godeau manifeste tantôt son goût pour une poésie abondante et ornée, tantôt pour une poésie plus dépouillée visant à serrer de près les textes de l'Écriture. — **2.** *Sans elle :* sans la grâce — Dans ce passage, Godeau donne la parole à son héros, Paul, qui devant les chrétiens de Rome, raconte ce que fut son combat pour la foi en Orient (livre II). — **3.** Paul fait l'apologie de la religion chrétienne devant le tribunal qui va le condamner à mort (livre IV). — **4.** *Tourmentez :* torturez. — **5.** Godeau imagine que le procès de Paul se déroule devant le Sénat de Rome, et en présence de Néron. — **6.** Nous reproduisons les 40 derniers vers du poème (livre V), où Godeau imagine la glorification de Paul après son martyre. Paul se présente devant le trône de Dieu.

GOMBAULD, Jean Ogier de, ?-1666. La vie de ce gentilhomme saintongeais et huguenot, qui dut se dérouler pour l'essentiel à Paris, fut si discrète qu'elle est aujourd'hui mal connue. Si l'on sait qu'il mourut pauvre et fort âgé en 1666, les historiens hésitent sur sa date de naissance : 1570 ? 1580 ? 1590 ? C'est tout de même cette dernière date qui semble la plus probable, car c'est seulement après 1620 qu'il se fait connaître avec un roman mythologique, *Endymion* (1624), puis avec des vers de ballet, des épigrammes et surtout des sonnets — il passait pour le meilleur sonnetiste de son temps — dont il publia l'essentiel en recueil en 1646. Académicien de la première heure, hôte assidu de l'hôtel de Rambouillet, il utilise une langue d'une impeccable clarté, ce qui dénote une sensible influence malherbienne. En revanche, son lyrisme abstrait et tendu — il est un remarquable poète de l'absence — n'accorde aucune concession au style mondain qui se développe dans les salons après 1630.

Endymion, 1624 ; *L'Amarante,* 1631 ; *Poésies,* 1646, *Épigrammes,* 1657.
Lydie Morel, *Jean Ogier de Gombauld, sa vie, son œuvre,* Neuchâtel, 1910.

LA GUIRLANDE DE JULIE. C'est de soixante-deux madrigaux, dus à dix-neuf poètes différents, que se compose, dans sa forme définitive (1641), *La Guirlande de Julie.* Le marquis de Montausier soupira pendant quatorze ans pour la belle Julie d'Angennes, fille de la marquise de Rambouillet, avant de l'épouser en 1645. En 1634, il eut l'idée de convier les poètes qui fréquentaient assidûment l'hôtel de Rambouillet à l'aider à composer un bouquet de madrigaux sur le thème des fleurs en l'honneur de Julie.

La Guirlande de Julie, manuscrit calligraphié par Nicolas Jarry sur vélin, illustré par Nicolas Robert, relié par Le Gascon en maroquin rouge à filets et recouvert d'un étui en peau de frangipane ; *Recueil Sercy en vers,* 1653.
La Guirlande de Julie, éd. Adolphe Van Bever, Sansot, 1907.
Émile Magne, *Voiture et l'hôtel de Rambouillet,* Émile-Paul, 1929.

ZÉPHYRE À JULIE — **1.** Charles de Saint-Maure, marquis de Montausier (1610-1690), était issu d'une vieille famille noble de Touraine. Soldat valeureux, il était aussi à ses heures un hôte assidu du salon de la marquise de Rambouillet, où il s'éprit de Julie d'Angennes. Protestant rigide, il avait la réputation d'un très honnête homme, mais austère et brusque dans ses manières (une tradition veut qu'il ait servi de modèle à Molière pour son Alceste). En 1664, il devint duc et pair, et en 1668, gouverneur du Dauphin. Le présent madrigal sert de dédicace à *La Guirlande*.

LA ROSE — **1.** Germain Habert (1615?-1654) entra dans les ordres et devint abbé de Saint-Vigor de Cerisy, en Normandie. Poëte et bel esprit, il fut membre de l'Académie, et fréquenta les salons parisiens.

LA VIOLETTE — **1.** Desmarets de Saint-Sorlin : voir ci-dessus p. 237.

LE LIS — **1.** Gédéon Tallemant des Réaux (1619-1692) est surtout connu aujourd'hui pour ses *Historiettes*; mais il écrivit aussi des vers pour les membres de la société mondaine qu'il fréquenta toute sa vie.

HOPIL, Claude, avant 1585-après 1633. Ce poète parisien, dont on ne sait à peu près rien, occupe une place singulière dans l'histoire de la poésie ; il est en effet, après ses premiers essais (*Œuvres chrétiennes*, 1603) qui sont bien dans le ton de la poésie du temps des guerres religieuses, un chrétien fervent qui, à l'instar des grands Espagnols de la fin du XVIe siècle, Thérèse d'Avila, Jean de la Croix, qui l'ont peut-être directement influencé, met son savoir et son art au service d'une expérience mystique. Si bien que Hopil se fait une spécialité de l'approche de l'inconnaissable et d'une sorte de propédeutique de l'extase : poésie ardente, passionnée et souvent jubilatoire.

Œuvres chrétiennes, 1603 ; *Les Douces Extases de l'âme spirituelle ravie en la considération des perfections de son divin époux, ou exposition mystique et morale du Cantique des cantiques de Salomon*, 1627 ; *Les Divins Élancements d'amour exprimés en cent cantiques faits en l'honneur de la très sainte Trinité, avec les célestes flammes de l'épouse sainte, et cantiques de la vie admirable de Catherine de Sienne*, et *Les Doux Vols de l'âme amoureuse de Jésus, exprimés en cinquante cantiques spirituels*, 1629 ; *Le Parnasse des odes ou chansons spirituelles accommodées aux airs du temps*, 1633.

Jean Rousset, « Un poète théologien et mystique du XVIIe siècle : Claude Hopil », dans *Nova et vetera*, 1957 ; J.-Cl. Brunon, « Langage poétique et vision mystique dans *Les Divins Élancements* de Claude Hopil », dans *Baroque*, 3, 1969.

LA CEPPÈDE, Jean de, vers 1548-1623. Ce magistrat aixois se lia d'amitié, à Aix, dans le cercle d'Henri d'Angoulême, gouverneur de Provence, avec Malherbe, qui était presque son contemporain. Mais entre ces deux poètes, quelle distance ! Tandis que Malherbe forge l'outil qui va faire de lui, au début du XVIIe siècle, le prophète de la poésie nouvelle, La

Ceppède reste immuablement fidèle à la poétique de la Renaissance et à l'esthétique de la Pléiade. Mais une esthétique revue et corrigée, comme chez d'Aubigné et du Bartas, dans le sens d'une inspiration exclusivement chrétienne. L'œuvre principale de La Ceppède, *Les Théorèmes*, constitue, sous la forme d'un immense *canzoniere*, une méditation intense et toujours renouvelée sur la figure du Christ, sur sa Passion et sa Résurrection. C'est exclusivement par amitié, on s'en doute, que Malherbe écrivit deux pièces liminaires pour les *Théorèmes* (en 1613, et en 1621).

Imitations des Psaumes, Lyon, 1594, rééd. avec *Les Théorèmes* ; *Les Théorèmes*, Toulouse, 1613 ; *Deuxième partie des Théorèmes*, Toulouse, 1621.
   Les Théorèmes, livres I, II et III, éd. Yvette Quenot, Société des Textes Français Modernes, 2 vol., 1988 et 1989.
   François Ruchon, *Essai sur la vie et l'œuvre de Jean de La Ceppède* (avec un choix important de pièces tirées des *Psaumes* et des *Théorèmes*), Genève, Droz, 1953 ; P. A. Chilton, *The Poetry of Jean de La Ceppède*, Oxford, 1977.

PARAPHRASE DE L'HYMNE DE LA PASSION « VEXILLA REGIS » — **1.** On pourra comparer avec la version du même hymne par Du Perron, ci-dessus p. 74. — **2.** *Les cornettes du Roi :* les étendards du Roi, c'est-à-dire, métaphoriquement, les signes éclatants de la royauté de Jésus. — **3.** *Éclate :* fait éclater. — **4.** *Ore :* maintenant. — **5.** Après l'exaltation du sang versé sur le Calvaire, c'est l'exaltation du bois de la Croix. — **6.** *Tige :* le mot est indifféremment masculin ou féminin au XVIᵉ siècle. — **7.** *Corsaire des morts :* Charon, l'impitoyable nocher des Enfers. — **8.** *Randon :* flot impétueux. **9.** *Los :* louange. **10.** *Guindez-nous :* conduisez-nous, élevez-nous.

« Ô ROYAUTÉ TRAGIQUE... » — **1.** *Vêtement infâme :* le manteau pourpre dont ses bourreaux ont revêtu Jésus par dérision. — **2.** *Poignant :* piquant. Allusion à la couronne d'épines.

« DÈS QUE CETTE ORAISON... » — **1.** *Semondre :* avertir. — **2.** *Reaux :* « les rehauts sont les jours de la superficie ou circonférence des yeux, du nez, de toute la face » (La Ceppède).

« L'OISEAU DONT L'ARABIE... » — **1.** Bel exemple de syncrétisme tel qu'on le pratique volontiers depuis la Renaissance : la légende du Phénix, renaissant de ses cendres, préfigure, prophétise la vie et la résurrection du Christ.

« TOUT EST DONC ACCOMPLI... » — **1.** *La fière Béthel :* Béthel, c'est, proprement, la maison de Dieu (voir *Genèse*, XXVIII, 19). Ici, c'est un autre nom de Jérusalem (maison de Dieu par son Temple) qui s'est faite le bourreau (*bourrèles fureurs*) du Christ. — **2.** « L'accomplissement duquel parle J.-C. en Croix interprété de la satisfaction au Père Éternel, de l'accomplissement des figures et Prophéties, en l'ancienne loi à laquelle a succédé la nouvelle » (La Ceppède).

« BLANC EST LE VÊTEMENT » — **1.** *Or :* maintenant. — **2.** A l'origine du sonnet, la mention dans saint Luc (XXIII, 11-12) de la robe blanche dont Hérode revêtit Jésus avant de le renvoyer devant Pilate.

« DES CITADINS DU CIEL... » — **1.** *Cornettes :* étendards. — **2.** « C'est-à-dire des saints Pères qu'il tira des Limbes » (La Ceppède). — **3.** Cf. *Apocalypse*, XXI, 2. — **4.** Cf. *Apocalypse*, I, 13-15.

LACGER, Hercule de, vers 1600 ?-1670. Hercule de Lacger, sieur de Massuguiès, est né à Castres, dans une famille protestante. Ses débuts sont mal connus, mais, à partir de 1645, il se fait connaître à Paris dans les salons et dans les ruelles, comme un homme à bonnes fortunes et comme poète galant. Il eut une passion, en définitive malheureuse, pour sa coreligionnaire, Henriette de Châtillon-Coligny, devenue, par son second mariage — au reste fort malheureux — comtesse de La Suze et poétesse à ses heures ; c'est pour elle qu'il composa un recueil de *Vers pour Iris*, resté manuscrit ; parmi ses autres liaisons, il faut citer Ninon de Lenclos à propos de laquelle il se disputa avec le marquis de Sévigné ; et c'est lui qui contribua à armer le chevalier d'Albret, qui tua le marquis en duel (3 février 1651). Prudemment, il se réfugia quelque temps en Suède, auprès de la reine Christine, puis revint en France ; mais son heure était passée, et il vécut tristement ses quinze dernières années à Castres. Son œuvre poétique est mince, mais son élégance et sa pureté en font l'excellent témoignage d'une poésie de salon qui, dans son registre, limité, atteint à une sorte de perfection.

Vers pour Iris, éd. Frédéric Lachèvre, Sansot, 1910 (l'introduction de cette édition est constituée essentiellement par une biographie du poète).

« FLOTS HEUREUX QUI BAISEZ... » → **1.** *Iris :* c'est Henriette de Châtillon-Coligny, comtesse de La Suze.

« A QUOI BON L'AIMER DAVANTAGE... — **1.** *Courage :* le cœur, siège des sentiments et des passions.

LA FONTAINE, Jean de, 1621-1695. Il est bien inutile de présenter La Fontaine, tant il exprime, dans la conscience des Français, la quintessence du génie poétique français (même si certains de ces Français, et quelquefois poètes eux-mêmes, l'ont récusé comme poète !). Rappelons seulement que La Fontaine, qui avait fait de très solides études chez les oratoriens, se chercha longtemps avant de trouver sa voie ; ou plutôt, sa voix, car si sa voix est reconnaissable entre toutes, les voies qu'il a explorées sont multiples, même s'il est incontestable que c'est avec la fable qu'il a donné le meilleur de lui-même. Il nous a donc paru opportun de mettre ici l'accent, moins sur les *Fables,* que sur d'autres tentatives ou expériences de La Fontaine, où s'affirme en particulier une maîtrise inégalée dans la mise en œuvre d'un alexandrin merveilleusement ductile, souple et mélodique. Ronsard avait déjà révélé tous les sortilèges du vers de douze syllabes ; les contemporains de Malherbe se plaisaient parfois à célébrer sa « douceur » ; mais, avec La Fontaine, et son contemporain Racine, quelle musique !

A M. F.[oucquet], 1662 ; *Contes et nouvelles en vers*, 1re partie, 1665 ; *Contes et nouvelles en vers*, 2e partie, 1666 ; *Fables choisies mises en vers* (livres I à VI), 1668 ; *Les Amours de Psyché et de Cupidon* suivis d'*Adonis*, 1669 ; *Contes et nouvelles en vers*, 3e partie, 1671 ; *Fables nouvelles et autres poésies* (dont les quatre *Élégies*), 1671 ; *Poème de la captivité de saint Malc*, 1673 ; *Fables* (livres VII à XI), 1678-1679 ; *Poème du Quinquina*, 1682 ; *Ouvrages de prose et de poésie...* (parmi lesquels le *Discours à Madame de La Sablière*), 1685 ; *Fables* (livre XII), 1694 ; *Relation d'un voyage de Paris en Limousin*, 1729.

Œuvres complètes, « Bibliothèque de la Pléiade », t. I, *Fables et contes*, éd. Jean-Pierre Collinet, 1991, t. II, *Œuvres diverses*, éd. Pierre Clarac, 1942 et 1958 ; *Fables*, éd. Jean-Pierre Collinet, Folio, 1991 ; *Fables*, éd. Marc Fumaroli, Imprimerie Nationale, 1985, 2 vol.

Georges Couton, *La Poétique de La Fontaine*, P.U.F., 1957 ; Pierre Clarac, *La Fontaine par lui-même*, Le Seuil, 1961 ; Odette de Mourgues, *Ô Muse, fuyante proie...*, Corti, 1962 ; Renée J. Kohn, *Le Goût de La Fontaine*, P.U.F., 1962 ; Jean-Pierre Collinet, *Le Monde littéraire de La Fontaine*, P.U.F., 1970 ; Marcel Gutwirth, *Un merveilleux sans éclat : La Fontaine ou la poésie exilée*, Genève, Droz, 1987 ; Roger Duchêne, *La Fontaine*, Fayard, 1990 ; Patrick Dandrey, *La Fabrique des Fables*, Klincksieck, 1991.

ADONIS — **1.** Cette œuvre, pour laquelle le poète hésite lui-même entre deux appellations : poème, ou idylle héroïque, constitue la première œuvre d'envergure de La Fontaine. Si l'appellation « idylle héroïque » trahit une filiation mariniste — et le sujet lui-même... —, le marinisme de La Fontaine y est transformé par les souvenirs très vivaces d'Ovide et de Virgile. Offert en manuscrit à Foucquet en 1658, *Adonis* fut profondément remanié ensuite pour sa publication, à la suite du roman mythologique *Les Amours de Psyché*, en 1669. Sur ce poème, voir la célèbre étude de Paul Valéry, « Au sujet d'Adonis », parue en 1921, et reprise dans *Variété*.

A M. F.[OUCQUET] — **1.** Cette élégie, d'abord parue sans nom d'auteur (La Fontaine ne lui apposera son nom qu'en 1671, mais personne n'avait jamais eu le moindre doute sur l'identité de l'auteur), date du début de 1662. Nicolas Foucquet, le malheureux surintendant, est emprisonné depuis septembre 1661 et attend son procès. La Fontaine lance un appel à la clémence royale, et manifeste, ici comme ailleurs, une fidélité sans faille à l'égard de celui qui fut son protecteur et son ami. — **2.** *L'Anqueuil :* la petite rivière dont les eaux alimentent le canal et les bassins du parc de Vaux-le-Vicomte, le magnifique domaine de Foucquet. — **3.** *Oronte :* c'est le nom de Parnasse que La Fontaine donne souvent au surintendant. — **4.**

La Fontaine reprendra plus tard cette réflexion dans sa fable (X, 9) : *Le Berger et le Roi*, où, heureusement, le ministre se montrera plus prudent et clairvoyant, et le souverain plus juste et plus clément.

ÉLÉGIE TROISIÈME — **1.** La Fontaine publia ses quatre *Élégies*, adressées à une certaine Clymène — est-ce la même Clymène que l'héroïne de la petite comédie que La Fontaine dut écrire aux alentours de 1660 ? —, en 1671. On peut les lire comme le récit en vers d'un amour malheureux : l'amant tombe amoureux d'une belle veuve, qui reste désespérément fidèle au souvenir de son mari mort. — **2.** *Courage :* sentiment, passion.

LE POUVOIR DES FABLES — **1.** Fable 4 du livre VIII des *Fables*. M. de Barrillon, que La Fontaine avait certainement rencontré dans le salon de Mme de La Sablière, avait été envoyé par Louis XIV en 1677 auprès du roi d'Angleterre, avec la mission délicate de dissuader celui-ci de se joindre aux puissances européennes coalisées contre la France. Mais, en 1678, Charles II ne pourra résister à son opinion publique qui le poussera à s'allier à la Hollande. — **2.** Ici La Fontaine se souvient de l'indignation de Démosthène dans sa *Première Philippique*.

LE SONGE D'UN HABITANT DU MOGOL — **1.** *Un habitant du Mogol :* un habitant de l'empire conquis en Asie centrale par les Mogols ou Mongols. La Fontaine s'inspire librement d'un récit du poète persan Sadi, que lui avait sans doute fait connaître le voyageur et orientaliste Bernier qu'il rencontrait dans le salon de Mme de La Sablière. Mais, bien entendu, le célèbre hymne à la solitude qui constitue la deuxième partie du texte doit beaucoup à Horace et à Virgile. — **2.** *Soins :* préoccupations, inquiétudes.

DISCOURS À MADAME DE LA SABLIÈRE — **1.** La Fontaine lut ce *Discours* (publié en 1685) lors de sa réception à l'Académie française, le 2 mai 1684. Il y avait alors plus de dix ans que La Fontaine était le protégé et l'ami de Mme de La Sablière (Iris), qui tenait un brillant salon à Paris. — **2.** *Si faut-il :* le *si* est adversatif : Pourtant, il faut bien... — **3.** A cette date, Mme de La Sablière songeait à se retirer du monde.

LA ROQUE, Siméon-Guillaume de, vers 1551-1611. Né à Agnetz, près de Clermont-en-Beauvaisis, La Roque est d'abord entré au service d'Henri d'Angoulême, fils bâtard d'Henri II, en 1577, qu'il accompagne en Provence, en même temps que Malherbe, jusqu'en 1586. Il est ensuite de la maison de Claude de Lorraine, chevalier d'Aumale, et, de ce fait, passe à la Ligue, avant de se rallier à Henri IV vers 1595. Dans les dernières années de sa vie (1606-1611), il se trouve, comme de nombreux poètes et artistes, à la cour de la reine Marguerite. C'est pourquoi, bien qu'il ait commencé à écrire avant 1590, ce poète peut être revendiqué par le XVIIe siècle, lequel lui fit une large place dans les recueils collectifs entre 1595 et 1611.

Les Premières Œuvres, 1590 ; *Diverses poésies*, Rouen, 1597 ; *Œuvres*, 1609.

Poésies : Amours de Phyllis et Diverses Amours (1590), éd. Gisèle Mathieu-Castellani, Société des Textes Français Modernes, 1983.

Jeanne G. Perkins, *Siméon La Roque, poète de l'absence,* Nizet, 1967.

« JE SUIS LE TRISTE OISEAU... » — **1.** *Sa même espèce :* ceux de son espèce, ses congénères. — **2.** *Ore :* aujourd'hui.

COMPLAINTE — **1.** *Passe :* passereau. — **2.** *Je ne mens point de mon martyre :* je ne fais pas de mensonges en parlant de mon martyre.

« FAUT-IL QUE CES VALLONS... » — **1.** *Travaux :* peines, tourments. — **2.** D'après Ovide (*Métamorphoses*), nombre d'amants malheureux furent transformés en arbres, fleurs, ou ruisseaux.

« M'EMBARQUANT EN AMOUR... » — **1.** *Si j'en réussis :* si j'en sors vainqueur.

LAUGIER DE PORCHÈRES, Honorat, 1572-1653. Ce poète, né à Forcalquier, était un ami de Jean de Sponde, dont il assura vraisemblablement la publication — posthume — de l'œuvre en 1597. Il fut, un temps, entre 1595 et 1610, le représentant le plus brillant du goût de la Cour, bien qu'entre 1599 et 1605, il ait séjourné à la cour de Turin. En Italie, il entra en rapport avec les poètes du moment, dont le plus célèbre était Gianbattista Marino, qui a écrit des vers en son honneur. Ce séjour italien l'a sans doute encouragé à poursuivre sa recherche dans le sens d'un raffinement extrême et d'un maniérisme très voyant. Ce qui explique que le prestige de cet amoureux des pointes et du « concettisme » ait vite pâli, après 1610, au moment où s'affirmait le goût classique, ou néo-classique, incarné par Malherbe. Pourtant Porchères vécut assez longtemps (il meurt à quatre-vingt-un ans en 1653) pour être l'un des fondateurs de l'Académie française.

La soixantaine de pièces de vers qui restent de Laugier de Porchères sont disséminées dans les recueils collectifs, où elles tiennent une place importante entre 1597 et 1622. Aucune édition, ni ancienne ni moderne, de l'ensemble de l'œuvre de ce poète.

L. de Berluque-Pérussis, *Laugier de Porchères et Arbaud de Porchères,* Forcalquier, 1880.

« DE SPONDE, TON MALHEUR... » — **1.** Ce sonnet évoque la mort du poète Jean de Sponde, survenue en 1595. On sait que Laugier de Porchères fut son ami, qu'il l'assista dans ses derniers moments, et qu'il fut vraisemblablement responsable de la publication des œuvres de Sponde dans le *Recueil* de Raphaël du Petit Val à Rouen en 1597. — **2.** *Éteuf :* petite balle pour jouer à la paume.

SUR LES YEUX DE MADAME LA MARQUISE DE MONTCEAUX — **1.** Ce très célèbre sonnet s'inscrit dans la longue série de pièces que les poètes de la cour d'Henri IV s'ingénièrent à composer pour célébrer la favorite du Béarnais, Gabrielle d'Estrées, duchesse de Beaufort, marquise de Montceaux, etc. — **2.** Attention à la prononciation de cette finale de vers, compte tenu de la rime.

POUR LE BALLET DES PRINCES — **1.** *Susceptibles :* sensibles à...

SUR UN PORTRAIT DE CIRE — **1.** *Avettes :* abeilles. — **2.** *Desseignant :* formant le dessein.

LE MOYNE, Pierre, S. J., 1602-1671. Ce Lorrain entra dans la compagnie des jésuites à Nancy. Écrivain d'une très grande fécondité, il mit sa plume avec passion au service de sa foi et de ses conceptions théologiques et morales — au reste, Pascal le cite, sans aménité particulière, dans ses *Provinciales.* Il s'essaya dans le genre épique avec son *Saint-Louis* où il s'efforça d'apprendre « aux princes à bien régner » en célébrant un personnage où « les vertus chrétiennes et les militaires ne sont pas si mal ensemble » ; surtout il manifeste une imagination inépuisable pour faire chanter à toutes les créatures la gloire de Dieu.

La Sagesse divine, 1639 ; *Hymnes de la sagesse divine et de l'amour divin,* 1641 ; *Poésies,* 1650 ; *Saint-Louis,* 1653 ; *Entretiens et lettres poétiques,* 1665 ; *Œuvres poétiques,* 1671.

Hymnes de la sagesse divine..., éd. Anne Mantero, Le Miroir Volant, 1986.

Henri Chérot, *Vie et œuvres du P. Le Moyne,* 1887, réimp. Genève, Slatkine, 1971 ; Jean Rousset, « Un brelan d'oubliés », dans *L'Esprit créateur,* 1961 ; Esther Gross-Kiefer, *Le Dynamisme cosmique chez Le Moyne,* Zürich, 1968 ; William Calin, « Crown, Cross and *Fleur de Lys.* An Essay on P. Le Moyne's baroque Epic *Saint-Louis* », dans *Stanford French and Italian Studies,* 1977 ; Guy Demerson, « Métamorphose et analogie : Pierre Le Moyne », dans *La Métamorphose dans la poésie baroque...* (voir bibliographie générale, 1980).

DE LA VIE CHAMPÊTRE — **1.** Le Moyne développe ici une réflexion morale et religieuse à partir de la contemplation des spectacles naturels. Le dédicataire n'est autre que François-Annibal d'Estrées, marquis des Cœuvres — frère puîné de la belle Gabrielle d'Estrées (1571 ?-1599) qui fut la favorite d'Henri IV : voir ci-dessus Laugier de Porchères —, maréchal de France en 1626, ambassadeur à Rome, et qui eut le privilège, rare pour l'époque, de vivre quatre-vingt-dix-sept ans (1573-1670). — **2.** *Astrée :* fille de Jupiter et de Thémis, qui vint habiter sur la terre tant que dura l'âge d'or.

HYMNE DE L'AMOUR DIVIN — **1.** C'est le deuxième des deux hymnes que Le Moyne consacra à l'amour divin, après en avoir consacré deux à la sagesse divine. Le Moyne y utilise la métaphore traditionnelle de la lyrique amoureuse : l'amour assimilé à un feu dévorant, pour exalter à travers une succession d'images les manifestations de l'amour de Dieu pour les hommes. — **2.** *L'oiseau sans sexe et sans pareil :* le Phénix, l'oiseau fabuleux qui allume lui-même son propre bûcher et renaît perpétuellement de ses cendres.

LINGENDES, Jean de, vers 1580-1615 ? Né à Moulins (ou près de Moulins) dans une famille noble du Bourbonnais, probablement vers 1580 — date conjecturale : les premières pièces signées de lui paraissent en 1604, et, d'autre part, les historiographes disent qu'il est mort « jeune », à la fin de 1615 ou au début de 1616, peu avant la publication d'une traduction des *Épîtres* d'Ovide, dont il était le principal responsable —, Jean de Lingendes nous est très mal connu ; on peut supposer que, par l'intermédiaire de la brillante cour des Gonzague-Clèves à Nevers, proche de Moulins, Lingendes se poussa assez tôt à Paris et à la cour de France : on le voit donner, en 1606 — un an après avoir publié *Les Changements de la bergère Iris,* petit roman pastoral en vers, où certains ont voulu voir, sans preuve aucune, bien sûr, une autobiographie —, des vers liminaires à un personnage important et bien en cour : le poète Jean Bertaut (voir ci-dessus p. 50). Le succès des *Changements de la bergère Iris,* attesté par les rééditions qui se succèdent jusqu'en 1623, comme la présence importante de Lingendes dans les recueils collectifs à partir de 1607 et jusqu'en 1630, s'expliquent probablement par le tour résolument moderne d'une poésie moins soucieuse de faire montre d'érudition ou d'exploiter, une fois de plus, les conventions pétrarquistes ou néo-platoniciennes que de traduire, même à travers la convention pastorale, les raffinements psychologiques et les émois et intermittences du cœur.

Les Changements de la bergère Iris, 1605 ; publications dans les recueils collectifs entre 1607 et 1630.

Stances, éd. Jacques Madeleine, Sansot, 1911 ; *Œuvres poétiques,* éd. E. T. Griffiths, Société des Textes Français Modernes, 1916.

Valery Larbaud, « Jean de Lingendes », dans *Ce vice impuni, la lecture — Domaine français,* Gallimard, 1941.

LES CHANGEMENTS DE LA BERGÈRE IRIS — **1.** En 1605, le jeune Lingendes, suivant l'exemple de son aîné Honoré d'Urfé, auteur du *Sireine,* écrit un petit roman pastoral en vers (des sizains d'octosyllabes, répartis en cinq chants), dont l'hypothétique contenu autobiographique ne doit surtout pas faire oublier le modèle, du reste commun aux deux poètes français : la *Diana* de l'Espagnol Montemayor.

POUR MADEMOISELLE DU MAINE — **1.** *Mademoiselle du Maine :* fille cadette d'Henri de Lorraine, duc de Mayenne (on l'appelait « le gros Mayenne ») ou duc du Maine qui fut le principal chef de la Ligue contre Henri IV. Elle était née en 1587 ; sa sœur aînée, Catherine, avait épousé en 1599 Charles de Gonzague-Clèves, duc de Nevers, et l'on sait que c'est à la cour de Nevers que Lingendes avait fait ses débuts.

POUR LE BALLET DES AMOUREUX VÊTUS DE VENT — **1.** Le genre du mot *amour* n'est pas nettement défini au début du XVIIe siècle. — **2.** *Si :*

cependant, il n'en est pas moins vrai que... — **3.** *En effet :* dans la réalité, par opposition à la simple représentation (*peinture*).

LORTIGUE, Annibal de, 1570-vers 1640. Ce poète né à Apt se plaît à multiplier les allusions à son pays natal, comme à la consonance provençale de son nom (ortigue : ortie) ; il a apparemment beaucoup voyagé, séjournant dans différentes cours d'Europe, pour lesquelles il retrouve le ton satirique du Du Bellay des *Regrets*. Mais son œuvre témoigne d'une grande variété, d'une grande plasticité et d'une grande invention verbale, et les vers amoureux, funèbres, religieux, bucoliques côtoient agréablement une inspiration volontiers railleuse et enjouée.

La Trompette spirituelle, Lyon, 1605 ; *Poèmes divers,* 1617 ; *Le Désert, sur le mépris de la Cour,* 1637.

SUR LA COUR DE FRANCE — **1.** *Houssine :* baguette flexible en bois de houx.

« NI LA FLEUR QUI NAQUIT... » — **1.** Le lis, né du lait de Junon. — **2.** Adonis, qui donna naissance à l'anémone. — **3.** La jacinthe. — **4.** Le narcisse : Narcisse était amoureux de son image. — **5.** *Mon ortie :* la plante dont le poète porte le nom (ortigue, en provençal).

MAGE DE FIEFMELIN, André, avant 1560-après 1603. Ce poète est sans doute l'un des plus grands de la fin du XVIe siècle, contemporain et émule de Du Perron, d'Aubigné, Vermeil, La Ceppède, Malherbe, et de ce Jean de Sponde — une des re-découvertes majeures des quarante dernières années —, dont il fut le coreligionnaire et sans doute l'ami. Né à Fiefmelin, tout près de Château-d'Oléron, dans une famille protestante, il resta apparemment toute sa vie, que l'on connaît assez mal, fidèle à la religion réformée. Comme d'Aubigné, Sponde et quelques autres, il fut un témoin attentif et passionné des événements dramatiques qui accompagnèrent en France les guerres de religion : son œuvre inégale, mais frémissante, parfois tourmentée dans son austérité ardente, riche en références à l'actualité, le prouve abondamment. Il est devenu d'usage de rattacher d'Aubigné et Sponde au XVIe siècle ; qu'il nous soit permis, en nous référant à la date de parution de son œuvre imposante et variée en un volume : 1601, de placer Fiefmelin, en compagnie de Vermeil, La Ceppède et Malherbe, parmi les grands poètes de l'aube du XVIIe siècle.

Les Œuvres du sieur de Fiefmelin, Poitiers, 1601.

Images d'André Mage de Fiefmelin, poète baroque, éd. Pierre Menanteau, Rougerie, 1965 (la riche et vibrante introduction de cette anthologie, due à cet excellent poète qu'est Pierre Menanteau, constitue la meilleure étude consacrée au poète d'Oléron).

Marcel Raymond, étude sur Mage de Fiefmelin dans *Saggi e ricerche di letteratura francese,* XI, 1971 ; Jacques Morel, « Trois sonnets en un seul.

Fiefmelin abréviateur de Sponde », dans *Cahiers de littérature du XVIIe siècle,* n° 6, Toulouse, 1984.

« VOICI VENIR LA GUERRE... » — **1.** Le mot *fleau* compte pour une syllabe. Voir aussi au dernier vers. — **2.** Les *Dires sœurs :* autre nom des Furies ou des Euménides. — **3.** *Ost :* armée. — **4.** *Bellone :* déesse de la guerre, et sœur de Mars.

« JÀ LA NUIT COUVRAIT L'AIR... » — **1.** *Jà :* déjà. — **2.** *Annuitait :* obscurcissait. — **3.** *Dont :* à la suite de quoi. — **4.** *Ports Hermides :* « de *herme,* croyons-nous : lieu désert, abandonné » (Pierre Menanteau).

« LAS ! JE MEURS : NON-FAIS... » — **1.** *Lacs :* nœud coulant, piège. — **2.** *Si :* cependant.

MÉTAMORPHOSE DES SPIRITUELS OU RÉGÉNÉRÉS — **1.** *Après l'essai :* après l'avoir éprouvé. — **2.** *Premier :* d'abord. — **3.** *Argus à la paupière éclose :* il avait cent yeux dont cinquante étaient toujours ouverts. — **4.** *Chasserot :* adjectif formé sur le nom *chasseur.* — **5.** *Vins :* devins. — **6.** *Clytie :* fille de l'Océan et de Thétis, amante délaissée du Soleil (Apollon), elle se laissa mourir de jalousie ; mais Apollon la ressuscita en la métamorphosant en héliotrope. — **7.** *Ores :* maintenant.

« LES PLUS DIVINS AMOURS... » — **1.** Un exemple, parmi beaucoup d'autres, où le poète, se souvenant, du reste, du *Cantique des Cantiques* qu'il a paraphrasé, exalte sa foi chrétienne en empruntant, pour traduire des réalités purement spirituelles, les images et la langue de la poésie amoureuse. Voir aussi la pièce suivante.

« OUI, OUI, JE L'AIMERAI... » — **1.** La *Chrétienne,* c'est la joie des baptisés, des « régénérés », des convertis, que le poète exalte à travers les traits de la plus belle de toutes les femmes.

MALAVAL, François, 1627-1719. Ce poète, né à Marseille, était aveugle. Sa poésie est une authentique poésie de mystique. Il fut mêlé à la querelle du quiétisme, aux côtés de Mme Guyon, ce qui lui valut d'encourir les foudres de Bossuet.

Poésies spirituelles, 1671.

MALHERBE, François, 1555-1628. « Enfin Malherbe vint... » : ce célèbre soupir de Boileau, s'il témoigne d'une méconnaissance cruelle — et en partie volontaire — de la richesse du patrimoine poétique français, ne rend pas clairement compte de ce que représenta Malherbe en son temps. Cet homme du XVIe siècle (il est né à Caen en 1555), à peu près contemporain d'Agrippa d'Aubigné, qui vécut longtemps dans une relative obscurité en province, dans sa Normandie natale, et aussi, par deux fois, et longuement, en Provence, ne s'installa à Paris et à la Cour qu'en 1605, et ne connut la notoriété que dans sa vieillesse. Mais, alors, cette notoriété est singulière : Malherbe, qui a lentement mûri, s'est fait une doctrine qui lui assure une solide réputation d'iconoclaste avant de lui procurer la stature de fondateur de la poésie « moderne ». De fait, si son œuvre ne manifeste guère d'originalité quant au choix des thèmes, elle brille d'un éclat particulier grâce à un souci nouveau de la fermeté du vers, de la structure de la strophe, de la densité et de la clarté de l'expression. Poète architecte et musicien à la fois, Malherbe surprit et envoûta ses contemporains par l'aisance et l'autorité d'un verbe dont ils célébrèrent à l'envi la « douceur ».

Malherbe publie à Paris en 1587 sa première œuvre : *Les Larmes de saint Pierre* ; ensuite, les poésies de Malherbe, dont il nous reste certaines copies manuscrites, sont parues, du vivant du poète, dans les recueils collectifs entre 1597 et 1627, notamment à partir de 1609, ou en publications isolées ; *Les Œuvres de François de Malherbe,* préface d'Antoine Godeau, 1630 (édition collective, posthume).

Œuvres poétiques, éd. René Fromilhague-Raymond Lebègue, Les Belles Lettres, 2 vol., 1968 ; *Œuvres,* éd. Antoine Adam, « Bibliothèque de la Pléiade », Gallimard, 1971 ; *Poésies,* éd. Antoine Adam, « Poésie/Gallimard », 1982.

Ferdinand Brunot, *La Doctrine de Malherbe,* 1891, réimp. Armand Colin, 1969 ; René Fromilhague, *La Vie de Malherbe. Apprentissages et luttes (1555-1610),* Armand Colin, 1954 ; René Fromilhague, *Malherbe. Technique et création poétique,* Armand Colin, 1954 ; David Lee Rubin, *Higher, Hidden Order : Design and Meaning in the Odes of Malherbe,* Chapel Hill, University of North Carolina Press, 1972.

DESSEIN DE QUITTER UNE DAME QUI NE LE CONTENTAIT QUE DE PROMESSE — **1.** Cette pièce, parue pour la première fois en 1600, a probablement été écrite en Provence avant 1586. Le début du premier vers a fourni à Valery Larbaud le titre d'une nouvelle publiée en 1923.

AUX OMBRES DE DAMON — **1.** Cette pièce, qui nous est parvenue inachevée, n'a été publiée qu'après la mort de Malherbe, en 1630. Le Damon dont le poète célèbre la mémoire, est sans doute un ami que Malherbe s'était fait à Caen (« L'Orne comme autrefois... »), et dont il compare la veuve, « Carinice », à Artémise, archétype de la veuve inconsolable.

SONNET — **1.** On sait, par une lettre, que Malherbe composa ce sonnet à Fontainebleau, où il séjourna avec la Cour au printemps de 1607.

IL PLAINT LA CAPTIVITÉ DE SA MAÎTRESSE — **1.** Ne pouvant supporter les assiduités du roi auprès de sa femme, Charlotte de Montmorency, le prince de Condé s'était enfui aux Pays-Bas avec celle-ci. Malherbe, tout au long de cette aventure qui ne prit réellement fin qu'à la mort du roi (mai 1610), prêta sa plume aux amours royales ; ici, le roi exprime son désespoir à cause de la fuite de la princesse ; nous sommes en décembre 1609. — **2.** Charlotte avait quinze ans. — **3.** *Oiseaux de Phinée :* l'expression désigne les Harpies que les dieux avaient chargées de punir le roi de Thrace, Phinée. — **4.** La princesse n'a qu'un tort, c'est d'être aimée du roi. — **5.** *Un pirate :* le mot désigne le prince de Condé, qui a eu l'audace d'enlever sa femme. — **6.** De fait, des voix s'élevèrent pour protester contre le comportement expéditif du jaloux Condé.

A LA REINE, SUR LES HEUREUX SUCCÈS DE SA RÉGENCE — **1.** Henri IV avait été assassiné le 14 mai 1610. Dans les semaines qui suivirent, et, alors que beaucoup s'attendaient au pire, c'est-à-dire à un retour aux guerres civiles, Marie de Médicis, devenue régente, réussit à sauver la paix civile et à obtenir des aveux d'allégeance des Grands, des parlements et des villes. C'est au début de septembre 1610 que Malherbe se mit à composer cette ode d'apparat où, selon la recette mise au point par Ronsard, il associe étroitement la gloire de la souveraine louée et celle du poète qui la loue. — **2.** *Calis :* forme couramment utilisée alors pour désigner Cadix. — **3.** Claire allusion à la stupeur inquiète qui suivit l'assassinat du roi. — **4.** La légende rapporte qu'Hercule tua le tyran d'Égypte, Busiris. — **5.** Allusion à l'expédition de Juliers, par laquelle un corps d'armée français s'était porté au secours de princes protestants en lutte contre le Saint-Empire. — **6.** *L'aigle :* c'est l'emblème du Saint-Empire. — **7.** Exemples légendaires de discorde : la guerre entre la Grèce et Troie, et la haine inexpiable entre Étéocle et Polynice. — **8.** *Déploré :* dont on crut un moment devoir désespérer. — **9.** *Fées :* ce mot, comme on le voit ici, peut être employé pour désigner des divinités de l'Antiquité païenne. — **10.** *Pise :* cité grecque du Péloponnèse où se déroulaient les jeux Olympiques. — **11.** *Quitter :* céder.

CHANSON — **1.** Cette chanson, dont la date de composition est inconnue, parut pour la première fois en 1627. Malherbe y mêle agréablement le pair (décasyllabe) et l'impair (vers de 9 syllabes). — **2.** *La fille du Pénée :* Daphné, poursuivie par Apollon, était fille du Pénée, fleuve de Thessalie.

IMITATION DU PSAUME « LAUDA ANIMA MEA DOMINUM » — **1.** Du Psaume CXLV, Malherbe ne retient, pour les paraphraser, que les premiers versets, dont le pessimisme semble particulièrement bien s'accorder avec l'humeur qui fut la sienne dans ses dernières années.

MALLEVILLE, Claude, vers 1596-1647. Ce fils de bourgeois parisien était destiné à faire carrière dans la robe. Mais, dès avant 1620, il s'intéresse davantage à la littérature, fréquente les cercles de poètes et se fait remarquer par ses *Lettres amoureuses* en prose, imitées d'Ovide, qu'il publie en 1624. C'est peut-être à ces *Lettres* qu'il doit d'être remarqué par un homme alors bien en cour, le maréchal de Bassompierre, et qui est aussi un homme cultivé. Désormais, Malleville restera fidèle à Bassompierre, l'accompagnant dans ses missions, ambassades, expéditions militaires, allant lui rendre régulièrement visite à la Bastille, où Richelieu le détiendra à partir de 1631. Dès le début de 1643, Bassompierre sort de prison ; mais il meurt en 1646, et son poète ne lui survit que de quelques mois. Sa vie durant, Malleville n'a cessé de fréquenter les milieux littéraires, par exemple vers 1625 le cercle des « Illustres Bergers » avec Guillaume Colletet, puis l'Académie française dont il est l'un des fondateurs, et les salons, celui de la vicomtesse d'Auchy, et surtout le célèbre hôtel de Rambouillet où il devient vite une figure de proue, y menaçant même la royauté de Voiture. Ces diverses activités expliquent en partie le talent polymorphe de Malleville, à la fois continuateur d'une certaine manière pétrarquiste raisonneuse et abstraite et amateur d'une sensualité toute mariniste, tenté par les formes longues et libres, comme l'élégie, et aussi par les formes fixes : sonnets, rondeaux. Fécond auteur d'épigrammes et de madrigaux, il s'en est presque trouvé abusivement enfermé dans sa réputation de poète de salon.

Lettres amoureuses, 1624 ; les poésies de Malleville ont d'abord circulé en manuscrit — beaucoup, de ce fait, sont restées inédites au XVIIe siècle —, certaines paraissant ici ou là dans des recueils collectifs, de 1633 jusqu'à la fin du siècle ; l'édition posthume des *Poésies* (1649) ne recueille qu'une partie de l'œuvre de Malleville, répartie par types d'inspiration et par genres.

Œuvres poétiques, éd. Raymond Ortali, 2 vol., Société des Textes Français Modernes, 1976 (l'introduction de cette édition constitue une bonne étude sur le poète ; tous les textes reproduits ici le sont à partir de cette édition).

Maurice Cauchie, « L'Académicien Claude Malleville », dans *Revue des Bibliothèques,* 1923 ; Jean Mongrédien, « Le Poète Claude Malleville d'après des documents inédits », dans *Mercure de France,* 1962.

« LE SILENCE RÉGNAIT SUR LA TERRE... » — **1.** C'est le premier des trois sonnets que Malleville consacra, vers 1635, et à la suite de Voiture (cf. ci-dessus, p. 253), au thème de « la belle matineuse ». Comme Voiture, Tristan et d'autres poètes du XVIIe siècle, il s'inspire de près d'un sonnet de l'Italien Annibal Caro (1507-1566) publié en 1572. Ronsard et Du Bellay avaient déjà traité le thème, mais en s'inspirant du modèle, plus ancien, d'Antonio Rinieri.

ÉLÉGIE — **1.** Élégie composée vers 1625, à l'époque où l'élégie, remise à la mode par Théophile, est cultivée par les « Illustres Bergers ». — **2.** *Courage :* sentiment. — **3.** *Que c'est de :* ce que c'est que. — **4.** *Objet :* la femme aimée.

STANCES — **1.** Dans cette pièce où il traite, comme ailleurs dans des sonnets ou des élégies, le motif du baiser, Malleville se souvient de l'inspiration anacréontique de la Renaissance, mais aussi, et plus directement, de Marino. — **2.** *Ennui :* tristesse douloureuse.

IMITATION DE L'ONGARO — **1.** Malleville imite ici librement un sonnet du poète italien Antonio Ongaro (1560-1600 ?).

POUR UN AMANT QUI S'ÉTAIT BAIGNÉ AVEC SA MAÎTRESSE — **1.** Pièce dans le goût mariniste, restée manuscrite au XVIIe siècle. — **2.** *Objet :* la dame aimée.

CHANSON À BOIRE — **1.** Pièce restée manuscrite, datant de 1627. — **2.** *Le funeste passage :* le sous-titre du morceau permet de préciser qu'il s'agit de la traversée de la Manche que Malleville accomplit dans la suite de Bassompierre à la fin de 1626.

RONDEAU — **1.** Le rondeau, genre médiéval et marotique, avait été remis en honneur à l'hôtel de Rambouillet par Voiture en 1635.

ÉPIGRAMME — **1.** Une épigramme qui doit dater des années 1630, et où Malleville raille, en plein ministère Richelieu, la mainmise des hommes d'Église sur l'appareil de l'État.

MARBEUF, Pierre de, 1596-1645. Né en Haute-Normandie, Pierre de Marbeuf (il était seigneur de Sahurs et Ymares) fut au célèbre collège de La Flèche le condisciple de René Descartes, son exact contemporain. Il entreprit des études de droit à Orléans, mais dès sa vingtième année se fait connaître en poésie en participant au concours des Palinods de Rouen, comme son aîné Jean Auvray, puis en publiant un recueil de vers, le *Psaltérion chrétien, dédié à la Mère de Dieu.* Entre 1619 et 1623 environ, il séjourne à Paris, où il fréquente les milieux littéraires, notamment ce cercle de jeunes poètes, qui se sont groupés autour de Pierre de Marolles, et qui se signalent à la fois par leur solide piété et par leur purisme moderniste en matière de poésie, qu'on appelle l'académie Piat Maucors du nom du personnage chez qui ils se réunissaient. Dès 1623, il regagne sa province natale, pour ne plus guère la quitter. La charge de maître des eaux et forêts qu'il exerce près de Pont-de-l'Arche lui laisse suffisamment de loisir pour qu'il s'adonne à la poésie. Poète rare et exigeant — l'essentiel de son œuvre tient dans le *Recueil de vers* qu'il publie en 1628 —, Marbeuf sait donner un tour personnel et original à des thèmes qui sont ceux de ses contemporains, Théophile de Viau, Guillaume Colletet, Saint-Amant notamment.

Psaltérion chrétien, dédié à la Mère de Dieu, l'Immaculée Vierge Marie, Rouen, 1618 ; *Poème sur l'heureux mariage du sérénissime prince Victor-Amédée de Savoie avec Madame Christine, sœur du Roi,* 1619 ; *Recueil des vers de Monsieur de Marbeuf,* Rouen, 1628.

Le Miracle d'Amour, Obsidiane, 1983 (sous ce titre, Maurice Lever a réédité l'essentiel du *Recueil* de 1628 ; préface de Jean Tortel ; l'introduction constitue une excellente étude sur Marbeuf).

Henri Lafay, « Pierre de Marbeuf et la nouvelle poésie de 1620 », dans *Les Écrivains normands...* (voir bibliographie générale, 1982).

CONCLUSION DES BEAUTÉS D'AMARANTE — **1.** *Piton :* autre nom d'Apollon, dieu de la poésie. — **2.** *Le péché d'Actéon :* Actéon fut cruellement puni d'avoir osé contempler Diane nue.

MARTIAL DE BRIVE, ?-vers 1653. Est-il né à Brive, fils d'un lieutenant général de sénéchaussée ? S'appelait-il Paul Dumas ? Peut-être... Ce qu'on sait, c'est qu'il est entré chez les capucins de Toulouse, et qu'il s'est adonné à la contemplation et à la poésie, une poésie qu'il concevait d'abord comme un chant de grâce au Créateur.

Les Œuvres poétiques et saintes du P. Martial de Brive, Lyon, 1653 ; *Le Parnasse séraphique et les derniers soupirs de la Muse* (rééd. des *Œuvres poétiques*), Lyon, 1660.

PARAPHRASE SUR LE CANTIQUE « BENEDICITE... » — **1.** Chant d'action de grâces de toutes les créatures au Créateur.

MAYNARD, François, 1582-1646. Maynard naît à Toulouse, c'est-à-dire en pays d'oc, dans une famille de magistrats. Tôt venu à Paris, il devient en 1605 secrétaire particulier de Marguerite de Valois, l'épouse répudiée d'Henri IV, et c'est à la cour de celle-ci, cercle raffiné mais aux goûts quelque peu désuets, qu'il compose ses premiers vers. Congédié dès 1607, il se place alors sous la férule de Malherbe, dont il va devenir un des disciples les plus fervents ; l'enseignement de Malherbe va sans doute dans le sens de ses propres penchants : vers un culte exigeant de la clarté et de la fermeté du vers. Très naturellement, il est l'un des premiers académiciens. Pourtant, Maynard réussit assez médiocrement dans la grande forme, notamment dans la poésie officielle, tandis que ses goûts le portent volontiers vers la poésie « gaillarde » ; au reste, les temps ont changé : au temps de Richelieu, Maynard, peut-être par conviction, et plus sûrement malgré lui à cause de ses maladresses dans le métier de courtisan, se range plutôt du côté des opposants, ce qui lui vaut, à partir de 1618, de passer le plus clair de son temps à Aurillac (il a la charge de président du présidial de cette ville) et, plus tard, à Saint-Céré. Or, malgré certain stoïcisme de façade, il vit cela comme un exil difficile et immérité. Après la disparition de Richelieu, il revient à Paris, mais il est vieux et se sent cruellement étranger à un climat littéraire qui s'est profondément modifié depuis ses débuts parisiens. Après y avoir présidé cependant à la publication d'un recueil soigneusement composé de ses *Œuvres,* il rentre, désabusé, à Saint-Céré, où il meurt le 28 décembre 1646. Son œuvre — ou du moins ce qu'il en a principalement retenu dans son recueil ultime — se distingue surtout, outre la solidité du vers et de la strophe, par un certain lyrisme confidentiel et tempéré, et par le goût des petites formes : le sonnet, et l'épigramme, dont il s'était fait une spécialité.

L'œuvre de Maynard est d'abord parue dans les recueils collectifs, dès 1607, et surtout à partir de 1615 ; entre 1627 et 1630, elle occupe même la première place dans les recueils de Toussaint du Bray ; *Philandre,* 1619 (œuvre dont la paternité est quelquefois refusée à Maynard) ; *Les Œuvres de Maynard,* 1646.

Priapées, publiées pour la première fois d'après les manuscrits, et suivies de quelques pièces analogues du même auteur..., Bruxelles, J. Gay, 1866 ;

Poésies de François Maynard, éd. Ferdinand Gohin, Garnier, 1927 (Gohin reproduit intégralement le recueil de 1646, auquel il ajoute un choix de pièces soit parues dans différents recueils avant ou après 1646, soit restées manuscrites).

Charles Drouhet, *Le Poète François Maynard,* Champion, 1909 ; *Maynard et son temps,* actes du colloque Maynard, Toulouse, octobre 1973, Publications de l'Université de Toulouse-le-Mirail, 1976 ; depuis 1971, l'association « Les Amis de Maynard » a publié régulièrement des *Cahiers* chaque année.

« Ô QUE VOUS ÊTES ÉBLOUIS... » — **1.** Cette épigramme, où Maynard affiche des convictions foncièrement antiprotestantes, date de l'époque où Louis XIII s'efforçait de réduire par la force des garnisons protestantes dans le sud-ouest (1620-1621). *Éblouis :* trompés.

« CROIS-MOI, VIVONS... » — **1.** Cette épigramme relève de la même thématique (l'amour fidèle d'un homme aux « cheveux gris ») que *La Belle Vieille* que nous reproduisons ensuite.

LA BELLE VIEILLE — **1.** Cette ode célèbre a peut-être été inspirée à Maynard — mais ce n'est qu'une hypothèse... — par l'amour, resté vivace après de longues années, que le poète aurait éprouvé pour la fille du chancelier Huraut de L'Hopital, qui était un ami de son père.

CHANSON — **1.** *Piot :* vin. — **2.** *La garce de Céphale :* l'Aurore. — **3.** *Flotte :* épicurien lettré, lié non seulement à Maynard, mais aussi à Balzac, Saint-Amant, Scarron.

« QUAND DOIS-JE QUITTER... » — **1.** Une de ces nombreuses pièces où l'exilé de Saint-Céré exprime sa nostalgie de Paris et de la Cour.

« ADIEU, PARIS, ADIEU... » — **1.** Revenu une dernière fois à Paris (1646), le poète exprime ici son désenchantement.

« JE SUIS DANS LE PENCHANT... » — **1.** Ce sonnet, irrégulier comme le précédent (les quatrains sont bâtis sur des rimes différentes et croisées : Maynard, malgré Malherbe, affectionnait cette irrégularité du sonnet) date peut-être, du moins en partie, des derniers moments de la vie de Maynard.

« MON ÂME IL FAUT PARTIR... » — **1.** Ce sonnet, très chrétien de ton, est doublement irrégulier (quatrains construits sur quatre rimes, et alternance de l'alexandrin et du décasyllabe).

MÉNARD, François, ?-? De ce personnage, on ne sait à peu près rien, sinon qu'il a été avocat à la cour du parlement de Toulouse et au présidial de Nîmes, et qu'il publia ses *Œuvres* en recueil, à Paris, en 1613. A la fin du xixᵉ siècle, Gaston Garrisson, qui éditait les *Œuvres poétiques de François Maynard* (voir ci-dessus p. 155), au *corpus* de son poète, lui très connu, adjoignit par inadvertance les poésies de son quasi-homonyme, François Ménard. Mais il est pourtant bien difficile de confondre deux inspirations et deux manières si différentes. François Ménard, par sa ferveur passionnée, par le ton religieux de ses poèmes (aussi bien ses vers d'amour que ses vers spirituels), appartient à la même génération, à la même race que les Sponde et les Vermeil.

Les Œuvres de François Ménard, 1613.

Dans : *Les Œuvres poétiques de François Maynard,* éd. Gaston Garrisson, t. I, 1885, réimp. Genève, Slatkine, 1970.

Henri Lafay, « François Ménard et François Maynard », dans *Maynard et son temps,* actes du colloque Maynard, Toulouse, octobre 1973. Publications de l'Université de Toulouse-le-Mirail, 1976.

STANCES — **1.** *Si fais :* je le fais cependant.
« MIROIR OÙ NUIT ET JOUR... » — **1.** *Les jumeaux soleils :* les yeux.
« LE FLOT POUSSE LE FLOT... » — **1.** *Ce superbe Encelade qui échelle les cieux :* l'un des orgueilleux Titans qui tentèrent d'escalader (*écheler*) les cieux. — **2.** *Résout :* dissout.
DISCOURS — **1.** Il s'agit d'une paraphrase de l'*Ave maris stella.* — **2.** *Ravissants... charme :* ces deux mots renvoient à la même idée de dépossession de soi.

MOTIN, Pierre, vers 1566-après 1612. Les plus grandes incertitudes règnent autour de ce poète, né à Bourges, et dont l'œuvre, abondante, et très bien représentée dans les recueils collectifs entre 1598 et 1630 — ce qui témoigne de la réputation persistante qui a été la sienne — n'a cependant jamais fait l'objet d'un recueil, ni à l'époque ni de nos jours. Ses premières œuvres, probablement écrites à Bourges vers 1585, et en partie inspirées par un amour malheureux, sont très tributaires de la manière de la Pléiade : elles n'ont été regroupées et publiées qu'à la fin du XIXᵉ siècle. Ensuite, Motin a fait carrière à Paris, et ce qui lui est attribué ou peut lui être attribué témoigne à la fois de la force et de la diversité de son talent ; car, à côté de l'inspiration satirique — ou « satyrique » comme on disait à l'époque — qui l'a souvent fait ranger parmi les émules de Sigogne et de Mathurin Régnier, il y a chez lui une inspiration amoureuse et une inspiration religieuse vigoureuses, où s'expriment un cœur tourmenté et une imagination souvent enfiévrée.

L'essentiel de l'œuvre de Motin est dispersé soit dans les nombreux recueils collectifs qui s'échelonnent, à Paris ou en province, entre 1598 et 1630, soit parmi les poèmes liminaires qui ornent les recueils de ses amis (François de Louvencourt, La Valletrye, J. Chenu, Lingendes, Régnier, etc.).

Œuvres inédites de Pierre Motin, éd. Paul d'Estrée, 1893, réimp. Genève, Slatkine, 1971.

« CACHEZ-VOUS A MES YEUX... » — **1.** Le poète reprend ici le motif, fréquent dès l'Antiquité, de la gouvernante qui séquestre la jeune fille. — **2.** Ce sonnet est extrait des *Œuvres inédites* publiées en 1893.
ÉLÉGIE — **1.** *Succéder :* avoir du succès, être récompensé. — **2.** Invec-

tive traditionnelle contre le mari et la loi du mariage. — **3.** *Piteux :* qui excite la pitié. — **4.** *Ardant :* du verbe *ardre,* brûler. — **5.** *Amitié :* amour.
MÉDITATION SUR LE MEMENTO HOMO — **1.** *Volée :* élevée.

NERVÈZE, Antoine de, vers 1570?-après 1622. Ce gentilhomme poitevin fut d'abord secrétaire de la chambre du Roi (Henri IV), puis conseiller et secrétaire du prince de Condé. Sa réputation à la Cour lui vint avant tout de ses romans héroïques et galants, publiés entre 1594 et 1612, qui firent fureur, notamment auprès des dames, au point de donner plus tard — et désormais avec une valeur dépréciative — son nom à un style : le « style Nervèze ». Mais il est aussi l'auteur de plusieurs recueils de vers, caractéristiques de la manière raffinée et « pointue » de la cour d'Henri IV.

> *Les Essais poétiques,* Poitiers et Rouen, 1605 ; *Poèmes spirituels,* 1606.
> Nicole Bridonneau, *L'Œuvre poétique d'Antoine de Nervèze,* thèse de 3e cycle, Université de Nantes, 1983.

PYARD DE LA MIRANDE, Pierre, ?-? On ne sait rigoureusement rien de ce poète, dont l'œuvre, qui se limite à quarante-cinq pièces de vers groupées sous le titre de *Bergeries,* est publiée à Rouen en 1611 dans *Le Temple d'Apollon* de Raphaël du Petit-Val. Poète de l'amour, Pyard de La Mirande se rattache à un courant qui, nourri de pétrarquisme, lui ajoute les grâces fluides de la pastorale.

> *Bergeries :* quarante-cinq pièces — dont vingt-neuf sonnets — recueillies dans *Le Temple d'Apollon* en 1611. Seize d'entre elles sont reprises en 1619 dans *Le Cabinet des Muses.*
> Jacques Morel, « Sur XXIX sonnets de Pyard de La Mirande », dans les *Mélanges offerts à Georges Mongrédien,* Société d'étude du XVIIe siècle, 1974.

« QUEL DESTIN FAVORABLE... » — **1.** *Cany :* sans doute le nom du domaine (voir les « plaines », les « champs » et le « ruisseau ») appartenant au poète-berger.
« CES PRÉS, HEUREUX TÉMOINS... » — **1.** *Saux :* saules.

RACAN, Honorat de Bueil, marquis de, 1589-1670. Né à Champmarin (aujourd'hui Aubigné-Racan) aux confins du Maine et de l'Anjou, dans une famille de vieille noblesse, le jeune Racan, devenu orphelin, est recueilli en 1602 par un cousin qui est un grand personnage de la Cour : Roger de Bellegarde, Grand Écuyer de France, ce qui lui vaut de passer son adolescence en tant que page dans la chambre du roi. Bellegarde étant, à partir de 1605, le protecteur de Malherbe, Racan va devenir très vite un des disciples favoris du poète normand sur lequel il laissera de précieux *Mémoires.* Jusqu'en 1631, Racan mènera la vie habituelle d'un gentilhomme, partageant sa vie entre la Cour et les expéditions militaires (il s'agit essentiellement des opérations menées, au temps du jeune Louis XIII contre les protestants de l'ouest et du midi). Très tôt, et sous le regard de Malherbe, il s'est essayé à la poésie (ses premières compositions paraissent dans les recueils collectifs à partir de 1618), aussi bien dans la poésie officielle (poésie encomiastique, vers de ballet) que dans le registre amoureux ou encore dans le lyrisme religieux. Il se fait également remarquer vers 1620 par une œuvre qui représente une étape significative dans l'évolution du théâtre français de l'époque : *Les Bergeries.* Au reste, le tempérament à la fois tendre et voluptueux du poète le prédisposait à s'illustrer dans le registre pastoral. Dès 1620, il a chanté, dans des *Stances* restées célèbres, les charmes de la retraite, une retraite qu'il va effectivement prendre à partir de 1631 dans le château de La Roche, dont il a hérité, où il séjourne le plus habituellement, sans négliger de revenir à Paris, à la Cour, et dès 1635 à l'Académie française dont il est l'un des membres fondateurs. Dès ce moment, l'œuvre lyrique profane de Racan est pratiquement achevée et publiée dans les recueils collectifs ; et le poète a déjà commencé à s'illustrer dans le genre qui va désormais l'occuper : la paraphrase de Psaumes et de cantiques, ce qui donnera lieu à des publications tardives, en 1651 et en 1660. L'année qui suivra la mort de Racan, La Fontaine, qui l'admirait beaucoup, lui donnera une bonne place dans son *Recueil de poésies chrétiennes* (1671).

L'œuvre lyrique de Racan est d'abord parue dans les recueils collectifs qui s'échelonnent entre 1618 et 1630 ; *Les Bergeries,* 1625 ; *Sept Psaumes,* 1631 ; *Odes sacrées,* 1651 ; *Dernières œuvres et poésies chrétiennes,* 1660.
Œuvres complètes, éd. Tenant de Latour, Bibliothèque elzévirienne, 2 vol., 1857 ; *Poésies,* éd. Louis Arnould (t. I : poésies lyriques en dehors des Psaumes — t. II : *Les Bergeries*), Société des Textes Français Modernes, 1930-1937.

Louis Arnould, *Racan (1589-1670). Histoire anecdotique et critique de sa vie et de ses œuvres,* 1896, réimp., Genève, Slatkine, 1970 ; Valery Larbaud, « Notes sur Racan », dans *Ce vice impuni, la lecture — Domaine français,* Gallimard, 1941.

ODE : « SAISON DES FLEURS... » — **1.** Cette ode aurait été composée au printemps 1622, le poète hésitant (fictivement ?) entre le service du roi qui partait en campagne, et le service de sa dame (Arthénice, c'est-à-dire la marquise de Termes, belle-sœur du duc de Bellegarde, à laquelle Racan vouait un amour platonique, qui s'exprime aussi dans *Les Bergeries*). — **2.** *Je n'en serai point curieux :* je n'en aurai cure, je ne m'en soucierai pas.

ODE : « PLAISANT SÉJOUR... » — **1.** Cette ode, écrite avant 1618, aurait été inspirée à Racan par son amour pour sa cousine, Jacqueline de Bueil, comtesse de Moret, qui fut, un temps, la maîtresse d'Henri IV. Le poète y manifeste son goût pour les rythmes complexes et savants. — **2.** Jacqueline de Bueil avait perdu un œil.

STANCES : « TIRCIS, IL FAUT PENSER... » — **1.** Ces stances, publiées en 1620, sont restées jusqu'à nos jours la pièce la plus populaire de Racan. Il est traditionnel d'associer cette œuvre d'un poète de trente ans aux déconvenues et déceptions d'un homme qui, dès ce moment-là, aurait compris la vanité de la vie de courtisan qui était alors la sienne. Mais c'est peut-être céder un peu facilement à un préjugé romantique, car Racan attendra encore dix ans avant de prendre effectivement sa « retraite » et de se retirer dans son château de La Roche. D'autre part, l'excellent biographe du poète que fut Louis Arnould a très précisément recensé les nombreux emprunts que Racan a contractés auprès de ses prédécesseurs, antiques (Virgile, Horace, Claudien) et modernes (Nicolas Rapin, Desportes, Du Bartas). Œuvre insincère, alors ? Certainement pas, et le problème est mal posé. S'appropriant un thème qui est un thème littéraire, un thème de culture — l'exaltation de la vie champêtre, opposée aux vaines agitations de la vie des villes et des cours —, Racan sait trouver à la fois des accents personnels (il est mal à l'aise à la Cour, et son amour de la retraite et de la campagne est profond), et ceux d'une génération et d'une société, profondément marquées par le phénomène de la Cour, et qui, dans la sincérité de leurs convictions religieuses, ne cessent de se poser le problème du salut. La Fontaine, grand admirateur de Racan, fera écho à ces stances dans son ultime fable, qui est une manière de testament spirituel : *Le Juge arbitre, l'Hospitalier et le Solitaire.* — **2.** *Foulées* : à la chasse, traces légères laissées par la bête sur les feuilles ou sur l'herbe.

POUR UN MARINIER — **1.** Cette pièce appartient à la série de vers que Racan composa dans ses jeunes années pour les ballets de cour. Les déguisements et les masques y développent des allégories galantes.

CHANSON — **1.** Cette chanson daterait des années 1618-1619, et se rattacherait à la composition des *Bergeries*. Racan est l'inventeur de cette strophe où dominent les rimes féminines.

RACINE, Jean, 1639-1699. Le poète Jean Racine, c'est d'abord et avant tout le dramaturge de génie, qui a su créer le théâtre peut-être le plus intensément poétique de toute l'histoire du théâtre. S'en tenir exclusivement à l'œuvre strictement lyrique de Racine, c'est un parti dont l'arbitraire est provocant. Cependant, cette œuvre lyrique n'est nullement négligeable, surtout lorsque le poète semble s'effacer derrière les formules de la prière catholique traditionnelle. Alors, dit l'un des commentateurs les plus pénétrants de l'œuvre de Racine, Raymond Picard : « Cette poésie ne vaut que par son lyrisme, qui est sans matière. La prière s'émeut, légère comme la Danse devant l'Arche, et l'on reconnaît le rythme de la respiration des anges. »

La Nymphe de la Seine. A la Reine, 1660 ; *Ode sur la convalescence du Roi,* 1663 ; *La Renommée aux Muses,* 1663 ; *Idylle sur la paix,* 1685 ;

Hymnes traduites du bréviaire romain, 1688 ; *Cantiques spirituels,* 1694 ; *Le Paysage ou les Promenades de Port-Royal-des-Champs,* 7 odes attribuées à Racine publiées en 1808.

 Œuvres complètes, éd. Raymond Picard, t. I : *Théâtre, Poésies,* « Bibliothèque de la Pléiade », Gallimard, 1950 ; *Œuvres complètes,* éd. Pierre Clarac, « L'Intégrale », Le Seuil, 1962.

 CANTIQUES SPIRITUELS — **1.** *Sur le bonheur des justes :* le deuxième des quatre *Cantiques spirituels,* que Racine composa en 1694, à la demande de Madame de Maintenon pour sa maison de Saint-Cyr, et qui, mis en musique par Jean-Baptiste Moreau — avec lequel Racine avait déjà collaboré pour *Esther* et *Athalie* — connurent le plus vif succès. A propos de ce deuxième cantique, il est intéressant de lire la lettre que Racine a adressée à Boileau pour lui demander son avis : occasion, pour le poète, de citer certaines variantes correspondant à des états antérieurs du texte, qui donnent la mesure de ses scrupules d'écrivain. — **2.** *Sur les vaines occupations des gens du siècle :* c'est le quatrième des *Cantiques spirituels.*

RAMPALLE, Daniel de, 1603?-1660? Né à Sisteron, Rampalle était avocat. Son œuvre dénote une large connaissance de la littérature espagnole comme de l'italienne, surtout de cette poésie marquée par Marino et qui se complaît dans la description ; une description qui est transposition d'art et surenchère verbale sur les artifices de la peinture du temps. Rampalle, visiblement, est un amateur passionné et un connaisseur en peinture, et ses vers relèvent d'abord d'une imagination plastique.

 Ayant débuté au théâtre vers 1630, Rampalle publie ses *Idylles,* petits récits mythologiques en vers, dans les années 1630 et 1640 avant de les publier de nouveau en recueil en 1648.

 LA NYMPHE SALMACIS — **1.** La première des six *Idylles* qui composent le recueil de 1648 est une adaptation d'un poème du poète mariniste italien Girolamo Preti.

RÉGNIER, Mathurin, 1573-1613. Régnier est le plus connu des satiriques (ou des satyriques?) français, car il eut la chance d'être réédité après 1630, puis d'apparaître parfois comme modèle au temps de Louis XIV, par exemple à Molière ou à Boileau. En son temps, les contemporains ne le distinguaient guère des « satyriques » qui, comme Sigogne, n'hésitaient pas devant la violence de la diffamation. Pourtant, si Régnier participe d'une certaine manière de la satire truculente inspirée des auteurs de *capitoli* italiens comme Berni ou Sansovino qui pratiquent sans retenue l'éloge paradoxal et l'exagération absurde — et là il rejoint par exemple un Sigogne —, il a toujours aussi de solides références classiques — Horace, Perse, Juvénal —, comme ce Ronsard ou son oncle Desportes dont il ne cesse de se réclamer, et qu'il défend avec ardeur et verve contre les prétentions assassines de Malherbe. Humaniste impénitent dans la pure tradition du XVIᵉ siècle, au reste disciple convaincu de Montaigne quand il s'agit de défendre son quant-à-soi et sa liberté d'humeur et d'allure, Régnier était fils d'un bourgeois, notable de la ville de Chartres, et, par sa mère, neveu de Philippe Desportes ; vers 1589, attaché comme secrétaire au cardinal de Joyeuse, il eut alors l'occasion de faire plusieurs séjours à Rome, à la cour pontificale, et ce, jusqu'en 1605. C'est après cette date, qui correspond aussi à l'installation de Malherbe à Paris, qu'il devint l'un des chefs de file du courant anti-malherbien qui se dessine ; mais il meurt prématurément à Rouen en 1613.

Les Premières Œuvres, 1608 ; *Les Satires du Sr. Régnier*, 1609 ; *Les Satires du Sr. Régnier*, revues et augmentées..., 1612 ; *Les Satires du Sr. Régnier*, 1613 ; *Les Satires, et autres œuvres*, Leyde, 1652.

Œuvres complètes, éd. Gabriel Raibaud, Société des Textes Français Modernes, 1958.

Petra Strien-Bourmer, *Mathurin Régnier und die Verssatire seit der Pléiade*, Biblio 17, 71, 1992.

SATIRE III — **1.** *Accort :* insinuant, flatteur. — **2.** A Cérisoles, en Piémont, le duc d'Enghien remporta une victoire sur Charles Quint, cela en 1544. — **3.** *Bonadies :* forme latine de *bonjour ;* cette satire est nourrie des souvenirs de la cour pontificale à laquelle le poète a longtemps séjourné. — **4.** *Marjolet :* jeune élégant qui fait l'entendu.

CONTRE UN AMOUREUX TRANSI — **1.** C'est-à-dire muet comme une statue.

SATIRE VIII — **1.** Cette célèbre satire, dont nous reproduisons le début, constitue un exemple parfait d'adaptation de la satire horatienne. Régnier y suit en effet de près son modèle (Horace, *Satires*, I, 9), mais réussit admirablement à animer une succession de tableaux qui ne peuvent appartenir qu'à la société française du XVIIᵉ siècle et qui sont éclairés par un humour charmant. Molière saura s'en souvenir au début de sa comédie des *Fâcheux*. — **2.** Charles de Beaumanoir de Lavardin, abbé de Beaulieu-lès-Mans, avait été nommé évêque du Mans en 1601. — **3.** *Galoche :* « chaussure ou couverture du soulier pour le tenir plus propre ou pour avoir le pied plus sec » (Furetière). — **4.** *Sambieu :* abréviation du juron *Sang de Dieu ;* cf. *palsambleu*. — **5.** Les usuriers juifs de Rome étaient connus pour leur rapacité. — **6.** *Barbe encastelé :* un cheval barbe (de Barbarie) atteint d'encastelure, c'est-à-dire d'une maladie du sabot. — **7.** *Un ris de saint Médard :* un ris forcé, où l'on garde les dents serrées ; saint Médard avait la réputation d'apaiser les rages de dents. — **8.** *Cajoler :* babiller, bavarder à propos de. — **9.** *Arser :* dresser.

SATIRE XV — **1.** *Récipés :* ordonnances médicales (qui commencent par le mot latin : *recipe*). — **2.** *Anticyre :* île de la mer Égée, célèbre pour sa production d'ellébore. — **3.** C'est au mois d'octobre — signe du Scorpion — que fleurit le safran. — **4.** *Cybèle* est déesse de la terre et de la végétation. — **5.** *Junon,* déesse céleste, influence la météorologie. — **6.** La satire est très vraisemblablement dédiée à l'un des derniers protecteurs de Régnier, Philippe Hurault de Cheverny, qui était commendataire de l'abbaye de Royaumont, au bord de l'Oise. — **7.** Saint Louis, qui se plaisait à séjourner à Royaumont, alla deux fois en croisade (mais une seule fois en Palestine). — **8.** *De léger banqueroute :* je n'ai pas la légèreté de manquer à...

SAINT-AMANT, Antoine Girard, sieur de, 1594-1661. Fils d'un marchant rouennais huguenot, Antoine Girard reçut vraisemblablement une bonne éducation classique, car son œuvre ultérieure, en dépit de certaines légendes, révèle une excellente connaissance des littératures antiques, en même temps qu'une pratique hors pair des langues et littératures modernes, notamment l'italien ; s'il faut en croire Chapelain, il était même « le seul qui eût navigué de bout en bout dans l'océan de l'*Adone* » de Marino, et il connaissait, mieux que personne la littérature comique et satirique italienne. Il était en outre amateur d'art et jouait du luth. Une tradition veut aussi qu'il ait beaucoup voyagé dans sa jeunesse, jusqu'en Afrique et en Amérique ; peut-être a-t-il retiré de cette expérience son goût de la couleur et de la description. Dès le début des années 1620, il se fait connaître à Paris dans les milieux libertins — toutefois, vers 1625, il se convertit prudemment au catholicisme — et dans les cercles littéraires. Très au fait de l'actualité — il a, comme beaucoup de jeunes poètes de sa génération, parfaitement assimilé la leçon de Malherbe et il est l'un des tout premiers membres de l'Académie —, entiché de Marino et de poésie italienne, Saint-Amant est, d'une certaine manière, le poète de la joie de vivre, ou, plus généralement, de la joie d'être, de sentir, de regarder, et de jouer avec le langage, au besoin en mélangeant allégrement, et en toute conscience de l'effet recherché, les tons et les styles. Il devance de vingt ans, mais avec une liberté d'allure qu'ils n'acquerront jamais, les poètes du burlesque. Cependant, après 1640, le créateur semble s'essouffler en lui, et, malgré de très beaux passages, le *Moyse sauvé* n'échappe guère au désastre de la poésie épique en France.

Premières publications dès le début des années 1620 ; *Les Œuvres,* 1629 ; *La Suite des Œuvres,* 1631 ; *Les Œuvres. Seconde partie,* 1643 ; *La Rome ridicule,* 1643 ; *Épître héroï-comique,* 1644 ; *Les Œuvres. IIIᵉ partie,* 1649 ; *Moyse sauvé,* 1653 ; *La Généreuse,* 1658 ; *Dernier recueil de diverses poésies,* 1658 ; *La lune parlante,* 1661.

Œuvres, éd. Jacques Bailbé et Jean Lagny, 5 vol., Société des Textes Français Modernes, 1967-1979.

Françoise Gourier, *Étude des œuvres poétiques de Saint-Amant,* Genève, Droz, 1961 ; Jean Lagny, *Le Poète Saint-Amant,* Nizet, 1964 ; Christian Wentzlaff-Eggebert, *Forminteresse, Traditionsverbundenheit und Aktualisierungsbedurfnis als Merkmale des Dichtens von Saint-Amant,* Munich,

1970 ; John D. Lyons, *The Listening Voice. An Essay on the Rhetoric of Saint-Amant,* Lexington, Kentucky, 1982 ; le nº 14-2 et le nº 15-1 des *Papers on French Seventeenth Century Literature* (1981) reproduisent les actes du colloque de Lexington (1980), dont une journée fut consacrée à Saint-Amant (14 contributions).

LA SOLITUDE — **1.** Cette pièce, qui a beaucoup contribué à asseoir la réputation du jeune Saint-Amant dans les milieux parisiens, représente sans doute le premier essai important de ce poète normand, arrivé à Paris vers 1619. Publiée par son auteur seulement dans les *Œuvres* de 1629, l'ode a certainement été écrite une dizaine d'années plus tôt, et a déjà fait l'objet de publications plus ou moins complètes, et ce, sans l'aveu de Saint-Amant, en 1623 et 1627. On a quelquefois discuté pour savoir si cette *Solitude* était antérieure ou non à celle de Théophile ; mais, en dépit des relations qui ont certainement existé entre les deux poètes autour des années 1620 et de leur commune attirance pour les idées libertines (au reste la complaisance solitaire aux charmes de la nature passe, à cette époque, pour un thème libertin), il n'y a guère de rapport entre l'œuvre de Théophile, poème d'amour que Tristan imitera plus tard dans son *Promenoir des deux amants,* et l'œuvre de Saint-Amant qui est une sorte de promenade tour à tour amusée et émerveillée à travers les spectacles d'une nature très composée. Pas étonnant que dans le recueil de 1629, Saint-Amant ait fait immédiatement suivre sa *Solitude* par *Le Contemplateur,* autre longue ode où, en présence des spectacles naturels, le poète s'élève peu à peu jusqu'à une méditation religieuse. — **2.** *Son amant froid et revêche :* Narcisse. — **3.** Pour lui éviter la fureur meurtrière de son père Athamas, Ino entraîna son fils Mélicerte au fond de la mer ; celui-ci fut alors métamorphosé en dieu marin, et prit le nom de Palémon. — **4.** *Bernières :* le dédicataire du poème, Charles de Bernières, président au parlement de Normandie, contemporain et ami de Saint-Amant, et protecteur des poètes. La plupart des éditions des *Œuvres* de 1629 remplacent ce nom par un nom de Parnasse : Alcidon. — **5.** *Démon :* au sens grec, le génie qui inspire le poète.

LA NUIT — **1.** Ce poème, mariniste d'inspiration, est connu dès 1624. — **2.** *Caterre :* c'est-à-dire catarrhe, inflammation des yeux. — **3.** Saint-Amant se souvient de la grotte du Sommeil, décrite par Ovide, *Métamorphoses,* livre XI. — **4.** *Courage :* cœur. — **5.** *Linceuls :* draps. — **6.** *Clocheteur des trépassés :* personnage qui agitait une clochette pour recommander les morts à la prière des habitants de la ville. — **7.** *Divertir :* détourner.

L'ENAMOURÉ — **1.** Le titre constitue une invention verbale plaisante pour décrire, de manière comique, le début d'un amour. — **2.** *L'archerot idalien :* le petit archer du mont Idalie, à Chypre, c'est-à-dire l'Amour, fils de Vénus. — **3.** *M'a fait venir à jubé :* m'a réduit à merci. — **4.** *Revêche :* étoffe de laine grossière. — **5.** *Chevêche :* chouette. — **6.** *Petun :* tabac.

« VOS ATTRAITS N'ONT PLUS RIEN... » — **1.** « On dit qu'un homme n'a que la cape et l'épée, pour dire qu'il est fort gueux » (Furetière). — **2.** Marchant beaucoup, le pèlerin portait des chaussures sans talon. — **3.** *Tabarin :* bonimenteur célèbre du Pont-Neuf. — **4.** *Teston :* petite pièce de monnaie en argent. — **5.** *Dumonstier :* antiquaire réputé.

LA JOUISSANCE — **1.** Cette longue pièce, traitant un thème à la mode, date de 1624. — **2.** Plus heureux qu'Orphée, le poète exprime le bonheur d'aimer avec son luth.

« ASSIS SUR UN FAGOT... » — **1.** Une tradition veut que ce sonnet ait été inspiré à Saint-Amant par sa fréquentation des réunions de fumeurs chez le cabaretier La Plante, à Belle-Île où le poète accompagnait souvent son ami et protecteur le duc de Retz. Pour nous il n'est pas sans évoquer ces tableaux de genre, nombreux à l'époque, notamment dans la peinture nordique, qui nous montrent des réunions de joueurs de cartes ou de dés, ou encore de buveurs ou de fumeurs, tableaux au reste inséparables d'une intention morale, comme le sonnet de Saint-Amant.

« FAGOTÉ PLAISAMMENT... » — **1.** *Simonnet :* nom de singe. — **2.** *Coffin :* corbeille, panier. — **3.** *Sansonnet :* le sansonnet, ou étourneau, saute drôlement sur le côté. — **4.** *Patelin :* allusion au Pathelin de la farce, et à ses discours embrouillés. — **5.** Ce sonnet est régulier, mais volontairement inachevé.

ORGIE — **1.** *Orgie :* au sens propre : fête religieuse en l'honneur de Bacchus. — **2.** *Chiffler :* forme ancienne de siffler, au sens populaire de boire. — **3.** *Tauper :* ou toper : porter une santé. — **4.** *Faret :* Nicolas Faret (entre 1596 et 1600-1646), écrivain et homme d'esprit, ami de Saint-Amant.

LE PARESSEUX — **1.** Allusions à l'actualité (1630) : siège de Mantoue ; guerre en Allemagne, opposant depuis 1620 l'Empereur à Frédéric V, électeur palatin et roi de Bohême. — **2.** Jean Baudoin (1594 ?-1650), écrivain et traducteur, académicien, et ami de Saint-Amant.

LE PASSAGE DE GIBRALTAR — **1.** Écrit vers 1637, alors que le poète participait à l'expédition navale du comte d'Harcourt en Méditerranée contre les Espagnols, ce « caprice héroï-comique » de grande dimension peut être considéré comme l'une des œuvres majeures de Saint-Amant. Il y manifeste son goût de la poésie plaisante où se mêlent tous les tons, depuis l'héroïque jusqu'au bachique, et ses dons de poète descriptif. — **2.** *Tailler de l'avant :* terme de marine : avancer. — **3.** *Le grand falot :* appellation burlesque du soleil. — **4.** *Rebourse :* « Revêche, difficile à gouverner, à persuader » (Furetière). — **5.** Les astres n'ont pas le privilège de se coucher comme le soleil. — **6.** *Les piliers d'Alcide :* c'est-à-dire les colonnes d'Hercule, comme disaient les Anciens pour désigner le détroit de Gibraltar. — **7.** *Crocheteur,* et, plus loin, *portefaix :* Atlas avait été condamné à soutenir la voûte céleste. — **8.** *Le pin des Argonautes :* c'est-à-dire, en l'occurrence le Navire ou Argo, constellation, il est vrai, visible dans l'hémisphère austral, et non en Méditerranée. — **9.** Le navire des

Argonautes avait été construit avec du bois de chêne emprunté à la forêt de Dodone, où les chênes avaient la réputation de parler pour livrer les oracles de Jupiter. — **10.** Le comte d'Harcourt, commandant la flotte royale, et ami et protecteur de Saint-Amant. — **11.** Jeu sur la Toison d'or : le butin de Jason, mais aussi l'ordre le plus célèbre de la couronne d'Espagne. — **12.** *Sabords* : canonnières sur les vaisseaux de ligne. — **13.** *Glauque :* Glaucus, devenu dieu de la mer après avoir goûté d'une herbe qui rendait immortel. — **14.** *Flammes :* oriflammes. — **15.** *Pavillon :* l'enseigne blanche du navire amiral.

L'AUTOMNE DES CANARIES — **1.** Saint-Amant avait certainement visité l'archipel des Canaries au cours de ses voyages. Dans la seconde partie des *Œuvres,* il intègre ce sonnet dans une série de quatre sonnets consacrés aux quatre saisons.

SONNET SUR AMSTERDAM — **1.** Sonnet composé en 1651 ; Chanut se rendait à Lübeck pour participer au nom de la France à des négociations entre la Suède et la Pologne. Saint-Amant, lui, s'était mis en route vers la Pologne, pour y retrouver la reine Marie, à la fin de 1649, et avait fait étape aux Pays-Bas. — **2.** *Arbres secs :* ce sont les mâts des navires qui emplissent le port d'Amsterdam.— **3.** Les maisons d'Amsterdam sont bâties sur pilotis de bois. — **4.** C'est à Amsterdam, lors d'un précédent séjour, que Saint-Amant s'était lié d'amitié avec Chanut.

MOYSE SAUVÉ — **1.** Longuement mûri par son auteur, et publié en 1653, le *Moyse sauvé,* outre qu'il participe de la grande éclosion épique des années 1650 — où les auteurs, Chapelain, Scudéry, Desmarets, Godeau et Saint-Amant, rivalisèrent d'ingéniosité pour se situer dans le sillage de Virgile, et surtout du Tasse et de son merveilleux chrétien —, constitue sans aucun doute le témoignage le plus éclatant d'une esthétique résolument mariniste en France. Voir à ce sujet : Gérard Genette, « Structures narratives de *Moyse sauvé* », dans : *Baroque,* n⁰ 3, Montauban, 1969 ; Jacques Bailbé et Jean Lagny, « Le *Moyse sauvé* de Saint-Amant », dans *Les Écrivains normands...* (voir bibliographie générale, 1982) ; Jean-Pierre Chauveau, « Les Poètes français et le marinisme après 1640 », dans : *La France et l'Italie au temps de Mazarin* (actes du colloque de Grenoble, 1985, publiés par Jean Serroy), Grenoble, 1986. Le poète décrit ici le calme sur le Nil après l'orage. — **2.** Figures allégoriques dans la représentation des éléments et de leur combat. — **3.** *Les molles campagnes :* les flots de la mer. — **4.** *Sagettes :* flèches.

SAINT-LOUIS, Jean-Louis Barthélemy, en religion P. Pierre de, 1626-1684. Jean-Louis Barthélemy, né à Valréas, entra en religion chez les carmes déchaussés — par désespoir d'amour, dit-on : une jeune fille, prénommée Madeleine, qu'il aimait passionnément, était morte de la petite vérole — et prit le nom de Père de Saint-Louis (1651). De là une vie de dévotion et de recueillement, qu'il consacra aussi à élever deux monuments religieux et épiques, l'un à la gloire de Marie-Madeleine, la pécheresse repentie, que la tradition veut s'être retirée en ermite à la Sainte-Baume, l'autre à la gloire d'Élie, patron du Carmel. On peut être irrité par la manière du P. de Saint-Louis ; on peut aussi se laisser séduire et entraîner par le torrent d'images qui traverse ses poèmes ; en pleine époque « classique », le P. de Saint-Louis cultive avec une totale sincérité une forme d'expression qui rappelle Du Bartas, ou surtout Marino : le poème n'est ni un simple récit, ni une paraphrase de prière, ni effusion du sentiment, il est tout cela à la fois dans la mesure où il se présente comme une somme récapitulative de tout le savoir, de toute la tradition, où chaque mot, chaque image éveille des échos à l'infini.

La Madeleine au désert de la Sainte-Baume, poème spirituel et chrétien, Lyon, 1668, rééd. en 1694 et 1714.

L'Éliade : composé entre 1668 et 1677, ce poème, resté inédit, n'a été publié qu'en 1827, à Aix.

LA MADELEINE AU DÉSERT — **1.** Poème de facture épique conventionnelle en douze livres et en alexandrins. Le sujet choisi par le poète a été très en vogue à l'époque de la Contre-Réforme, chez les théologiens et les prédicateurs, comme chez les poètes et les peintres. Au dernier livre de son poème, le P. de Saint-Louis « définit son œuvre comme un portrait de Madeleine qu'il dépose, en guise d'ex-voto, dans son sanctuaire de la Sainte-Baume ; or tout le poème est construit autour de la perception du lieu comme analogie du personnage » (Françoise Graziani-Giacobbi, étude inédite). — **2.** Fragment tiré du livre cinquième, v. 240-293. Le poète se réfère au récit évangélique du souper à Béthanie, peu avant la Passion (*Matthieu*, XXVI, 6-13 ; *Marc*, XIV, 3-9 ; *Jean*, XII, 1-8). — **3.** *Mariane* : Marie-Madeleine, ou Marie de Magdala. — **4.** *Absalon* : le fils de David, révolté contre son père, et qui mourut suspendu à un chêne par ses longs cheveux (*Samuel II*, XVIII). — **5.** *Samson* : le héros hébreu, dont la chevelure jamais touchée par le rasoir garantissait la force irrésistible (*Juges*, XVI). — **6.** *Théandre* : le poète joue sur l'étymologie de ce nom : Homme-Dieu. — **7.** Fragment tiré du livre septième, v. 225-290. Selon le récit évangélique, Marie-Madeleine se trouvait parmi les femmes qui recueillirent les dernières paroles du Christ au pied de la croix. *Marthe* : le poète s'adresse à l'héroïne du récit de saint Luc (X, 38-42), où celle-ci proteste auprès du Christ à propos de l'attitude de sa sœur Marie (à laquelle, conformément à une tradition, P. de Saint-Louis assimile Marie de Magdala). — **8.** *Pitoyable* : qui suscite la pitié. A partir de ce moment, le P. de Saint-Louis développe, avec une rectitude sans faille, l'image qu'il vient d'introduire : la croix du Christ, c'est comme un luth dont le divin musicien sait tirer la musique la plus bouleversante qui soit. — **9.** *Soupirs, tremblants* : le poète, visiblement, joue sur la double valeur de ces mots : psychologique, et technique (effets utilisés par les musiciens au luth ou à l'orgue).

SARASIN, Jean-François, 1614-1654. Né à Caen d'une famille de bonne
bourgeoisie, Sarasin reçut dans sa ville natale une excellente éducation
classique. Cultivé, spirituel, bien fait de sa personne, peu enclin à faire
carrière dans la magistrature, il partit pour Paris vers 1636 afin de tenter la
fortune. Accueilli par son compatriote Vauquelin des Yveteaux, il se fit
vite connaître à l'hôtel de Rambouillet, et surtout se lia avec Conrart,
Ménage et Mlle de Scudéry. Dans le salon de celle-ci, il devint l'ami de
Pellisson. Par ailleurs, il poussait sa carrière dans les cercles aristocratiques
et princiers : très tôt, il fut un familier des Condé à Paris et à Chantilly, et
se fit le chevalier servant de Mlle de Bourbon, future duchesse de
Longueville ; il servit un temps un diplomate, le comte de Chavigny, qui
l'emmena avec lui en Italie et en Allemagne, hanta l'entourage de Paul de
Gondi, futur cardinal de Retz, s'attacha enfin au service du prince de Conti
(1648). C'est à ce titre qu'il prit sa part des tribulations plus ou moins
romanesques des princes et du clan Condé au temps de la Fronde, jusqu'à
la réconciliation de Conti et de la duchesse de Longueville avec la Cour en
1653. C'est au cours d'un voyage en Roussillon et en Catalogne où il
accompagnait Conti qu'il mourut presque subitement à Pézenas (décembre
1654). Deux ans plus tard, pieusement rassemblées et préfacées par son
ami Pellisson, paraissaient en volume les *Œuvres* de Sarasin. Elles
comportent, à côté d'écrits en prose, beaucoup de ces petites pièces de
circonstance, spirituelles et légères, qui ont ponctué sa vie d'homme du
monde et de poète de salon ; mais on y trouve, par ailleurs, des pièces,
souvent fragmentaires, inachevées, qui révèlent des ambitions différentes :
odes, églogues, fragments d'épopée, etc., et où, soutenu par une exquise
connaissance de l'œuvre de Virgile, Sarasin cherchait à retrouver le secret
d'une poésie haute et grande ; rêve (néo) classique qui présidera bientôt
aux plus belles réussites d'un La Fontaine ou d'un Racine.

  Nombre de pièces de Sarasin ont paru dans les recueils collectifs du
temps ; *Les Œuvres de Monsieur Sarasin,* édition posthume, 1656, rééd. en
1658, 1663, 1683, 1694 ; *Nouvelles œuvres de Monsieur Sarasin,* 1674.
  Œuvres, éd. Paul Festugière, 2 vol. (les poésies occupent le t. I),
Champion, 1926 (la copieuse introduction de cette édition constitue la
meilleure étude sur Sarasin).
  Jean-Pierre Chauveau, « Sarasin et l'inspiration virgilienne », dans *La
Basse-Normandie...* (voir bibliographie générale, 1977).

  DISCOURS I — **1.** Il s'agit probablement d'une œuvre écrite par Sarasin
à ses débuts, en Normandie, où un certain épicurisme rejoint celui de
Théophile.
  ORPHÉE — **1.** Sont reproduits ici les 46 derniers vers d'une églogue que
Sarasin a sans doute composée vers 1647, et où se manifeste le souvenir
obsédant du livre IV des *Géorgiques.* Le poète décrit ici le malheur d'Or-
phée après la deuxième disparition d'Eurydice. C'est le berger Palémon
qui parle. — **2.** *Succès* : issue. — **3.** *Ciconiens* : peuples de la Thrace.

VILLANELLE — **1.** La villanelle est à l'origine une danse rustique.

D'ENLEVER EN AMOUR — **1.** L'enlèvement de Mlle Bouteville par M. de Coligny en mars 1645 avait défrayé la chronique mondaine. Quant à la ballade, elle fait partie de ces vieux genres que les poètes mondains ont remis en honneur à la fin des années 1630. — **2.** *Passeroute :* certificat de passage, passeport. — **3.** *Crise :* issue.

SCARRON, Paul, 1610-1660. Pour la postérité, Scarron reste, et à juste titre, l'auteur d'un des grands chefs-d'œuvre de la littérature romanesque, *Le Roman comique,* ouvrage d'un homme mûr (1651 et 1657) qui, fort de l'exemple espagnol, a su poser les jalons pour l'édification du roman moderne. Pour les contemporains, il fut aussi un auteur très estimé de tragi-comédies et de comédies, et le chef de file incontesté, souvent imité mais resté inégalé, de la poésie burlesque, dont *Le Virgile travesti* constitue le modèle du genre. Mais le talent multiforme et la générosité sympathique de Paul Scarron poète vont bien au-delà de cette forme d'expression en vers où une société cultivée s'amuse plus ou moins délicatement aux dépens des auteurs révérés de l'Antiquité classique : homme du monde élégant et spirituel, issu de la bonne bourgeoisie parisienne, Scarron, cloué sur une chaise à partir de 1638 par un mal implacable qui fit de lui une pauvre loque difforme, eut le rare courage de surmonter ses souffrances en tenant, avec l'aide de sa jeune épouse, Françoise d'Aubigné (celle qui eut le destin extraordinaire, devenue la veuve Scarron, de séduire Louis XIV et de devenir son épouse et marquise de Maintenon), un brillant salon à Paris, et en animant la société mondaine avec les trésors de son esprit et de son humour, esprit et humour qui passent dans cette poésie légère, dictée par la circonstance, dont nous reproduisons ici quelques échantillons.

Dès 1631, Scarron accorde une pièce de vers liminaire à son collègue Scudéry ; *La Foire de Saint-Germain,* 1643 ; *Recueil de quelques vers burlesques,* 1643 ; *Suite des œuvres burlesques,* 1644 ; *Le Typhon,* 1644 ; *La Suite des œuvres burlesques. Seconde partie,* 1648 ; *Le Virgile travesti,* 1648 et 1652 ; *Les Œuvres burlesques... Troisième partie,* 1651 ; *Les Œuvres,* 1654.

Poésies diverses, éd. Maurice Cauchie, 3 vol., Société des Textes Français Modernes, 1947-1961 ; *Le Virgile travesti,* éd. Jean Serroy, Garnier, 1988.

Émile Magne, *Scarron et son milieu,* Émile-Paul, 1924 ; Frederick A. de Armas, *Scarron,* New York, 1972 ; Marcel Simon, « Étude du burlesque dans les œuvres poétiques de Paul Scarron », dans *Actes du colloque Renaissance-classicisme du Maine,* Le Mans, 1971, Nizet, 1975 ; L. S. Koritz, *Scarron satirique,* Klincksieck, 1977.

STANCES POUR UN GENTILHOMME QUI ÉTAIT À BOURBON — **1.** Il s'agit de Bourbon-l'Archambault, station de cure très fréquentée au XVIIe siècle, où Scarron séjourna par deux fois en 1641 et 1642.

— **2.** *Pistagne :* mot italien désignant le passepoil. — **3.** *Rentrait :* cousu à couture dissimulée.

A MADEMOISELLE DE LENCLOS — **1.** Anne (dite Ninon) de Lenclos (1620-1705) qui commençait alors une carrière mondaine brillante.

CHANSON A BOIRE — **1.** Rare exemple, à l'âge classique, d'utilisation du vers de treize syllabes, avec une coupe après la cinquième syllabe. — **2.** *Bègue-cornu :* traduction plaisante de l'italien : *becco cornuto,* cocu. — **3.** Henri Ruzé, seigneur de Cinq-Mars, grand écuyer de France, qui, après avoir été le favori de Louis XIII, mourut sur l'échafaud à la suite d'une conspiration en 1642 ; ce qui permet de dater cette pièce d'avant l'été 1642. — **4.** *Dépendre :* sens, déjà archaïque, de dépenser.

LE CHEMIN DU MARAIS AU FAUBOURG SAINT-GERMAIN — **1.** Scarron feint de composer son poème tandis qu'il se fait transporter en chaise, déjà infirme, du quartier élégant du Marais, où il habite, dans l'autre quartier élégant de la capitale, le faubourg Saint-Germain. — **2.** Rimes normandes. — **3.** *Carmes :* poésies.

STANCES POUR MADAME DE HAUTEFORT — **1.** Marie de Hautefort (1616-1691), dame d'atour de la reine, qui fut un moment la favorite de Louis XIII, était l'amie et la protectrice de Scarron. En 1646, elle épousa le maréchal de Schomberg. — **2.** Il s'agit de l'entourage immédiat de la reine. — **3.** « Droit de *tabouret* est un des premiers honneurs du Louvre, qui n'appartient qu'aux duchesses, qui ont droit de s'asseoir sur un tabouret chez la reine pendant qu'elle tient son cercle » (Furetière). Mme de Hautefort avait acquis ce droit en devenant duchesse de Schomberg. **4.** Voir la pièce précédente : Scarron ironise sur les inconvénients de son infirmité.

SCUDÉRY, Georges de, 1601-1667. Né au Havre, dans une famille d'origine provençale (et peut-être plus anciennement italienne), il devient orphelin et est alors recueilli, avec sa sœur Madeleine — celle qui deviendra plus tard la célèbre romancière —, par un oncle qui lui fait donner une solide éducation. En 1620, il séjourne à Apt, auprès de sa grand-mère, et fait peut-être à ce moment-là le voyage de Rome. Jusqu'en 1630, il participe à des expéditions militaires, et il s'illustre notamment au Pas de Suse en mars 1629. En même temps, il s'est introduit dans les milieux littéraires ; et, tout en s'adonnant essentiellement au théâtre, où il connaîtra quelques succès et où il rencontrera Corneille avant de s'opposer violemment à lui en rédigeant en 1637 ses *Observations sur le Cid,* il s'intéresse à la poésie, veille scrupuleusement à une édition de Théophile à Rouen en 1632, et est un hôte assidu de l'hôtel de Rambouillet, jusqu'à ce qu'il soit nommé, au moment où meurt un Richelieu auquel — fait rare — il est resté obstinément et dignement fidèle, gouverneur de Notre-Dame-de-la-Garde au-dessus de Marseille. A Marseille, il vit quelques années, un peu en exil ; son retour à Paris au temps de la Fronde sera marqué par des amertumes et des déceptions. S'étant retiré en Normandie, il s'y marie en

1655. Rentré à Paris en 1660, il fait désormais figure de patriarche ridicule et démodé et devient l'une des victimes privilégiées de Boileau (voir ci-dessus, p. 382). C'est que Scudéry appartient pleinement à l'époque de Louis XIII : il a un sens ombrageux de l'indépendance et de la fidélité en amitié ; en dépit des leçons de rigueur et de purisme qu'il a cru un moment devoir donner à Corneille, il pratique un art qui use et abuse des figures, qui s'enchante d'une ingéniosité à l'italienne, non sans céder aux jeux à la fois parfumés et futiles de la poésie de salon ; ce qui ne l'empêcha pas de se prendre pour Virgile et Le Tasse lorsqu'il aligna les interminables séquences d'alexandrins de son poème épique, *Alaric* (1654), et de disserter savamment sur le roman quand il aida sa sœur à ses débuts de romancière, cette sœur qu'il aimait tendrement :

> *Vous que toute la France estime avec raison,*
> *Unique et chère sœur que j'honore et que j'aime...*
> *... Parmi les débris de toute ma maison,*
> *Je vois toujours debout votre vertu suprême...*

Autres œuvres poétiques (à la suite de la tragi-comédie *Ligdamon et Lydias*), 1631 ; *Autres œuvres poétiques* (à la suite de la tragi-comédie *Le Trompeur puni*), 1635 ; *Autres œuvres* (à la suite de la tragi-comédie *Le Vassal généreux*, 1635) ; *Autres œuvres* (à la suite de la tragédie *La Mort de César*), 1636 ; *Le Cabinet de M. de Scudéry*, 1646 ; *Poésies diverses*, 1649 ; *Alaric ou Rome vaincue*, 1654.

Poésies diverses, éd. Rosa Galli-Pellegrini, Bari, Schena/Paris, Nizet, t. I, 1983, t. II, 1984 ; *Autres œuvres, ibid.*, 1989 ; *Le Cabinet de M. de Scudéry*, éd. Christian Biet et Dominique Moncond'huy, Klincksieck, 1991.

« MILLE, ET MILLE BOUILLONS... » — **1.** Ce sonnet est le deuxième de la série des douze que Scudéry a consacrés à chanter la Fontaine de Vaucluse et les ombres de Pétrarque et de Laure qui la hantent. — **2.** *Signalée* : célèbre, renommée.

« LES VENTS, MÊME LES VENTS... » — **1.** Huitième sonnet de la série consacrée à la Fontaine de Vaucluse. — **2.** *Courages* : cœurs. — **3.** *Objet* : l'objet aimé, la dame.

POUR UNE DAME QUI FILAIT — **1.** *Omphale, Déjanire* : deux héroïnes appartenant à la légende d'Hercule ; mais seule la première filait et apprit à Hercule à filer. — **2.** *Pallas* : déesse protectrice des fileuses. — **3.** *Objet* : la Dame. — **4.** La quenouille est en ébène, comme les sceptres des rois. — **5.** Les trois Parques, Clotho, Lachésis et Atropos, filent le destin des humains.

« UN PEU PLUS BAS... » — **1.** Dans ce rondeau, Scudéry sacrifie pleinement à la mode d'un genre remis en honneur à l'hôtel de Rambouillet, notamment par Voiture : jeu formel, et souvent marqué par la grivoiserie.

CONTRE LA GRANDEUR MONDAINE — **1.** Déçu, amer, lors de son retour à Paris en 1647-1648, Scudéry développe ici un lieu commun cher aux stoïciens comme aux lecteurs des Psaumes et de l'Ecclésiaste.

SELVE, Lazare de ?-? Comme l'indiquent les pages de titre de ses ouvrages, Lazare de Selve était « conseiller du Roi en ses Conseils d'État et privé, et président pour Sa Majesté ès villes et Pays de Metz, Toul et Verdun ». Ce personnage a, à plusieurs reprises, publié les méditations et exercices spirituels que lui ont suggérés les évangiles du carême et des principales fêtes de l'année liturgique, ainsi que des paraphrases d'hymnes et de cantiques.

Sonnets spirituels sur les évangiles du carême, Metz, 1607 ; *Diurnal ou livre de carême*, 1614 ; *Cantiques spirituels sur le sujet des fêtes de l'année*, 1618 ; *Les Œuvres spirituelles sur les Évangiles des jours de carême et sur les fêtes de l'année*, 1620.

Les Œuvres spirituelles, éd. Lance K. Donaldson-Evans, Genève, Droz, 1983.

SIGOGNE, Charles-Timoléon de Beauxoncle, seigneur de, vers 1560 ?-1611. Ce personnage appartenait à une famille noble du Dunois et du Blésois ; mais il passa son enfance en Normandie, son père, René de Beauxoncle étant devenu gouverneur de Dieppe en 1563, où il fut l'habile défenseur de la cause catholique jusqu'à sa mort en 1582. Le jeune Charles combattit d'abord dans les rangs des Ligueurs, avant de se rallier au parti d'Henri IV après la bataille d'Ivry. Peu de temps après, Henri IV, cherchant à s'attacher ses anciens adversaires, lui confia le gouvernement du Dunois et de Châteaudun. Mais Sigogne s'attira surtout les bonnes grâces royales en exerçant le métier difficile — et du reste dangereux, à cause des intrigues et complots qui s'y attachaient souvent — d'entremetteur patenté des amours royales. En 1603, il obtint, comme jadis son père, le gouvernement de Dieppe, où il mourut. Ses compositions de vers, sans doute bien connues manuscrites avant de tenir une place de choix dans les différents recueils collectifs, relèvent d'une certaine forme de littérature scandaleuse — dans la mesure où ces pièces, d'inspiration « satyrique », c'est-à-dire violente et volontiers ordurière, s'en prennent nommément à des personnes vivantes —, laquelle a eu des précédents en Italie dans les cercles bernesques.

Les compositions de Sigogne ont paru dans les différents recueils « satyriques » (*Muse folâtre*, *Muses gaillardes*, *Cabinet satyrique*, *Délices satyriques*, etc.) qui datent des années 1600-1620.

Elles ont été recueillies de nos jours par Fernand Fleuret et Louis Perceau : *Les Œuvres satyriques du sieur de Sigogne*, Bibliothèque des curieux, 1920.

Arnaldo Pizzorusso, « Per un commento a Sigogne », dans les *Studi in onore di Italo Siciliano*, 1966.

GALIMATIAS — **1.** *Castelognes :* couvertures de lit en laine très fine (peut-être fabriquées à l'origine en Catalogne ?). — **2.** *Heures,* ou *hures :* brosse garnie de tous les côtés et adaptée à un manche. — **3.** *Mitaines :* gant sans séparation pour les quatre doigts autres que le pouce. — **4.** *Cacques :* sorte de paniers ou de barriques où l'on serre le poisson salé. — **5.** *Fiëns :* lieux d'aisance.

« ELLE A BEAUCOUP DE L'AIR... » — **1.** *Marotte :* attribut de la folie (un manche surmonté d'une tête affublée d'un capuchon bigarré). — **2.** *Marmouset :* figure grotesque.

TERSON, Suzon de, 1657-1684 ou 1685. Née à Puylaurens, dans le pays de Castres, cette poétesse meurt à vingt-sept ou vingt-huit ans, terrassée par une maladie dont sa poésie se fait l'écho. Elle était issue d'une famille protestante qui, partie du négoce s'était hissée jusqu'aux charges judiciaires et à l'armée ; son père, qui était avocat, s'intéressait aux lettres et assistait aux séances de l'Académie de Castres, dont était issu Paul Pellison, l'ami de Mlle de Scudéry, membre de l'Académie française, et qui entretenait des rapports constants avec les salons parisiens. C'est pourquoi Suzon de Terson cultive très tôt, et avec un certain brio, les petits genres mondains : madrigal, énigme, épigramme, églogue, etc., mais aussi, comme certains mondains parisiens, la forme plus libre, plus propice à l'effusion sentimentale, de l'élégie. En 1677, elle épouse le pasteur Élie Rivals, et chante son bonheur ; bonheur de courte durée : très vite, elle est minée par la maladie, et sa poésie devient alors un émouvant exercice spirituel. Son œuvre, restée manuscrite jusqu'à nos jours, est pour l'essentiel écrite en français, mais compte aussi quelques pièces écrites en langue d'oc.

Poésies diverses de Demoiselle Suzon de Terson, éd. Christian Anatole, Lo libre occitan, 1968 (nous reproduisons les poèmes de Suzon de Terson à partir de cette édition).

STANCES CHRÉTIENNES — **1.** *Ennui :* douleur accablante, mortelle.

TRISTAN, François L'Hermite, dit, 1600 ?-1655. Né au Solier dans la Marche, d'une famille de petite noblesse, François L'Hermite vint, tout jeune enfant encore, à la Cour, parmi les pages. Il eut sans doute une enfance agitée, même s'il ne faut pas prendre au pied de la lettre les aventures qu'il racontera plus tard (1641) dans le roman autobiographique *Le Page disgracié.* A partir de 1621, il appartient à la maison de Gaston d'Orléans ; situation précaire, à cause de la parcimonie du prince, et aussi parce que le poète tint toujours à honneur de suivre son maître dans toutes ses expéditions, complots, exils, etc. En 1633, la publication des *Plaintes d'Acante* le fait connaître comme un des meilleurs poètes lyriques de son temps ; trois ans plus tard, le très vif succès de sa tragédie *La Mariamne* inaugure une série de productions théâtrales, qui font de lui peut-être le dramaturge le plus attachant de son époque à côté de Corneille. Poète lyrique, il débute dans le sillage de Théophile de Viau (comme le montre le célèbre *Promenoir des deux amants*) ; mais il a aussi parfaitement assimilé la leçon de Malherbe, tandis que, toute sa vie, il restera un admirateur de Marino et de ses émules, un amateur de poésie brillante, raffinée et sensuelle. N'étant guère enclin en revanche à donner dans le badinage mondain qui submerge la poésie dans les années 1640, il fait peu à peu figure d'isolé ; isolement à mettre en rapport avec la fière indépendance de l'homme et de son esprit.

Premières publications en 1626-1627 ; *La Mer*, 1628 ; *Plaintes d'Acante et autres œuvres*, Anvers, 1633-Paris, 1634 ; *Les Amours* (rééd. considérablement augmentée des *Plaintes*), 1638 ; *La Lyre*, 1641 ; *L'Office de la Sainte Vierge*, 1646 ; *Les Vers héroïques*, 1648 ; *La Renommée*, 1654.

Les Plaintes d'Acante et autres œuvres, éd. Jacques Madeleine, Société des Textes Français Modernes, 1909, réimp. 1984 ; *Tristan L'Hermite, poète chrétien et catholique* (rééd. partielle de *L'Office de la Sainte-Vierge*), éd. Frédéric Lachèvre, Margraff, 1941 ; *Les Vers héroïques*, éd. Catherine Grisé, Genève, Droz, 1967 ; *La Lyre*, éd. Jean-Pierre Chauveau, Genève, Droz, 1977.

N. M. Bernardin, *Un précurseur de Racine, Tristan L'Hermite, sieur du Solier*, 1895, réimp. Genève, Slatkine, 1967 ; Amédée Carriat, *Tristan ou l'éloge d'un poète*, Rougerie, 1955 ; Claude K. Abraham, *Tristan L'Hermite*, Boston, 1980 ; *Actes d'Athens*, Biblio 17, 77, 1993 ; depuis 1979, *Cahiers Tristan L'Hermite*, annuels.

« JEUNE DIVINITÉ... » — **1.** Ce sonnet, conservé dans un manuscrit du musée Condé à Chantilly, n'a été que récemment publié (voir *XVIIᵉ siècle*, nᵒ 61, 1963). Il date de la fin de 1629 ou du début de 1630. Tristan, qui fait partie de la maison de Gaston d'Orléans, prête sa plume à son maître qui est veuf, depuis la mort de sa première femme, Marie de Bourbon, duchesse de Montpensier, survenue le 4 juin 1627, et qui, depuis deux ans, peut-être par sentiment sincère, peut-être aussi par politique pour faire pièce à son frère Louis XIII et à Richelieu, fait la cour à la princesse Marie de Gonzague (elle est née en 1612), alors en butte aux persécutions du ministre et de la reine-mère, Marie de Médicis. Les contemporains ont célébré à l'envi les beaux yeux noirs de Marie, sur lesquels le jeune soupirant engage si imprudemment sa foi ; en effet, quelques mois plus tard, Gaston s'enfuit de la Cour et se réfugie à la cour de Lorraine, où il finira par épouser, le 3 janvier 1632, la princesse Marguerite. Et ce n'est qu'en 1645 que la princesse Marie épousera le roi de Pologne.

LES AGRÉABLES PENSÉES — **1.** Le début de ce vers a fourni un titre à la troisième des nouvelles que Valery Larbaud a rassemblées en 1923 sous le titre : *Amants, heureux amants...* — **2.** *Amour* est indifféremment masculin ou féminin au XVIIe siècle.

LA BELLE EN DEUIL — **1.** Ce vers est une imitation d'un vers de Marino par lequel débute sa « canzone » *La Bella Vedova*, parue dans *La Lira* en 1614.

PLAINTE DE L'ILLUSTRE PASTEUR — **1.** Bien que publiées seulement en 1641, ces stances se rattachent à une inspiration pastorale fort en vogue quelque dix années plus tôt. L'illustre Pasteur ? Peut-être le poète prête-t-il sa plume à quelque grand seigneur amoureux ; peut-être aussi désigne-t-il par là l'archétype du berger amoureux et éconduit dans la tradition pastorale.

POUR UNE EXCELLENTE BEAUTÉ QUI SE MIRAIT — **1.** Cet *ingrat chasseur* amoureux de son image, c'est Narcisse.

LA BELLE GUEUSE — **1.** Thème mariniste, traité notamment par l'Italien Claudio Achillini et par l'Anglais Philip Ayres, comme le montre Valery Larbaud dans : « Trois belles mendiantes », dans *Sous l'invocation de saint Jérôme,* Gallimard, 1946.

PLAINTES D'ACANTE — **1.** Eugénie Droz (*Le Manuscrit des Plaintes d'Acante de Tristan L'Hermite,* Droz, 1937), a établi que ce long poème en stances, à affabulation pastorale, a été composé par Tristan alors qu'il séjournait, dans la suite de Gaston d'Orléans, à la cour de Bruxelles (1632-1634), et pour le compte de Frédéric-Maurice de La Tour, duc de Bouillon (Acante), passionnément amoureux alors d'Éléonore, Catherine, Fébronie, comtesse de Berghe (Sylvie), qui devint son épouse en 1634. — **2.** Paysage conventionnel, paysage de rêve, peut-être ; mais l'évocation du parc où l'amant voudrait entraîner sa dame suit d'assez près les descriptions qui nous sont restées du magnifique jardin, avec ses parterres, son verger, ses grottes, ses fontaines, son labyrinthe, qui entourait le palais royal de Bruxelles. Tristan utilise en particulier le jardin de fleurs pour évoquer, à la manière d'Ovide, les légendes amoureuses qui s'attachent aux fleurs. — **3.** *Clytie :* nymphe amoureuse d'Apollon, et qui, ayant provoqué la mort de sa rivale Leucothoé, fut changée en héliotrope. — **4.** La fleur de pourpre (la jacinthe) née du sang répandu d'Ajax. — **5.** Le lis tiendrait sa couleur blanche du lait échappé du sein de Junon. — **6.** C'est le sang de Vénus, qui s'était piquée en marchant sur un églantier qui fit rougir les roses. — **7.** *Dédale :* probablement le labyrinthe de verdure du parc.

LE PROMENOIR DES DEUX AMANTS — **1.** Ce poème, paru pour la première fois dans le recueil des *Plaintes d'Acante* en 1633, et repris avec quelques variantes dans *Les Amours* de 1638, est resté le poème le plus célèbre de Tristan, et on le trouve dans toutes les anthologies, notamment modernes. Claude Debussy, en mettant certaines de ses strophes en musique, a contribué de nos jours à lui assurer une certaine popularité. Les traces de l'influence de Théophile sur Tristan sont nombreuses, mais elles ne sont nulle part plus évidentes qu'ici. Tout se passe comme si, quinze ou vingt ans après *La Solitude* de Théophile, Tristan, fasciné, avait voulu la refaire à sa manière, en trouvant à son poème un titre beaucoup plus adéquat que celui de son aîné, et en utilisant un type de strophe identique à son modèle, et qui est unique dans son œuvre ; ce qui n'empêche nullement, au contraire, Tristan d'exprimer ici le meilleur et le plus singulier de sa personnalité créatrice. Voir, à ce sujet : Jean-Pierre Chauveau, « Tristan et Théophile de Viau », dans : *Cahiers Tristan L'Hermite*, n° III (1981) ; Wolfgang Leiner, « *Le Promenoir des deux amants*. Lecture d'un poème de Tristan L'Hermite », dans : *Papers on french Seventeenth Century Literature*, n° 9 (1978). — **2.** L'édition originale fournit pour cette strophe, célèbre entre toutes, un premier état assez différent :

> *Ces roseaux, cette fleur vermeille,*
> *Et ces glaix en l'eau paraissant,*
> *Forment les songes innocents*
> *De la Naïade qui sommeille.*

— **3.** *Parmi ses forts :* dans ses retraites les mieux protégées. — **4.** Diane profitait de la nuit (la Lune) pour rejoindre le berger Endymion.

L'ORPHÉE — **1.** *L'Orphée*, poème générateur du recueil *La Lyre* (1641), et qui est dédié à un musicien, constitue un long récit mythologique en vers où Tristan se souvient de Virgile, d'Ovide, et surtout d'une idylle de Marino, publiée en 1620 dans *La Sampogna*. Le poète donne ici la parole à Eurydice.

LES BAISERS DE DORINDE — **1.** Silvio et Dorinde : personnages du *Pastor fido* de Gian Battista Guarini, si prisé des milieux lettrés du XVIIᵉ siècle ; l'acte V de la pastorale italienne se termine par la félicité des deux amants enfin réunis : c'est ici que pourrait se situer le poème de Tristan, sorte d'épilogue lyrique du drame, conçu à la manière d'une « jouissance ».

LA SERVITUDE — **1.** Ce poème date de 1645, date à laquelle Tristan dut se résigner à abandonner le service de Gaston d'Orléans pour entrer à celui de la duchesse de Chaulnes : pour peu de temps, celle-ci s'étant montrée aussi ingrate que Monsieur. — **2.** *Gaston :* Gaston d'Orléans, frère de Louis XIII, que Tristan servait depuis 1621. — **3.** *La plus charmante maîtresse :* la duchesse de Chaulnes. — **4.** *Possible :* peut-être.

POUR UNE ABSENCE — **1.** Cette chanson fut certainement mise en musique, et connut un durable succès, comme l'atteste sa présence dans des recueils d'airs à la mode, y compris avec des adaptations du texte à des fins de dévotion.

URFÉ, Honoré d', 1567-1625. Honoré d'Urfé restera à jamais pour la postérité l'auteur de l'*Astrée*, ce long roman pastoral qui devint vite le bréviaire des lettrés et des gens du monde au XVIIᵉ siècle. Ceux qui se plaisent à se perdre dans les dédales de la prose subtile et insinuante du roman pourront trouver les vers de d'Urfé un peu grêles, surtout, comme ils le sont ici, arrachés de leur contexte. Mais l'*Astrée* marque une date capitale dans l'histoire du sentiment amoureux et de son expression à l'orée du XVIIᵉ siècle : si le roman peut apparaître, à bien des égards, comme le dernier grand monument élevé en l'honneur de l'amour courtois et de ses avatars pétrarquistes et néo-platoniciens, il fait entendre des accents nouveaux, qui seront bientôt ceux du libertinage, ceux également du jeune Corneille, le tout avec à la fois un naturel et une préciosité dans l'expression que ne désavoueront pas les poètes mondains du milieu du siècle.

Diverses pièces de vers dans les recueils collectifs entre 1598 et 1620 ; *Sireine,* 1604 ; *Astrée,* 1607-1627.

Sireine, éd. J.-C. Marcos, Salamanque, 1979 ; *Astrée,* éd. Hugues Vaganay, 1925-1928, réimp. Genève, Slatkine, 1966 ; *Astrée,* éd. partielles par Gérard Genette (10/18, 1964), Maxime Gaume (Saint-Étienne, Le Hénaff, 1981), Jean Lafond (Folio, 1984).

Jacques Ehrmann, *Un paradis désespéré. L'amour et l'illusion dans* l'Astrée, préface de Jean Starobinski, P.U.F., 1963 ; *Colloque commémoratif du quatrième centenaire de la naissance d'Honoré d'Urfé,* numéro spécial de la *Diana,* Montbrison, 1970 ; Maxime Gaume, *Les Inspirations et les sources de l'œuvre d'Honoré d'Urfé,* Saint-Étienne, 1977.

VAUQUELIN DE LA FRESNAYE, Jean, vers 1535-1607. Ce poète, mort vieux en 1607, appartient pleinement au XVIᵉ siècle. Né à La Fresnaye-au-Sauvage, près de Falaise, il n'a guère qu'une dizaine d'années de moins que Ronsard, qu'il admire, et dont il subit largement l'influence. Ses *Foresteries* (1555) sont contemporaines du virage qu'accomplit alors Ronsard en direction de l'inspiration rustique et familière. Et c'est les yeux tournés vers Ronsard et vers l'esthétique de la Pléiade que ce magistrat, qui partagea sa vie entre Caen et sa campagne de La Fresnaye, continua à composer des vers jusqu'à l'aube du XVIIᵉ siècle. L'*Art poétique* — le premier « art poétique » en vers de notre langue — qu'il a écrit vers 1570-1580 et publié en tête de ses *Diverses Poésies* en 1605, contient un exposé très pondéré, et même précautionneux, de ce qu'il a retenu de la doctrine de la Pléiade. Mais si ses compositions poétiques relèvent, en 1605, d'une esthétique surannée, elles reflètent aussi les préoccupations d'une époque troublée, qui accueillit avec un immense soulagement l'œuvre pacificatrice d'Henri IV.

Les Foresteries, Poitiers, 1555 ; *Les Diverses Poésies,* Caen, 1605.

Les Foresteries, éd. Marc Bensimon, Genève, Droz, 1956 ; *Les Diverses Poésies,* éd. Julien Travers, 1869-1870, réimp. Genève, Slatkine, 1968 ; *L'Art poétique,* éd. Georges Pellissier, 1885, réimp. Genève, Slatkine, 1970.

Joseph Vianey, « Les *Satires françaises* de Vauquelin de La Fresnaye », dans *Revue des Universités du Midi*, 1895 ; Georges Mongrédien, « Quelques documents nouveaux sur Vauquelin de La Fresnaye », dans *Mélanges d'histoire littéraire offerts à Raymond Lebègue*, Nizet, 1969 ; Georges Mongrédien, « Les Satires de Vauquelin de La Fresnaye », dans *La Basse-Normandie...* (voir bibliographie générale, 1977).

ART POÉTIQUE — **1.** Sont reproduits ici les trente-deux premiers vers du troisième livre de cet *Art poétique* en trois livres, que Vauquelin écrivit vers 1580 à la demande d'Henri III, et qu'il publia seulement en 1605, en tête de ses *Diverses Poésies*. — **2.** Ce mont difficile d'accès, c'est évidemment le Parnasse. — **3.** *La neuvaine cohorte :* la troupe des neuf Muses. — **4.** *Le chantre délien :* Apollon, dieu de la poésie, né à Délos.

« DÉJÀ, VENANT HÉRISSONNÉ... » — **1.** *Villes mieux garnies :* ce pluriel ne désigne sans doute que la ville de Caen, où Vauquelin exerçait sa charge de président au siège présidial. — **2.** *Fresnaie :* La Fresnaye-au-Sauvage, où Vauquelin était né et où il passait l'été. Cette pièce, d'inspiration pastorale, fait partie d'une série d' « Idyllies ». — **3.** *Ore :* maintenant, aujourd'hui. — **4.** *Sourcilleuse :* hautaine, orgueilleuse.

« MON DU PONT BELLENGER... » — **1.** *Du Pont Bellenger :* le personnage auquel est adressé le sonnet, qui appartient à une série de pièces inspirées par les guerres civiles : *Des troubles*.

« SEIGNEUR, JE N'AI CESSÉ... » — **1.** *Me ramentai :* je me remémorai (du verbe : ramentevoir). — **2.** Allusion au roi Salomon (1er *Livre des Rois*, 11). — **3.** *M'étranger :* m'éloigner, me séparer.

VAUQUELIN DES YVETEAUX, Nicolas, 1567-1649. Aîné des huit enfants de Vauquelin de La Fresnaye (voir ci-dessus), ce personnage qui, après avoir renoncé à l'état ecclésiastique et avoir connu une singulière faveur auprès d'Henri IV (celui-ci le nomma précepteur du duc de Vendôme, puis précepteur du Dauphin), fut tenu en suspicion par le pouvoir et l'opinion à cause de ses mœurs épicuriennes et des idées peu orthodoxes qu'on lui prêtait, a tenu un moment une place non négligeable dans le monde littéraire grâce à l'appui de Du Perron. Au temps de sa faveur à la cour, il écrivit des compositions de circonstance qui ne tranchent guère par leur originalité sur la production ambiante, à mi-chemin, mais en retrait, entre Du Perron et Malherbe (qu'il contribua à introduire à la cour). Mais il est aussi l'auteur de pièces dont le sujet et la manière ont beau être assez convenus, même dans le maniement du paradoxe (le célèbre sonnet « Avoir peu de parents... » que nous reproduisons ici, et qui fit scandale, n'est après tout qu'une adaptation d'un sonnet non moins célèbre de l'imprimeur anversois Christophe Plantin, connu dès la fin du XVIe siècle) : la réputation libertine et quelque peu sulfureuse de leur auteur leur a donné une sorte d'authenticité provocatrice.

Trois harangues, 1595 ; *Chant de louange au Roi*, Lyon, 1598 ; *Sur la naissance de Monseigneur le Dauphin* (1601) ; *Ode sur la paix, au Roi* (1604) ; *Institution du prince. A Monseigneur le duc de Vendôme*, 1604 ; *Recueil de vers*, 1606.

Œuvres complètes de Nicolas Vauquelin des Yveteaux, éd. Georges Mongrédien, 1921, réimp. Genève, Slatkine, 1967.

Georges Mongrédien, *Étude sur la vie et l'œuvre de Nicolas Vauquelin des Yveteaux*, 1921, réimp. Genève, Slatkine, 1967.

VERMEIL, Abraham de, vers 1555-1620 ? Originaire du Bugey, Abraham de Vermeil a porté les armes pour le compte d'Henri de Navarre, au temps des guerres civiles. Poète protégé par Henri IV et le duc de Savoie, il fut l'auteur d'un ouvrage aujourd'hui perdu — une *Histoire de saint Louis*, en vingt-quatre chants — et de pièces diverses (surtout des sonnets et des « muzains »), qui tiennent une place non négligeable dans divers recueils collectifs, entre 1600 et 1625. Si les sujets traités et les genres pratiqués sont traditionnels (poésie officielle et héroïque, vers funèbres, poésie religieuse, et surtout poésie amoureuse, à la manière qu'il est convenu d'appeler « pétrarquiste »), « la qualité d'écriture et d'inspiration de ces textes est exceptionnelle » (Henri Lafay).

Les poésies d'Abraham de Vermeil (99 pièces de forme et de longueur diverses) ont figuré d'abord dans la *Seconde partie des Muses françaises ralliées* en 1600, puis sont en partie reprises dans divers recueils entre 1603 et 1625.

Poésies, éd. Henri Lafay, Genève, Droz, 1976.

Henri Lafay, « L'Amour dans les sonnets, muzains et épigrammes d'Abraham de Vermeil », dans les *Mélanges René Pintard*, Klincksieck, 1975.

« GARROTTÉ À L'ENVERS... » — **1.** Il s'agit d'un « muzain » — un quatrain suivi d'un quintil —, une forme rare qu'Abraham de Vermeil semble avoir été le seul à abondamment pratiquer. Bien entendu, le poète y compare son tourment amoureux au supplice d'Ixion, attaché à une roue pour avoir osé vouloir posséder Junon.

« JE M'EMBARQUE JOYEUX... » — **1.** *Enfondrer* : couler, sombrer.

« PUISQUE TU VEUX DOMPTER... » — **1.** C'est la métrique qui entraîne la graphie : Chrys*olits* (pour : chrys*olithes*). — **2.** *Musser* : cacher. — **3.** *Jayet* : jais.

« PUISSANT SORCIER D'AMOUR... » — **1.** *Jà* : Déjà.

« AVANT QUE CE MUGUET... » — **1.** *Muguet* : jeune élégant qui se parfume au muguet. — **2.** Mars, époux trompé de Vénus (Cypris) : l'amant s'identifie à un Mars qui serait devenu le dieu de la vengeance (*sanglant*).

« JE CHANTE ET PLEURE... » — **1.** *J'ombrage* : j'apporte l'obscurité. — **2.** *Vulgaire* : ce qui s'oppose aux grands dans la hiérarchie sociale. — **3.** *Ores... ores...* : tantôt... tantôt...

VIAU, Théophile de 1590-1626. Celui que les contemporains, puis la
postérité se sont plu souvent à nommer tout simplement Théophile, avait
assez de dons pour s'imposer comme le poète le plus doué de sa
génération ; il avait tout pour séduire, ou pour irriter, selon qu'on se laisse
convaincre par l'appel au plaisir et à la liberté, si évident dans son œuvre,
ou qu'on s'offusque de ses sautes d'humeur, de ses inégalités d'expression
ou de ce mélange d'insolence et de nonchalance qui le caractérise si
souvent. Cet Occitan huguenot, né à Clairac, élève successivement des
collèges réformés de Nérac et de Montauban, puis de l'académie
protestante de Saumur et de l'université de Leyde, se poussa très vite à la
Cour, où, au milieu des intrigues, des cabales, des complots — c'est
l'époque, tumultueuse, des débuts de Louis XIII —, il apparut un peu
comme l'ordonnateur des fêtes et, plus risqué, plus controversé, comme le
chef de file du clan libertin et comme celui à qui on attribua (sans preuves
vraiment décisives) la paternité de la plupart des pièces obscènes du
Parnasse satyrique. Mais cette espèce d'ingénuité qui était la sienne fit
rapidement de lui la cible du parti dévot, qui, anticipant la reprise en main
de Richelieu à partir de 1624, déclencha contre lui la terrible procédure
qui, le laissant croupir pendant plus de deux ans dans un abominable
cachot de la Conciergerie, finit par avoir raison de sa résistance, pourtant
héroïque et fière. Après avoir été condamné au bûcher par coutumace, il
dut peut-être à l'appui de quelques puissants protecteurs, comme le duc de
Montmorency, de voir sa peine commuée en bannissement ; mais il était
trop tard (septembre 1625) : sa santé ruinée ne lui laissa que quelques mois
de sursis. Sa mort prématurée fait de lui, encore aujourd'hui, une sorte de
martyr de la pensée libre ; elle fait regretter aussi que le temps ne lui ait pas
été donné de développer et de parfaire une œuvre qui, en dépit de ses
inégalités et de la hâte dans laquelle elle a été conçue et publiée, laisse
transparaître l'un des plus forts, des plus généreusement doués des
tempéraments poétiques du siècle. Héritier particulièrement lucide de la
tradition de la Renaissance, mais aussi de Malherbe (son aîné de trente-
cinq ans, mais qui lui survécut deux ans), il eut l'intuition d'une poésie
moderne, dont l'œuvre qu'il a laissée ne donne sans doute qu'une image
incomplète. Théophile, si prisonnier de son temps, à certains égards, est
peut-être le seul, au XVIIe siècle, à avoir trouvé parfois des accents qui nous
le rendent étonnamment proche, n'en déplaise à Boileau, au Père Rapin
ou à La Bruyère qui s'étonneront, en pleine époque classique, que
Théophile continue à avoir ses lecteurs, comme en témoigne la fréquente
réédition de son œuvre, prose et vers, tout au long du siècle. Théophile a
été, et reste peut-être encore, un objet d'étonnement : n'est-ce pas le signe
de la vitalité exceptionnelle d'une œuvre quelque peu hors série ?

   Le nom de Théophile apparaît dans les recueils collectifs à partir de
1619, ainsi que sur des plaquettes de vers isolées ; pourtant, l'œuvre paraît
pour l'essentiel en recueil particulier dès 1621 ; *Les Œuvres du sieur*

Théophile, 1621, 2ᵉ et 3ᵉ éd. en 1622 et 1623 ; *Œuvres du sieur Théophile.*
Seconde partie, 1623 ; *Les Œuvres du sieur Théophile*, 1626 ; *Les Œuvres de*
Théophile, éd. préparée et préfacée par Scudéry, Rouen, 1632.

Œuvres complètes, éd. Guido Saba, Rome, Ed. dell'Ateneo, 4 vol.,
1978, 1982, 1984 et 1987 ; *Œuvres poétiques*, éd. Guido Saba, Garnier-
Bordas, 1990.

Antoine Adam, *Théophile de Viau et la libre pensée française en 1620*,
1935, réimp. Genève, Slatkine, 1966 ; G. Müller, *Untersuchungen des*
poetischen Stils Theophiles de Viau, Munich, 1968 ; K. Meyer-Minnemann,
Die Tradition der Klassischen Satire in Frankreich. Themen und Motive in
den Verssatiren Theophiles de Viau, Bad Homburg, Berlin-Zurich, 1969 ;
Claire Gaudiani, *The Cabaret Poetry of Theophile de Viau*, Tübingen,
Narr/Paris, Place, 1981 ; *Théophile de Viau*, Actes du colloque du CMR
17, offerts en hommage à Guido Saba, « Biblio 17 », Paris, Seattle,
Tübingen, 1991.

TRAITÉ DE L'IMMORTALITÉ DE L'ÂME — **1.** Ce *Traité*, qui ouvre le
volume des *Œuvres* de 1621, est une libre adaptation du *Phédon* de Platon,
où Théophile mêle la prose et les vers. — **2.** *Cébès, Simias :* personnages
qui interviennent dans le dialogue de Platon.

À MONSIEUR LE MARQUIS DE BOQUINGANT — **1.** L'ode, compo-
sée en 1621, se présente comme un hommage et un remerciement adressé à
Georges Villiers, comte, marquis puis duc de Buckingham, favori du roi
d'Angleterre, que Théophile avait eu l'occasion de rencontrer et d'appré-
cier lors d'une ambassade qu'il avait suivie à Londres à la fin de 1620. —
2. *Un grand Roi :* Jacques Iᵉʳ Stuart, roi d'Écosse puis roi d'Angleterre. —
3. L'Inde représente le symbole des richesses minières. — **4.** Théophile
met à profit le mythe de l'Hercule gaulois, dont la puissance tenait à une
éloquence représentée par des chaînes d'or qui lui sortaient de la bouche.
— **5.** *Le tableau :* la représentation, l'exemple.

LA SOLITUDE — **1.** L'extrait reproduit les neuf dernières strophes de
cette odelette célèbre, œuvre de jeunesse de Théophile. Dans la tradition
de la Renaissance, ces neuf strophes relèvent du genre de la « jouissance ».
— **2.** *Renaud, Armide :* couple célèbre d'amants au chant XIV de la
Jérusalem délivrée du Tasse.

A PHYLLIS — **1.** L'inspiration amoureuse de ces stances, publiées en
1621, n'exclut peut-être pas l'expression plus personnelle et plus circons-
tanciée d'une menace pesant sur la sécurité du poète à la Cour. —
2. *Soulas :* joie, plaisir, bonheur. — **3.** *Gêne :* torture. — **4.** *Absent :*
séparé, éloigné.

LES NAUTONIERS — **1.** Cette pièce fait partie de la contribution de
Théophile au *Ballet des princes de Chypre*, ballet de cour qui fut dansé
devant le jeune Louis XIII et son épouse Anne d'Autriche, le 7 février

1617. — **2.** *Mignards :* d'une beauté délicate et douce. — **3.** Selon la légende, l'alcyon couve ses œufs sur la mer après le solstice d'hiver. — **4.** *Le Pactole, le Tage :* fleuves réputés pour charrier des paillettes d'or.

ÉLÉGIE — **1.** Sous le déguisement pastoral, cette élégie exprime la souffrance de l'amant séparé de sa dame, mais qui attend le moment de la retrouver. Cette pièce aurait été écrite en novembre 1622 lors d'un séjour du poète à Blois. — **2.** *Ennui :* douleur poignante, mortelle. — **3.** Référence à la légende des amours du berger Endymion et de Diane, qui se rencontraient la nuit dans une grotte de Carie. — **4.** *Où :* alors que.

« SACRÉS MURS DU SOLEIL... » — **1.** Quelles que soient les sources livresques d'un tel sonnet, Théophile évoque vraisemblablement l'impression qu'il ressentit lorsque accompagnant l'armée de Louis XIII, il découvrit au printemps de 1622 son pays natal, Clairac, dévasté par les bandes huguenotes, après qu'elles l'eurent repris aux catholiques (février 1622).

À MONSIEUR DE L..., SUR LA MORT DE SON PÈRE — **1.** Cette ode, publiée seulement en 1632, fut vraisemblablement adressée par le poète à son protecteur et ami Roger du Plessis, marquis de Liancourt, qui perdit son père en octobre 1620 ; si Théophile ne la publia pas avec ses *Œuvres* de 1621, c'est peut-être parce que le ton résolument païen et épicurien de cette consolation tranchait par trop sur le ton stoïcien et chrétien qui, à l'époque, caractérisait toujours ce type de pièces. — **2.** *Iris :* personnification de l'arc-en-ciel. — **3.** *Touche :* est proche, est lié par la parenté. — **4.** Vision de fin du monde, que l'épicurien qu'est Théophile imagine avant tout à travers la disparition du mouvement.

« JE SONGEAIS QUE PHYLLIS... » — **1.** Ce sonnet, paru dans divers recueils « satyriques », a été reproduit par Baudelaire dans *Mon cœur mis à nu* (n° 85), mais il l'attribuait à Maynard. À la même époque, Poulet-Malassis, rééditant *Le Parnasse satyrique* (1861), le restituait à Théophile.

SONNET : « PHYLLIS, TOUT EST ...TU... » — **1.** Ce sonnet paru en 1623 en tête du *Parnasse satyrique* a beaucoup fait pour déclencher la campagne contre Théophile qui devait aboutir à sa mise en accusation et à son arrestation. Certes, Théophile en a toujours nié la paternité ; mais le caractère obscène et violemment blasphématoire, de la pièce, fournissait le meilleur des prétextes pour condamner celui qui en était réputé être l'auteur.

LA MAISON DE SYLVIE — **1.** Ce vaste ensemble de dix odes qui s'enchaînent constitue d'abord une sorte de canzoniere encomiastique à la gloire des derniers protecteurs de Théophile, le duc et la duchesse de Montmorency. L'éloge se fait surtout à travers l'évocation des merveilles de leur demeure, le château et le parc de Chantilly où le poète aimait à trouver refuge. Mais l'essentiel ayant été composé par Théophile dans son cachot de la Conciergerie, le ton se fait particulièrement nostalgique et émouvant, et *La Maison de Sylvie* constitue une synthèse rare de poésie conventionnelle (l'éloge des grands) et de poésie personnelle et intime, de la part de celui pour qui Chantilly, avec ses hôtes, représentait le paradis perdu. Voir, à ce propos, l'article de Jacques Morel, « La Structure poétique de *La Maison de Sylvie* de Théophile de Viau », dans : *Mélanges d'histoire littéraire offerts à Raymond Lebègue,* Nizet, 1969. — **2.** Dans l'ode VI, le poète évoque un cabinet de verdure dans le parc de Chantilly, où il se plaisait à séjourner. — **3.** *Du céleste palais d'airain :* de la voûte céleste, du firmament. — **4.** L'ode IX développe une suggestion de l'ode précédente : le poète s'identifie au rossignol dont le chant s'élève sous les ombrages du parc. — **5.** Le poète, ou plutôt son porte-parole, l'oiseau-chanteur, s'adresse directement à l'âme tutélaire du lieu, Marie-Félice des Ursins, duchesse de Montmorency, c'est-à-dire Sylvie. — **6.** *Ce cabinet :* le « logis du parc », petit pavillon où Marie-Félice aimait séjourner, et à l'emplacement duquel a été construite, au XVIIIᵉ siècle, dans le parc de Chantilly l'actuelle « maison de Sylvie ». — **7.** *Mercure* passait pour l'inventeur de la lyre et de la flûte. — **8.** Ne pas oublier que c'est l'oiseau qui parle.

LETTRE DE THÉOPHILE À SON FRÈRE — **1.** De sa prison, où il croupit depuis plus d'un an, Théophile adresse cet émouvant message en vers à son frère Paul, resté au pays natal, Boussères, sur les bords de la Garonne, qui s'est beaucoup démené pour provoquer des interventions susceptibles de faire avancer le procès du poète et de le faire libérer. En septembre 1624, si la haine contre ses persécuteurs, les jésuites, demeure intacte, il semble que renaisse en lui l'espoir de leur échapper un jour et de revoir avant de mourir sa petite patrie. — **2.** *Ce loisir :* la liberté tranquille dont il jouirait une fois revenu au pays natal. — **3.** *Confond :* trompe, déçoit. — **4.** *Les exercent :* les fassent naître, les entretiennent. — **5.** Cette strophe dénonce avec une particulière véhémence les turpitudes des jésuites (ses persécuteurs immédiats, le P. Garasse et le P. Voisin sont des jésuites), auxquels la rumeur publique allait jusqu'à attribuer des régicides, comme celui d'Henri IV.

VILLEDIEU, Marie-Catherine-Hortense Desjardins, dame de, 1640?-1683. Née vraisemblablement à Paris, mais d'une famille de Normandie, cette Normandie où elle vécut pendant sa jeunesse, et où elle mourut, Marie Desjardins se poussa de bonne heure dans les milieux littéraires parisiens grâce à des appuis princiers : Mme de Chevreuse, Mlle de Montbazon, Mlle de Montpensier, le duc de Saint-Aignan. Par suite elle acquit la réputation d'écrivain mondain, à la fois en poésie, au théâtre et dans le roman ; c'est du reste dans ces deux derniers genres, et le dernier surtout, qu'elle connaîtra un certain succès. En poésie, si elle reste très tributaire de l'esprit de salon, elle renoue, comme d'autres à la même époque, avec l'élégie, forme libre se prêtant assez bien à l'effusion du sentiment ; or cette amoureuse passionnée — elle aima désespérément entre 1660 et 1667 Antoine de Boësset, seigneur de Villedieu, à qui elle emprunta son nom — pratique avec une certaine originalité l'élégie (ou l'églogue, qui en est une sorte d'avatar), poème de l'effusion et de l'introspection passionnée.

Recueil de poésies, 1662, éd. augmentée en 1664 ; *Fables ou histoires allégoriques dédiées au Roi*, 1670 ; *Œuvres*, 1720-1721, 12 vol. (réimp. Genève, Slatkine, 1971).

Jean-Pierre Chauveau, « Les *Élégies* et les *Églogues* de Madame de Villedieu », dans *Les Écrivains normands...* (voir bibliographie générale, 1982).

VION D'ALIBRAY, Charles, 1600 ?-1653. Originaire d'une famille noble du Vexin, Vion d'Alibray vécut quelque temps sous les armes, puis il préféra vivre à Paris, où il se tailla avec ses amis Pailleur, Faret et Saint-Amant la réputation d'un poète amateur de vin et de bonne chère, ce qui ne l'empêchait pas de fréquenter les salons et les ruelles. Poète modeste, au demeurant : son œuvre chante les plaisirs terrestres, le vin, la table, les amours faciles, sur fond de philosophie désabusée. Mais avec lui sonne l'heure des stéréotypes : sa poésie parvient rarement à renouveler une inspiration quelque peu défraîchie.

La Musette, 1647 ; *Les Œuvres poétiques*, 1653.
Œuvres poétiques du sieur de Dalibray, éd. Adolphe Van Bever, Sansot, 1906.

VOITURE, Vincent, 1597-1648. Fils d'un négociant en vins, né à Amiens, Voiture, après des études au collège de Boncour et à l'université d'Orléans, se fit vite remarquer pour son esprit, et devint, dès avant 1620, le poète attitré de l'hôtel de Rambouillet. Plutôt que poète, il faudrait dire amuseur ; car la poésie ne représente qu'un aspect des talents multiformes d'un homme, dans le fond ombrageux et mélancolique, mais qui mit un esprit étincelant au service d'un petit cercle dont il fut véritablement l'âme, quels que soient les mérites de ses rivaux en poésie : Gombauld, Godeau, Malleville. Capable, lorsqu'il le voulait, de donner dans le genre sérieux — au reste il connaissait admirablement la poésie italienne et, plus rare, la poésie espagnole et il fut l'un des premiers de l'Académie —, il sut créer en poésie un style léger, spirituel, quelquefois impertinent, qui non seulement répondait à la soif de liberté et de jeu d'une société raffinée, mais exprimait son aspiration profonde à une sorte de prise de distance ironique vis-à-vis d'elle-même, de ses principes et de ses règles. On comprend que « maître Vincent » ait si profondément marqué La Fontaine qui avouait hautement sa dette envers lui.

Voiture se souciait peu de publier des poésies qui étaient des improvisations sur les menus événements de la vie mondaine ; de son vivant elles circulèrent donc en manuscrits, et sous de multiples versions différentes ; ses *Œuvres* ne furent recueillies et publiées qu'après sa mort par son neveu, Martin de Pinchesne (1650).

Poésies, éd. Henri Lafay, 2 vol., Société des Textes Français Modernes, 1971 (édition critique dont la copieuse introduction constitue à ce jour la meilleure étude sur la poésie de Voiture ; tous les textes reproduits ici le sont à partir de cette édition exemplaire).

SONNET : « BELLES FLEURS, DONT JE VOIS... » — **1.** Exemple typique, avec cette hétérométrie insolite, de la désinvolture voulue de Voiture à l'égard des normes.

STANCES ÉCRITES DE LA MAIN GAUCHE... — **1.** « Le texte écrit de la main gauche l'est avec des lettres inversées qui, réfléchies dans le miroir, y sont lues dans leur forme normale. Mais la main gauche est aussi la main du cœur : poésie et galanterie s'accordent sur les lois de l'optique » (Henri Lafay).

SONNET : « IL FAUT FINIR MES JOURS... » — **1.** Une tradition, rapportée par Tallemant des Réaux, veut que ce sonnet célèbre ait été composé très tôt par Voiture, lequel l'aurait soumis au jugement de Malherbe lui-même (or Malherbe est mort en 1628) ; mais sa célébrité lui est surtout venue après la mort de Voiture, lorsque la publication des œuvres de celui-ci fournit l'occasion d'une querelle littéraire et surtout mondaine entre le clan des « Uranins », que dirigeait Mme de Longueville, et qui avait fait de ce sonnet de Voiture leur œuvre-fétiche, et celui des « Jobelins », mené par le prince de Conti, propre frère de Mme de Longueville, et qui brandissait le sonnet *Sur Job* que Benserade avait composé une dizaine d'années plus tôt, et qu'on trouvera ci-dessus, p. 339 A cette querelle se mêlèrent, le plus souvent par goût du jeu, tous les beaux esprits du temps.

SONNET : « SOUS UN HABIT DE FLEURS... » — **1.** Voiture avait écrit en 1635 un sonnet sur le thème, très répandu depuis le XVIe siècle, de « la belle matineuse », et qui inspira aussi nombre de ses contemporains, notamment Tristan et Malleville (cf. ci-dessus, p. 244). Le voici qui traite ici, s'inspirant sans doute de précédents italiens et espagnols, le thème, voisin, de « la belle crépusculaire », que traitera également Tristan.

ORDONNANCE POUR UN FESTIN — **1.** C'est par jeu qu'en 1635 Voiture ressuscita un petit genre tombé en désuétude depuis les oukases de la *Défense et Illustration* de Du Bellay : le rondeau fit alors fureur. — **2.** Jeu sur le mot *angélique,* désignant la tige confite utilisée en pâtisserie, et l'une des célébrités de l'hôtel de Rambouillet, Angélique Paulet. — **3.** *Quand et quand :* en même temps (tournure populaire).

STANCES : « JE PENSAIS QUE LA DESTINÉE... » — **1.** Ces stances ne furent imprimées qu'au XVIIIe siècle. Et pour cause : Voiture, qui jouissait de la confiance et de l'amitié d'Anne d'Autriche, s'y laisse aller à faire des allusions à la vie privée et sentimentale de celle qui venait (1644) d'assumer la très lourde charge de la Régence. Le tout avec un esprit et une délicatesse qui témoignent et de la confiance dont le poète jouissait auprès de la reine, et du style à la fois vrai et raffiné de toute une civilisation. — **2.** Georges Villiers, duc de Buckingham, favori du roi Jacques Ier d'Angleterre, qui, dans les années 1620, soupira pour la jeune Anne d'Autriche. — **3.** *Le père Vincent :* le célèbre Vincent de Paul, qui fut confesseur de la reine. — **4.** Le cardinal de La Valette courtisait Charlotte-Marguerite de Montmorency, princesse de Condé. — **5.** *Madame la Princesse :* la princesse de Condé.

ZACHARIE DE VITRÉ, Père récollet, ?-? S'appelait-il S. de Vaure ? Vivait-il à Lyon ? A vrai dire, on ne sait à peu près rien de ce moine récollet, sinon qu'en publiant ses *Essais de méditations poétiques sur la passion,* il prétendait modestement offrir à ses lecteurs de simples exercices spirituels, sans la moindre prétention littéraire. Pourtant, cet écrivain pieux nous semble aujourd'hui s'inscrire dans la lignée des poètes de l' « humanisme dévot » qui, à l'instar de Lazare de Selve, de La Ceppède et de saint François de Sales, mirent tout leur talent d'orateurs et de poètes au service d'une foi qui, dans le climat de la Contre-Réforme, se voulait persuasive et séductrice.

Les *Essais de méditations poétiques sur la passion, mort et résurrection de Notre-Seigneur Jésus-Christ,* Paris, 1659 et Lyon, 1660.

Anne Mantero, « Les *Essays de Méditations poétiques.* De la lettre des livres saints à l'art du sonnet », dans *XVIIe siècle,* n° 137 (octobre-décembre 1982).

« MON ÂME EST UN ROSEAU... » — **1.** Selon l'évangile de Matthieu (XXVII, 27-31) et celui de Marc (XV, 19), les soldats frappaient Jésus avec un roseau. — **2.** Le sang, qui coule du front du Christ, sur la tête duquel ses bourreaux ont enfoncé la couronne d'épines *(cet outrageux buisson).*

CHRONOLOGIE

Les poètes et la poésie en France		Histoire générale
Naissance de Malherbe.	1555	
	1559	Mort d'Henri II.
Mort de Du Bellay. Première édition collective des *Œuvres* de Ronsard.	1560	Règne et mort de François II. Régence de Catherine de Médicis. Début des guerres religieuses en France.
	1563	Fin du Concile de Trente.
	1571	Bataille de Lépante.
	1572	Nuit de la Saint-Barthélemy.
D'Aubigné commence à écrire *Les Tragiques*.	1576	Formation de la Ligue autour du duc de Guise.
	1580	Les *Essais* de Montaigne (livres I et II).
Mort de Ronsard.	1585	
Malherbe publie *Les Larmes de saint Pierre*.	1587	
	1588	Défaite de l'Invincible Armada. Montaigne : Les *Essais* (livre I-III).
	1589	Assassinat d'Henri III. Avènement d'Henri IV.
	1590	Débuts de Caravage et de Shakespeare.
	1593	Henri IV abjure le protestantisme et rentre à Paris.
Publication (posthume) des poésies de Sponde.	1597	
	1598	Édit de Nantes. Paix de Vervins. Débuts de Rubens.

Les poètes et la poésie en France		Histoire générale
Malherbe a 45 ans, Du Perron 44, Motin environ 34, Urfé 33, Régnier 27, Maynard 18, Racan 11, Théophile 10, Saint-Amant 6, Voiture 3...	1600	A Florence, représentation de l'*Euridice* de Peri.
Recueil des œuvres poétiques de Bertaut. *Les Œuvres* de Mage de Fiefmelin.	1601	
	1603	Avènement de Jacques Ier en Angleterre.
Les Diverses Poésies de Vauquelin de La Fresnaye. Arrivée de Malherbe à la Cour.	1605	Cervantès : *Don Quichotte* (1re traduction française en 1614). Début de la construction de la Place Royale à Paris.
Urfé commence à publier l'*Astrée*.	1607	L'*Orfeo* de Monteverdi.
Les Premières Œuvres de Régnier.	1608	Madame de Rambouillet ouvre son salon à Paris.
L'éditeur Toussaint du Bray (éditeur de Malherbe et de ses amis) publie son premier recueil de poésie.	1609	
	1610	Assassinat d'Henri IV ; avènement de Louis XIII et régence de Marie de Médicis.
La Ceppède publie la première partie des *Théorèmes*.	1613	Gongora compose *Polyphème* et ses deux *Solitudes*.
	1614	Simon Vouet part pour Rome (où il restera jusqu'en 1627).
Marino arrive à Paris (il y restera jusqu'en 1623).	1615	Salomon de Brosse commence à édifier le palais du Luxembourg. Débuts du Bernin.
D'Aubigné publie *Les Tragiques*.	1616	
	1617	Assassinat de Concini. Débuts de Velasquez.
Premières publications de Racan.	1618	Défenestration de Prague, et début de la guerre de Trente Ans.
Premières publications de Théophile de Viau.	1619	
Marino publie *La Sampogna* (le Chalumeau) à Paris.	1620	

Les poètes et la poésie en France		Histoire générale
Première partie des *Œuvres* de Théophile.	1621	
Marino publie son *Adone* à Paris, avec une préface de Chapelain. Affaire du *Parnasse satyrique*, et arrestation de Théophile, qui vient de publier la *Seconde partie* de ses *Œuvres*.	1623	Sorel : première édition de l'*Histoire comique de Francion*.
	1624	Richelieu devient premier ministre. Nicolas Poussin s'installe à Rome.
Les Bergeries de Racan.	1625	Avènement de Charles Ier en Angleterre. Débuts de Borromini et de Rembrandt.
Mort de Théophile.	1626	
	1627	Claude Lorrain s'installe à Rome.
Marbeuf : *Recueil de vers*. Mort de Malherbe.	1628	Siège de La Rochelle. Harvey découvre la circulation du sang.
Saint-Amant : première partie des *Œuvres*.	1629	Corneille débute au théâtre avec *Mélite*.
Les Œuvres de Malherbe, première édition collective (posthume), avec un *Discours* de Godeau. *Les Divertissements* de Colletet. *La Suite des Œuvres* de Saint-Amant.	1630	
	1631	Calderon : *La Vie est un songe*.
Tristan : *Plaintes d'Acante*.	1633	Procès et condamnation de Galilée. John Donne : *Poèmes* (édition posthume).
La Guirlande de Julie.	1634	Création de l'Académie française.
	1635	Début de la guerre franco-espagnole. Lemercier construit la chapelle de la Sorbonne, et François Mansart une aile au château de Blois.
	1636	*L'Harmonie universelle* du P. Mersenne.

Les poètes et la poésie en France		*Histoire générale*
	1637	Descartes : *Discours de la méthode*. Corneille : *Le Cid*.
Les Amours de Tristan. *Recueil des énigmes de ce temps* de Cotin.	1638	
	1640	Publication (posthume) de l'*Augustinus* de Jansénius. Le Vau construit l'hôtel Lambert à Paris.
Tristan : *La Lyre*. Le Moyne : *Hymnes de la sagesse divine et de l'amour divin*. Dubois-Hus : *La Nuit des nuits, le Jour des jours*. *Les Œuvres spirituelles du bienheureux Père Jean de la Croix*, traduites par le P. Cyprien.	1641	Descartes : *Méditations*.
	1642	Mort de Richelieu. Pascal invente la machine à calculer. Monteverdi : *L'Incoronazione di Poppea*. François Mansart construit le château de Maisons. Charles Le Brun part pour Rome (il y restera cinq ans).
Saint-Amant : *Les Œuvres*. *Seconde partie*, et *La Rome ridicule*. Scarron : *Recueil de quelques vers burlesques*.	1643	Victoire de Rocroi. Mort de Louis XIII ; avènement de Louis XIV et régence d'Anne d'Autriche, Mazarin premier ministre.
	1645	Début de la construction du Val-de-Grâce par Mansart.
Poésies de Gombauld. *Le Cabinet* de Scudéry. *Les Œuvres* de Maynard.	1646	
Boisrobert : *Épîtres en vers* (1re partie).	1647	Vaugelas : *Remarques sur la langue française*. Représentation à Paris de l'*Orfeo*, opéra de Luigi Rossi.
Rampalle : *Idylles*. Tristan : *Les Vers héroïques*. Scarron : *Le Virgile travesti*.	1648	Traités de Westphalie. Début de la Fronde. Expériences de Pascal au Puy-de-

Les poètes et la poésie en France		Histoire générale
		Dôme. *Le Parnasse espagnol* (posthume) de Quevedo.
Saint-Amant : *Les Œuvres. Troisième partie.* Scudéry : *Poésies diverses.* Malleville : *Poésies* (édition posthume).	1649	En Angleterre, exécution de Charles Ier et dictature de Cromwell.
		Mlle de Scudéry commence à publier *Le Grand Cyrus.*
Les Œuvres de Voiture (édition posthume).	1650	Mort de Descartes à Stockholm.
	1651	Scarron : *Le Roman comique* (première partie).
Saint-Amant : *Moyse sauvé.* Le Moyne : *Saint-Louis.*	1653	Fin de la Fronde.
Scudéry : *Alaric.*	1654	Début de la publication de *Clélie* de Mlle de Scudéry.
Corneille publie sa traduction de *L'Imitation de Jésus-Christ.* Chapelain : *La Pucelle.* Les *Œuvres* de Sarasin (publication posthume, avec un *Discours* de Pellisson).	1656	Pascal écrit ses premières *Provinciales. La Précieuse,* roman de l'abbé de Pure.
Desmarets de Saint-Sorlin : *Clovis.*	1657	Publication posthume des *États et Empires de la Lune* de Cyrano. Le Vau, Le Brun et Le Nôtre commencent à travailler à Vaux pour le compte de Foucquet.
La Fontaine, entré au service de Foucquet, écrit *Adonis.* Colletet : *L'Art poétique.*	1658	Molière s'installe à Paris avec sa troupe.
Cotin : *Œuvres mêlées.* La Fontaine écrit *Le Songe de Vaux.*	1659	Paix des Pyrénées. Molière : *Les Précieuses ridicules.*
Dernières œuvres et poésies chrétiennes de Racan. *Entretiens solitaires* de Brébeuf.	1660	Restauration monarchique en Angleterre : avènement de Charles II.
	1661	Mort de Mazarin et début du règne personnel de Louis XIV. Chute de Foucquet et ascension de Colbert.
Recueil de poésies de Mme de Villedieu.	1662	*L'École des Femmes* de Molière.
	1663	Les Turcs s'installent en Hongrie.

Les poètes et la poésie en France		Histoire générale
	1664	Affaire du *Tartuffe*. Les *Maximes* de La Rochefoucauld. Début des travaux de Le Vau, Le Brun et Le Nôtre à Versailles.
La Fontaine publie la première partie de ses *Contes et nouvelles en vers*.	1665	Mort de Poussin à Rome. Séjour du Bernin à Paris : son projet pour le Louvre est finalement écarté.
Deuxième partie des *Contes* de La Fontaine. Boileau publie ses premières *Satires*.	1666	Mort de François Mansart.
	1667	Racine fait jouer *Andromaque*. *Le Paradis perdu* de Milton. Perrault construit la colonnade du Louvre.
Premier recueil des *Fables* de La Fontaine. *La Madeleine au désert de la Sainte-Baume* du P. de Saint-Louis.	1668	
La Fontaine publie *Les Amours de Psyché et de Cupidon,* suivis d'*Adonis*.	1669	Les *Lettres portugaises* paraissent sans nom d'auteur.
Publication de la première *Épître* de Boileau.	1670	Port-Royal assure la première édition des *Pensées* de Pascal. Début de la construction des Invalides.
La Fontaine est l'éditeur du *Recueil de poésies chrétiennes et diverses* (lui-même n'apporte à ce recueil que deux pièces de vers). La même année, il publie la troisième partie des *Contes,* et un recueil de *Fables nouvelles et autres poésies* (dont les quatre *Élégies*). *Poésies spirituelles* de Malaval.	1671	Représentation de *Psyché* de Molière, Corneille et Lulli. *Les Entretiens d'Ariste et d'Eugène* du P. Bouhours.
	1672	Guerre avec la Hollande. Les Français franchissent le Rhin.
La Fontaine devient l'hôte de Mme de La Sablière.	1673	Mort de Molière. Quinault et Lulli créent le premier opéra français : *Cadmus et Hermione.*
Boileau : *Œuvres diverses* (dont	1674	Corneille se retire du théâtre

Les poètes et la poésie en France		Histoire générale
L'Art poétique et le début du *Lutrin*).		après l'échec de *Suréna*. *Réflexions sur la Poétique d'Aristote* du P. Rapin.
Drelincourt : *Sonnets chrétiens.*	1677	Publication, posthume, de l'*Éthique* de Spinoza. Après *Phèdre*, Racine renonce au théâtre.
La Fontaine : *Fables* (2ᵉ recueil).	1678	Paix de Nimègue. Jules Hardouin-Mansard est chargé de diriger les travaux de Versailles. Mme de La Fayette : *La Princesse de Clèves.* Richard Simon : *Histoire critique du Vieux Testament.*
	1681	Bossuet : *Discours sur l'histoire universelle.*
	1682	Le Roi et la Cour s'installent définitivement à Versailles. *Pensées diverses sur la comète* de Bayle.
La Fontaine entre à l'Académie française.	1684	Mariage de Louis XIV et de Françoise d'Aubigné, veuve Scarron (Mme de Maintenon).
	1685	Révocation de l'Édit de Nantes. Jacques II roi d'Angleterre.
	1686	Fontenelle : *Entretiens sur la pluralité des mondes.*
	1687	Newton : *Principia mathematica.* *Le Siècle de Louis le Grand*, lu par Charles Perrault à l'Académie, marque le début de la Querelle des Anciens et des Modernes. Mort de Lulli. Construction du Grand Trianon à Versailles.
Fontenelle : *Poésies pastorales.*	1688	Deuxième révolution anglaise. Début de la guerre contre la Ligue d'Augsbourg. Première édition des *Caractères* de La Bruyère.
	1689	Nicole : *Traité de la beauté des ouvrages de l'esprit.* Racine : *Esther.*
	1690	Locke : *Essai sur l'entendement humain.* François Couperin

Les poètes et la poésie en France		*Histoire générale*
		publie ses œuvres pour orgue. Mort de Le Brun.
	1691	Racine : *Athalie*.
L'éditeur Barbin publie (avec une préface de Fontenelle) une anthologie de la poésie française (*Recueil des plus belles pièces des poètes français tant anciens que modernes depuis Villon jusqu'à Benserade*).	1692	
Dernier livre des *Fables* de La Fontaine. *Cantiques spirituels* de Racine. Boileau publie sa *Satire X* (sur les femmes) et ses *Réflexions critiques sur Longin*.	1694	
Mort de La Fontaine.	1695	Bayle commence à publier son *Dictionnaire historique et critique*.
Charles Perrault : *Contes*.	1697	Paix de Ryswick.
Boileau : *Épîtres nouvelles*.	1698	
Mort de Racine.	1699	Condamnation du quiétisme. Fénelon : *Télémaque*. Début de la construction de la place Vendôme.
Boileau a 64 ans, Fontenelle 43, Jean-Baptiste Rousseau 29, Houdar de La Motte 28, Voltaire 6.	1700	Louis XIV a 62 ans. Fénelon a 49 ans, Lesage 32, Rameau 17, Jean-Sébastien Bach 15, Marivaux 12, Montesquieu 11.
Boileau : *Œuvres diverses* (édition dite « favorite », c'est-à-dire revue par l'auteur).	1701	Début de la guerre de Succession d'Espagne.
	1703	Pierre le Grand fonde Saint-Pétersbourg.
	1706	*Premier livre de clavecin* de Rameau.
Houdar de La Motte : *Discours sur la poésie et sur l'ode en particulier*.	1707	
	1709	Lesage : *Turcaret*.

Les poètes et la poésie en France		Histoire générale
	1710	Destruction de Port-Royal-des-Champs.
		Leibniz : *Théodicée*.
Mort de Boileau.	1711	
Première édition collective (posthume) des *Œuvres* de Boileau.	1713	Paix d'Utrecht. Bulle *Unigenitus*. Couperin : *Premier livre de clavecin* et *Leçons de ténèbres*.
	1714	Fénelon : *Lettre à l'Académie*.
	1715	Mort de Louis XIV ; avènement de Louis XV, et régence de Philippe d'Orléans.
		Lesage commence à publier *Gil Blas de Santillane*.
Édition par Brossette des *Œuvres* de Boileau.	1716	
	1719	*Réflexions critiques sur la poésie et la peinture* de l'abbé du Bos.

INDEX

Table 501

POÈTES DE L'ANTHOLOGIE PUBLIÉS
DANS LA MÊME COLLECTION

Ce volume,
le deux cent seizième de la collection Poésie,
a été achevé d'imprimer sur les presses
de l'imprimerie Bussière à Saint-Amand (Cher),
le 11 décembre 1995.
Dépôt légal : décembre 1995.
1er dépôt légal dans la collection : avril 1987.
Numéro d'imprimeur : 2973.
ISBN 2-07-032437-0./Imprimé en France.

75603